기로에 선 경제거인

EU의 도전과 과제

기로에 선
경제거인

EU의 도전과 과제

앙드레 사피르 편저 | 연세–SERI EU센터 옮김

삼성경제연구소

이 책은 EU 집행위원회로부터 재정적 지원을 받아 출간되었습니다.
This book has been published by the Yonsei-SERI EU Centre
with the funding of the European Commission.

기로에 선 경제거인
EU의 도전과 과제

2010년 5월 24일 초판 1쇄 인쇄
2010년 5월 26일 초판 1쇄 발행

편   저 | 앙드레 사피르
옮 긴 이 | 연세–SERI EU센터
펴 낸 곳 | 삼성경제연구소
펴 낸 이 | 정기영
출판등록 | 제302–1991–000066호
등록일자 | 1991년 10월 12일
주   소 | 서울시 서초구 서초2동 1321–15 삼성생명 서초타워 30층
              전화 3780–8153(기획), 3780–8084(마케팅)
              팩스 3780–8152
              http://www.seri.org   seribook@seri.org

ISBN | 978–89–7633–420–6 93320

• 가격은 뒤표지에 있습니다.
• 잘못된 책은 바꾸어 드립니다.

삼성경제연구소 도서정보는 이렇게도 보실 수 있습니다.
인터넷 홈페이지에서 → SERI 북 → SERI가 만든 책

유럽연합(EU)은 오랜 통합의 산물이다. 유럽공동체(EC)가 EU라는 새로운 명칭으로 출범한 것은 1993년이지만 통합의 시초는 1957년으로 거슬러 올라간다. 이처럼 반세기가 넘는 긴 시간 속에서 EU는 '확대'와 '심화'라는 지속적인 통합 작업을 통해 세계 최대 경제권으로 발돋움했다. 애초 6개국에서 출발해 27개 회원국으로 성장한 EU는 2008년 기준으로 인구 4억 9,000만 명에 세계 GDP의 30%, 세계 수출의 16.7%를 차지하고 있다. 미국과 비교해 인구는 1.6배, GDP는 1.3배, 수출은 1.5배에 달하는 거대 경제를 이루고 있는 것이다. 하지만 단일 국가별로 보면 각각의 나라들은 미국은 물론 일본이나 중국과의 경쟁이 불가능할 정도로 작은 규모다. 바로 유럽 국가들이 경제통합을 추진해 온 이유다. 한편, 경제 규모 외에도 세계에서 가장 진전된 경제통합체를 이루고 있다는 점에서 EU는 주목의 대상이다. 관세동맹(1968년)에서 출발해 공동시장(1993년)과 경제통화동맹(1999년)을 실현한 EU는 2009년

12월 리스본 조약을 발효시키는 등 정치통합을 향해 나아가고 있다.

　그동안 EU는 지역 내 경제통합을 통해 경제성장의 활로를 모색해왔다. 하지만 경제통합의 성과가 어느 정도 정점에 이르렀다고 판단되자 외부로 눈을 돌리기 시작했다. 특히 2000년대 들어 EU 내부에서는 급성장하는 아시아시장을 놓쳐서는 안 된다는 목소리가 커졌다. 이에 대응하여 EU 집행위원회는 신흥시장을 확보하기 위해 아시아 국가들과의 FTA 체결을 주된 내용으로 하는 새로운 통상정책('global Europe')을 채택했다. EU는 한국을 매력적인 시장으로 보고 FTA 협상 대상 우선국으로 선정했다. 세계 13위의 경제 규모, 연평균 4~5%에 이르는 성장잠재력, 그리고 첨단기술제품 분야에서 아시아시장에 진출하려는 다국적기업들의 테스트베드(test bed)라는 점에서 한국을 중요하게 인식한 까닭이다. 한국의 입장에서도 EU는 중요한 경제 파트너다. EU는 중국에 이어 두 번째 수출시장이자, 미국을 제치고 한국에 대한 최대 투자국으로 부상했다. 이처럼 EU가 성큼 다가왔음에도 EU에 대한 우리의 이해와 인식은 매우 낮다. 우리는 여전히 독일, 프랑스, 영국, 이탈리아 등 개별 국가들로 유럽을 인식한다. 이 회원국들은 유학이나 여행 등 일상생활과 밀접한 직간접적인 경험을 통해 친숙한 편이지만, 통합된 실체로서 EU를 접할 기회가 없었던 우리에게 EU는 낯선 존재일 수밖에 없다.

　물론 한국에서도 EU에 대한 관심이 커졌던 시기가 있었다. 첫 번째 시기는 1980년대 말부터 1990년대 초까지다. '1993년 유럽단일시장 (European single market) 출범'에 대비하기 위해 민관 합동으로 EU 법규에 대한 연구가 대대적으로 이루어졌다. 당시에는 경제적으로 통합된 EU가 '유럽 요새(fortress Europe)' 화될 것을 우려해 거대 시장을 잃지 않기 위해 정부와 재계, 학계가 대응책을 서둘러 마련해야 한다는 위기감

이 팽배했다. 두 번째 시기는 '1999년 유로화(유럽경제통화동맹) 출범'에 대응하고자 부심했던 1990년대 말부터 2000년대 초반이다. 국내 대기업들을 중심으로 유로화 출범을 앞두고 경영 시스템 정비 작업이 서둘러 진행되었다. 이는 유럽 단일통화인 유로화 도입에 대비하는 한편 '밀레니엄 버그'에 대응하기 위한 일환이었다. 첫 번째와 두 번째 시기가 유라시아 대륙 건너편에서 일어난 변화에 대응하기 위한 일회성 반응의 성격이 짙었다면 세 번째 시기, 즉 한-EU FTA 타결을 계기로 관심이 증폭되고 있는 지금은 과거와 달리 우리의 인식에 근본적인 변화를 가져올 것으로 보인다. 이는 한-EU FTA가 그만큼 우리의 일상생활에도 적잖은 영향을 미칠 것이라는 의미다. 과거에는 정부와 기업이 주된 이해 당사자여서 EU에 대한 관심의 범위가 제한적이었다면, 이번에는 정부와 기업은 물론 일반인들도 직간접적인 이해 당사자이므로 관심의 폭이 훨씬 광범위할 것으로 예상된다.

앞으로 한-EU 관계는 한-EU FTA와 한-EU 기본협력협정을 통해 한 단계 업그레이드될 것이다. 2007년 5월에 1차 협상에 들어간 한-EU FTA는 2년 이상의 긴 협상 끝에 2009년 7월에 타결되었다. FTA 협정문은 앞으로 수개월 내에 정식 서명될 전망이다. 비준 작업이 순조롭게 진행된다면 한-EU FTA는 2010년 말 혹은 늦어도 2011년에는 발효될 수 있을 것이다. FTA가 발효되면 무역, 투자 등 한-EU 경제 관계의 획기적인 진전이 예상된다. 또한 개정된 한-EU 기본협력협정이 발효되면 양측은 전략적 동반자 관계로 격상되어 경제 분야는 물론 문화, 교육, 사법, 내무 등 전 방위에서 교류가 더욱 밀접해지고 확대될 것이다. 이는 한국과 EU 간에 새로운 시대가 시작됨을 의미한다.

이제부터 우리는 글로벌 플레이어로서 EU의 실체를 정확히 알 필요가 있다. EU는 리스본 조약의 발효를 계기로 명실상부한 법적 실체로 인정받게 되었다. 지금까지는 경제, 사회, 환경정책 분야에 대해서만 'EC'의 이름으로 법률 행위가 가능했다. 하지만 EC를 법적으로 승계한 EU는 앞으로 공동외교안보정책과 사법·내무 분야에서도 독자적인 권한을 행사할 수 있게 되었다. 또한 EU의 정책 결정 권한도 대폭 강화될 것이다. 현재 EU 회원국에서 제정되는 전체 법률의 80%가 EU 기관에 의해 이미 발의되고 있을 정도다. 앞으로 EU는 무역, 환경, 에너지, 기술표준, 경쟁법, 지적재산권 등 우리 경제에 직간접적인 영향을 주는 분야에서 더욱 발 빠른 행보를 보일 것이다. 따라서 정부와 기업은 EU의 정책 변화를 예의 주시하고, 이에 선제적으로 대응할 필요가 있다.

이러한 시대적 요청에 따라 연세대와 삼성경제연구소는 전략적 파트너십을 체결하고 2009년 3월에 EU센터를 발족했다. EU 집행위원회로부터 재정 지원을 받아 운영되는 연세-SERI EU센터는 한-EU 간 학생 교류 확대, EU 관련 교육 및 학술연구, 출판, 전문가 포럼 개최 등을 통해 EU에 대한 인식을 고취하는 활동을 전개하고 있다.

연세-SERI EU센터에서는 출판 활동의 일환으로 이번에 《기로에 선 경제거인: EU의 도전과 과제》를 발간하여, 변화하는 EU의 참모습을 규명해보고자 했다. 이 책은 벨기에 브뤼셀에 소재한 유력 싱크탱크인 브뤼겔연구소가 2007년에 내놓은 *Fragmented Power: Europe and the Global Economy*를 번역한 것이다. 출간된 지 다소 시간이 지나 글로벌 금융위기 이후의 상황을 제대로 반영하지 못한 점은 아쉽지만, 날로 권한이 확대되는 EU의 실체와 주요 정책을 이해하는 데 많은 도움이 될 것이다.

끝으로 이 책이 출간될 수 있도록 배려해주신 정기영 삼성경제연구소 소장님과 오랜 기간 번역과 감수에 애쓴 역자들, 그리고 SERI 연구원들의 노고에 깊이 감사드린다. 또한 원고 정리와 교정에 알게 모르게 마음고생이 많았던 이지혜, 김경훈 리서치 애널리스트(RA)와 출판팀에도 이 자리를 빌려 감사의 말을 전한다. 아무쪼록 이 책이 정부와 국회 등 정책입안자들과 EU에 관심 있는 재계 및 학계는 물론, 일반인들에게도 많은 참고가 되길 기대한다.

2010년 5월

삼성경제연구소 글로벌연구실장 · 연세-SERI EU센터 부소장

김득갑

지난 20년간 유럽은 긴 여정을 거쳐왔다. 12개국이었던 EU 회원국 수가 27개국으로 늘어났고, 역내 공동시장을 만들었으며 유로라는 단일통화를 도입했다. 이러한 내적 변형은 외적으로도 지대한 결과를 초래했다. 세계에서 가장 큰 단일시장과 제2의 주요 국제통화를 갖게 됨으로써 EU가 세계무대의 강자로 자리매김하게 된 것이다. 하지만 세계도 급격한 변화를 경험했다. 전 세계에 걸쳐 시장 개방과 기술의 변화가 진행되었고, 그 결과 중국과 인도가 글로벌 신흥강대국으로 부상했다. 아프리카 같은 지구상 다른 지역에서의 인구분포 변화와 빈곤 문제가 대규모 국제 인구이동을 야기하기도 했다. 또 한편으로는 기후변화가 전 세계에 공통된 재해의 상징이 되었다. 그 결과 EU에서는 대외경제 관계가 (무역·개발 분야, 시장 규제, 이주, 통화, 기후 또는 에너지 문제 등에 대한) 활동의 중심 사안이 되었다.

한마디로, 세계화는 21세기 유럽이라는 스토리의 중심 주제가 되었다.

2007년, 유럽의 로마 조약(Treaty of Rome)[1] 체결 50주년을 맞이하여 그간 유럽 정치 질서의 평화유지를 경축하는 자리에서 각 나라 정상과 정부는 다음과 같이 선언했다. "EU는 세계화의 주요 과제들에 효과적으로 대응한 결과물이다. EU는 세계경제의 점점 증가하는 상호 의존성과, 국제 사회에서의 날로 치열해지는 경쟁 환경을 '유럽인들이' 추구하는 가치에 적합하게 만들어나갈 수 있도록 한다." 바호주(Jose Manuel Barroso) EU 집행위원회(European Commission) 위원장을 비롯한 많은 리더들도 유럽 국가들이 "세계화 시대에 유럽인들이 번영할 수 있도록 돕고", "새롭고 보다 나은 국제질서를 이루어갈 수 있는" 방향으로 세계화가 진행되도록 그 집단적 힘을 행사하는 것이 EU의 새로운 존재 이유라고 선언했다.

이는 EU를 새로운 시각으로 본 것이다. 20년 전만 해도 EU는 기본적으로 비교적 소수의 참여 국가들 간 역내 통합 정도로, 그것도 실험적으로 구상된 것이었다. 유럽은 당시 회원국들 사이의 분열을 해소하고, 정치적·경제적 통합을 가로막고 있는 장벽을 허물려는 시도로 EU를 만들었던 것이다. 따라서 EU의 대외정책은 본질적으로 그들 내부의 역학 관계에 의해 만들어진 부산물일 수밖에 없었다. 창설 당시에도 EU가 '유럽 요새(fortress Europe)'화된다면, 내적으로는 자유화를 이루겠지만 대외적으로는 국경을 닫아버리는 결과를 불러올 수 있다는 우려가 존재했다.

그러나 그때 세계화의 물결이 밀려왔고 보다 자유로운 무역과 자본 흐름, 세계적 기반을 갖춘 기업들이 등장하기 시작했다. 유럽인들은 단일시장을 통해 이루고자 했던 통합과는 차원이 다른 세계시장의 통합 속에서

---

1 역주: 1957년에 프랑스, 독일, 이탈리아 및 베네룩스 3국이 로마에서 유럽경제공동체(EEC)를 설립하기 위해 체결한 조약이다.

EU의 정체성을 규명하기 어려워졌다. 이러한 측면에서 (유럽학 용어로) '네거티브 통합'으로 규정되는 EU는 점점 그 당위성을 잃어갔다.

유럽에는 여전히 EU가 세계적 변화로부터 유럽을 보호하는 바람막이 역할을 해야 한다고 주장하는 내향적 관점이 존재한다. 그러나 급속도로 변하는 세계에서 유럽이 주도적 역할을 해야 된다고 생각하는 또다른 부류가 이 주장에 강하게 반발하고 있다. 후자의 관점에 따르면, EU는 경제적 국경선을 긋는 역할이 아니라 (국제 무대에서) EU가 활동할 수 있는 환경을 만들어가기 위한 역할을 해야 한다. 물자와 자본의 대외적 흐름을 어느 정도 통제하느냐가 아니라, 이런 흐름을 제어하는 국제 규범에 대해 어떤 입장을 취할 것인지, 그리고 국제 규범을 정하는 과정에서 어떤 역할을 수행할 것인지로 EU의 존재를 규정해야 한다.

또한 이 관점은 유럽의 확산을 자의적으로 막을 것이 아니라, 이웃 나라들과의 공영과 안정을 적극적으로 추진함으로써 유럽의 정체성 위기를 극복해야 한다고 주장한다. 물론 EU는 그 시민과 회원국들의 요구에 부응하는 경제적 법체제를 고수해야 한다. 그러나 그에 못지않게 통합된 시장과 기업을 위한 글로벌한 규범을 정립하는 데 기여하는 것도 중요하다. 그리고 무엇보다도 EU는 기후, 질병, 빈곤 등과 같은 세계의 공통 관심사를 다룰 능력이 있는 몇 안 되는 주자로서 그 책임을 충분히 자각하고 있어야 할 것이다.

이런 점에서 유럽의 대외경제정책에 대한 포괄적인 연구가 없었다는 사실은 매우 역설적이다. 물론 여러 세부 분야에서 EU의 대외정책 관련 연구는 많다. 그러나 우리가 아는 한 국제 환경과 관련된 유럽의 상호 작용을 포괄적으로 보여주는 그림, 즉 우선순위를 어떻게 두고 있는지를 설명하고 정책의 일관성을 논하는 큰 그림을 보여줄 수 있는 연구는 일찍이 시도된 바가 없다. 유럽의 대외경제정책에 대한 거버넌스 (governance)가 그 성격상 나뉘어 있다 보니 포괄적인 견해를 형성한다는 것은 분명 큰 과제일 수밖에 없다. 〔EU 집행위원회, 유럽중앙은행(European Central Bank), EU 각료이사회(Council of Ministers), 유로그룹(Euro Group), 회원국들 간에 분야별 책임 소재가 나뉘어 있거나 공유되고 있다.〕 이와는 대조적으로 미국의 대외경제 관계는 오랫동안 연구 주제가 되어왔다.

이 프로젝트는 특별히 이런 연구 간극을 메우기 위한 목적으로 2006년 봄 브뤼겔연구소에 의해 시작되었고 이 책의 발행으로 완성되었다. 이 연구 프로젝트는 두 파트로 나누어 진행되었다. 첫 번째 파트에서는 유럽의 대외정책을 7개 분야로 나누어 체계적으로 검토했다. 7개 정책 분야는 무역정책, 개발정책, 경쟁정책, 대외 통화·금융정책, 국제금융시장정책, 이주정책, 그리고 대외 에너지·환경정책이며, 이 책의 Chapter 03~09에서 각각에 대한 연구 결과를 살펴볼 수 있다. 두 번째 파트에서는 위 개별 정책을 살펴보면서 유럽 대외경제정책의 일관성을 진단했는데, 여기서는 거버넌스를 염두에 두었지만 그것에만 범위를 한정하지 않은 연구가 이루어졌다. 이 연구 결과들은 이 책의 Chapter 01과 Chapter 02에서 비교·정리되었다.

총 9개 챕터의 연구 결과는 크게 두 가지 중심 논지를 갖고 있다. 하나는 EU의 외부 세계가 새로운 지형도로 변함에 따라 EU 대외정책 어젠다에 대한 정밀한 검토가 이루어져야 한다는 점이다. 또 하나는 유럽의 대외경제정책 효율성을 높이기 위해 거버넌스의 구조를 개선할 필요가 있다는 점이다.

EU의 관점에서 EU를 둘러싼 외부 세계는 5개 그룹으로 나눌 수 있다.

① 러시아를 포함한 유럽 인접국, 중동, 북아프리카 지역의 이웃 국가들(EMENA: Europe, Middle East and North Africa): 이들 국가를 합쳐 보면 인구는 EU보다 조금 더 많고, 국내총생산(GDP)은 훨씬 작지만 세계 에너지자원의 상당 부분을 보유하고 있다.

② 미국: GDP는 EU와 거의 같지만 인구는 EU보다 적다.

③ 기타 선진국: 합해서 미국과 거의 비슷한 인구수를 갖고 있지만, 훨씬 작은 규모의 GDP를 기록하고 있다.

④ 아시아와 라틴아메리카의 신흥개발도상국: EU와 미국을 합한 것보다 인구는 5배 많고 GDP는 거의 비슷한 규모다.

⑤ 비(非)신흥개발도상국(사하라 이남 아프리카): EMENA 지역과 비교해 볼 때 인구는 비슷하지만 GDP는 3분의 1 이하 수준이다.

이런 방법으로 세계를 분석하다 보면 유럽이 당면한 어젠다는 3가지 차원에서 다루어져야 한다는 것을 알 수 있다. 즉, 글로벌 차원, 대서양 차원(대미 관계), 그리고 지역적 차원으로 구분하여 검토해야 할 것이다.

글로벌 차원의 어젠다

첫 번째 어젠다는 전 세계적으로 일어나는 경제통합이 성장과 개발, 그리고 금융시장의 안정을 도모할 수 있도록 다자간 규율이나 기관들이 재정비돼야 한다는 점과 관련돼 있다. 여기에는 기후변화 억제와 같은 세계적 공공재의 제공도 포함된다. 오늘날 범세계적 공공재가 위험에 처하고 세계 자원에 대한 접근을 둘러싼 긴장이

고조되고 있는 현실에서, 지구 한편(주로 아시아)에서는 글로벌 신흥경제 강국들이 등장하고 다른 한편(주로 아프리카)에서는 그 어떤 경제발전도 없는 상황에 대해 어떻게 적응하고 대응할지가 사안의 중점으로 떠오르고 있다.

주요 정책수단으로는 무역정책, 국제금융정책, 개발정책을 꼽을 수 있는데, 이 정책들은 3대 다자간 경제기구인 세계무역기구(WTO: World Trade Organization), 국제통화기금(IMF: International Monetary Fund), 그리고 세계은행(World Bank)에서 관장하고 있다. 이뿐만 아니라 환경정책도 주요 정책수단이지만 아직까지는 세계적인 단일 포럼이나 국제기구가 없는 상황이다.

EU는 이 모든 분야에서 중대한 역할을 하고 있다. EU는 모든 무역 관련 협의에서 몇 안 되는 핵심 참가자이자, 2대 국제통화 중 하나를 발행하고 있다. 또한 국제금융기관들의 지분을 보유하고 있을 뿐 아니라 개발원조에서 최대 지원국이며, 환경 분야의 리더다. 그러나 이들 분야에서 EU의 정책 효과는 그 내적 지배구조에 따라 다르게 나타난다. 어떤 분야에서는 최고 점수(무역 분야)를 기록하는가 하면, 그저 그런 점수(국제통화와 금융 분야)도 있고 뒤떨어진 성적(개발 분야)을 보이기도 한다. 또 하나의 주요 플레이어인 미국과 비교해보면 EU는 종종 세계적인 리더십을 발휘하지만(무역과 환경 분야), 어떤 분야에서는 2인자 역할에 만족하는 것처럼 보인다. 더욱이 EU는 상대적으로 빠르게 감소하고 있는 인구와 경제 규모 때문에 국제사회에서의 발언권을 조정해야 할 필요성에 당면해 있다. 도전 과제는 EU의 실효성을 확보하는 것이다. 말하자면 이 책에서 설명하고 있는 바와 같이 내부 거버넌스와 대외적 대표권과 관련해 상당한 개혁이 필요하다.

대서양 차원의 어젠다

두 번째 대서양 차원의 어젠다는 EU와 미국의 양자 관계와 세계적 이슈에 대한 대서양 양측의 입장을 포함한다. EU와 미국의 특이한 점은 그동안 양국이 '국제사회의 규제자'가 되어왔다는 것이다. 사실 EU와 미국을 합해도 전 세계 GDP(PPP 기준)와 무역량에서는 그 규모가 40%에 지나지 않으며, 인구수로는 전 세계 인구의 10%를 약간 상회하는 정도에 불과하다. 그러나 이 양자가 국제시장을 규제하는 규범과 표준의 80%가량을 만들어냈다. 물론 새로운 강자들의 등장과 그들의 발언권 강화로 말미암아 EU와 미국의 리더십은 점진적으로 쇠퇴할 것으로 보이지만 앞으로 적어도 몇십 년간은 지속될 것으로 보인다. 그 이유는 중국, 인도, 신흥강대국들이 국내적으로도 아직 법률과 체제를 제대로 갖추지 못했기 때문이다(이는 효과적인 규제자로서 자리 잡기 위한 필수 요소다). 또한 미국과 EU가 높은 수준의 발전과 경험, 거대한 시장 규모 덕분에 경쟁정책 같은 분야, 즉 제품시장과 금융시장 관련 규정 기술표준 분야에서 중국이나 인도 같은 나라들보다 앞서 있고 또 앞으로도 그럴 것이기 때문이다. 미국이나 EU와 거의 대등한 발전을 이룬 일본조차도 이 분야에서 리더십을 키우지는 못했다.

여기서 제기할 수 있는 중요한 질문은, 세계 무대의 규율을 정함에 있어서 EU와 미국이 각자 독자 노선을 걷거나 경쟁 관계에 설 것인가, 아니면 한 걸음 나아가 서로 협력하고 글로벌 신흥강대국들까지도 참여시킬 것인가 하는 점이다. 대서양을 사이에 두고 양측은 상대방이 세계 무대에서 규제자 역할을 차지하려 한다는 생각에 서로 불평하고 있다. 물론, 규제의 주도권을 잡으려는 경쟁은 분명 건전한 것이다. 왜냐하면 그런 과정을 통해 어떤 규범이 더 실효성이 높은지 분별해낼 수 있기 때문이다. 그러나 21세기 세계경제를 위한 규범을 만들어냄에 있어서 그들이 서로 협력해 어떤 역할을 할 것인지 혹은 누구와 손을 잡을 것인지 하는 문제는 EU와 미국에 주어진 공동의 과제라는 사실을 간과해서는 안 된다.

EU는 이러한 임무를 수행하기 위해 얼마나 잘 준비되었는가? 이 역시 내부 규제조직이 대외적인 규제 문제를 얼마나 효과적으로 풀어나갈 수 있느냐에 달려 있다. 현재까지 EU는 뛰어나게 잘하거나(예를 들어 경쟁정책 분야) 또는 만족할 만한(예를 들어 국제금융시장정책) 정도였다. 그러나 대미 경제협상을 위한 전반적인 프레임워크를 잘 수립하지 못하고 있다는 사실에서 알 수 있듯, 아직은 전략적 안목이 부족한 실정이다. 이런 점에서 EU와 미국의 대화를 희망적인 궤도에 올린 독일 메르켈(Merkel) 총리의 최근 행보는 환영받을 만한 시도로 볼 수 있다. 그러나 아직은 실행 단계라는 특성상 서로 다른 사안들을 모두 취급해야 하고, 또 책임 소재가 여러 기관에 흩어져 있기에 그 이행은 결코 쉽지 않을 것이다.

지역적 차원의 어젠다

세 번째 어젠다는 EU와 그 이웃 국가들인 EMENA와의 관계다. 이는 3개 차원의 어젠다 중 EU가 가장 효과적일 수 있는 영역이다. EU는 이 지역에서 어느 누구도 부인할 수 없는 경제 강자이며 이 지역이 평화적으로 발전할수록 그만큼 더욱 많은 이익을 얻을 수 있다. 마그레브(Maghreb)에서 중동까지, 과거 소련연방에서부터 현재 러시아와 터키까지를 포함하는 이 지역은 상당한 잠재력을 보유하고 있다. 다른 지역, 특히 아시아에서의 경험에 비추어보면, 서로 발전 단계가 다른 국가들이 통합될 때 그 지역이 보유하고 있는 잠재력이 세계무역과 해외직접투자(FDI)라는 큰 틀 안에서 지역 내 모든 파트너들 간의 성공적인 통합을 얼마나 잘 이끌어내는지를 알 수 있다. 한편, 접경 국가의 경제적 실패와 정치적 불안정은 번영을 저해하는 큰 장애 요인으로 작용하기도 한다.

그러나 실제로 EU는 이 측면에서 가장 효과적이지 못했다. 이러한 역설적 결과의 원인은 두 가지다. 첫째, 이웃 국가에 대한 유럽의 정책 때문이다. EU가 유럽 인접국들의 EU 가입 가능성을 거의 또는 전혀 염두에 두지 않고 이들 국가와의 관계 구조를 형성하려 했던 정책은 완전히 잘못된 것이었다. 이는 마치 조종사 없는 비행기와 같은 것이었다. 참가국들은 절차적인 사항들을 논의하기는 했지만, EU와의 관계를 위해 신뢰할 만한 정치적·경제적 미래상을 제공하지는 못했다. 둘째, EU는 EU와 이웃 국가들 사이의 상호 작용을 위해 매우 중요한 두 가지 분야에서 형평성 있는 접근을 하지 못했다. 그 하나는 이주정책으로서, 이웃 국가들과 가까이 접해 있지만 소득 격차가 컸기 때문에 정책 효과를 볼 수 없었다. 다른 하나는 에너지정책인데, EU는 석유나 가스가 전혀 생산되지 않는 반면 EU 이웃 국가들은 전 세계 매장량의 70~80%를 보유하고 있기 때문이었다.

EU 집행위원회의 최근 노력과 2007년 3월에 맺은 공동 에너지전략에 관한 협정에도 불구하고, 이 두 분야에서 EU의 성과는 기대치 이했다. 그 이유는 바로 모든 나라에 적용되는 공동 이주정책과 에너지정책이 없었기 때문이다. 따라서 이 분야에서 결여된 것은 효과적인 이행을 보장하는 진실한 정치적 약속이다.

앞에서 언급한 세 가지 어젠다는 유럽이 국제 관계, 대미 관계, 그리고 지역 관계에서의 문제들을 해결하기 위해 통합되고 일관성 있는 대외정책이 필요함을 분명히 보여준다. 이번 연구 결과로 알게 된 공통적인 사실은, 현재 유럽의 대외경제정책 상태는 "복잡하면서 발전하고 있는 단계에 있기 때문에 그 효율성이 의심스러우며, 거버넌스 모델의 선택이 효율성을 기준으로 판단되지 않고 과거부터 내려온 그대로를 답습하고 있다."라는 것이다.

이 책의 저자들은 현 상황을 개선하기 위한 여러 제안을 내놓았는데, 이 제안들은 모두 대외경제정책에 관해 EU 각료이사회가 협력하거나 또는 단독으로 EU 집행위원회에 더 많은 권한을 부여하자는 구상에 기초하고 있다. 이는 새 조약에서 구상하고 있는 외교안보정책을 위한 유럽고위대표연합을 통해 달성될 수 있을 것이다.

EU가 유럽 내에서의 평화를 달성한다거나 재통합에 주력하는 것이 타당한 방향이라고 생각한다면, 분명히 역내 통합의 구성과 이행 문제가 대외 관계보다 우선순위를 차지할 것이다. 그러나 그런 시대는 이미 지나갔다. 급격한 변화와 수많은 도전이 몰아치는 국제 환경에서 대외 경제 관계는 너무나 중요한 이슈가 되었다. EU는 더 이상 '조각난 강자(fragmented power)'로 머물러서는 안 될 것이다.

2007년 7월

브뤼겔연구소 소장, 장 피사니-페리

브뤼겔연구소 선임연구원 · 브뤼셀자유대학교 경제학 교수, 앙드레 사피르

FRAGMENTED POWER
EUROPE AND THE GLOBAL ECONOMY

Chapter 01

EU의 세계경제 지도

앙드레 사피르

EU는 단일경제 규모로는 세계 1위를 차지한다. 인구는 5억 명에 달하며 GDP는 미국을 약간 상회하는 수준이다. 세계경제에서 차지하는 위상도 매우 크다. 수출 규모 1위, 수입 규모 2위(1위 미국), 서비스 분야 수출입 1위, 에너지 분야 수입 1위, 해외원조 1위, 해외직접투자의 자본대출과 자본차입 각 2위(1위 미국), 해외로부터의 노동 이주 2위(1위 미국) 등의 지표가 EU의 경제적 위치를 설명해준다.

세계경제에서 EU는 무역·자본·이주 문제뿐만 아니라 규제정책 분야에서도 상당한 영향력을 행사하고 있는데, 특히 규제정책에 관해서는 거의 모든 사안에서 주도권을 행사하고 있다. 경쟁정책과 관련된 독점금지법이라든가 환경 관련 분야에서의 지구온난화 방지책 등이 대표적 사례다. 또한 세계 제2위의 국제통화인 유로화가 통용되고 있으며, 금융시장에서도 미국의 뒤를 이어 2위의 규모를 자랑하고 있다.

그런 측면에서 EU는 실로 세계경제에서 미국과 거의 대등한 강자라

할 수 있다. 유럽, 중동, 북아프리카 지역을 아우르는 EMENA(Europe, Middle East and North Africa) 지역경제에서 EU의 영향력은 말할 필요도 없을 것이다. 그럼에도 불구하고 EU가 세계경제의 리더로서, 아니 심지어 지역경제의 리더로서라도 앞으로의 명확한 방향과 그에 따른 구체적인 대외경제정책을 가지고 있는지는 의심스러울 지경이다.

이러한 문제는 EU가 미국과 같은 단일국가나 연방체제가 아니라는 데서 발생한다. EU는 각자의 주권을 행사하는 여러 국가들이 모인 공동체다. 그럼에도 마치 하나의 국가처럼 EU 차원의 공동대외정책을 다루며, 국가의 핵심 권한인 대외경제정책 분야에서 주도적인 역할을 하고 있다.

특히, 최근 20여 년 사이 환경문제가 국제사회의 주요 사안으로 대두되면서 EU가 국제사회에서 더 큰 역할을 해야 한다는 기대와 필요성이 더욱 부각되었다.

지역적 차원에서 보면, 구소련연방의 붕괴는 새로운 주권국가들의 탄생으로 이어졌다. 그들 중 일부는 EU에 흡수되어 27개국으로 확장된 EU27을 구성하게 되었고, 나머지는 EU의 동쪽 경계선 밖에 남게 되었다. 이들 중 몇몇 국가는 초기에 정치적·경제적으로 심각하게 불안정한 시기를 겪었다. 상황이 다소 호전되긴 했지만 주요 리스크들은 아직도 해소되지 않았다. 지중해와 걸프지역에 걸친 EU 이남 인접 국가들도 대부분 비슷한 리스크를 안고 있다. 결국 EU27과 인접한 EMENA 지역에는 잠재적 불안 요소가 다분하다고 볼 수 있다.

그렇다면 글로벌 차원은 어떤지 살펴보자. 최근 20여 년간 국제사회는 크게 세 가지 면에서 변화가 있었는데, 이는 유럽의 대외경제 관계를 형성하는 데 매우 중요한 역할을 하고 있다.

그 첫째는 세계화다. 개발도상국가가 부상하면서 이들은 점점 더 복잡하고 세분화된 제품 생산 및 서비스 공급 능력을 갖추게 되었다. 이 신흥경제국들은 아시아와 라틴아메리카 등에 위치해 있으며, 이들 중에는 글로벌 신흥강대국들(중국, 인도, 브라질)로 떠오른 나라들도 있다. 이 국가들은 막대한 인구를 바탕으로 급속도의 경제성장을 이루어오고 있다. 아프리카 대륙에도 소수의 신흥경제국이 꿈틀거리고는 있지만, 대부분의 지역에는 여전히 분쟁과 가난이 창궐하고 있다.

둘째는 환경보호와 천연자원 보전에 대한 전례 없는 국제사회의 압력이 발생하고 있다는 점이다. 기후변화와 에너지자원 확보에 대한 세계의 관심이 집중되기 시작한 것이다.

셋째는 구소련의 붕괴 이후 국제사회에서 미국이 군사력을 포함하여 거의 모든 분야에서 절대 강자의 위치를 선점하게 되었다는 점이다. 그리고 현재 미국은 EU나 다른 어떤 선진 경제체보다도 우위에 선 경제역학 구조를 형성했다.

바호주(Barroso) 위원장이 EU 집행위원회를 이끌기 시작하면서 EU 집행위원회는 다른 어느 시기보다도 더욱 유럽의 대외경제정책에 주력하고 있다. 이는 바호주 집행위원장 자신과 그 측근 인사들의 성향 및 대외정치 경험에 기인한 것이기도 하지만, 동시에 유럽이 당면한 새로운 도전과 '세계적 유럽'을 갈망하는 유럽 시민의 요구를 반영하는 것이라 말할 수 있다. 다시 말해 '세계화된 국제사회에서 더 잘사는 유럽사회'와 '새롭고 더 나은 세계질서'의 창출을 주도할, '세계적 유럽'에 대한 유럽인들의 열망을 실현시키고자 하는 것이다.

EU 집행위원회는 EU의 대외경제정책의 방향을 분명히 밝히고 있다.

경제적 측면에서 EU의 첫째 목표는 경제개혁을 위해 체결된 리스본 전략(Lisbon Strategy)에 명시되어 있다. 리스본 전략은 2005년에 개정되어 현재는 세계화라는 환경 속에서 성장·일자리 창출·경쟁력, 이 세 가지에 초점을 두고 있다. 개정 리스본 전략의 대외 측면은 EU 집행위원회의 정책보고서인 《커뮤니케이션스(Communications)》 최근 판에서 좀 더 내용이 발전되었다. 그중 가장 주목할 만한 내용은 2006년도 《커뮤니케이션스》에 실린 피터 만델슨(Peter Mandelson) 무역분과위원장의 〈세계적 유럽: 세계 속의 경쟁(Global Europe: Competing in the World)〉이라는 제목의 글에 나온다. 비록 글 자체는 무역정책에 초점을 맞춰 쓰여졌지만 결국에는 대외정책의 방향을 시사하는 것으로 보인다. 그 내용은 다음과 같다. "대내외적으로 추구하는 정책들 간에도 연계성이 있다. 세계화가 대내외 정책 간의 경계선을 무너뜨렸기 때문에, EU의 대내정책은 대부분의 대외 권한에도 결정적 영향을 미치는 동시에 반대로 대외 권한이 대내정책에 영향을 미치기도 한다. 대내외 사안들에 대한 '통일성과 일관성 있는 접근법'이 필요하다는 사실을 인지하고 일하는 것이 EU 집행위원회의 차별화된 정책 방향이라 여겨져왔다.[1] 그러나 정말 통일성 있고 일관적인 정책을 수행하기 위해 우리의 사고방식과 행동 방식에 있어 개선할 점이 아직도 남아 있다."(이 주장은 원문의 주석에서 좀 더 강조되었다.)

  정치적 측면에서 EU의 대외정책 목표는 세 가지다. 즉, 유럽 인접국들의 거버넌스와 안정에 기여하고, 효과적인 다자간 상호협력주의에 근거한 국제 질서를 구축하며, 마지막으로 안보 위협에 대처하는

---

[1] 2006년 5월 EU 집행위원회 채택 〈유럽을 위한 시민 어젠다(A Citizen's Agenda for Europe)〉 참조. 2006년 6월 EU 각료이사회 채택 〈EU의 지속 가능한 발전을 위한 신전략(EU's renewed Strategy for Sustainable Development)〉 참조. 2006년 6월 EU 집행위원회 채택 〈세계 속의 유럽(Europe in the World)〉 참조.

것이다.

　그런데 현실은 EU 거버넌스의 복잡한 구조, 즉 각 정책마다 EU, 회원국, EU 집행위원회와 EU 각료이사회가 각기 다른 역할과 권한을 행사하는 복잡한 구조 때문에 실제로는 효과적인 대외경제정책을 수립하는 데 난항을 겪고 있다. 이는 유럽이 앞으로 반드시 해결해야 할 과제다.

　이 장은 5개 절로 나누어져 있다. 1절은 EU 외부의 국제사회를 5개 그룹으로 나누어 일종의 국제사회 지도를 제시하는 서론이다. 제1그룹은 유럽 주변 국가들과 중동 및 북아프리카에 위치한 국가들, 제2그룹은 미국, 제3그룹은 미국을 제외한 선진국들, 제4그룹은 아시아와 라틴아메리카에 있는 신흥국가와 개발도상국들, 마지막 그룹은 사하라 이남 아프리카와 그곳의 신흥국가를 제외한 개발도상국들로 구분지어 연구했다. 이와 같은 그룹핑을 통해 유럽이 당면한 과제를 글로벌 어젠다, 대서양(대미) 어젠다, 지역 어젠다의 세 가지 차원으로 나누어 구분해볼 수 있다. 각 어젠다는 각각 2, 3, 4절에서 다루었다. 마지막 5절인 결론에서는 유럽이 한편으로 세계적 · 대서양적 · 지역적 도전에 대처할 통합적이고 일관된 대외정책이 필요하다는 점을 강조했다. 그리고 복잡하며 그다지 효과적이지 않은 유럽의 현재 대외경제정책 거버넌스 구조와 현실을 지적하고, 이 필요와 현실 사이의 격차를 해소할 대안들을 제시했다.

유럽과 세계 지도

        저자는 EU27 역외 세계를 5개 그룹으로 나누었다. EMENA 지역의 이웃 국가, 미국, 미국 외 선진국, 신흥개발도상

▎〈표 1.1〉 유럽과 세계

	인구수 (2005년) (전 세계 대비 %)	GDP(PPP 기준) (2005년) (전 세계 대비 %)	1인당 GDP (2005년) (EU27=100)	GDP 성장률 (1998~2007년) (연간 %)
EU27 (유로지역)*	7.6 (4.9)	20.4 (14.8)	100.0 (112.5)	2.4 (2.1)
이웃 국가** (러시아)	10.9 (2.3)	8.5 (2.6)	29.1 (42.1)	4.2 (5.4)
미국	4.6	20.1	162.8	3.1
미국 외 선진국 (일본)	4.5 (2.0)	13.9 (6.4)	115.1 (119.2)	1.8 (1.3)
신흥개발도상국*** (중국) (인도) (브라질)	60.8 (20.7) (17.3) (2.9)	34.5 (15.4) (6.0) (2.6)	21.1 (27.7) (12.9) (33.4)	6.1 (9.1) (6.6) (2.4)
기타 개발도상국****	11.6	2.6	8.3	4.3
세계	100.0	100.0	37.2	4.1
G7*****	11.4	41.2	134.6	2.4
BRICs******	43.2	26.6	23.0	7.8

* 유로지역은 유로화를 사용하는 16개 회원 국가들을 지칭한다.
** EU27 제외 나머지 유럽 국가들(러시아와 CIS 국가들 포함), 중동, 북아프리카.
*** 아시아와 라틴아메리카 개발도상국.
**** 사하라 이남 아프리카.
***** 캐나다, 프랑스, 독일, 이탈리아, 일본, 영국, 미국.
****** 브라질, 러시아, 인도, 중국.
자료: IMF(2006) 통계를 근거로 자체 계산.

국, 그리고 기타 개발도상국가로 분류된다(〈표 1.1〉 참조). 각 그룹의 경제적 특징과 EU와의 연관성을 살펴보자.

① EMENA 지역의 이웃 국가들[2] 인구수는 EU보다 약간 많지만, GDP 수준은 EU에 비해 매우 낮다. 이들 국가의 1인당 GDP(PPP 기준) 평균은 EU 회원국 평균의 3분의 1 수준에도 미치지 못한다. 제1그룹 국가들은 EU 시장 의존도가 상당히 높은데, 이 지역 수출의 70% 이상이 EU 시장으로 흡수되고 있다. 반대로 EU 수출의 3분의 1 이상을 받아들이는 EU의 주요 수출 지역이기도 하다. 또한 전 세계 석유와 가스 자원 보유고의 대부분이 이 지역에 밀집해[3] 있기 때문에 EU 역시 이 지역에서 에너지자원을 수입한다. 따라서 이 지역에 대한 EU의 에너지 의존도 또한 상당히 높다고 볼 수 있다. 이 두 지역 간 소득 격차와 인구분포의 불균형으로 EMENA에서 EU로의 이주 흐름이 크게 나타난다. 이는 상당한 규모의 노동 수입 송금이 역방향으로 이루어지고 있음을 뜻하기도 한다. 더구나 이 지역은 EU로부터 대규모 해외원조를 받고 있다. EU와 회원국들의 원조금 중 25% 정도가 이곳에 지원되고 있다(Chapter 04 참조).

② 미국의 GDP는 EU와 거의 비슷하지만, 인구수가 EU에 비해 2억 명 정도 적기 때문에 1인당 GDP는 미국이 EU보다 60% 정도 더 높다. 대서양을 사이에 둔 양국의 경제 관계는 세계에서 가장 큰

---

2 여기서 EU의 이웃 국가들이란 지리적으로 EU27 경계선 밖에 있는 나머지 유럽 국가들, 즉 유럽자유무역연합(EFTA), 발칸 국가, 터키, 러시아와 구소련연방 6개국, 그리고 지중해 국가와 이란 및 이라크를 포함한 걸프지역 국가를 지칭한다.

3 2006년 말 기준으로, 세계 석유 보유고의 70%, 그리고 천연가스의 80% 가 이 지역에 매장되어 있는 것으로 확인되었다. *Oil & Gas Journal*(2006. 12. 18.), The PennWell Corporation, Vol. 104.47.

규모다. 미국과 EU는 단일경제주체로는 서로에게 가장 큰 상대국이다. 제품무역의 20%, 서비스의 40%를 서로에게 의존하고 있다. 또한 자본 흐름 50% 이상이 쌍방 간에 이루어지는, 해외직접투자의 가장 중요한 자본수출국이자 자본수입국이다.

③ 일본을 포함한 다른 비유럽 선진국들은 인구수에 있어서는 미국과 비슷하지만 GDP 수준은 미국에 비해 훨씬 낮다. 제3그룹 국가들은 EU와의 무역과 해외직접투자 관계에서 상대적 중요도가 낮긴 하지만 그렇다고 무시할 수준은 결코 아니다.

④ 중국, 인도, 브라질을 포함한 신흥개발도상국들[4]은 5개 그룹 중 몸집이 가장 거대하다고 볼 수 있다. 이 국가들은 도합 세계 인구의 60%, 세계 GDP의 35%를 차지한다. 이는 EU와 미국을 합한 것과 거의 맞먹는 규모인데, 1인당 GDP 평균을 보면 EU의 5분의 1에 불과하다. 그러나 최근 이 국가들의 위상이 급부상하고 있다. 급속도로 성장하는 이들과 EU 간 상호 교류의 주요 채널은 무역이다. 이 그룹은 EU의 주요 수출시장으로서 EU 총 수출의 25%를 넘어서고 있다. EU 역시 급속도로 성장하는 이 국가들의 주요 수출시장이 되어가고 있다. 유럽에서 이들 신흥국가로의 주요 투자 흐름도 간간이 나타나고 있으며, 미미하지만 역방향의 투자 흐름도 역시 증가 추세에 있다. 한편 이들은 비교적 낮은 소득 수준과 높은 인구수에도 불구하고, 유럽 해외원조의 25%만을 지원받고 있다. 소득 수준은 훨씬 더 높고 인구수는 훨씬 적은 EMENA 지역의 이웃 국가들과 거의 같은 수준의 원조를 받고 있는 셈이다.

---

4 편의상 신흥개발도상국은 아시아 개발도상국과 라틴아메리카 개발도상국으로 제한한다.

⑤ 마지막 그룹인 사하라 이남 아프리카 지역은 대부분 비(非)신흥개
발도상국들로 이루어져 있다. 이 지역은 5개 그룹 중 가장 가난한
지역이다. 세계 인구의 12% 정도를 차지하지만 세계 GDP의 3%
에도 못 미치는 수준이다. 따라서 1인당 GDP 평균도 EU의 10분
의 1이 못 된다. 반면 이 지역의 EU 시장 의존도는 극도로 높은데,
이 지역 수출의 40% 정도가 EU 시장으로 유입된다. 하지만 EU 수
출의 극히 일부만이 이 지역으로 들어간다. 이 지역과 EU 간 소득
과 인구 격차는 EU와 EMENA 간의 격차보다 더 크지만 이주 흐름
은 아직 미미한 편이다(불법이주가 빠르게 증가하고 있긴 하다). 한편, 사
하라 이남 아프리카는 EMENA의 2배 정도에 달하는 해외원조를
받고 있는데, EMENA와 비교할 때 인구수는 거의 비슷하지만 1인
당 GDP는 3분의 1 수준밖에 되지 않는다.

우리는 위와 같은 지역 그룹핑을 통해 유럽이 당면한 과제를 세 가지
차원에서 분석하고자 한다. 첫째는 새로운 글로벌 경제강국들의 출현
과 관련된 글로벌 어젠다, 둘째는 EU와 미국 양자 간 관계는 물론 글로
벌 신흥강대국들을 둘러싼 양측의 관계를 포함하는 대서양 어젠다, 셋
째는 이웃 국가들과의 관계와 관련된 유럽 지역 어젠다다.

글로벌 차원의 어젠다

EU 글로벌 어젠다의 모든 사안(무역, 통화와 재정,
개발 등)은 한 가지 공통점을 갖고 있다. 모두가 신흥경제국 쪽으로 경제

의 무게중심이 이동하면서 새롭게 발생한 문제들이라는 것이다. 따라서 EU의 정책과 기관들이 이러한 새로운 국제사회 현실을 받아들이고 그에 따라 정책과 조직구조 면에서 EU를 재조명할 필요성이 점점 더 증대되고 있다.

국제사회에서 가장 극적인 변화는 무역 분야에서 일어났다. 1994년 우루과이라운드(Uruguay Round)가 종결되고 WTO가 생기기 이전까지 주요 상품수출국은 EU12, 미국, 일본, 캐나다 4개국이었다. 속칭 '쿼드(Quad)'라고 불린 이들은 당시 세계무역의 절반을 차지했다(EU 역내 무역 제외). 하지만 2005년에 이 비율은 40%까지 감소했고, 4대 주요 수출국은 EU25, 미국, 캐나다, 일본이 되었다.

사이먼 에버넷(Simon J. Evenett)이 저술한, 이 책의 Chapter 03을 보면 알 수 있듯이 오늘날 유럽 무역정책의 가장 큰 과제는 유럽의 주요 시장이자 경쟁 상대인 신흥국가들의 출현에서 발생한 것이다. 에버넷은 유럽과 신흥국가들이 다자간 상호무역 시스템을 고수하고자 하는 점에서는 관심사가 같지만, 상업적 관심사는 서로 다르다고 주장했다. 이에 따라 그는 유럽이 신흥무역강국들과 함께 새로운 '모두스 비벤디(modus vivendi: 잠정적 협정)'를 추구해야 하며, 향후 있을 다자간 상호무역협약의 잠재적 기반을 세운다는 목표를 염두에 두고 EU의 무역전략을 발전시켜야 한다고 제안했다.

세계무역구조와 EU 자신은 이 새로운 도전에 얼마나 잘 준비되어 있을까? 결론부터 말하면, 그 나름대로 노력하고는 있지만 부족한 점이 있다는 사실을 간과해서는 안 된다.

1999년 시애틀에서 개최된 WTO 각료회의에서 파스칼 라미(Pascal Lamy) EU 무역담당 집행위원장은 WTO를 '구닥다리(medieval)'라고 발언하여 구설수에 오른 적이 있었다. 하지만 그가 옳았다. GATT 당시 선배들이 했던 것처럼, 마치 구세력의 사교클럽 같은 쿼드가 WTO의 어젠다를 정한 것이나 다름없었다. 그러나 라미가 말하고자 했던 바는 이런 구체제가 진짜 변화의 시기를 맞이했다는 것이다. 2001년 중국이 WTO 회원국이 되었고, 2003년 멕시코 칸쿤에서 열린 WTO 각료회의에서는 브라질, 인도와 남아프리카공화국이 영입되었다. 그리고 20세기의 신흥무역국 연합인 G20이 만들어졌다. G20의 총 무역량은 EU나 미국과 거의 맞먹는 수준이다. 이후 쿼드가 사라지고 다자간 무역협상을 고무하는 G4가 그 자리를 대신하면서 구세력과 신세력이 손을 잡은 새로운 구성의 4인조(EU, 미국, 브라질, 인도) 그룹이 만들어졌다.

세계무역협상에서 EU가 늘 주빈석을 차지하고 있는 이유는 단지 EU가 세계무역에서의 비중이 높기 때문만이 아니라, 무역정책에서 한목소리를 낼 능력이 있기 때문이다. 하지만 조직의 능력과 정치적 능력은 분명히 구분해서 생각할 필요가 있다. (적어도 상품에 관한 한) 무역정책은 EU의 배타적 권한 사항에 속하며 EU 각료이사회의 감독 아래 EU 집행위원회에 의해 운영된다. 따라서 EU는 EU 무역분과위원장을 통해 한목소리를 내고는 있지만, 이 한목소리라는 것이 사실상 많은, 그리고 갈수록 더 많아지는 회원국들의 요구를 반영해야 한다는 과제를 안고 있다.

브누아 쿼레(Benoît Coeuré)와 장 피사니-페리(Jean Pisani-Ferry)가 집필한, 이 책의 Chapter 02를 보면 무역은 EU의 설립 초기 단계부터 EU 차원으로 정책 관련 권한이 중앙집권화된 분야임을 알 수 있다. 그런데 흥미롭게도 각 회원국 간에 정책결정자들과 여론의 선호도는 그 이질성이 상당히 높은 것으로 나타난다. 이렇듯 각 국가들의 선호가 서로 다름에도 불구하고, EU의 공동정책이 유지될 수 있던 것은 공동정책이 받아들여질 만한 제도적 구조가 제공되었다는 증거라 판단된다. 하지만 퀴레와 피사니-페리는 유럽의 무역정책이 EU 내에서 논쟁의 여지가 많다는 사실 또한 인정하고 있다. 아마도 공동무역정책을 운영하기가 점점 더 어려워지고 있기 때문인데, 그 원인은 세계화와 새로운 국제사회 주자들의 등장을 EU 회원국들이 각기 다른 관점에서 바라보고 있기 때문이다.

〈유로바로미터(Eurobarometer)〉[5]에 따르면, 노르딕과 앵글로색슨 국가들, 그리고 신입회원국 중 일부는 대체로 세계화를 기회로 생각하는 반면, 나머지 국가들은 위협으로 인식하고 있다. 그런데 이런 인식의 차이는 각 국가의 국민복지 시스템의 효율성 차이와 상관관계가 높은 것으로 나타났다.[6] 따라서 EU 회원국들이 효율적 · 비효율적 사회복지 모델로 나뉘어 있는 이상, EU의 무역분과위원장이 일관성을 가지고 힘 있는 목소리를 내기는 어려울 것이며, 사이먼 에버넷이 Chapter 03에서 제안한 공동무역전략을 추구하기도 어려울 것이다.

한편, 통화와 재정 분야, 그리고 개발 분야는 정반대 상황을 연출하고 있다. 이들 분야에서도 글로벌 신흥강국들의 출현과 도전이 주안점이긴 하지만, 국제기구 및 EU의 현 운영 구조가 이 새로운 환경에 적합하지 못할뿐더러 효과적으로 대처하지도 못하고 있는 현실이다.

IMF와 세계은행, 이 두 국제기구는 통화와 개발 업무를 담당하는 가장 효과적인 국제기구로서 오랜 신임을 받아왔다. 하지만 최근 이 두 기관은 국제사회의 변화에 적응하느라 고군분투하고 있다. 앨런 에이

---

5 역주: EU 집행위원회가 주관하여 정기적으로 발간되는, EU와 관련한 경제 · 사회의 다양한 지표 및 여론조사 결과 보고서.
6 Sapir(2005) 참조.

헌(Alan Ahearne)은 자신의 저서(Ahearne et al., 2006)를 통해 이 두 기관이 존재 이유를 잃어가고 있다고 지적했다. IMF의 주 업무인 재정원조는 아시아 국가들의 불만과 라틴아메리카의 잇따른 이탈로 흔들리고 있고, 글로벌 불균형을 조정하려는 노력이 비록 환영은 받고 있지만 거의 도박 수준으로 여겨지고 있기 때문이다. 세계은행 역시 민간 금융시장의 발전으로 그 입지가 많이 위축되었다. 아직은 IMF가 세계 극빈국가들을 대상으로 한 국제개발협회(IDA: International Development Association)의 소프트론(soft-loan)이라는 창을 통해 그 명맥을 유지하고 있지만 중국, 인도 등 신흥국들의 무조건부 양자신용 때문에 이마저도 위협을 받는 실정이다. IMF의 위상은 점점 실추되고 있다.

이 두 기구의 경우 신흥국가들의 발언권과 참여를 높이기 위한 거버넌스 개혁이 절실히 요구된다. IMF와 세계은행에 있는 24명제 상임이사회도 과거의 유물이다. 유럽은 이 두 기관에 무려 8개국이 회원으로 가입되어 있으며, 투표권의 30%를 보유하고 있다. 유럽 대표가 필요 이상 많은 것은 곧 신흥국가들의 자리가 그만큼 적다는 이야기다. 앨런 에이헌과 배리 아이켄그린(Barry Eichengreen)이 유럽의 대외 통화·금융에 관한 Chapter 05에서 언급했듯이, 이렇게 유럽의 발언권이 여러 나라에 분산되어 있으면 그 목소리의 비중이 과소평가되는 원인으로 작용할 수 있다. 결과적으로 이들은 비니-스마기(Bini-Smaghi, 2006a)와 같은 의견인데, 곧 유럽이 IMF와 세계은행의 대표를 일원화해 두 기관에 신흥국가들이 좀 더 자유롭게 참여할 수 있도록 해야 한다는 것이다. 그렇게 함으로써 브레턴우즈(Bretton Woods) 체제의 양대 기구가 그 존재의 타당성을 높일 수 있으며, 유럽은 유럽 경제 규모에 맞는 영향력을 행사할 수 있을 것이라는 주장이다.

한편 에이헌과 아이켄그린은, 대표의 단일화가 개별 국가 차원에서 대외정책이라는 중요한 영역의 주권 포기(양도)를 의미하기 때문에 반드시 정치적 장벽에 부딪힐 것이라는 사실도 분명히 인지하고 있다. 하지만 유럽 국가들이 대표 일원화를 추구할 분명한 인센티브가 두 가지 있다. 첫째, 역내 경제 강자들도 국제적 강대국으로서의 위상을 잃고 있는 것을 알기 때문에 단체 행동이 더 효과적인 대외정책을 운영할 유일한 방법이다. 둘째, 신흥국가들에 자리를 만들어주는 것이 다자기구의 강화를 위해 결정적 역할을 할 것이며, EU가 말하는 효과적인 다자간 공동대외정책을 수립하기 위해 필수불가결한 조건이기 때문이다.

이러한 관점에서 에이헌과 아이켄그린은 IMF부터 시작하는 점증적 전략을 제시했다. 이들은 EU 대표를 세계은행보다 IMF에서 먼저 일원화하는 것이 두 가지 이유에서 타당성이 높다고 보았다. 첫째, 같은 통화를 사용하고 같은 환율이 적용되는 유로지역 국가들 사이의 의견이 비교적 통일되어 있는 편이다. 둘째, 유럽 국가들은 이미 IMF 내에서 EU 경제금융위원회(EU Economic and Financial Committee)라는 하위 조직을 만들어 유로지역 국가들의 입장을 서로 조율하고자 하는 노력을 시작했다.

그러나 유럽 내에서 정책결정 절차를 개선할 수 없다면 IMF나 세계은행에서 유럽 대표를 일원화한다 하더라도 전혀 효과를 보지 못할 것이라는 점을 염두에 두어야 한다. 무역정책과 마찬가지로 대외통화정책은 EU가 권한을 행사할 수 있는 주요 분야이긴 하지만, 여기에는 두 가지 조건이 있다. 첫째, 대외통화정책에 대한 EU의 권한은 유로지역의 통화정책과 환율에만 적용된다. 둘째, EU 조약에 의거하여 유로지역의 대외적 대표 권한은 유럽중앙은행(ECB: European Central Bank)과

EU 집행위원회가 의사결정 과정에 '충분히 참여하는' 조건으로 EU 각료이사회가 행사하는 것이지, 무역 분야처럼 EU 각료이사회의 자문을 받아 EU 집행위원회가 행사하는 것이 아니다. 따라서 IMF 내에서 유로지역의 효과적인 대표권 행사를 위해서는 이 세 기관 사이의 책임 소재가 분명히 구분되어야 할 것이다.

반면, 개발정책은 EU와 그 회원국들 간에 권한이 나뉘어 이중으로 운영되고 있다. 한쪽에는 EU 각료이사회의 자문을 받아 EU 집행위원회가 권리를 행사하는 EU 차원의 공동정책이 있고, 다른 쪽에는 27개국의 개별 국가정책이 있는데 이는 회원국 각자의 고유 권한으로서 결국 EU의 입지를 약화시키는 요인으로 작용한다.

퀴레와 피사니-페리는 이렇게 부분적으로만 EU 차원으로 권한이 중앙집권화된 구조와 느슨한 코디네이션이 어떤 이유에서건 정당화될 수 없다고 주장한다. 아르네 빅스텐(Arne Bigsten)은 이 책의 Chapter 04에서 이러한 상황이 지속되는 이유를 두 가지로 지적했다. 먼저 개발정책이 대외정책의 영역에 속한다는 점, 그리고 다수의 회원국들이 EU가 개발정책을 운영하는 방식에 불만을 품고 있다는 점이다.

대외정책을 운영함에 있어 효과적인 영향력을 발휘하기 위해서는 회원국들이 개발원조를 공동관리해야 한다는 반론이 있다. 그러나 이 주장은 통화 분야보다도 더 설득력이 없는 이야기다. 왜냐하면 식민통치 경험을 가진 국가들은 과거 식민지로 양자원조의 흐름을 과잉 조율함으로써 과거 식민 지역에 대한 자국의 영향력을 계속 유지하고 싶어 하는 경향이 있기 때문이다. 따라서 EU 개발정책이 비효율적이라는 주장과 관련해 문제를 다루는 바람직한 방법은 각 국가들이 각자의 개별 정책을 고수할 것이 아니라 대의를 위해 함께 개혁을 감행하는 것이다.

그렇다면 진짜 고민해야 할 문제는 EU 개발정책의 내용이 무엇이어야 하는가와 이를 EU의 다른 정책과 어떻게 연관지어야 하는가, 특히 무역정책과 어떤 관계를 설정해야 하는가다.

대서양 차원의 어젠다

유럽과 미국은 세계에서 가장 큰 2개의 경제체다. 따라서 이들 국가 간의 경제 관계는 자신들뿐 아니라 나아가 전 세계에 걸쳐 영향을 미치는 사안이다. 여기서는 대서양을 횡단하는 순수한 EU-미국 양자 간 경제 관계를 먼저 살펴보고, 그 다음 국제사회라는 환경 속에서 EU와 미국의 경제 관계를 진단해보겠다.

세계에서 가장 큰 규모인 EU-미국 간 양자 무역 관계는 특별히 다자간 무역 시스템이라는 틀 안에서 이루어진다. 비록 두 파트너 간의 무역 규제가 있긴 하지만, 이들의 양자 무역 관계는 제법 무난하게 운영되고 있다. 그렇기 때문에 사이먼 에버넷이 EU의 무역정책에 관해 쓰면서, EU-미국 양자 간 무역 관계에 많은 지면을 할애하지 않은 것이다. 사실상 2000~2006년 사이에 WTO에 상정된 171건의 무역분쟁 가운데 미국이 EU를 상대로 한 것은 7건, EU가 미국을 상대로 한 것은 13건이다. 즉, 두 국가 간 무역분쟁이 연평균 3건에 그친 셈이다. 물론 그중 에어버스(Airbus) 대 보잉(Boeing)의 사례처럼 제법 심각한 건도 있었지만, 대부분은 무역분쟁이라는 큰 틀에서 보았을 때 비교적 소소한 사안들이었다.

다자간 무역구조 안에서 양자 관계를 양자 간 대서양협정으로 대체하려는 시도는 오래전부터 계속 있어왔다. 그 첫 번째 시도가 1960년대, 유럽경제공동체(EEC: European Economic Community)의 창설 직후 미국이 북대서양자유무역지대(NAFTA: North Atlantic Free Trade Area) 창설을 제안한 것이다. 이 제안은 1990년대 초 범대서양자유무역지대(TAFTA: Transatlantic Free Trade Area)라는 이름으로 다시 거론되었는데, 이는 NAFTA가 당시 북미자유무역협정(North American Free Trade Agreement)의 약어로 사용되었기 때문이다. 하지만 TAFTA는 대서양을 두고 양쪽으로부터 거센 반대에 부딪혔고,[7] 결국 1995년에 본래의 의도가 다소 약하게 반영된 '신대서양어젠다(NTA: New Transatlantic Agenda)'의 제정으로 이어졌다.

NTA는 (농업 분야와 같이) 민감한 분야의 기존 무역장벽은 다루지 않는 대신 경쟁정책을 포함한 규제 분야에 초점을 맞추고 있다. NTA에는 '범대서양비즈니스협의회(TABD: Transatlantic Business Dialogue)'를 포함한 다수의 포럼이 참여하고 있다. 이는 미국과 유럽의 비즈니스 리더들과 고위공무원이 함께 대서양 규제협력을 증진하자는 목적으로 모인 포럼들이다.

경쟁정책은 무역과 유로 환율 다음으로 EU가 자체 권한을 행사할 수 있는 영역이다. 퀴레와 피사니-페리가 지적했듯이, 무역이나 개발정책과 같이 어떤 감독기관을 위에 두고 제한된 권한을 행사하는 것이 아니라, EU 집행위원회 독자적으로 대표권과 정책 결정권을 행사할 수 있는 유일한 영역이 경쟁정책 분야다. 따라서 EU 집행위원회는 예외적으로 국제 무대에서 경쟁정책과 관련 대외협약을 결정할 독보적 권한을 가지고 있다.

---

7 TAFTA도 태국-호주 자유무역지구(TAFTA : The Thailand-Australia Free Trade Agreement)를 뜻하는 다른 약어로 사용된다. 태국-호주 자유무역지구는 2005년 발효되었다.

이 책의 Chapter 06에서 올리비에 베르트랑(Olivier Bertrand)과 마크 이발디(Marc Ivaldi)는 이 분야를 더욱 심도 있게 다루었다. 내용을 간단히 정리해보면 이렇다. EU 집행위원회는 EU의 경쟁정책을 집행하는 데 원거리 역외 지역까지도 그 영향력을 미친다. 한편 대기업들은 경쟁정책의 하나인 독점금지처분의 표적이 되는 경우가 많은데, 그렇게 되면 대기업이 모체를 두고 있는 국가들 사이에 심각한 갈등을 일으킬 소지가 다분하다. 미국은 두말할 나위 없이 제1표적이 될 수 있는 국가다. EU 집행위원회가 미국에 모체를 두고 있는 기업들 간의 합병(보잉-맥도넬더글러스 사례, 제너럴일렉트릭-하니웰 사례)을 막거나, EU 시장에서 독점적 권리의 남용을 막으려 했던 사례(인텔, 마이크로소프트, 퀄컴)가 이미 여러 번 있었다. EU-미국 간의 심각한 분쟁으로 이어질 뻔했던 사건들이었다. 그러나 다행히 1990년대 초에 시작된, EU와 미국의 경쟁정책 당국들 간 공식적 협력이 원만히 이루어진 덕분에 큰 충돌은 일어나지 않았다.

경쟁정책 분야의 규제협력이 다른 규제 분야에서도 협력할 수 있는 긍정적 선례가 될지의 여부는 좀 더 생각해볼 문제다. 경쟁정책에서의 접근법을 다른 영역에까지 확대 적용하기에는 아직 문제가 많다. EU 회원국을 포괄할 수 있는 단독 규제기관이 없고 따라서 EU 회원국을 대표하여 단일화된 발언을 할 주체가 없기 때문이다.

해외 파트너와 규제 관련 사안을 협상하는 데 있어 유럽이 당면한 어려움은 금융시장을 살펴보면 잘 알 수 있다. 신대서양경제협력(New Transatlantic Economic Partnership)에서는 금융시장에서부터 규제 사안의 난제들을 해결해나가려 하고 있다. 독일 메르켈 총리의 시도로 논의가 시작되어, 주요 경제 섹터(산업생산품, 에너지, 지적재산, 금융시장, 신기술)를 필두로 규제 관련 문제들을 풀어나가기 위한 기초협정이 2007년 4월 30일 워싱턴에서 열렸던 EU-미국 정상회담에서 타결되었다.

마르코 베히트(Marco Becht)와 루이스 코레이아 다 실바(Luis Correia da Silva)가 쓴, 이 책의 Chapter 07은 금융시장 규제에 관한 내용으로서 유럽 전 지역을 포괄하는 공동규제정책을 수용할 수 없다는 현실이 국제사회에서 유럽의 활동을 심각하게 저해한다는 점을 정확히 파악했다. 한 가지 주목할 만한 예외는 회계 분야다. 회계 분야에서만큼은 EU가 국제표준을 만들고 이를 EU에 등재된 기업들에 필수 조건으로 만들도록 장려하고 있다. 결론적으로 유럽이 규제 분야에서 미국 등 해외 파트너와의 국제협상력을 키울 수 있느냐는, EU 내 규제 체제를 개선하는 EU 자신의 능력에 달려 있다.

EU와 미국이 각자 단독 행동을 할 것인가? 또는 세계 규제 분야에서 라이벌로 행동할 것인가? 그도 아니면 서로, 혹은 글로벌 신흥강국들과 함께 이 두 국가가 협력할 것인가? 규제경쟁은 분명 최선의 정책과 기준을 가려내는 데 좋은 도구가 될 것이다. 미국과 유럽은 공히 세계경제의 규제 기준을 제정하는 데 매우 중요한 역할을 하고 있지만, 21세기에 들어서면서 더 이상 단독 행동을 할 수 없게 되었고 글로벌 신흥강국들과도 손을 잡을 필요가 생겼다.

아직까지는 EU와 미국이 명백히 '세계경제의 쌍두마차'다. 물론 GDP(PPP 기준)와 무역량만 보자면 두 경제체를 합해도 전 세계 40%에 그치지만, 달러와 유로를 포함해 세계시장을 규제할 국제 규범과 기준의 80% 정도가 이 두 지역에서 생산된다.

최근에는 EU와 미국이 각자 자신들의 규제 기준을 수출하고자 시도하고 있다. 가장 일반적인 수출 방법은 규제 규범의 채택을 양자 또는 지역 FTA에 포함시키는 것이다. 그렇게 되면 협정 체결 국가 간에 원칙적으로 특혜무역을 선호하게 된다. FTA의 확산은 EU와 미국을 중심으로 이루어져왔다. 대부분의 FTA는 인접 국가들과 체결되었다. 즉, 미국은 아메리카 대륙 국가들과, EU는 EMENA 또는 아프리카 국가들과 무역협정을 체결했다. 그러나 이런 현상이 제2단계에 접어들면서 세계경제의 두 '허브'인 미국과 EU는 '서로'의 '뒤뜰'과 협정을 체결하기 시작했다. 예를 들면 EU는 멕시코와 칠레, 미국은 요르단과 모로코와 FTA를 체결했다.

제3단계에 들어서서 이들은 아시아 신흥경제국가들과 FTA를 체결하기 시작했다. 대부분이 중국, 일본과 같은 아시아 파트너들과 양자 간 협상에 들어간 것이다. 미국은 2004년에는 싱가포르와, 2007년에는 한국과 협정을 맺었다. EU는 2007년 5월부터 한국과 FTA 협상을 시작했고 인도와도 비슷한 행보를 보일 것이라 예측하고 있다.[8]

물론 FTA의 확산은 EU와 미국을 포함한 무역협상에 제한된 현상이긴 하다. 아프리카, 아시아 또는 라틴아메리카 국가 간에 이루어지는 FTA도 다수 있긴 하지만, EU와 미국이 세계시장에서 양대 무역장벽이라는 사실은 그들을 중심으로 한 FTA가 다른 FTA보다도 WTO에 더욱 조직적으로 도전하고 있다는 것을 의미한다.

EU와 미국 사이의 이러한 경쟁적 태도는 특혜시장 접근권을 선점하고 신흥국에 자신들의 규제 기준을 확산, 적용한다는 점에서 단순히 FTA를 체결하는 것 이상을 의미한다. 예를 들면, EU는 중국을 포함한 여러 나라들과 경쟁정책에 관한 다양한 형태의 협력을 추구하고 있다. EU 집행위원회는 이들 국가의 경쟁정책 기본법 제정에 기술적인 도움

---

8 역주: 한 -EU FTA는 2009년 7월에 타결되어 세부 협상을 진행하는 중이다.

을 제공하고 있다. 그렇게 함으로써 EU 집행위원회는 이들의 경쟁정책이 EU의 경쟁정책과 유사해지기를 기대하는 것이다.

금융시장 규제에서 EU는 2005년에 국제회계기준(IFRS: International Financial Reporting Standards)을 처음으로 채택하여 EU 역내에 등재된 기업들이 회계기준으로 삼도록 했다. IFRS는 국경을 넘는 무역과 투자에서 세계의 금융 보고를 통일하려는 목적으로 호주, 캐나다, 중국, 홍콩, 러시아를 포함한 100개국 이상의 나라들이 이미 쓰고 있거나, 앞으로 채택할 예정이다. IFRS를 채택하지 않은 미국은 일반적으로 인정된 회계원칙(GAAP: Generally Accepted Accounting Principles)을, 일본이나 인도 같은 주요 국가들은 자체 시스템을 쓰고 있어 그 라이벌이라 할 수 있다. 하지만 이 국가들도 자국 시장에 등재된 일부 기업에 대한 IFRS 허용 방안을 고려하고 있는 상황이다.[9] 따라서 종국에 IFRS는 세계의 회계기준이 될지도 모를 일이다.

신대서양경제협력의 주된 목적 중 하나는 신흥경제강국의 출현에 따라 EU와 미국의 위상이 흔들리기 시작할 시점에 기존의 경쟁적 관계에서 벗어나 양국 간 협력을 도모하는 것이다.

이러한 생각은 최근 글로벌 경제 범대서양 리더십〔Transatlantic Leadership in the Global Economy: 대서양위원회(Atlantic Council of the US)에 의해 소집되었다〕의 선언문에서 다음과 같이 구체화되었다.[10]

오늘날 국제경제 사회에서 미국과 EU가 그 리더십을 인정받고 있다고 보긴 어렵다. 이 두 경제는 서로 다른 노선을 취하기도, 심지어 라이벌 구도

---

9 이 분야에서는 베론(Véron)의 연구 분석이 매우 탁월하다. Véron(2007) 참조.
10 Burwell(2007).

에 서 있기도 한다. … 심각한 위기를 맞이했다. 이들이 번영을 누렸던 기존의 국제경제 시스템이 균형을 잃어가고 있다. 아무 조처도 취하지 않으면, 세계경제는 그야말로 금이 갈 것이다. 국지적 대응만으로는 세계경제가 무역장벽, 보호주의, 경제국수주의 등으로 인해 갈라질 것이고, 관련 국제기구들 또한 영향력을 상실할 것이다. 세계화와 경제국수주의의 압박이 심해지고 있는 지금의 현실에서는 더 강하면서 포용력 있는 리더십만이 세계경제의 문을 개방하고 국제경제 시장의 안정을 이루어낼 수 있을 것이다.

위에서 말한 대서양위원회 회원국들을 위해서 EU와 미국은 두 가지 측면에서 회원국들을 독려해야 한다. 먼저, 세계경제 거버넌스 재건을 위해 노력해야 하는데, 주요 경제주체들 모두 각자 책임을 다해 그 과정에 효과적으로 참여하도록 이끌어야 한다. 둘째, 세계시장 창설이라는 최종 목표를 위해 무역과 투자에 남아 있는 장벽을 점차 줄이도록 이끌어야 한다. 그 첫걸음은, EU와 미국이 규제정책의 기본 지침과 방향에 대해 협의하는 것이다. 독일의 메르켈 총리가 제안한 규제정책 조율에 관한 협의는 범대서양 무(無)장벽시장(Barrier-free transatlantic market)의 창설을 겨냥한 의도가 깔려 있다.

비록 미국과 EU의 이런 시도가 가끔씩 나타나긴 하지만 최종 목표가 분명해 보이진 않는다. 세계경제의 신흥 강자들이 급부상하고 있는 오늘날 현실에서 EU와 미국은 단순히 우위를 고수하기 위해서만 사력을 다할 것인가? 아니면 제2차 세계대전 이후 국제경제기구를 설립한 주인공들로서 이 기구들이 평화적 상호 의존이라는 목표를 계속 유지하기 위해 신흥국들과 협력할 수 있을 것인가? 더 쉽게 말하자면 대서양 양자 규제협력이 진정한 다자간 협력을 위한 길을 낼 수 있을 것인가?

적어도 경쟁정책 분야에서는 희망이 있어 보인다. EU와 미국이 2001년 국제경쟁네트워크(ICN: International Competition Network)를 창설할 당시 이것은 도구적 역할에 지나지 않았다. 이것은 80개 정도의 선진국과 개발도상국 반독점기관들의 비공식적 네트워크로서, 실질적인 독점금지 시행과 정책 사안의 공통 관심사들에 대한 의견을 나누기 위한 대화창이었다. 이 모임은 21세기 전면적 독점금지책 시행을 목표로 하고 있으며, 의견 수렴과 협력의 강화를 통해 범세계적으로 더 효과적이고 효율적인 독점금지정책을 장려하고 있다. 하지만 어느 선까지 회원국들이 협력할 수 있을지 현재로서는 말하기 힘들다.

적어도 당분간은 EU와 미국이 세계 규제와 기준 제정에서 주도적 역할을 할 것은 분명하다. 하지만 EU와 미국이 서로 공조를 할지, 아니면 경쟁을 할지에 따라 자국뿐 아니라 세계경제에도 큰 파급효과가 일어날 것이다. 양자 간 협력이 이루어지면 주요 구·신세력들이 손을 잡고 세계경제 거버넌스의 새로운 시대를 열 수 있을 것으로 기대된다. 그러나 반대로 이들이 경쟁 구도에 들어선다면 글로벌 사회에서 규제 기준의 분열과 신흥 세력의 동맹을 등에 업은 두 리더의 싸움으로 치달아 전 세계에 치명적 혼란을 야기할 수도 있다.

지역적 차원의 어젠다

EU 지역 내 사안의 공통적인 핵심 과제는 이웃 국가들의 경제적·정치적 안정을 도모하는 것이다. 이는 EU의 대외정책 목표에 우선하는 과제다. 이를 위해서 EU는 지역 내 이웃에 대해 차별화된 전략을 적용하고 있다. 즉, 이웃 국가들의 성격에 따라 각각 다른 정책 도구를 사용하고 있는 것이다.

① 먼저 터키와 6개 발칸반도 국가,[11] 그리고 3개 EFTA 국가[12]인데, 이들은 모두 EU 가입 후보국이다. 따라서 EU의 대외정책 목적을 달성하기 위해 이 후보국들에게 가장 큰 인센티브와 도움을 주고 있다. EU 가입이 명백해진 터키와 발칸 3국의 경우가 특별한 우대 대상이다. 나머지 EFTA 국가들은, 현재로서는 EU에 가입할 신호를 보이고 있진 않지만 EU 대외정책에 걸림돌이 되는 것은 아니다. 이들 대부분은 상품, 서비스, 자본의 자유로운 흐름이 보장된 양자협정이라는 틀을 통해 EU와 밀접한 경제 관계를 유지하고 있다.

② 다음은 10개 지중해 국가[13]와 현재 유럽근린정책(ENP: European Neighbourhood Policy)에 포함된 6개 구소련연방 국가[14]다. 유럽근린정책은 가까운 미래나 후일이라도 EU에 가입할 의사가 거의 없거나 전혀 없는 EU 외부의 접경 국가들을 위해 2004년 체결한 정치적·경제적 협약이다. 이 협약은 "이웃 국가들과 안정, 안보, 그리고 모든 면에서의 웰빙을 강화하기 위해 2004년 EU 확장의 혜택을 나누고자 한다. EU 확장에 따라 이웃 국가들과의 사이에 새로이 발생하는 분열을 미연에 방지하고, 정치·안보·경제·문화 협력을 통해 EU의 다양한 활동에 참여할 수 있는 기회를 제공하

---

11 알바니아, 보스니아-헤르체고비나, 크로아티아, 마케도니아, 몬테네그로, 세르비아.
12 아이슬란드, 노르웨이, 스위스.
13 알제리, 이집트, 이스라엘, 요르단, 레바논, 리비아, 모로코, 팔레스타인, 시리아, 튀니지.
14 아르메니아, 아제르바이잔, 벨라루스, 그루지야, 몰도바, 우크라이나.

는 것을 목표로 삼는다."[15] 경제정책에서 유럽근린정책은 노동인구 이동에 관한 사안만을 제외하고 특혜무역협정, 금융협력, 그리고 EU 시장에 대한 참여 등의 내용을 포함하고 있다. 하지만 구체적인 추진 방안을 제시하지는 않았다. EU 집행위원회는 2006년 이런 문제점을 충분히 인지하고 유럽근린정책을 강화하기 위한 구체적인 행동강령을 소개했는데, 이때 단기적 노동인구 이동 사안도 포함시켰다.[16] 이 협약은 아직 미완성 단계에 있지만, 지중해 국가들과 이미 체결한 양자 자유무역협정을 토대로 점차 완성될 것으로 보인다.

③ 러시아는 유럽근린정책에 포함되지 않았다. 여기에 속해 있는 6개 국이 러시아의 이웃이자 전 위성국가였고, 유럽근린정책 16개 국가와 함께 취급하기에 러시아는 너무 규모가 크고 중요하기 때문이다. 대신 EU와 러시아는 2003년 4개 공동 분야에서 '전략적 파트너십'을 이루기로 결정했다. 이 4개 분야는, 첫째 환경과 에너지 문제를 중점으로 한 공동경제 분야, 둘째 자유·안보·정의에 관한 사안, 셋째 대외안보 분야에서의 협력, 넷째 문화적 측면을 포함한 연구와 교육 분야다. EU-러시아 에너지 협의는 2000년에 시작되었는데 이때 에너지 공급 안정, 에너지 효율성, 인프라, 투자와 무역에 관한 사안들을 다루었고, 이는 양국 간 파트너십의 핵심 요소가 되었다.

---

15 European Commission(2004), "European Neighbourhood Policy – Strategy Paper", Communication from the Commission, COM(2004) 373.

16 European Commission(2006), "On Strengthening European Neighbourhood Policy", Communication from the Commission to the Council and the European Parliament, COM(2006) 726.

④ 아랍 6개 산유국[17]의 관세동맹인 걸프협력회의(GCC: Gulf Cooperation Council. 과거 페르시아만안협력회의)가 EU와의 상품에 관한 자유무역협정을 1990년부터 시도하고 있다. 그러나 석유화학제품, 알루미늄, 어업 등 일부 카테고리를 둘러싸고 양측이 예민하게 반응하고 있어 큰 진전을 보지 못하고 있다. 2007년에는 협상이 타결될 것으로 기대했으나 끝내 결렬되었다.[18]

⑤ 이란과 이라크는 EU의 어떤 특혜무역 관계에도 포함되지 않았다.

이렇듯 다양한 정책 대응을 살펴본 결과 두 가지 중요한 결론을 내릴 수 있다. 첫째, 대외정책이라는 측면에서 EU와 이웃 국가들 간에 지리적으로 근접할수록 경제적으로도 더 밀접한 관계를 맺을 것이란 기대가 있었다. 그러나 놀랍게도 유럽근린정책은 유럽 국가와 비유럽 국가 사이의 공식적인 경계를 긋지 않고 있다. 따라서 이는 유럽과 비유럽 국가들 모두에게 혼란스러운 정치적 메시지가 전달될 위험성이 있다. 한 국가가 유럽평의회(Council of Europe)[19] 정회원, 즉 '인증된' 유럽국가라 하더라도 유럽근린정책의 대상이면 EU 후보국이 될 수 없다는 의미인가? 아니면 정반대로 유럽근린정책의 대상 국가이면 (과거 모로코가 두 번이나 시도했듯이) 비유럽 국가이더라도 EU 후보국 자격을 획득한 것으로 볼 수 있을 것인가?

두 번째 결론은 EU가 광의의 유럽근린정책으로 규정된 이웃 국가들

---

17 바레인, 쿠웨이트, 오만, 카타르, 사우디아라비아, 아랍에미리트연합.

18 역주: 2008년에 GCC-EFTA 간 FTA가 체결되었으나, EU와의 FTA는 진전을 보지 못하고 있다. 그 이유는 EU가 전제 조건으로 인권과 민주주의를 요구하고 있기 때문이다.

19 역주: 1949년에 설립된, 유럽통합을 추진하기 위한 현존하는 가장 오래된 국제기구라 할 수 있다. 현재 47개 회원국이 참여하고 있다. EU 각료이사회나 유럽이사회와는 별개의 조직으로, EU의 활동과는 다소 무관하다.

과의 안정, 안보와 번영이라는 대외정책 최종 목표를 달성하려는 정치적 의지가 여전히 결여되어 있다는 점이다. EU는 유럽근린정책을 통해서야심 차게도 지중해 국가와 걸프지역 국가를 포함한, 동부 지역 전체를 아우르는 진정한 단일시장의 건설까지도 기대하고 있다. 이 단일시장에서는 재화, 서비스, 금융, 노동의 자유로운 흐름이 보장될 것이다. EU와 개별 국가들 간의 양자 자유무역협정이라는 현존하는 조합과 비교하면, 단일시장은 다자간 협정과 모든 상품과 서비스에 대한 자유무역으로 확대 구성될 것이다(농산물에 관해서는 현재 여기서 제외되어 있거나 극도로 제한되어 있는 상태다). 단일시장에서는 자본의 자유로운 흐름 또한 보장될 것이다. 또, 공동이주협정을 통해 적어도 몇 개 지정 분야에서 자유로운 노동인구 이동이 이루어질 것이며, 결과적으로 해당 분야만큼은 EU 회원국의 개별 이주정책에 우선하는 EU 공동이주정책이 필요해질 것이다. 이에 더해 단일시장은 경쟁정책과 에너지정책을 포함한 기타 관련 정책들도 필요로 할 것이다. 따라서 명확하고 통일된 EU 대외에너지정책이 필요하다.

코비 반 데르 린데(Coby van der Linde)가 정확히 지적했듯이, EU는 이미 유럽 에너지정책 3개 목표 중 2개를 달성한 셈이다. EU 역내 시장과 경쟁정책 분야에서 주도권과 경쟁력을 확보했고, 환경 분야에서 EU는 환경정책과 관련해 주도권을 행사하고 있다. 하지만 에너지 공급 안정과 관련해서 일관된 대외에너지정책의 부재로 EU는 목소리를 전혀 내지 못하고 있다. 현재 EU 구조상 에너지정책은 전적으로 개별 국가의 권한이다. 유럽의 에너지 관련 기업들이 국제사회에서 공권력의 지지가 필요할 때, 이들은 자연히 자사와 밀접한 관련을 맺고 있는 모국 정부에 호소한다. 여기서 중요한 사실은 이런 현상이 지속되면 두 가지 문제가 발생한다는 것이다.

첫째, 기존 국가들은 권력을 지속하려는 경향이 있어 결과적으로 단일시장을 완성하고 (EU 차원의) 경쟁력을 기르고자 하는 노력을 무산시킬 수 있다. EU 경쟁정책분과위원장인 네일리 크루스(Neelie Kroes)는 최근 "(에너지) 공급 안정이 위원들의 재임 기간 동안만 안정적이면 된다는 생각을 버려야 한다."라고 밝힌 바 있다.[20]

EU의 공동 대외에너지정책의 부재를 우려하는 두 번째 이유는, 세계 에너지시장의 현실이 엄청나게 가혹하다는 점이다. 에너지 분야는 특히 신흥국가들을 필두로 에너지 수요가 급격히 증가하고 있다. 반면, 화석연료는 소수의 국가들에 집중되어 있으면서 해당 정부의 관할권인 경우가 많으며, 게다가 그 매립량이 점차 고갈되고 있는 현실이다. 높은 수요와 국가 관할의 독점적 공급이라는 두 가지 현실의 조합은 결국 판매자만을 위한 시장 조건을 형성하고, 기업은 강력한 주도권을 가진 국가 정부와 맞서야 하는 상황에 처하게 된다.

2007년 1월, EU 집행위원회는 이러한 문제들에 대처하기 위해 '유럽을 위한 에너지정책(An Energy Policy for Europe)'이라는 대화 창구를 마련했다. 공동 대외에너지정책을 마련하기 위한 시도였다. 코비 반 데 르 린데는 이 책의 Chapter 09에서 이러한 최근 양상을 살펴 그 타당성을 진단해보았지만 아쉽게도 문제 해결 가능성이 낮다고 결론지었다. 그녀의 주요 논지는 회원국들 간에 수입 의존도에 따라 결과에 큰 차이가 생긴다는 것이다. 즉, 특정 에너지조합과 특정 대외정책의 연결고리에 대한 선호가 서로 달라 EU가 에너지 분야에서 '한목소리를 내는

---

[20] Röller et al.(2007)에서 발췌.

것'이 앞으로도 오랫동안 쉽지 않을 것이다. 하지만 린데 역시 EU에게는 히든카드가 있다는 EU 집행위원회의 주장을 인정하고 있다. 그 히든카드란 무역 분야에서 이미 한목소리를 내고 있다는 것이다. 따라서 에너지 생산국과 체결한 양자 또는 지역 간 무역협정은 회원국 모두를 위한 에너지 안정화에 있어 공평한 조건에 합의하는 데 활용될 수 있을 것으로 보인다. 이 주장은 특히 EU와의 무역 관계가 긴밀한, 러시아를 포함한 이웃 국가들과의 관계에서 더욱 타당성 있어 보이는 방안이다.

결론

앞에서 인용한 EU 집행위원회의 정책보고서 《커뮤니케이션스》를 요약해보면, 유럽이 국제적·지역적 도전에 대처하기 위해서는 일관성과 통일성 있는 공동 대외경제정책이 필요하다는 사실이 너무도 분명하다. 그렇지만 퀴레와 피사니-페리는 현재 유럽의 대외경제정책 구성이 "복잡하기도 하고 더욱이 계속 발전되고 있기 때문에 그 효율성이 의심된다."라고 지적했다. 게다가 "거버넌스 모델의 선택이 효율성을 기준으로 결정되지 못하고 과거부터 내려온 그대로를 답습하는 것으로 보인다."라는 조심스러운 결론을 내렸다.

이런 복잡한 구조와 비효율성은 유럽이 공동 대외경제정책을 수립하는 것을 더욱 어렵게 만든다. 이는 유럽이 다른 경제 강자들과 경쟁하는 국제사회에서뿐 아니라, 단독 경제 강자로 남아 있는 지역사회에서도 영향력을 충분히 발휘하지 못하게 한다.

현재 유일하게 성공적인 이웃 국가 정책은 유럽 확장이지만, 이는

EU를 둘러싸고 있는 EMENA의 모든 국가들에 적용될 수 있는 전략이 아니며, 러시아나 중동 또는 북아프리카 국가들과의 관계에서는 더 더욱 관련이 없는 사항이다. 이들 국가와의 관계에서 효율성의 결여는 에너지 안정과 이주 분야에서 큰 걸림돌이 된다. 에너지와 이주정책은 이들 국가와 EU 사이에 공통 이해관계가 있는 주요 분야이지만 아직까지는 관련 정책이 전혀 없거나 부분적으로만 시행되고 있다. 하지만 EU 자신의 안보와 번영을 위해서, 그리고 막대한 에너지와 인적 자원을 보유한 이웃 국가들과의 긴밀하고 건전한 관계를 지속, 발전시키기 위해서 공동 대외에너지정책과 공동 이주정책은 필수 조건이다. 하지만 일부 회원국들이 EU 공동의 대외에너지정책 없이 개별 대외정책만으로도 충분하다는, 잘못된 생각을 가지고 있는 한 이를 달성하기는 어려울 것이다.

물론 EU에 새로운 대외 권한을 부여하자면 누가 그 '대표단'이 될 것인지, 그리고 위임 내용은 무엇이 될 것인지 하는 문제를 따로 생각해서는 안 될 것이다. 쿼레와 피사니-페리는 EU의 현재 구조인 조건부 대표단 모델은 명맥만 유지하는 방안이라고 지적했다. 이들은 서로 다른 정책 분야에 걸쳐 일관성을 확보하려면 단일 형태의 거버넌스 모델을 채택해야 한다고 주장한다. 하지만 EU 집행위원회 또는 EU 각료이사회 중 누가 대표단이 되고, 누가 주체가 될 것인지에 대해서는 어떤 의견도 밝히지 않았다. 물론 무역 분야에서만큼은 EU가 비교적 단일화되고 효율적으로 운영되고 있는 EU 집행위원회 쪽에 좀 더 무게를 실어주고 있다.

EU 집행위원회를 대표로 선출하자는 주장은 EU 집행위원회가 역내 시장과 관련된 모든 분야(무역, 경쟁, 금융시장)에서 이미 그 기능을 하고 있기 때문이다. 하지만 시장 관련 분야는 대외정책 중에서 비교적 대외 권한의 행사 비중이 낮은 영역이며, 따라서 회원국들이 주권 이양에 대해 가장 덜 민감하게 받아들이는 분야다. 에너지 안정과 이주정책에서 그와 동일한 수준을 기대할 수는 없을 것이다.

한 가지 해결책은 외교적 성격이 다분한 에너지와 이주 분야의 대외정책을 유럽헌법조약(EU Constitutional Treaty)에 기초하고 있는 '외교안보정책 고위대표(High Representative of the Union for Foreign Affairs and Security Policy)'에게 이양하는 방법이다. 각료들은 EU 집행위원회 위원장의 동의를 얻어 유럽이사회(European Council)[21]에서 임명하고, EU 집행위원회의 부위원장 직책을 맡는다. 각료들의 역할은 공동 외교안보정책(CFSP)과 유럽안보방위정책(ESDP)을 모든 수단을 동원해 이끌어나가는 것이다. 각료들은 두 군데에 소속되어 있기 때문에 자연스럽게 확장공동개발정책(Expanded Common Development Policy)도 함께 주관하는데, 그러면 EU 차원의 중앙집권화가 특히 필요한 분야에서 EU 정책과 회원국들의 정책을 좀 더 쉽게 수렴할 수 있을 것이다.

이러한 외교적 접근법은 경제와 통화 분야에도 적용할 수 있을 것이다. 즉, 유로지역의 대표를 유로지역에 속해 있는 유럽이사회의 회원들과 EU 집행위원회 위원장이 공동으로 임명할 수 있을 것이다. 외교안보정책 고위대표처럼 경제금융정책 고위대표(High Representative for Economic and Financial Affairs)도 EU 각료이사회와 EU 집행위원회에 공동으로 입회한다면 대외적으로 유로지역을 대표하기가 더욱 용이해질 것이다.

이러한 제안들은 '조각난 강자'로 남아 있는 유럽의 현재 상황을 극복하고 EU가 대외경제정책에서 영향력 있는 발언권을 행사하는 데 결

---

21 역주: EU 회원국 정상과 집행위원회 위원장, EU 대통령이 참여하는 이사회. EU 각료이사회나 유럽평의회와는 다른 조직이다.

정적 역할을 할 수 있을 것이다. 이와 같은 구조개혁이 이루어지면, 국제적 신흥경제강국들이 부상함에 따라 개혁이 시급해진 국제기구에서도 EU가 좀 더 적극적인 역할을 수행할 수 있을 것이다. 또한 미국과 동등한 관계에서 발언권을 행사하며, 국제사회의 다자 구조에서 효과적이고 효율적인 파트너십을 이루어낼 수 있을 것이다. 더욱이 이웃 국가들과의 관계를 강화하고 현재의 불안정한 지역 내 경제 환경을 더욱 안정시킬 수 있을 것으로 기대된다.

Chapter 02

EU의 대외경제 관계 거버넌스

브누아 퀴레, 장 피사니-페리*

파스칼 라미(Pascal Lamy) EU 무역담당 집행위원은 2004년 임기 말, 남기는 글을 통해 EU의 리더십에 대해 낙관적 견해를 피력했다. "지난 5년간의 경험을 바탕으로 내린 결론은, EU가 공동정책을 제대로 추진할 수만 있다면 국제사회에서 더 큰 영향력을 발휘할 수 있을 것이라는 사실이다. 우리가 협력하면, 개별 회원국의 영향력을 단순히 더한 것 이상으로 큰 시너지 효과를 낼 수 있다. 그렇게 되면 원치 않는 상황에도 대응할 수 있을 뿐만 아니라 …… 국제사회 어젠다를 우리가 원하는 방향으로 유도할 수도 있을 것이다."

---

* 제레미 코엔-세튼(Jérémie Cohen-Setton)에게 감사를 표한다. 리서치 단계에서 큰 도움을 주었다. 여기에 서술된 견해는 저자가 속한 연구기관의 견해를 대표하는 것은 아니다. 우리는 베사 비흐리앨래(Vesa Vihriälä), 배리 아이켄그린(Barry Eichengreen), 앙드레 사피르(André Sapir), 그리고 2006년 10월 컨퍼런스에 참여했던 분들의 의견에 감사한다. 또한 이 장에서 언급한 각 분야의 저자들에게 감사한다. 우리는 국제관계의 거버넌스에 대한 의견을 나누었는데, 환경 분야에서는 니콜라스 테리(Nicolas Théry)가, 법적 사안에서는 장-빅터 루이스(Jean-Victor Louis)가 관찰과 견해를 제공해준 것에 감사한다.

반면, 유럽중앙은행(ECB: European Central Bank) 대외실 임원인 로렌초 비니-스마기(Lorenzo Bini-Smaghi)는 파스칼 라미보다는 좀 비관적인 견해를 밝혔다. 〈힘을 잃은 유럽: 왜 유로지역은 아직도 정치적 난쟁이인가?(Powerless Europe: Why is the Euro Area Still a Political Dwarf?)〉라는 논문에서 그는 "유럽은 경제적 위상에 비해 국제사회에서 영향력이 약한 편이다. 특히 국제기구, WTO보다는 IMF에서 미국에 비해 영향력을 거의 발휘하지 못하는 것을 볼 수 있다."라고 기술했다(Bini-Smaghi, 2006a). 그는 IMF에서 EU의 위상을 높이기 위한 전제 조건으로 EU 내 회원국들의 결속을 주장했다.

분야별 주제나 포럼의 성격에 따라서 EU는 리더가 되기도, 따르는 자가 되기도 하고, 목소리를 내기도, 침묵하기도 한다. 미국이 국제경제의 거의 전 영역에 걸쳐 리더십을 발휘하고 있는 동안, 대외적인 입장에서 일관성을 결여한 유럽은 '때때로 등장하는 주자'(Pisani-Ferry, 2005)로 인식이 박히게 되었다.

비니-스마기에 따르면, 회원국들의 입장을 조율하는 현 지배구조의 취약성과 유럽의 대외 권한이 분산되어 있는 현실을 개선하여, 대외경제정책 면에서 연대를 강화하는 것이 현안을 해결하는 최선책이라는 것이다. 이는 최근 학계의 보편적인 견해이기도 하다. 그러나 또 한편으로는, 대외경제 관계에서 EU의 역할이 분야별로 크게 다를 수 있다는 점을 인정하자는 의견도 있다. 이는 EU가 대외경제정책 개발에서 분야별 손익 구조가 다르고 공동정책에 대한 선호도도 달라, 각 회원국들이 합의를 볼 수 있는 수준에 차이가 크다는 판단에서다. 그러나 구조상 EU 차원의 중앙집권화가 유럽인의 복리 증진을 가져올 것은 분명하다.

이러한 유럽의 현실을 명확히 진단하기 위해 브뤼겔연구소(Bruegel)

는 '유럽과 세계경제'라는 제목 아래 연구 프로젝트를 진행했다. 이는 전 분야에 걸쳐 체계적으로 EU의 대외정책을 분석해 유럽이 어느 분야에서 효과적이었고 어느 분야에서 그렇지 못했는지를 알아내고, 그 원인을 살펴볼 수 있는 바탕을 마련하고자 함이다.

이번 장은 다음 다섯 가지 목적으로 집필되었다.

첫째, EU의 현재 거버넌스 구조에 대한 개괄적인 청사진, 현 거버넌스 구조의 법적 근거와 그 변천 과정을 제공한다.

둘째, 대외경제 관계 거버넌스와 관련해 각 분야별 특성을 정리하고, 여러 거버넌스 모델 중 어떤 모델이 적합한지 판단하기 위한 분석 기준을 제시한다.

셋째, 정책분야별 선호도가 얼마나 다양한지를 평가한다.

넷째, 우리가 제시한 분석 기준에 비추어 각 분야에 상응하는 정책들이 과연 최선책인지, 선호의 다양성을 어느 수준까지 인정하는 것이 바람직한지 등을 평가한다.

다섯째, EU의 대외경제정책을 보다 효과적으로 개선하기 위한 정책 대안을 제시한다.

이번 연구에서는 각 정책 영역의 현 제도가 어떤 과정을 거쳐 이루어졌는지에 관한 역사적 고찰과 EU 정책의 내용 자체, 그리고 국제사회 거버넌스에 대해서는 다루지 않았다(단, EU 시민의 복리를 최대한 증진하는 선에서 일부 관련 내용을 다루었다).

이번 장의 구성은 이러하다. 1절에서는 국제 무대에서 EU의 규모와 비중을 간략히 살펴보았다. 2절에서는 대외정책의 현주소를 파악했다.

3절에서는 현 제도 구성이 타당한 것인지, 그렇다면 그것이 최적의 선택인지를 논했다. 4절과 5절에서는 정책에 대한 결론을 제시했다.

국제 무대에서 EU의 규모와 비중

유럽의 대외경제 관계를 이야기할 때면 언제나 미국이 유럽의 벤치마크가 되어왔다. 그렇다면 EU는 미국만큼 비중 있는 국제사회 주자인가? 〈표 2.1〉은 이번 연구의 범위에 들어가는 영역에 대해 EU25와 미국의 경제 규모와 개방 정도를 지표로 비교해본 것이다.

〈표 2.1〉을 보면 EU는 경제 규모나 세계무역에서의 비중이 미국과 비슷한 것을 알 수 있다. EU는 에너지 소비 형태가 미국과 다르기 때문에 에너지 소비 비중은 미국보다 다소 낮게 나타났다. 이주에서도 결과는 비슷하지만, 이는 통계가 다소 부정확하기 때문이다(표에서는 제3국가에서 EU로의 이주와 EU 역내 이주를 구분하지 않고 있다. 이를 반영하여 정확히 계산하면 이 비중은 좀 더 낮게 산출될 것으로 보인다). 눈에 띄는 것은, 금융시장에서 EU의 점유율은 미국의 반에도 못 미치는데, 이는 EU의 금융시장이 아직 덜 발달되어 있기 때문이다. 그러나 공적개발원조(ODA)에서는 EU가 미국보다 더 적극적이다. OECD 국가들의 공적개발원조 중 EU가 차지하는 비중은 미국의 2배 정도로 보고되고 있다.

개방성에 관해서는 EU도 미국과 비슷한 수준으로 무역시장이 개방되어 있으며, 에너지와 금융자산에서는 미국보다 훨씬 더 개방적인 것으로 나타난다. 따라서 세계경제 시스템이 어떻게 움직이느냐에 따라 EU의 득과 실이 갈릴 것이라는 점을 쉽게 예측할 수 있다.

〈표 2.1〉 EU25와 미국의 경제 규모 및 개방성

(단위: %)

경제 규모	EU25	미국	개방성	EU25	미국
거시경제 지표					
세계 GDP 대비 (미국달러 기준)	30	28			
세계 GDP 대비 (PPP 기준)	20	20			
무역					
세계무역 대비*	18.1	16.7	GDP 대비 무역 비중*	19.2	20.8
에너지					
에너지 소비량	16.8	21.6	총 에너지 소비량 중 수입 비중	72.1	42.2
환경					
CO$_2$ 방출	15.5	22.9			
개발					
공적개발원조(ODA)	52	26	GDP 대비 ODA 비중	0.41	0.22
금융					
세계 금융시장 점유율**	22	46.9	EU 금융시장에서 해외자산 비중***	33.1	10.2
이주					
전 세계 이주 대비****	20.9	20.2	인구 대비 해외 출생자 비중*****	8.6	12.9

* EU25 역내 무역 제외.
** 주식시장 자본전입과 민간 영역에서 발행한 국내 채권의 합.
*** EU25 역내 해외자산 보유분 제외.
**** 전 세계 해외 출생 인구 대비 비중: EU25 역내 이민 포함.
***** EU25 역내 이민 포함.
자료: IMF, Eurostat, IEA, OECD, World Federation of Exchange, BIS, WDI, CIPS.

미국과 EU 모두 국제사회에서 그 비중이 상당하다는 사실을 표를 통해 확인할 수 있다. 두 경제를 합하면 각 분야별로 세계경제의 35~70% 정도 비중을 차지하고 있다. 또한 두 경제 모두 외부 충격에 민감하며, 서로의 결정에 큰 영향을 받을 것이라는 점을 짐작할 수 있다.

현 체제에 관한 개관

　　　　　　　대외 권한 사안은 EU[1]와 회원국들 간에 대외 권한의 위임과 행사의 절차 및 시스템이 분야별로 다 다르고 계속 변하고 있어서 끝없는 논란의 대상이 되고 있다. 현재 대외 권한의 위임이나 행사에서 대외 대표권 등에 관해 단일화된 지침이 없기 때문이다. 심지어는 동일한 분야 내에서도 사안별로 대외 권한의 위임과 행사 구조가 상당히 다른 경우도 있다. 유럽공동체를 창설한 조약(이후 EC 조약으로 표기)이 1957년 이후 여러 차례 개정돼오면서 대외 권한에 관한 시스템이 계속 변한 탓도 있지만, EC 조약에 대외 권한을 명백히 규정해주는 조항이 전무하기 때문이다. 이 대외 권한은 대개 그다지 명확하지 않고 내적 권한에 근거해 임의로 부여되는 경우가 많다. 이런 임의적 권한 위임 구조는 논쟁의 여지가 많기 때문에 EU 집행위원회와 EU 각료이사회 사이의 갈등이 법적 공방으로 이어진 적도 여러 번 있었다. 실제로 EC 조약이 대외 권한을 명확하게 분배·위임하지 않은 대부분의 영역에서 유럽사법재판소(ECJ)까지 가서야 공동권한(shared competence) 사항과 위임을 둘러싼 논란이 해소되었기에, 대외 권한에 관해 최종적인 결정이 유럽사법재판소에 전가되는 경향이 있다.

---

1 Chapter 02의 경우, 대체로 EU는 유럽공동체(EC)를 지칭한다. 비록 대외 관계 대표에 있어서는 의미에 중요한 차이가 있긴 하지만, EU의 법적 정체성에 관해서는 여기에서 논의하지 않겠다. EC 조약에서는 단지 유럽공동체만이 법적 정체성을 가지고 국제조약이나 회의에 공식적으로 참여할 수 있도록 규정하고 있다. 그래서 우리는 EC 조약에서 규정한 이른바 '제1기둥'의 분야에만 한정하여 취급했다. '제1기둥'에는 경제, 사회, 그리고 환경정책이 속하며, 후일 암스테르담 조약(Amsterdam Treaty)에 의해 '제3기둥' 영역으로 옮겨간, 정치범에 대한 일시적 보호, 이주, 그리고 법적 협조가 포함된다. 헌법조약에서는 이런 '기둥' 구조를 폐지하고 공동 외교·안보정책과 형사범죄에 대한 정치적·법적 협력의 내용을 포함하려는 시도가 있었다.

그 때문에 우리는 먼저 대외 권한의 법적 측면부터 검토했다. 그 다음 대외경제 관계의 거버넌스를 분석하기 위해 우리가 연구에 사용한 분석 기준을 설명하고, 대외 거버넌스의 중요성을 뒷받침할 통계적 근거를 제시한 후, 우리의 분석 기준을 각 분야에 적용 · 분석해보고자 한다.

법적 측면[2]

EC 조약 제300조는, 상대국 또는 국제기구들과 유럽공동체 간의 국제 협정에 관한 일반적인 사항을 규정하고 있다. 이는 로마 조약(Treaty of Rome)에 근거한 것이다. 그런데 문제는 이 조항에 협약 체결을 위해 밟아야 할 절차적 문제가 첫 문장에만 지극히 평범한 표현으로 언급되어 있을 뿐 협약의 범위를 규정하는 내용이 전혀 없다는 것이다.

일단 EU는 두 가지 방법으로 대외 권한을 부여받을 수 있다.

첫째, EC 조약에서 대외 권한을 EU에 부여한다는 명백한 조항이 있는 경우다. 무역정책(제133조), 국제통화와 환율(제111조), 개발(제177조)에 관한 사항이 그 예다. 이주(제61조)와 환경 분야(제174조)에서도 EU의 대외적 측면에 관한 언급이 있지만 피상적인 수준에 그치고 있다.

둘째, 대외 권한은 암묵적으로 대내 권한에 근거한다고 보고, 시간이 경과함에 따라 대내 권한이 발전하여 이루어진 것이라 보는 경우다. 이의 법적 근거는 유럽사법재판소와 그 후속 법체제에 의해 만들어진 1971년 AETR〔유럽육로운송협정(European Road Transport Agreement)의 프랑스어 식 약어〕인데, 헌법제정회의(Constitutional Convention)에서는 성격상 헌법조약과 동일한 내용을 제I-13조에 요약했다. 원문은 이러하다. "국

---

2 우리는 이 내용의 초안에 의견을 나누어준 장-빅터 루이스에게 감사한다.

제협정의 체결이 EU의 법적 행위에 근거하여 제공되었을 경우나 EU의 대내 권한을 행사할 필요가 있는 경우, 또는 그 협약이 일반 규정에 영향을 주거나 그 범위를 변경시키는 경우에 한해 EU는 국제협정의 체결에 대하여 절대적 권한을 갖는다."

원문에서 보는 바와 같이 대외 권한의 범위가 명확히 규정되어 있지 않은 것이 문제의 발단이다. 일례로, 유럽석탄철강공동체(ECSC: European Coal and Steel Community) 창설 당시 EU와 회원국(일부 또는 전부)이 동시에 협정 당사자가 되는 복합협정이 이루어졌다(Louis, 2006). 그 후에도 대외 협상 시 EU와 회원국이 동시에 협약을 체결하는 복합협정들이 계속 생겨났는데, 이 사실만 보더라도 대외 권한 행사라는 것이 얼마나 복잡하고 골치 아픈 사안인지 알 수 있다.

암묵적 권한의 개념

1971년 AETR 발족은 하나의 분수령이었다. 왜냐하면 AETR에서 처음으로 암묵적 권한(implied competence)이라는 개념이 도입되었기 때문이다. 당시의 이슈는 국제 간 육로운송에서 '운송인의 업무'에 관한 국제협정을 체결할 권한이 누구에게 있는지를 판단하는 것이었다.[3]

당시 유럽사법재판소의 판결은 대외 권한은 대내 권한에 근거한다는 논리였다. "EC 조약에서 규정한 전 분야에 대해서 제3국가와 계약상의 관계를 설정할 때 유럽공동체는 이를 체결할 법적 지위를 누린다."라

---

[3] 제네바 소재 유럽을 위한 UN 경제위원회(UN Economic Commission for Europe)의 지지 아래 각 개별 회원국 간 협상이 타결되었다. EU 차원에서도 유사한 작업이 있었는데, UN에서의 협상 행위에 대한 토론이 EU 각료이사회 내에서 진행되었고 EU 각료이사회의 결정은, 협상 과정에서 각 회원국들 사이에 수립된 협조 체계를 존중하고 협상 결과에 대해 정치적으로 승인하는 것으로 EU 각료이사회의 역할을 한정하기로 했다. 그 결과 EU 각료이사회의 절차를 폐지하려는 EU 집행위원회의 노력이 성공적으로 달성되었다.

고 했고, 더욱 중요한 사실은 "EC 조약의 공동정책을 이행할 목적으로 유럽공동체가 공동 규범에 관한 규정을 채택할 시, 그 규정이 어떠한 형식을 취하든 상관없이 회원국들은, 개별 또는 집단으로 그 규정에 영향을 주거나 적용 범위를 변경시킬 수 있는, 제3국에 대한 의무를 수행할 권리를 상실한다."[4]라고 판결한 것이다. 또한 루카스 추칼리스(Loukas Tsoukalis, 1977)의 '통합의 누진적 논리(cumulative logic of integration)'[5]에 따라 "그러한 공동규범이 새롭게 생겼을 경우, 유럽공동체만이 법체제 전반에 걸쳐 영향을 미칠 수 있는 제3국에 대한 계약상 의무 사항을 부담하고 이행할 수 있다."라고 분명히 밝히고 있다.

법체제의 진화

앞에서 설명한 유럽사법재판소의 철학은 암묵적으로 EU에 대외 권한을 부여하는 구체적 조건을 마련하는 기회가 되었다. 첫째, 대외 권한 위임 시 그에 상응하는 대내 권한(internal competence)을 부여해야 한다. 둘째, 이 권한은 EU에 의해 효율적으로 행사되어야 한다. 셋째, 대외 협정은 EC 조약의 목적(objectives)에 부합해야 한다. 예를 들어, EU가 해외 계좌이체와 같은 사안으로 국제협정을 체결하려는 경우 (단일시장 규정에 의거) 해당 분야에 관한 권한이 주어져야 하고, (유럽은행 지불 기준에 의거) 이 권한을 행사할 수 있어야 하며, 제3국과의 협정이 (경제효율성과 자유로운 자본이동과 같은)[6] EC 조약의 목적에 부합해야 한다. 그러나

---

4 유럽사법재판소 판결 C-22/70, 1971년 3월 31일.
5 역주: 어느 한 정책 분야에서 심도 높은 통합이 이루어지면 다른 정책 분야에서도 파급효과 (spillover)가 일어나서 통합이 점진적으로 이루어지며, 결과적으로 참가자(회원국)들은 다른 분야에서도 정치적으로 통합의 수위를 높이는 것이 바람직하다는 컨센서스가 형성된다.
6 이 책의 Chapter 07 참조.

만일 두 번째 조건이 충족되지 않을 경우에는 개별 회원국이 그 권한을 잠정적으로 유지하게 된다. 유럽사법재판소에 따라 선제조항에 의거, 공동의 대외적 행위가 EC 조약의 목적을 달성하는 데 반드시 필요하다면, 이 두 번째 조건(즉, 내부적 권한의 효과적 행사)이 일부 완화될 수 있다.

그러나 1994년 우루과이라운드 협정에서 서비스 분야와 관련해 EU와 회원국의 상대적 권한을 결정하는 단계에서 중대한 문제가 야기되었다. EU 집행위원회는 EU가 교역 전반에 걸쳐 서비스 분야에서도 배타적 권한을 가진다고 보았다. 그러나 회원국들은 우루과이라운드 협상이 지적재산권처럼 전통적 의미의 상업정책과는 성격이 다른 요소가 포함되어 있다는 이유로 반대 입장을 고수했다.

당시 유럽사법재판소는 누구의 손도 들어주지 않았다. 어떤 형태의 서비스 제공은 무역과 유사하기 때문에 EU의 배타적 권한에 속하는 문제라 볼 수 있다. 하지만 자유로운 인구이동과 같은 사안도 포함되어 있었기 때문에 EC 조약의 제133조(무역 관련 조항)를 근거로 대외 권한을 위임해서는 안 되는 사안도 존재한다고 판단했다. 한 걸음 더 나아가 유럽사법재판소는 "서비스 분야의 자체 고용 행위에 관한 EU 회원국 간 규정이 완전히 조율되지 않은 현재 상황에서, EU에 배타적 권한을 전임할 근거가 없다."라고 판단했다. 다른 말로, 서비스 분야에서는 단일시장으로서의 불완전성 때문에 EU의 실질적 대외 권한 행사에 한계가 있다는 것이었다. 유럽사법재판소의 이런 판결은 이후 계속해서 권한 분할이 발생하는 계기가 되었다.

1990년대 미국과 다수 회원국들 사이에 체결된 항공자유화협정(Open Skies)은 보다 더 제한적이고 덜 통합적인 방향으로 발전되는 듯했다 (Dehousse and Maczkovics, 2003). 1990년대 중반에 일부 회원국들이 개별적으로 양자협정을 체결하자 EU 집행위원회가 이를 유럽사법재판소에 제소했는데, 해당 사안이 EU의 배타적 권한이라는 EU 집행위원회의 이 청구는 기각되었다. 당시 유럽사법재판소는 공동 규범에 명백히 상충되는 협정과 공동 규범에 적용되는 사안들을 다루는 협정들 사이에 적법성을 판단하기 애매한 회색지대가 존재한다고 보았다. 항공자유화협정이 바로 이런 중간 범주에 들어간다. 유럽사법재판소의 논리는 (EU 집행위원회에서 제기한 공동 규범이) 왜곡될 위험성은 "얼마든지 다른 방법으로 방지할 수 있기 때문에 배타적 권한을 침범하는 사안에 해당하지 않는다."라는 것이었다. 특히 "EC 조약에는 각 기관별로 제정한 공동 규범의 범주 내에서 EU 회원국들이 비회원국들과의 관계에 있어 공동 입장을 취하지 못하게 제지하거나, 대외 사안을 처리함에 있어 회원국 간의 문제 해결 방식을 제지하는 사안에 관한 내용이 없다."[7]라고 유럽사법재판소는 밝혔다.

어쨌든 이 사안은 계속 발전하고 있다. 2006년 유럽사법재판소는 또 하나의 사례, 즉 회원국의 법적 권한에 대한 루가노 협약(Lugano Convention)을 검토했다. 그리고 "유럽공동체가 국제협정을 체결할 권한이 있는지, 그 권한이 배타적이어야 하는지에 대한 세부적인 분석이 이루어져야 한다"고 결론지었다. 이를 위해 유럽공동체 규범에 속하는 범주와 (현재까지 알려지지 않은) 협정의 조항들이 다루는 범위뿐 아니라, 그 조항들의 성격과 내용이 유럽공동체 규범과 그들이 세운 시스템의 기능을 올바르게 수행하는 데 일관되고 통일성 있는 집행을 방해할 소지가 없는 협정이어야만 한다는 점을 염두에 두어야 했다.[8] 여기서 '조항의 내용' 이

---

7 유럽사법재판소 판결 C-466/98, 2002년 11월 5일.
8 유럽사법재판소 견해 1/03, 2006년 2월 7일.

라는 문구를 사용함으로써 EU에 권한을 부여해야 하는지 여부와, 그렇다면 어떤 경우에 부여할지를 결정하는 문제는 실무자가 판단할 여지를 남겨놓은 것이다.

대외 관계의 거버넌스

대외 권한의 범위에 대해서는 EC 조약에 구체적으로 규정되어 있지 않은 반면, EU 기구들의 상대적 역할에 대해서는 보다 상세히 규정되어 있다. 제300조에 의하면 협상 개시와 종결에 대한 책임은 EU 각료이사회에 있고, 이를 집행할 책임은 EU 집행위원회에 있다. 더욱이 EU 각료이사회는 협상의 집행을 감독할 특별위원회를 임명하는, 일종의 감독 권한을 부여받았다. 따라서 EU 각료이사회는 주체, EU 집행위원회는 대리인의 관계가 되었다. 단, 대외적 분야에서 협상의 개시에 대해 EU 집행위원회가 EU 각료이사회에 제안하는 권리를 행사할 수 있도록 했다. 따라서 EU 집행위원회는 회의 안건 제정자이자 대리인의 역할을 수행하게 되었다.

이 같은 절차는 조항 제310조의 관할인 협회협정에도 동일하게 적용된다(단, 한 가지 차이점은 만장일치로 승인을 받아야 한다는 것이다). 또한 제133조 관할인 무역협상에도 적용된다. 무역협상은 앞의 경우와 비교하여 두 가지 차이점이 있다. 첫째, 이른바 고삐를 짧게 잡기 위한 조처로 'EU 집행위원회는 이 특별위원회(EU 용어로 133조위원회라 알려진)에 협상 진행 상황을 정기적으로 보고해야 하는' 의무를 부여받았다. 둘째, EU의 내부 화합을 해칠 가능성이 있는, EC 조약이 금지하는 협정은 엄격히 제한하고 있다. 이는 EU가 자신의 내부 권력을 증대시키기 위해 대외협정을 악용하지 못하도록 안전장치를 마련하기 위해서였다. 프랑스의 주장에 따라 문화적 · 시청각적 · 교육적 · 사회적 서비스가 이 안전장치의 적용 대상 분야로 지정되어 있다. 더욱이 EC 조약은 "이 분야의 협정은 유럽공동체와 회원국들 간의 공유 권한에 속하며 이것은 유럽공동체와 회원국들이 공동으로 체결해야 한다."라고 분명히 명시했다. 그리하여 대외 권한의 분배와 복합협정에 관한 사안 모두 EC 조약 범주 안에서 각자의 길을 찾을 수 있게 되었다(Louis, 2006).

공동 권한(shared competence) 사항의 경우, 회원국들은 유럽공동체의 대리인 역할을 하고 유럽공동체의 기구들, 특히 EU 집행위원회와 협력할 의무가 있다는 점을 유럽사법재판소는 분명히 밝혔다. 1993년 국제노동기구(ILO: International Labour Organisation)의 화학 분야 작업장 안전 수칙에 관한 분과회의에서는 "유럽공동체는 현 국제법상 독자적으로 ILO 조약을 체결할 수 없고 회원국들을 매개체로 해야만 한다는 사실에 비추어볼 때 유럽공동체와 회원국들 사이의 협력이 절실히 필요하며, 따라서 유럽공동체 기구들과 회원국들은 이런 협력을 이루는 데 필요한 모든 조치를 취해야 한다."[9]라고 유럽사법재판소의 견해를 발표했다.

마스트리흐트 조약(Maastricht Treaty)에서 채택된 제111조는 경제통화 연합의 대외 관계에 관한 규정으로, 다소 다른 견해를 보인다. 이는 첫째 EU 각료이사회가 EU 집행위원회로부터 대외 권한을 위임받았고,[10]

---

9 유럽사법재판소 견해 2/91, 1993년 3월 19일. 흥미로운 것은, 노동안전은 유럽공동체의 배타적 권한이 확보되지 못한 분야인데, 유럽공동체는 규정을 통해 최소한의 기준만 정할 수 있게 되어 있다. 유럽사법재판소는 그럼에도 불구하고 회원국들이 유럽공동체 기준을 벗어나는 추가적 국제협정을 체결할 수 없다고 간주하고 있다.

10 제111조 4항: EU 집행위원회의 제안에 대해 유럽중앙은행과 의논한 후 가중다수결에 의해 움직이는 EU 각료이사회는, 경제 · 통화연합과 관련된 특정 사안에 관해 국제사회에서의 공동체 입장과 그에 대한 대표권을 결정한다. 따라서 EU 각료이사회가 대외적 대표권을 EU 집행위원회에 위임하는 것도 집행 조항을 적용하는 한 가지 방법임을 유의하기 바란다. 또한 대외 대표권 조직은 EC 조약에 명시된 권력 분배 지침에 어긋나지 않아야 함을 유의하기 바란다(예를 들어 유럽중앙은행의 독립성을 저해하지 않는 행위 등).

둘째 유럽중앙은행이 EU 집행위원회와 EU 각료이사회와 함께 유럽공동체의 제3대리인으로 개입하고 있기 때문이다. EU 집행위원회는 EU 각료이사회에 종속되어 있고(단지 협상과정에는 충분히 참여한다는 조건) 환율 문제에서는 발의권이 없다. 왜냐하면 EU 각료이사회가 유럽중앙은행으로부터의 제안에 의해 행위를 할 경우 EU 집행위원회는 제외되도록 만들었기 때문이다(Bini-Smaghi, 2006a의 제111조에 관한 부분 참조).

우리가 현재 검토하고 있는 분야를 정리해보면 그 범위, 법적 근거, 명확성, 안정성 면에서 볼 때 EU와 회원국들 사이의 공동 권한 사항이 분야별로 큰 차이가 있음을 알 수 있다. 제품무역 분야 같은 경우는 일관성이 있고 사안 자체가 명확하며 안정적이다. 그러나 금융 서비스나 환경 분야 같은 경우는 사안이 복잡하고 모호하며 불안정한 것을 알 수 있다.

거버넌스 모델

EU와 회원국들 사이에 권한이 어떻게 배분되어 있느냐에 따라 어떤 특정 분야에서 대외경제 관계 거버넌스의 성격이 근본적으로 결정된다. 하지만 그것만으로는 충분하지 않다. 앞서 법적 측면을 살펴봄으로써 분명히 알 수 있었듯이, EU가 다루는 여러 분야에서의 의사결정 절차와 대표권 행사 등은 여러 가지 지침들의 적용을 받는다. EU를 대표할 수 있는 대리 방법도 여러 가지일 뿐 아니라(즉, 집행위원회나 유럽중앙은행과 같은 공동체 내부의 대리인 또는 각료이사회가 의장직을 통하거나, 회원국 당사자가 대표권을 행사하는 등 여러 가지 형태가 있다) 주체(유럽공동체)—대리인의 관계도 다양한 방법으로 정립될 수 있다. 더욱이 어떤 특정 분야에서 EU가 권한을 위임받지 못했다고 해서 EU가 그 분야에서 아무런 역할도 하지 않는 것은 결코 아니다. 회원국의 대표들 간에 다소 완화된 형태의 조율이 필요한 경우도 있다.

그럼 지금부터 대외경제 관계에서 권한 집중화의 여러 단계와 그 각각에 대한 거버넌스 모델들을 정리해보도록 하자. EU 정책을 관장하는 거버넌스는 크게 세 가지 모델로 구분될 수 있는데, 이들은 대내적·대외적 측면 모두에 적용된다. 대내적 측면을 먼저 살펴보자.

첫 번째는 무조건부 전권위임 모델이다. 권한에 관한 해당 규정이 있는 경우는 이에 근거해 해당 분야 내의 대표권이 EU 관할 기관에 전적으로 위임되어 있다. 따라서 이 기관은 규정에서 지정한 분야의 범위에서만큼은 절대적 권한을 가지고 있으며, 사후 설명을 제공할 책임만 진다. 예를 들면, (치외법권의 효력을 갖는 경우를 포함하여) EU 집행위원회의 경쟁정책 결정권이나 유럽중앙은행의 통화정책 결정권 등이 여기에 해당한다.[11] 대리인의 권한 행사에 제한이 있다면, 규정 자체나 제소 가능성, 유럽사법재판소의 외적 견제와 균형, 여론의 반응 또는 EU 회원국이 아닌 나라들로부터 항의나 보복조치 정도로 생각할 수 있다.

두 번째는 감독관리제 부분위임(supervised delegation) 모델이다. EU나 EU 산하 관련 기구가 대리인 역할을 하되 회원국이 〔일반적으로 유럽의회(European Paliament)와 함께〕 대리인을 적극적으로 감시하고 그 활동을 독려하는 형태다. 대표적인 분야는 무역정책인데, 여기서는 주체가 133조위원회다. 133조위원회는 각 회원국들이 임명한 무역위원들로 구성되어 무역협상 과정을 모니터하고 무역분과위원장에게 조언을 주

---

11. 환율정책은 더 모호한 사안이다. EC 조약은 환율정책을 통화정책과 구분하여 정의하지 않고 있다. 더욱이 EU 각료이사회가 "환율정책에 대한 일반 안내서"를 발간하는 것도 허용된다(제111조). 하지만 환율정책의 주된 두 가지 수단, 즉 공식 환율 변경과 외환 개입은 유럽중앙은행 고유의 권한이다. 각료이사회는 이 조항을 예외적인 상황에서만 적용하기로 합의했다.

기 위해 자주 모인다. 형태는 약간 다르지만 환경 분야도 대체로 이와 유사한 방식으로 운영되고 있다. 환경협상에서는 EU 각료이사회 의장이 대리인의 역할을 한다는 것이 차이점이다.

세 번째는 자체 조율(coordination) 모델이다. 이는 각 회원국들이 대외 권한이나 책임을 EU에 위임하지 않고 국제회의 석상에서 각 회원국의 의석과 발언권을 그대로 유지한 채 서로 의견을 조율하는 모델이다. 이는 연성 책임제(soft-coordination)와 비슷하게 볼 수 있지만, 앞서 말한 바와 같이 EU의 권한에 속하는 분야에서만큼은 각 회원국들이 그들 사이의 의견뿐 아니라 EU 당국과도 의견을 조율해야 할 법적 의무가 있다는 것이 유럽사법재판소의 입장이다.

일례로 현 IMF 규정상 EU는 공식적으로 IMF에 가입할 수 없다. 그러나 유럽 회원국들은 무역이나 단일시장과 관련된 사안에 대해서는 한목소리를 내야 하고, EU 집행위원회와 의견을 조율해야 한다. EU 회원국들은 협상의 주요 안건들에 대해 점점 더 공동 입장을 취하려 노력하고 있다. 비엔나 EU 이사회(Vienna European Council, 1998) 이후 경제금융이사회(Ecofin: Economic and Financial Affairs Council), 재무부 관료들로 구성된 경제금융위원회(EFC: Economic and Financial Committee)와 IMF에 대해서는 경제금융위원회의 특별소위원회 안에서 사전 논의가 이루어지며, 종종 그 결과로 공동양해서를 발표하기도 한다.[12] 이 공동양해서는 국제협상에서 회원국들이 취하는 입장에 영향을 줄 것으로 기대된다. 그러나 대부분의 경우 법적 구속력은 없다. 여기서 사전 협의는 충분히 유연한 형태로 이루어진다고 판단된다. 실제로 EU 집행위원회나 유럽중앙

---

12 비니-스마기(Bini-Smaghi, 2006a)는 이런 변화에 대해 정확한 사실에 입각해 자세히 설명했다.

은행은 무역·경쟁·화폐 관련 사안 또는 더 일반적인 제1기둥 사안 (first pillar)에 대해 각 회원국들이 공동 입장을 준수하게 하기 위해 유럽 사법재판소에 요청한 적이 없었다(위에 언급한 ILO 회의의 경우처럼).

〈표 2.2〉는 위에서 설명한 세 가지 모델과 그것들이 각각 활용되고 있는 분야를 보여준다. 이는 현실을 단순화시킨 것으로 실제로는 모델 간 경계가 분명하지 않은 중간 영역이 존재한다. 만약 대리인에게 주어진 임무에 시간적 제한이 있거나 권한에 임기가 있다면, 대리인의 활동에 대해 주체가 만족하느냐 아니냐에 임무(즉, 임무와 관련한 권한)의 재부여가 달려 있기 때문에, 무조건부 전권위임과 감독관리제 부분위임 모델 사이에는 큰 차이가 없다. 마찬가지로 경제금융위원회의 소위원회가 계속 회합을 가지면서 자주 가이드라인을 제시하며 감독을 한다면 감독관리제 부분위임과 자체 조율 모델 사이에도 큰 차이가 없게 된다. 이렇듯 경계가 모호한 부분이 있긴 하지만 모델 구분을 통해 분석과 비교가 용이하다는 점에서 의미가 있다.

유럽헌법상 점차 증가하는 국제관계에 관한 내용들

현 유럽헌법상 국제적 측면의 중요성은 얼마나 높은가? 통계가 모든 걸 말해주지는 않지만 최소한 전체적인 그림은 볼 수 있다. 국제관계에 관한 내용이 얼마나 중요한지를 알아보기 위해, 우리는 1957년 이후 EU 법령 모두가 기록되어 있는 EUR-lex 데이터베이스를 속속들이 파헤쳐 보았다.[13] EU 법률은 ① 지령(directives, 예를 들면 European framework laws), ② 규제(European laws), ③ EU 각료이사회나 EU 집행위원회의 의

---

13 알레지나, 안젤로니, 슈크네히트(Alesina, Angeloni, and Schuknecht, 2005) 역시 다른 상황에서도 EU 법령의 정량적 분석 방법을 사용했다.

모델	주요 특징	사례
무조건부 전권위임	정책 권한이 EU 기구들에게 위임됨 회원국들의 감시 기능이 EU 기구들의 결정에 구속력을 갖지 않음	경쟁정책(감시 기능 없음)
감독관리제 부분위임	대외 대표권과 협상이 EU 기구에 위임됨 이사회는 가이드라인을 내놓거나 집행 과정을 감시함으로써 감독 기능 수행	재화무역(EU 집행위원회의 감독) 환경(EU 집행위원회의 감독)
자체 조율	대외 대표권이 EU 기구에 위임되어 있지 않음 회원국들끼리, 그리고 EU 기구와 서로 조정하고 그 결과로 나온 가이드라인에 따를 수도 있고 따르지 않을 수도 있음	IMF에서의 대표성 (경제금융위원회 소위원회 내에서 사전 조율)

결 사항, 비회원국과의 협정, 그리고 국제기구와의 협정과 같은 2차적 법률을 포함한다. 우리는 앞서 검토하기로 한 8개 분야에 대해 ③번 카테고리에 속하는 법령의 절대 수치와 EU 법률 중 차지하는 비중이 어떻게 증감되어왔는지를 검토했다. 그 결과는 〈그림 2.1〉과 〈그림 2.2〉에서 볼 수 있으며, 자세한 내용은 〈부록 3〉에 수록했다.

EU 법령의 총 텍스트 수는 1966~1975년 9,776개에서 1996~2005년에는 4만 5,062개로 늘어났다. 1957~2005년 전 기간에 걸쳐 무역 분야에서 그 내용이 가장 많이 늘어나 전체 텍스트의 36%를 차지했고, 그 다음으로 거시경제정책과 금융이 10.3%, 그리고 개발 관련 분야가 8.7%를 차지했다. 즉, 대외적 차원이 EU 법률 발전에 주된 역할을 한 것이다.

비회원국, 그리고 국제기구들과의 협정에 대해 살펴보면 1990년대 중반까지는 지속적인 증가를 보이는데, 총 협정의 개수는 1966~1975년 사이 360개에서 1986~1995년 사이 1,251개로 늘었고, 그 후 1996~2005년 사이는 967개에 그쳤다(〈그림 2.1〉). 상대적으로 1960년대에는 비회원국과의 협정이 전체 협정에서 더 높은 비율을 점했다(〈그림 2.2〉).

　재미있는 것은 1957~2005년 사이의 무역이 전체 협정 중 수적으로 절대적 우위를 보이고 있지만, 같은 기간 동안 각 정책 분야의 전체 입법 중에서 차지하는 비중을 참고로 상대적 중요도를 비교해보면 다른 양상이 나타난다는 것이다. 가장 '국제 환경에 노출이 심한' 정책 분야는 에너지(법 제정의 4.5%가 국제 사안), 환경(4.4%), 개발(4.1%), 안보(3.9%), 그리고 무역(2.7%, 이처럼 비중이 극히 낮은 이유는 EU의 무역 관련 강령들의 상당수가 국제협정적 성격이 없기 때문이다)의 순서이며, 다른 분야는 국제 환경에 노출이 적은 편이다(〈부록 3〉 참고). 또한 〈그림 2.2〉를 통해 과거에는 개발 분야가 상대적으로 중요한 분야였지만 점차 안보, 환경, 에너지의

〈그림 2.1〉 **비회원국 및 국제기구와의 협정 건수**

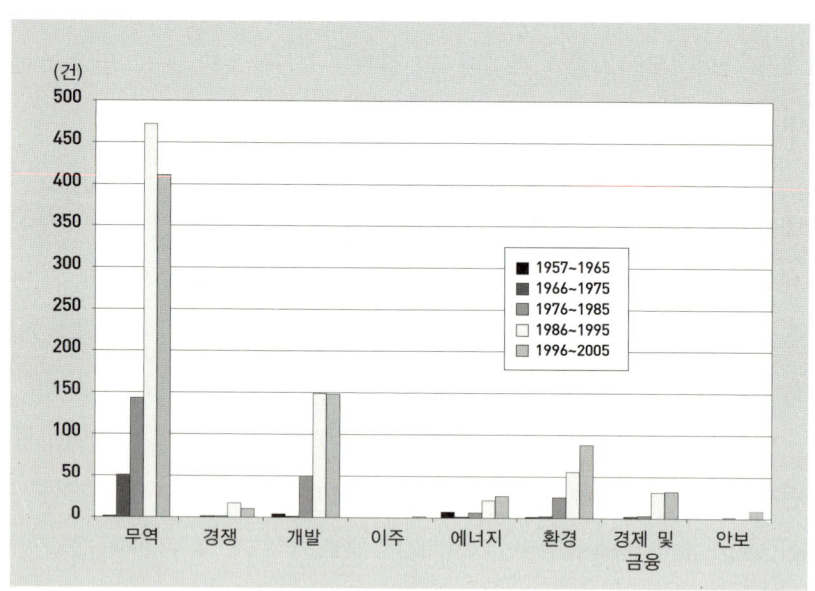

자료: EUR-Lex.

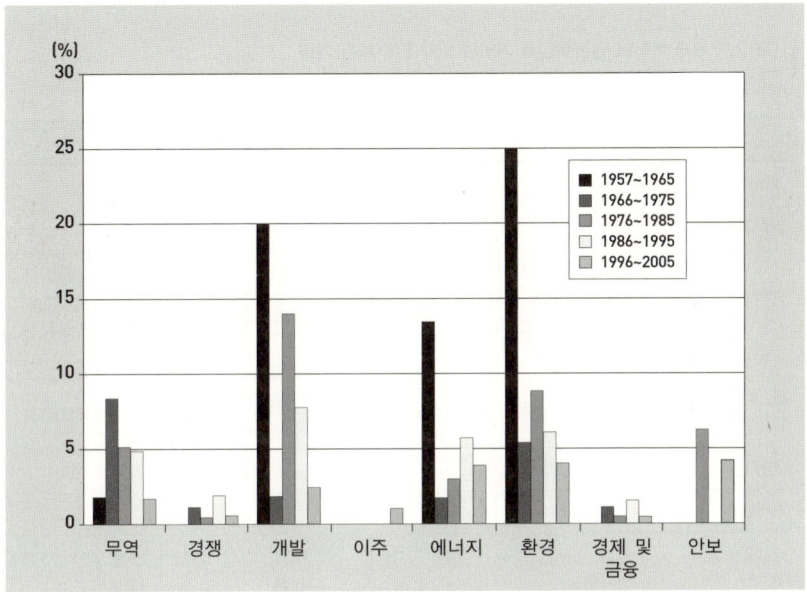

자료: EUR−Lex.

중요성이 커지면서 개발 분야를 능가하는 추세를 볼 수 있다.

8개 분야의 상황에 관한 고찰

우리는 앞에서 제시한 거버넌스 모델을 8개 분야에 적용하여 현황을 진단해보았다. 7개 분야는 이 책의 각 장에서 상세하게 다루었고 우리는 여기에 덧붙여 환경을 포함한 8개 분야에 대한 평가를 내렸다. 평가에 필요한 정보는 각 분야를 다룬 각 장의 저자들로부터 모두 동일한 질문지를 사용하여 수집했다(〈부록 1〉 참조).[14] 〈표 2.3〉은 권한위임과 거버넌

---

14 이 섹터에 대한 정보를 제공해준 EU 집행위원회 환경총국(DG Environment)의 니콜라스 테리(Nicolas Théry)에게 감사를 표한다.

<표 2.3> 8개 섹터의 권한위임과 거버넌스 구조에 대한 개괄

	무역	경쟁	금융시장	개발
섹터의 동질성	중	상	하	상
권한위임				
권한	재화는 EU의 배타적 권한, 서비스와 투자는 EU 외 회원국의 공동 권한 사항	EU의 배타적 권한	공동 권한 사항	회원국 정책과 (그에 대한 보충적 역할로서) 특정 EU 정책
EU 권한의 법적 근거	배타적(제133조)	배타적(제81ff조)	단일시장 권한에 기초한 묵시적 권한	배타적(제177조)
(권한 범위의) 명확성	재화에 있어 상	상	하	상
거버넌스				
국제협약의 개수와 성격	많음: 다자, 지역, 양자협정	적음: 양자협정	많음: 다자, 양자 협정	많음: 다자, 양자 협정
의사결정 regime	대부분 QMV(Qualified Majority Voting)	적용 불가	QMV	QMV
대외 대표권	각료이사회 지령에 근거, 집행위원회가 행사	집행위원회	집행위원회와 회원국	집행위원회와 회원국
대표단/ 조정 메커니즘	집행위원회 관리제 부분위임	집행위원회에 무조건적 전권위임/ ICN을 통한 약간의 조율	자체 조율	집행위원회의 관리제부분위임 자체 조율의 조합
집행 구조	재화 부문 공동 관세정책, 서비스 부문 EU 지시 사항	집행위원회 직접 집행	EU 지시	집행위원회 직접 집행

<표 2.3> 8개 섹터의 권한위임과 거버넌스 구조에 대한 개괄

	이주	에너지	환경	국제거시/통화
섹터의 동질성	상	하	하	상
권한위임				
권한	회원국 권한이나 집행위원회의 발주권한, 셴겐 협정에서는 비자정책 조율	공동 권한 사항	공동 권한 사항(해양생물학적 자원은 제외, 이는 EU의 배타적 권한)	통화, 환율은 EU의 배타적 권한(유로지역), 기타 사안은 회원국 권한
EU 권한의 법적 근거	공동 권한 사항(제61조). 사람의 자유로운 이동	원자력 이외에는 묵시적 권한(EAEC조약 제101~106조)	묵시적 권한 EC 조약의 환경보호 조항에 근거	환율 분야에 배타적 권한(제111조), 묵시적 조율(제99조)
(권한 범위의) 명확성	상	하	하	상
거버넌스				
국제협약의 개수와 성격	적음: 양자협정	많음: 양자협정	많음: 다자협정	적음: 다자협정
의사결정 regime	만장일치, QMV 가능성	국제시장에 대해 QMV	QMV	X rate에 대한 QMV(그러나 적용되지 않음)
대외 대표권	적용 대상 아님	집행위원회와 회원국	일반적으로 각료이사회가 주관하고 집행위원회가 보완	대부분 회원국과 ECB(G7, BIS), 유로그룹과 집행위원회(G7)
대표단/ 조정 메커니즘	자체 조율	자체 조율	의장에게 관리제 부분위임과 조율	ECB의 무조건부 전권위임과 조율
집행 구조	적용 대상 아님	EU 직접 집행	EU 직접 집행	국가 관할 결정 사항(또는 ECB 정책)

자료: 거버넌스 관련 질의서에 대한 답변, 저자 편집, 〈부록 1〉 참조.

스 구조, 두 가지 항목에 대한 평가 내용을 개괄적으로 보여주고 있다. 표를 통해 다음 몇 가지 사실을 관찰할 수 있다.

첫째, 분야 간뿐만 아니라 한 분야 내에서도 해당 사안의 특성이 서로 다른 경우가 있고, 국제관계를 설정하는 규정들과 해당 거버넌스 구조 간에도 상당한 다양성이 존재한다. 무역(적어도 재화에 있어서), 경쟁, 개발, 이주, 그리고 국제통화는 그런 측면에서 보면 비교적 동질적이다. 이와는 대조적으로 금융시장, 에너지, 그리고 환경은 EU의 권한위임 범위와 거버넌스 구조에 차이점이 있는, 전혀 다른 소분과들을 합쳐 놓은 것 같은 형태를 띤다. 예를 들면, EU 에너지전략에 관한 전반적인 협정이 있음에도 불구하고, 석유(EU 정책 범위를 벗어남)와 원자력(다른 조약의 범위에 속함), 그리고 전기(단일시장의 일부임) 이 세 가지 소분과는 서로 공통점이 거의 없다.

둘째, EU가 배타적 권한을 갖는 분야는 3개뿐인데, 이는 EU 조약에 분명히 명시되어 있기 때문이다. 이 세 분야는 무역, 경쟁, 유로 환율 부문이다. 다른 분야에서는 EU가 권한을 부여받았고, 그에 대한 법적 근거가 있다 하더라도 회원국들과 일부를 공유해야 하는 반쪽짜리 권한이다. 이런 경우 권한의 경계가 모호하여 논란이 생기기도 하는데, 〈표 2.3〉의 '명확성'이라는 항목이 그 여부를 나타낸 것이다. 그런 면에서 문제가 있는 분야는 금융시장, 에너지, 환경 분야다. 세 분야 모두 EU와 회원국들 간에 경쟁과 협력이 산발적으로 이루어지고 있다. 그리고 EU와 회원국 모두 복잡하고 불안정한 협정이 계속해서 체결되는 결과가 지속되고 있다.

셋째, 국제적 행위의 성격이 분야에 따라 다르다는 것이다. 무역, 금융시장 또는 환경과 같은 일부 분야에서 다자간, 지역적, 또는 양자 간 협정을 통해 규정을 발효시키는 것이 가장 핵심적인 일이며 경쟁, 개발, 국제통화와 같은 또 다른 분야에서는 사례별 의사결정, 즉 준사법적 또는 집행적 기능이 강조된다.

넷째, 의사결정 방식은 일반적으로 가중다수결(QMV)을 원칙으로 하고 있다. 그러나 서비스, 무역, 이주 같은 경우에는 예외가 있다. 가중다수결은 사실 실행하기가 어려운데, 그 이유는 우선 EU 내에서는 가급적 컨센서스를 이루려는 경향이 있고, 다음으로 복합협정이 존재하기 때문이다. 즉, EU가 협상을 통해 합의를 이루더라도 복합협정의 경우는 그 협정에 대한 회원국들의 비준거부권을 공식적으로 행사할 수 있는 구조이기 때문에 실제 집행 단계에서는 생각보다 훨씬 더 복잡한 문제가 된다(Meunier, 2000).

다섯째, 거버넌스 구조가 실제로는 표에서 보는 것보다 더 다양하다는 점이다. 위에서 설명한 세 가지 모델의 구분이 명확한 경계가 있는 것이 아니기에 복합·적용되는 양상이다. 예를 들면, EC 조약에 따라 유럽중앙은행과 EU 집행위원회가 통화·경쟁 분야에서는 무조건부 전권위임을 받는가 하면, 무역과 개발 분야에서는 감독관리제 부분위임을 받아 EU 집행위원회가 대리인이 되고, 환경 분야에서는 EU 각료이사회가 대리인이 된다(단, 환경 분야는 분야 내에서도 사안별로 다양한 형태가 존재한다). EC 조약은 향후 발전 여지를 남겨놓고 있는데, 앞에서 언급한 것과 같이 경제통화연합(EMU)과 관련된 영역의 대외 권한이 그런 경우다(제111조 4항).

요약해보면, 우리가 검토한 현행 구조들은 분야별로 상당한 차이점들이 존재한다. 그렇다면 관건은 EU 차원의 권한 집중화 정도와 거버넌스 구조에 대한 선택에 논리적 근거가 있는지, 그리고 이들이 역사적 산물인지 아니면 내부적 구조로부터 기계적으로 발생한 산물인지의 문제로 넘어가게 된다. 이제부터 그 문제들을 살펴보도록 하자.

현 구조는 얼마나 능률적인가?

　　　　　　　　앞에서는 현재 상황을 설명했고 지금부터는 현황을 분석하고 논의할 것이다. 우리가 다룰 사안은 두 가지인데, 첫째는 힘의 배분, 즉 EU 용어로 '권한'에 대한 문제다(예를 들어, 어떤 주어진 정책이 분권화된 수위에서 수행되어야 하는지, 아니면 어느 정도의 중앙집권화가 필요한 것인지 등에 대한 문제). 둘째는 거버넌스, 즉 어느 정도 EU 차원으로 중앙집권화가 되어 있을 때 어떻게 하면 공동 의사결정이 가장 잘 이루어지게 할 수 있는지에 대한 문제다.

　물론 이 두 가지를 완전히 별개의 문제로 취급할 순 없다. 사실 거버넌스 문제는 권한이 완전히 분산되어 있지도 않고(그럴 경우 오히려 거버넌스가 필요 없다), 또 완전히 중앙집권화되어 있지도 않은(그럴 경우 국제적 측면이 사라진다) 경우에 더 중요한 사안이 된다. 일단 권한과 거버넌스에 대한 내용을 고찰하고 분석상의 사안들과 우리의 분석 결과를 설명하고자 한다.

관할권과 권한
문헌에 나타난 기존의 시각

티부(Tiebout, 1956), 올슨(Olson, 1969), 오츠(Oates, 1972)의 연구 이후 연방제 이론은 서로 다른 차원의 정부가 공공재화의 분배를 어떻게 분배하고 있는지에 대한 연구로 발전되어왔다.

　이들에 따르면 분권형 의사결정이 시민들의 요구 사항을 가장 잘 반영할 수 있다. 단, 그 요구 사항들이 통일성이 없고, 연방 차원으로 권한 이양이 정당화될 정도로 해당 분야에서 규모의 경제가 거의 존재하지 않는다는 조건이 충족되어야만 이 이론이 성립된다. 정치적 연합에 관한 현대 문헌들도 같은 논리를 바탕으로 정립되고 있다. 알베르토 알레지나, 이나초 안젤로니, 프레데리코 에트로(Alberto Alesina, Ignazio Angeloni, Frederico Etro, 2005)의 모델이 제시한 것과 같이 규모의 경제와 선호의 다양성은 서로 트레이드오프(trade-off)하는 것이다. 유럽 학자들은 이 말을 심화와 확대 사이의 거래와 같은 논리로 생각한다.

이러한 분석 논리를 대외 관계에 적용해보아도 괜찮을 것이다. 물론 귀도 타벨리니처럼 "대외정책 영역에서 어떤 지침을 내릴 수 있겠는가? 딱 하나 가능한 것이 있다면 EU의 공동 이익을 추구하라는 지침이다. 하지만 그 말이 얼마나 현실성이 있겠는가?"(Guido Tabellini, 2003)라며 비관하는 사람들도 있다. 그렇다고 현실을 진단하지도, 대안을 찾지도 않을 이유는 없다. EU 시민들에게 중요한 것은 개별 의사결정과 공동 의사결정에 대한 선택이 그들의 복리에 어떤 영향을 주는가 하는 것이다. '규모의 경제/선호의 다양성' 이라는 분석 기준은 단 한 가지 조건, 즉 규모의 경제가 크다는 것을 대다수 사람들이 이해할 수 있을 때만 적용할 수 있다. 예를 들어, 시장지배력을 연합해서 행사하거나 국제기구에서 표를 모아 권한을 행사하는 것이 EU 회원국이 얻는 직접적인 이득을 포함해서 이득이 많다는 점을 대부분의 사람들이 이해하고 받아들이고 있을 경우에 한해서만 타당성이 성립된다.[15] 동일한 기준이 EU 차원의 중앙집권화 정도를 선택하는 데도 적용될 수 있다.

이주정책을 예로 생각해보자. EU 내 한 회원국에서 거주 허가를 받

---

15 정책 목적은 EU 시민의 복리를 최대화하는 것이지 전 세계인의 복리를 증진시키기 위한 것은 아님을 은연중에 가정하고 있다는 점을 기억하기 바란다. 그러므로 시장지배력이 해외에서 부정적 영향을 끼친다 하더라도 실이 아닌 득으로 간주한다.

은 개인은 다른 회원국가로 다시 이주하기가 훨씬 수월하기 때문에, 회원국 간에 외부효과가 존재하여 적어도 국제 이민자들에 대한 비자정책을 EU 차원에서 중앙집권화하고자 할 것이다. 그러나 어떤 나라는 이주의 증가를 좋아하고 또 어떤 나라는 이를 막으려 한다면, 공동 정책으로부터 오는 손실이 커지게 된다. 더구나 비자 분야에서 공동 정책을 수행해야 한다면 그것은 전 세계에 걸쳐 공동 영사관을 만들어야 함을 의미하는데, 이는 단기적 추가 비용이 많이 드는 반면에 얻게 되는 이득은 적어도 단기적으로는 불분명해 보인다.

이런 이유 때문에 EU 차원의 중앙집권화는 선호의 다양성이 낮고 규모의 경제 효과가 크며, 각 나라에 걸쳐 부수적 효과가 있고 비용이 적게 들 때, 그 성공이 보장된다. 그렇지 않은 경우라면 분권화를 더 선호할 것이다.[16]

현황 진단

다수의 정책 사안들에 관한 지속적인 정보는 EU 집행위원회에서 발간하는 〈유로바로미터〉와 같은 정기 여론조사나 국제 여론조사 결과들을 통해 얻을 수 있다. 물론 그 조사가 국가별 선호 사안과 그 정도를 얼마나 정확히 측정했는가의 문제는 논란의 여지가 있을 수 있지만, 장점이 있다면 (최소한 유로바로미터 여론조사의 경우) 정책 영역들 사이의 비교와 시간에 따른 경과 변화 추이를 비교하기 쉽다는 것이다.

〈그림 2.3〉은 유로바로미터 여론조사와 유럽가치조사(EVS: European Values Survey)에서 조사된 것으로, 우리가 원하는 정보 타입을 보여주고

---

16 여기서 유의해야 할 점은 국가들 간의 선호 차이와 개인들 간의 선호 차이를 같이 봐서는 안 된다는 것이다. 이는 투표 방식과 긴밀한 관련이 있다.

있다. 이 그림에서 우리는 X축에 실질적인 정책선호도를 그리고 Y축에 환경정책이 EU 차원으로 위임되어야 한다고 대답한 사람들의 비율을 표시했다. 정책선호도를 표시한 X축은 더 깨끗한 환경을 위해 국민이 어느 정도까지 그 대가를 기꺼이 지불하고자 하는가에 대한 조사 결과로, 우리는 국민의 환경 분야에 대한 암묵적 가치를 측정하는 지표로 이를 간주했다. 또한 권한위임에 대한 Y축은 규모의 경제/파급효과를 어느 정도로 인지하고 있는지에 대한 측정치로 간주했다.

통계치가 보여주듯, 환경정책을 EU 차원으로 할당하는 것에는 상당한 수렴성이 있지만 공동 정책의 내용에 있어서 어느 것이 더 바람직한 것인가 하는 사안에는 상당한 견해 차이가 있다. 충분히 납득할 수 있는 결과다. 국민은 국경을 넘는 공해와 세계적 기후변화 문제를 국제사회 차원에서 다루지 못한다면 적어도 EU 차원에서만이라도 접근해야 한다고 생각한다(물론 옳은 판단이다). 그러나 그렇다 하더라도 그 공동 정책의 실제 내용 면에서 사람들의 생각이 통일되어 있는 것은 아니다. 지리적 위치에서부터 인구밀도, 소득 수준, 전반적인 비용 부담 정도 등 서로 생각이 다를 이유는 많이 있다.

우리는 광범위한 정책 사안에 걸쳐 비슷한 상황이 벌어지고 있음을 알게 되었다. 〈부록 2〉에 여러 출처에서 얻은 여론조사 결과를 도표로 종합해보았다. EU 차원의 중앙집권화를 선호하는 내용에 대한 자료는 정기적으로 발표되는 유로바로미터 여론조사 결과로부터 얻을 수 있었고, 여론조사 내용은 꽤 광범위한 분야의 사안들을 아우르고 있다. 이 조사에서 측정된 여론의 선호도는 시간의 경과에 상관없이 상당히 안정적인 편이었다. EU 회원국 수가 늘어났어도 그에 따른 큰 변화는 관찰되지 않았다. (변화가 있다면 대부분 유럽에 관한 여론의 전반적인 변화 때문이

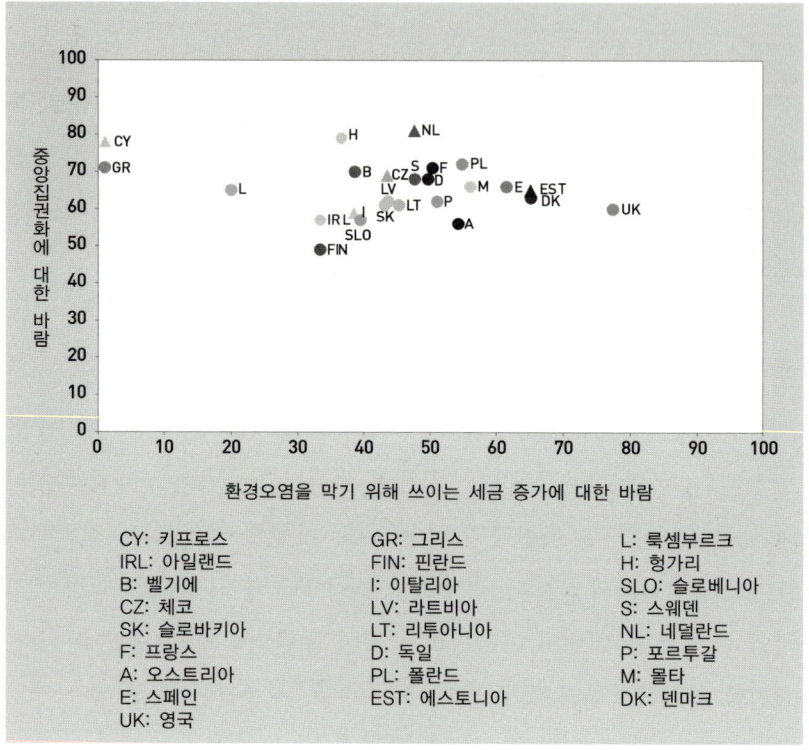

CY: 키프로스
IRL: 아일랜드
B: 벨기에
CZ: 체코
SK: 슬로바키아
F: 프랑스
A: 오스트리아
E: 스페인
UK: 영국

GR: 그리스
FIN: 핀란드
I: 이탈리아
LV: 라트비아
LT: 리투아니아
D: 독일
PL: 폴란드
EST: 에스토니아

L: 룩셈부르크
H: 헝가리
SLO: 슬로베니아
S: 스웨덴
NL: 네덜란드
P: 포르투갈
M: 몰타
DK: 덴마크

자료: EB 64.2(2005), European Values Survey(1999~2000).

거나 사건들에 대한 반응 때문에 생긴 것이다. 예를 들면, 미국에서 있었던 9 · 11 테러
는 EU 차원의 테러 억제책으로 군사력을 길러야 한다는, 즉 안보에 대한 요구를 분명
히 중대시키는 결과를 가져왔다.)

그러나 국가들 사이에는 상당한 차이가 관찰되었다. 〈그림 2.4〉는
유로바로미터 조사에서 나타난 15개 정책 분야에서 EU 차원의 중앙집
권화에 대한 여론 분포/선호도를 표로 정리한 것이다. 대외적 차원의
성격이 강한 정책들은 검은색 막대로, 대내적 성격이 강한 정책은 흰색

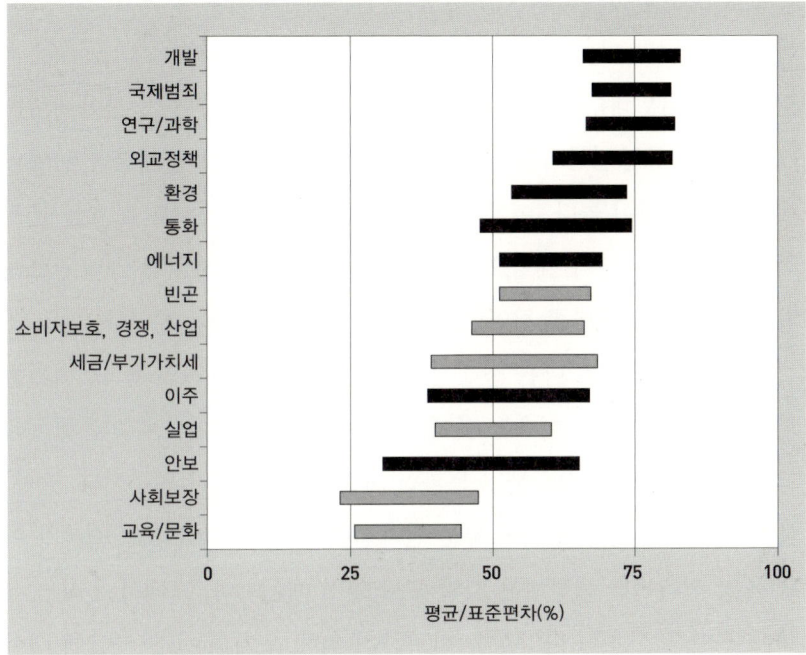

자료: Eurobarometer Surveys.

막대로 표시했다. 막대의 길이는 두 가지 표준편차(국가별)를 나타낸다.
즉, 막대 길이가 길수록 EU 차원의 중앙집권화 필요성에 대해 유럽 내
에서의 국가별 견해 차가 더 심한 것을 의미한다.

　전체적으로 봤을 때, 여론의 선호도는 대체적으로 경제학자들이 말
하는 규모의 경제 기준 및 부수 효과와 일치했다. EU 차원의 중앙집권
화에 대한 선호도는 여론이 국가정책으로부터 나오는 파급효과가 높다
고 인식하는 분야(연구 및 과학 분야)에서는 높게 나타나고, 또 개별 국가가
요구되는 수준의 능력을 갖추지 못했다고 인식하는 분야(국제범죄 분야)

에서도 대체적으로 높게 나타난다. 그러나 항상 그런 것은 아니다.

경쟁정책/소비자보호/산업정책에서는 EU 차원의 중앙집권화에 대한 선호가 낮게 나타난다. (세 가지 사안을 합쳐 하나로 다루었는데, 그 이유는 세부 영역에서 설문 내용이 자주 겹치기 때문이다.) 대외적 성향이 큰 분야에서는 EU 차원의 중앙집권화를 선호하는 편인데, 국가안보 문제만큼은 예외적으로 다양성이 높다. 이 말은 유럽 사람들이 사회 안전·보호를 본질적으로 개별 국가의 재량으로 생각하는 경향이 강하지만 개발원조는 압도적으로 EU가 다룰 사안이라고 받아들이고 있다는 의미다.

분야에 따라 서로 다른 실질정책 선호도를 비교하려면 좀 더 세밀한 작업이 필요했다. 그 이유는 첫째, 우리는 여러 가지 자료에 의존했는데 그 자료라는 것이 어느 한 소분과만 다룬 경우도 있기 때문이다. 둘째, 통계 자료들은 문답 형태의 설문 결과인데, 질문의 성격상 그 결과가 어떤 특정 정책에만 해당하는 것일 수도 있기 때문이다. 그래서 우리는 각 분야에 따른 선호의 다양성을 비교하기 위해 우리의 관심 사안에 대한 여론조사(1990년대와 2000년대 조사됨)를 최대한 많이(90건) 수집했고, 그중 동일한 분야와 관련 있는 여러 질문들을 묶어서 하나의 카테고리로 규정했다(예를 들면, 환경에 대한 8개의 서로 다른 질문을 하나의 카테고리로 규정했다). 그렇게 함으로써 질문의 특정 성격 때문에 생길 수 있는 국가 간 변이 요소를 걸러낼 수 있었다(예를 들면, 어떤 질문은 "국민들이 환경을 위해 기꺼이 더 많은 세금을 내려고 하겠는가?"이고 어떤 질문은 "환경을 위해 국민의 생활수준이 낮아지는 것을 허용할 수 있겠는가?"라는 식이다). 마지막으로는 국가별로 다르게 나타나는 독립적 선호 다양성의 지표로서, 해당 분야에 속하는 설문 응답의 평균 표준편차를 전체 분야에 대한 응답의 평균 표준편차로 나누었다. 그렇게 해서 질문의 문장 구성 때문에 생기는 차이를 최소화할 수 있었다. 그 결과, EU 차원의 중앙집권화와 선호 다양성은 서로 독립적이라는 것이 증명되어, EU 차원의 중앙집권화의 적정 수준에 대한 응답은 선호도의 다양성에 의해 결정되는 것이 아니라는 사실이 밝혀졌다.[17]

그 결과는 〈그림 2.5〉에 나와 있다. X축에는 EU 내 국가별 응답의 차이로 측정한 선호도의 다양성을 나타냈고, Y축에는 EU 차원의 중앙집권화에 대한 선호도를 나타냈다(해당 정책 관련 권한을 EU에 부여해야 한다고 답한 사람들의 비율로 측정했다). EU 차원의 중앙집권화를 지지하는 경우는 좌측 상단에, 분권화를 지지하는 경우는 우측 하단에 위치한다. 다른 위치는 모호한 중간 입장을 의미한다.[18]

〈그림 2.5〉에 나타난 여론에 따르면 개발과 대외정책이 EU 차원의 중앙집권화가 가장 필요한 영역으로 간주되었다. 환경과 무역 관련 정책들이 그 다음인데, 여기서는 정책선호 다양성지수가 눈에 띄게 높게 나타나는 것을 볼 수 있다. 세 번째 그룹은 에너지와 이주 분야로 EU 차원의 중앙집권화에 대한 선호는 다소 약하고 다양성은 조금 높게 나타나고 있다. 실업과 노동시장정책은 대체적으로 개별 국가 관할로 여겨지고 있고, 사회정책은 더욱 그러하다. 경제정책, 특히 경쟁·소비자보호·실업·노동시장 등의 분야에서는 EU 차원의 중앙집권화에 대한 욕구와 선호의 다양성 사이에 트레이드오프 현상이 뚜렷이 나타남을 알 수 있다.

---

17 이 가능성은 배리 아이켄그린이 지적해주었다. 정보를 제공받은 시민은 나름대로의 이론적 근거를 가지고 어떤 분야에서 중앙집권화를 반대할 수도 있는데, 이유는 다른 나라 사람들은 아주 다른 선호를 가지고 있다는 점을 이들이 인식하고, 그래서 의사결정이 중앙집권화되면 자신들이 소수파에 속하게 될지 모르는 상황을 두려워하기 때문이다. 하지만 선호도의 다양성과 중앙집권화에 대한 욕구 간의 상관관계는 그다지 크지 않은 것으로 보인다. 따라서 이론적으로는 맞는 말이지만 경험적 정당성을 지닌 것으로 파악되지는 않는다.
18 중앙집권화의 정도와 선호의 다양성 양쪽을 측정할 수 있는 수단을 우리가 연구한 정책 분야에만 한하여 〈그림 2.5〉에 포함시켰다. 그러나 광범위한 분야에 걸친 다른 정책들에서 부분적 정보들을 얻을 수 있었다.

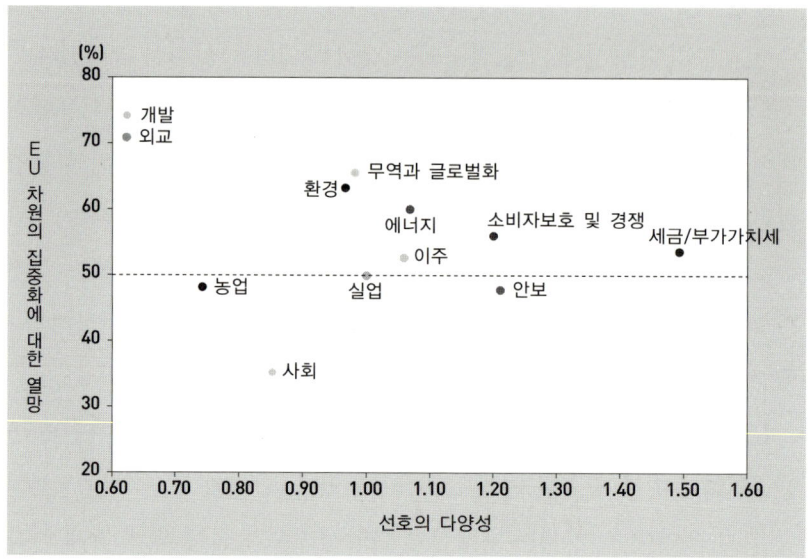

자료: Eurobarometer, EVS, ESS, ISSP.

접근 방식 적용

이제 공동 권한 사항에 대해 평가하기 위해 필요한 요소들이 다 갖추어졌다. 우리는 8개 지정 분야 중 6개 분야에서만 조사 자료를 수집할 수 있었는데, 중앙집권화에 대한 열망과 선호의 다양성 두 가지 측면을 연결해서 만든 '중앙집권화지수(I)'를 사용해 각 정책을 분류했다(〈그림 2.6〉). 그림에서 지수 I는 각 분야 정책들이 〈그림 2.5〉의 좌측 최상단으로부터 얼마나 떨어져 있는가를 측정한 것이다. 〈그림 2.6〉을 보면 개발원조(그리고 이번 장에서는 다루지 않은 외교정책)에서 중앙집권화가 가장 높고, 그 다음으로 무역과 환경 분야가 높게 나타났다. 반면, 에너지 분야는 약하게, 대내외적 측면을 모두 포함하는 경쟁정책과 이주정책 분야는 더 약하게 나타났다.

우리의 연구 결과와 현재 공동 권한 사항 구조 사이의 관련성은 다소 느슨한 편이다. 개발원조는 대부분의 사안들이 EU 차원으로 중앙집권화되어 있지 않다. 그러나 무역과 경쟁은 EU 차원으로 중앙집권화되어 있다. 에너지 분야는 매우 분권화되어 있다(EU 차원의 접근이 논의되고는 있다). 환경 분야는 분야 내 사안이 여러 갈래로 나뉘어 있다.

무역 분야에서는 매우 흥미로운 결과를 볼 수 있다. 유럽공동체 초기단계부터 무역은 EU 차원으로 중앙집권화되어 있었지만, 여론이나 정책입안자들의 선호는 상당히 다양한 편이다. 그러나 이런 다양

┃〈그림 2.6〉 EU의 중앙집권화에 대한 열망과 선호의 다양성

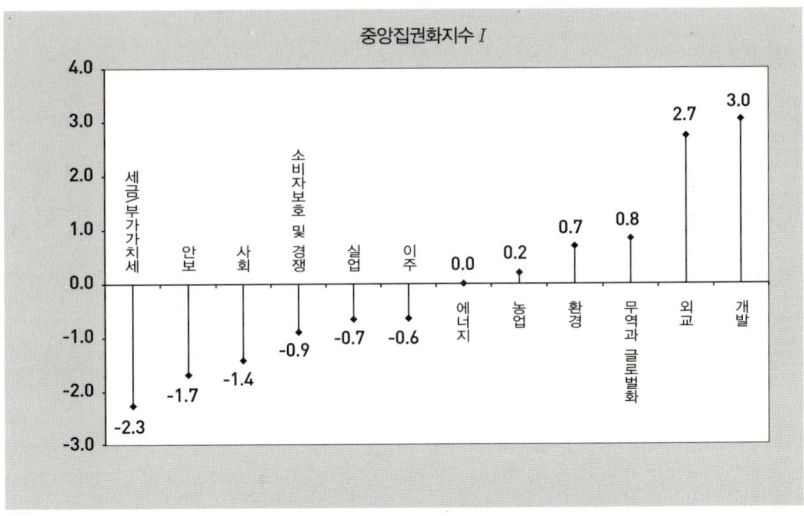

자료: 유럽설문조사(Eurobarometer, EVS, ESS, ISSP, 〈부록 2〉 참고), 저자 계산.
　　그래프에서 3개의 카테고리(상, 중, 하)는 중앙집권화에 대한 열망과 선호의 다양성으로 규정됨. 매우 높은 중앙집권화지수는 높은 선호도와 낮은 다양성을 의미함. 중앙집권화의 경우 각 기준에 동일한 가중치가 적용되어 평가되었음. '중앙집권화지수'는 $I = \hat{c} - \hat{h}$. 여기서 c는 중앙집권화에 대한 바람(열망), h는 선호의 다양성을 나타냄. $\delta = \dfrac{x - \bar{x}}{\sqrt{V_x}}$

성이 우리 자료에서는 충분히 반영되지 못했는데, 그 이유는 'UN 독일 마셜기금의 무역과 빈곤에 관한 여론조사'와 같이 소수의 국가만 조사한 결과는 제외시킬 수밖에 없었기 때문이다(US German Marshall Fund, 2006). 이 여론조사 결과에서는, 프랑스와 영국의 여론이 무역시장 개방 정도에서 특정 무역정책의 규정에 이르기까지 무역과 관련한 광범위한 분야에서 선호의 다양성이 높게 나타나며, 각국 정부는 여론의 선호에 따라 행동함을 알 수 있었다. 이 결과는 서로 다른 선호 성향에도 불구하고 거버넌스 구조상 의사결정 절차가 허용된다면, 공동 정책이 추진될 수도 있다는 뜻으로 받아들일 수 있다. 그러나 현재로서는 유럽의 무역정책은 EU 내에서도 골치 아픈 사안으로 악명이 높다.

거버넌스

문헌에 나타난 기존의 시각

어떤 수준의 중앙집권화에서 대외적 관계가 어떻게 운영되어야 하는가, 더 구체적으로 말하면 무조건부 권한위임, 감독관리제 부분위임, 자체 조율, 이 세 가지 모델에 대한 선택 기준이 무엇인가 하는 내용을 지금부터 살펴보겠다.

비즈니스 세계에서는 효율적인 계약서를 만드는 것이 기업지배이론의 중심 주제로 다루어져왔다 (Becht, Bolton and Roëll, 2002. 여론조사 참조). 기업 경영자는 다수의 주체, 즉 주주 또는 채권자와 피고용인들을 상대해야 하기 때문에 기업이론에서 공동 대리인에 관한 연구가 이루어졌는데, 우리는 경영학 분야의 공동 대리인 이론을 우리 연구에 적용해보았다. 먼저 대리인 이론에 따르면, 회사의 소유주는 계약에서 특별히 명시되지 않은 나머지 영역에서는 (암묵적으로) 전권을 위임받은 것으로 간주된다. 이를 EU에도 적용해보고자 한다. 또한 정책결정기관들의 효율성을 평가하기 위한 이번 연구에서는 헌법 설계에 관한 최신 연구이론도 적용해보았다. 특별히 정책 분야에서 EU가 직접 권한을 행사할 수 있는지, 아니면 독립 중앙은행 또는 규제당국과 같은 대리인에게 위임할 것인지를 결정하는 문제에 초점을 두고 이번 연구가 이루어졌다.

대외적 차원에서 발생하는 또 다른 문제는 다수 참여자 간에 연합을 구성할 수 있는 가능성을 본 것으로, 예를 들어 IMF 이사회 또는 환경의정서 협상 등에서 국가들 사이에 이루어지는 연대 가능성이나, 아니면 시간적 제한을 두거나 특정 주제 협상에 한정해(국제무역협상과 같은 자리에서) EU를 대표할 대리인에게 권한을 위임할 수 있는 가능성이 있다는 것이다. 그렇다면 다음과 같은 질문을 할 수 있다. 회원국의 선호를 다 취합하려면 어떤 규칙을 따라야 할 것인가? 단순한 다수결, 가중다수결, 만장일치는 각각 어떤 경우에 사용할 것인가? 이는 EU 대내외 제반 정책 사안 모두에 중요한 문제이지만, 대외 분야에서는 특히 더 중요한 사안이 된다.

프리든(Frieden, 2004)과 뫼니에(Meunier, 2000)는 정책 선택에 관한 선호가 단일하게 나타나고, 선택이 다수결 투표에 의해 정해지는 단순한 사례를 놓고 이 문제에 대해 집중적으로 연구했다. 그들은 EU 내에서 투표 방식으로 얻어지는 이득은 선호도가 어떻게 분산되어 있느냐에 따라 다르며, 연합을 구성함에 있어 어떤 회원국들의 경우는 상대 국가의 선호와 가까울 때 사실상 소외될 수도 있다는 사실을 지적했다(일례로, 영국과 폴란드는 그들의 선호가 미국과 비슷하다는 이유로 이라크와의 전쟁을 놓고 유럽 국가들끼리 동맹을 결성할 당시 제외될 뻔했다).

EU와 미국 간 무역협상에 관한 사례 연구에서, 소피 뫼니에(Sophie Meunier)는 비슷한 접근 방식을 활용하여 한 차원 진전된 연구를 했다. 그녀는 회원국들이 '공격적'이거나 '개혁적'인 어젠다를 갖고 있다면, 다시 말해 그들의 목표가 현상 유지를 넘어서는 경우라면, EU 집행위원회에 더 광범위한 권한을 부여함으로써 상대 국가로부터 더 많은 양보를 이끌어낼 수 있도록 하는 것이 효율적이라고 주장했다. 반대로, 유럽이 '방어적' 또는 '보수적' 어젠다를 가지고 있다면, 다시 말해 그들이 현상 유지를 원한다면, 현상 유지의 범위를 벗어나지 못하도록 EU 집행위원회에 대한 '고삐를 짧게 잡는 것'이 안전하다고 설명했다. 보수적인 회원국일수록 권한위임을 더욱 꺼려한다.

유럽의 보수적 어젠다의 예는 우루과이라운드에서의 농업협상이었고, 공격적 어젠다의 예는 공공조달 분야의 호혜주의라 할 수 있다. 고삐를 짧게 쥐느냐 길게 쥐느냐는 협상 권한의 범위를 정하는 것뿐만 아

| 〈그림 2.7〉 **EU 공동의 입장에 대한 투표**

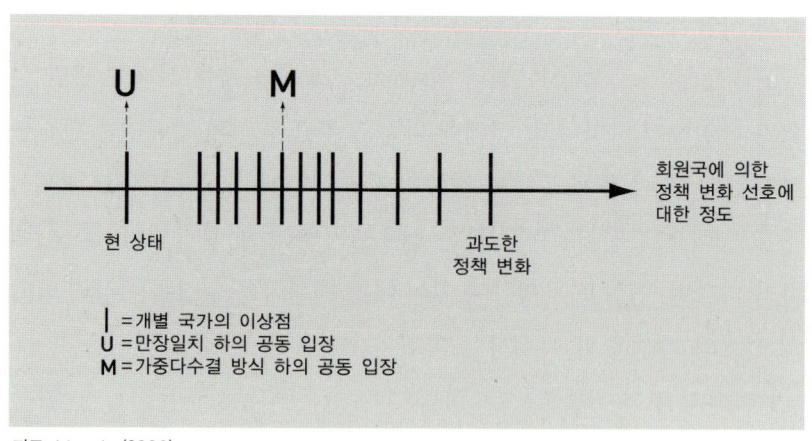

자료: Meunier(2000).

니라 내부 투표 방식으로도 규제가 가능하다. 그리고 구조상 만장일치로 결정하는 것이 다수결보다 더 보수적인 방향의 결과를 유도할 수 있다. 이를 나타낸 것이 〈그림 2.7〉이다.

따라서 거버넌스 모델은 두 가지 측면으로 살펴보아야 한다. 하나는 권한위임 모델의 선택이다. 여기서는 대리인이 결과의 책임을 국민에게 돌릴 것인가, 아니면 위원회나 독립기관처럼 투표로 선출되지 않는 관료조직에게 둘 것인가? 권한의 기한은 얼마로 할 것인가? 주기적 재검토를 거칠 것인가? 등의 내용들을 살펴보아야 한다. 다른 하나는 권한위임의 내용을 결정할 때 어떤 투표 방식으로 할 것인가 하는 문제다.

권한위임 모델의 선택

알베르토 알레지나와 귀도 타벨리니(Alberto Alesina and Guido Tabellini, 2006a, 2006b), 그리고 에릭 매스킨과 장 티롤(Eric Maskin and Jean Tirole, 2004)은 정치가에 의한 정부와 관료(매스킨과 티롤이 사용한 용어로는 '판사')에 의한 정부 중 어느 것을 선택할 것인가를 논의했다.

그들의 논리를 살펴보자. 선거를 통해 임명되는 정치인은 재선에 동기 유인이 있는 반면, 전문성이 요구되는 관료는 경력관리에 동기 유인이 있다. 그래서 정치인은 공적 이해관계 집단에 쉽게 끌려다닐 수 있다. 정치인을 선출한 유권자들은 (꼭 그래야 하는 것은 아니지만) 정치인이 필요한 능력을 갖추었는지 확실히 짚어보아야 한다. 결과적으로, 지침에 명시할 정도로 사회적 선호가 분명하고 충분히 안정적이며 내용이 전문적이고 변화가 잦은, 그리고 특수 이해관계에 영합할 위험성이 있는 정책은 독립성이 보장되고 전문성을 지닌 관료가 관리해야 한다(즉,

다수에 의해 소수가 큰 피해를 볼 가능성이 있는 사안들).[19]

우리에게 주어진 과제는, 국가에 의한 정부와 EU라는 기관에 의한 정부를 사이에 두고 선택하는 문제다. 이런 점에서 위에서 설명한 이론이 우리 문제에 직접적 해답을 제시하진 않지만 어느 정도 의미는 있다고 본다. 단, 정책의 성격과 효과, 그리고 국제적 대화의 구조에 따라 모델을 다르게 선택해야 할 것이다.

독립적인 기관을 설립하는 것은 넓게 보면 무조건부 전권위임 모델과 비슷하고, 이 경우 위에서 말한 '관료'는 EU 집행위원회나 독립기관인 관련 당국이 될 것이다. 정치인들은 모든 권리를 양도하고, 권한을 위임받은 기관은 사후 설명을 제공할 책임만 지는 것이다. 위임 내용에는 위임받은 기관의 의무 사항이 규정되어 있고, 주체는 양도한 권한을 철회하거나 권한 이행 사항을 감시할 수도 없다.[20] 매스킨-티롤-알레지나-타벨리니의 모델에 따르면 고도의 전문성이 요구되고 선호가 안정적이며, 특수 이해관계에 영합할 위험성이 높고 전반적으로 세대 간 분산 효과가 제한적일 때 무조건부 전권위임 모델을 선호하게 될 것이다.

반대로 정책 사안이 사후 선호에 관한 불확실성을 내포하고 있거나 국민들 사이에 재분배 효과가 커서 정책 거래가 발생할 수 있을지 불분

---

19 문헌에 나타나는 또 다른 항목은 직접민주주의다. 바로 정책결정 사안에 대해 수시로 투표하는 방법이다. 비록 유럽 내 제도에서는 가능하진 않겠지만 한 번쯤 다루어볼 만한 가치가 있다. 의사결정이 절대다수의 의견에 좌지우지되는 특수한 경우(일반 대중 사이에서 폭넓은 논쟁거리가 되는 무역, 에너지, 또는 환경 위기 등)에 생각해볼 수 있는 방법이다.

20 적절한 예가 통화정책으로, 특수 이해관계에 영합할 위험이 제한적이다(은행은 예외의 경우가 될 수 있다. 은행의 경우 단기이자율은 낮고 장기수익률이 높은 것을 선호하기 때문이다). 이는 상당히 기술적인 문제이고, 사람들은 분명 물가안정을 선호한다. 이 점이 통화정책을 중앙은행과 같이 유연성이 없는 관료들에게 맡기는 이유다.

명하거나 특수 이해관계에 영합할 위험이 낮을 때, 그 정책은 선거를 통해 임명되는 정치인에 의해 더 잘 운영될 수 있다.[21] 유럽의 경우에 접목시켜보자면, 정부(또는 회원국) 간 직접 조율을 통제하거나 관료들의 '고삐를 짧게 쥐는 방법' 등이 여기에 해당된다. 즉, 권한을 위임하되 자주 체크하고 재조정함으로써 그 방법을 쓸 수 있을 것이다. 이는 자체 조율과 감독관리제 부분위임에 상응하는 것이다(이 경우 대리인은 EU 집행위원회, EU 각료이사회 의장, 또는 전문기관이라 하겠다).[22]

요약해보면, 유럽 기관에 정책권한을 조건 없이 위임하는 경우는 아래와 같다.

- 기술적 전문성을 필요로 하고 정책결정이 실시간으로 이루어져야 하는 경우(예를 들면, 위기관리 또는 급속도로 변화하는 사안에 대한 의사결정의 경우).
- 각국 정부가 특정 이해관계에 있어서 과도하게 민감한 경우, 예를 들어 자국 기업의 이해관계가 얽혀 있는 경우.[23]

---

21 이 접근 방식에서 간과된 중요한 한 가지는, 대외정책은 EU에 속하지 않은 다른 나라들과의 관계를 의미한다는 것이다. 여기에서 요구되는 것은, 일단 상황이 협조적이건 비협조적이건 간에 주체들이 그들을 대신해서 게임에 뛰어드는 대리인에게 전략적 위임을 하는 모델이다(그 게임 내부의 다른 대리인들에게도 각자의 주체가 있을 수 있다). 그러나 정말 그런 모델이 실제로 존재하는지 여부에 대해 우리는 아는 바가 없다.

22 예산정책이 한 예가 된다. 그것은 통화정책보다는 비교적 덜 기술적인 성향을 가진다. 예산정책은 재분배 효과가 크며 투표한 사람들의 사후 선호가 분명하지 않다. 이론대로 하자면 이 문제는 투표로 선출된 의회에서 결정할 사안이다.

23 또 다른 가능한 경우는 대리인 자신의 선호가 국가의 선호와 서로 다른 경우다. 어떤 면에서 그것은 효율적이다. 예를 들면, EU 집행위원회는 아마도 예산의 지속성을 확보하고 재정정책을 조정하는 데 있어서 다른 어떤 회원국들보다도 더 열성적일 것이다. 그리고 이는 무역이나 경쟁에 관해서 회원국들보다도 더 시장 지향적일 것이다. 통화정책(Rogoff, 1985)의 경우에서 잘 알려진 바와 같이 회원국들이 그들의 권한을 보수적인 대리인에게 위임함으로써 그들의 신뢰도를 높이려 하는 시도는 옳은 일일 수 있다. 그러나 권한위임에 있어 이런 동기는 정책 안정 문제를 제기하고 중앙은행원들의 재임 기간과 권한을 확장시키고 번복할 수 없게 하는 등 철저한 조직 보호의 동기 요인이 될 수도 있다.

감독관리제 부분위임 또는 자체 조율 모델을 대신 선택하는 경우는 이러하다.

- 정책 사안이 시스템상 국가 간 중요한 재분배의 의미를 갖고, 대리인이 국가 간의 형평성을 판단할 권리를 부여받지 못했기 때문에 대리인 임의로 결정할 수 없는 경우.[24]

마지막으로, 중간 단계의 해결책을 배제하고 분권화나 무조건부 전권위임이라는 양극단을 선택하는 경우는 다음과 같다.

- 어젠다의 성격이 계속 변하는 경우, 끊임없이 공동 입장을 새로 협상하고 조율하는 비용이 크고 결과적으로 발생할 수 있는 한시적 공백 상태가 효율성을 저해하기 때문이다.

투표 방식의 결정

〈그림 2.7〉에 투표 방식과 정책 선호 간의 연계성이 나타나 있다. 투표 방식 자체가 결과의 방향을 유도하기 때문에, 투표 방식을 선택하는 문제는 매우 민감한 사안이다. 만장일치 방식은 다수결보다 늘 현상 유지 쪽으로 결과가 기울게 되어 있다. 실제로 니스 조약(Treaty of Nice) 협상 당시 세금에 관한 결정에서 투표 방식을 놓고 교착상태에 빠진 적이 있다. 이는 회원국들이 어떤 방식으로 투표를 할지에 대해 민감하게 반응한다는 사실

---

24 EU 예산을 준비함에 있어서 EU 집행위원회가 어느 정도 권한을 가지고 있다고 주장할 수도 있다. EU 집행위원회가 금융 전망(Financial Perspectives, EU의 복수 연차 예산 프레임워크)을 위한 발주 제안을 하긴 하지만, 협상은 의장에 의해 진행되고 정책은 만장일치로 채택된다.

을 보여주었다. 하지만 회원국들의 선호를 취합하는 데 반드시 '합법적인 투표 방식'을 거칠 필요는 없다는 사실에 유의해야 한다. 다수결 방식을 선택할 때는 어느 정도 합의가 이루어질 때까지 투표를 연기할 수도 있다. 1966년으로 거슬러 올라가면 '룩셈부르크 타협(Luxembourg Compromise)'이라는 비공식 합의가 의사결정 전 단계에 있었다. 그 대신 회원국들은 다수결로 결정된 사안에 대해 중대한 이해관계가 걸려 있다고 판단할 경우 거부권을 행사할 수 있다. 또 다른 예로, 133조위원회의 무역협상의 한 분야인 지적재산권과 같이 복잡한 사안에서는 사례별로 투표 방식을 결정할 수 있도록 허용하고 있다(Meunier and Nocolaïdis, 1999). 유럽중앙은행 정책이사회(Governing Council)의 경우 통화정책과 관련해, 공식적으로는 다수결의 원칙을 따르게 되어 있지만 어느 정도는 사전 합의로 결정을 내리고 있다.[25]

결정이 좀 더 용이한 투표 방식, 즉 만장일치보다는 가중다수결, 합의 형성보다는 직접투표, 그리고 니스 조약 시스템보다는 이중다수결 방식에 대한 선호가 높아지는 경우는 EU가 공격적인 이해관계에 있을 때다. 다시 말해 회원국들의 이해관계가 협상 상대의 이해관계보다 현상 유지로부터 벗어나려는 욕구가 더 클 때 그 필요성이 더 높아진다. 이에 대한 좋은 예가 지구온난화 분야다. 다수결 방식을 통해 유럽은 공동 입장을 보다 쉽게 채택할 수 있었고, 이는 미국이나 다른 나라들에 대한 유럽의 협상력을 높이는 데 기여했다.[26] 반면, 농업 분야 보호

---

25 제10.2조의 각국 중앙은행의 유럽 시스템과 유럽중앙은행에 관한 규정. 투표 방식은 해당 정책이사회의 단순 다수결이다(이 이사회는 EU 집행위원회 위원 6명과 유로지역의 관리자들로 구성된다). 단, 유로지역 회원국 수가 15개국을 넘지 않아야 한다. 따라서 이는 복잡한 순환 원칙에 따르게 되어 있다(이사회 결정 2003/233호, 2003년 3월 21일).
26 하나의 예는 IMF 이사회에서의 대표권이다. 에이헌 외(Ahearne et al., 2006)는 니스 조약 시스템을 그대로 유지하면서 단일 EU 또는 단일 유로권 의석으로 가는 것이 IMF에서 유럽의 영향력을 증대시키는 것이 아니라 오히려 축소시키는 것이라 지적했다.

와 같이 EU의 이해관계가 '방어적'일 때는 보다 비효율적이고 보수적인 투표 방식을 사용함으로써 그 협상 입지를 강화할 수 있다.

접근 방식 적용

우리의 연구에 따르면 접근 방식(거버넌스 모델과 투표 방식)의 적용은 경험상 네 가지 기준에 따라 달라진다.

- **사안의 성격**: 규범의 협상과 이행인지, 사법적이거나 준사법적 성격을 지닌 사안에 대한 결정인지(경쟁정책 분야), 집행적 성격(IMF 상임이사회)을 지닌 사안인지로 구분한다. 후자에서는 대표기관 자율권의 필요성이 더 높다.
- **어젠다의 진화성**: 협상을 하고자 하는 사안이 계속 변하는 분야인지, 상당히 안정적인 분야인지로 구분한다. 어젠다가 계속 변화하는 경우는 권한을 규정하고 재협상하는 데 어려움이 따르고, 따라서 각 회원국들이 각자 대리인을 두거나 무조건부 권한위임을 해야 할 필요성이 있다.
- **유럽의 협상 입지**: 공격적 입지와 방어적 입지로 구분한다. EU 회원국 다수가 현상 유지가 아닌 변화를 원할 때는 공격적 협상 자세를 취하며 다수결 투표를 요구하고, 현상 유지를 선호할 경우에는 방어적 협상 자세를 취하며 만장일치나 절대다수결을 요구하게 된다. 따라서 결과적으로 유럽의 이해관계를 따져서 공격적 전략을 쓸 것이냐, 방어적 전략을 쓸 것이냐의 여부를 잘 판단해야 하는 어려움이 있다. 하지만 EU의 입장은 관찰 가능하며 문서화되기 때문에, 이는 어느 정도 가능한 일이다.

- 회원국 사이의 분배적 효과: 어떤 결정이 일부 회원국에 대해 형평성에 어긋난 영향을 주는지, 아니면 거의 영향을 주지 않는지로 구분한다. 분배 효과가 클수록 소수의 이해관계를 보호하는 쪽으로 투표 방식이 요구된다.

네 가지 구분 기준에 대한 정량적 분석은 할 수 없었으므로, 설문지를 이용한 답변 결과(〈표 2.4〉)에 의존해 정성적 분석을 시도했다.

네 가지 기준을 종합해보면 경쟁, 대외 거시경제정책, 금융 분야에서 권한을 부여받은 대리인 및 기관의 필요성이 높게 나타나는 것을 볼 수 있었다. 이들 분야의 특징은 어젠다가 변화하고 사안별 결정 사항이 규칙 수립보다 우선시된다는 점이다. 반면 금융시장, 개발, 에너지, 환경 분야에서는 자율적 대리인의 필요성이 상대적으로 약하게 나타났다. 무역 분야에서는 의외로 권한을 획득한 대리인 및 기관의 필요성이 적게 나타났는데, 그 원인은 대리인의 주요 책임이 규칙에 의한 협상이고 어젠다의 변화가 상대적으로 느리기 때문일 것으로 판단된다. 이는 흥미로운 시사점을 제공하는데, 무역협상 때 어느 정도 유연성이 필요하다는 사실을 부인할 수 없게 된 것이다.

우리는 개발과 대외 거시경제정책과 금융 분야에서 효율적인 투표 방식이 가장 요구되고 있으며 금융시장, 에너지, 환경 분야에서도 상황이 비슷하다는 것을 알게 되었다. 이들 분야에서 유럽은 공격적 어젠다를 내세우고 있고, 의사결정에 있어서는 회원국들 간에 (상대적으로) 분배 효과가 낮은 것으로 보인다. 우리의 연구 분석 결과는 주관적인 판단에 근거했다는 취약점이 있다. 거버넌스 분석 기준에 대한 정량적 분석법을 개발하는 것이 앞으로의 연구 과제로 남아 있다.

〈표 2.4〉 거버넌스 모델과 투표 방법 선택의 결정 요인

	무역	경쟁	금융시장	개발	이주	에너지	환경	국제거시/통화
거버넌스								
업무 성격	규정에 대한 협상과 집행	사례별 결정	규정에 대한 협상과 집행	규정에 대한 협상과 집행	규정에 대한 정의와 집행	규정에 대한 협상과 집행	규정에 대한 협상과 집행	사례별 결정
어젠다 진화성	높음	높음	중간	중간	중간	중간	중간	높음
대리기관의 자치권 필요성	약함	강함	약간	약간	약함	약간	약간	강함
투표								
협상 입지	방어적/공격적	방어적/공격적	방어적/공격적	공격적	방어적/공격적	공격적	공격적	방어적/공격적
회원국 간 분배 효과	높음	높음	중간	낮음	높음	중간	중간	낮음
효율적 투표 형식 필요성	약함	적용 불가	약간	강함	약함	약간	약간	중간

종합

이제 세 가지 질문에 대한 답이 나왔다. ① EU 차원의 중앙집권화는 바람직한가? ② 대외협상 시 대리인 및 기관에 어느 정도의 자율을 허락할 것인가, 아니면 '고삐를 짧게 유지'할 것인가? ③ 대리인 및 기관의 권한에 관해 결정할 때, 투표 방식은 다수를 지지하는 방법을 택할 것인가, 아니면 소수를 보호하는 방법을 택할 것인가?

결과는 다음과 같다. 첫째, 앞에서 논의한 바와 같이 EU 차원의 중앙집권화가 가장 정당화될 수 있는 분야는 개발 분야이고 그 다음은 무역과 환경 분야, 에너지, 이주의 순서다. 경쟁 분야는 중앙집권화의 필요성이 가장 낮게 나타났다(〈표 2.4〉 참조). 경쟁 분야를 제외한 나머지 분야들은 이 책에서 분야별로 한 챕터를 할애하여 좀 더 상세히 연구했다.[27]

둘째, 거버넌스 모델과 관련해 이번 연구의 결론은, EU의 대리인에게 어느 정도의 자율권을 주는 것이 바람직하다는 것이다. 특히 경쟁, 대외 거시경제정책, 금융(단, 금융시장에 있어서는 다소 필요성이 낮은 편임), 에너지, 환경 분야에서는 EU 차원의 자율권에 대한 필요성이 높게 나타났다. 가장 큰 이유는 이들 분야가 진화적 성격을 띠고 있기 때문이며, 상황이 자주 빠르게 변화하는 이들 분야에서는 협상 어젠다를 신속하게 바꿀 수 있는 유연성과 전문 능력이 요구되기 때문이다.

셋째, 투표 방식에서는 상황이 좀 더 복합적이다(〈표 2.4〉 참조). 개발, 대외 거시경제정책, 금융 분야에서는 효율적인 투표 방식이 필요하고 금융시장, 에너지, 환경 분야에서는 그 필요성이 조금 덜하다. 이 결론

---

27 거시금융 사안에 대해서는 판단할 수 있는 자료가 없다.

은 부분적으로 유럽의 이해관계가 공격적 입장인지 방어적 입장인지를 판단하는 주관성에 영향을 받는다. 몇몇 분야에 대해서는 EU 어젠다의 성격을 분석할 때보다 객관적인 분석 기준을 마련할 필요가 있는 것으로 보이며, 앞으로 더 연구해야 할 것이다.

위의 결과는 현존하는 조직구조의 전체 지도를 보여주는 것은 아니고, 대신 거버넌스의 개혁이 필요하다고 여겨지는 세 분야를 지적하고 있다.

- 개발: EU 차원의 중앙집권화와 느슨한 자체 조율 모델의 조합으로 구성된 현재 구조는 경제적 관점에서 그 정당성을 입증하기 어렵다. 이 책의 Chapter 04에서 아르네 빅스텐(Arne Bigsten)이 주장한 것처럼 이 시스템이 지속되는 이유는, EU의 개발정책이 운영되는 방식이 불만족스럽기도 하고, 회원국들이 개발원조를 통해 그들의 정치적 영향력을 증대시키려는 욕구도 있기 때문이다. 하지만 이는 경제적 관점에서 큰 이유가 되지 못한다. 만약 유럽 개발정책이 비효율적이라면, 이는 개혁을 해야 할 문제이지 분권화(decentralize) 할 문제는 아니기 때문이다.

- 환경: 기후 보존은 지구촌 공공재의 가장 대표적인 사안이며, 유럽 국가들은 이 문제에서만큼은 가장 일치된 입장을 보인다. 따라서 EU와 회원국들 사이에 권한을 둘러싸고 경쟁하게 되는 현재의 복잡한 시스템은 결코 바람직하지 않다. 어젠다의 성격이 진화한다는 점에서는 협상 대표들에게 충분한 재량권을 부여할 필요가 있지만, 유럽의 협상 입지가 공격적이라는 점에서는 효율적인 투표 방식이 요구된다. 그 대표적 예가 전 세계 다른 지역에서의 광범위한 저항에도 불구하고 EU가 교토의정서를 이행하려 했던 결정이었다.

- **대외 거시경제와 통화**: 에이헌과 아이켄그린은 이 분야에서 EU 차원의 중앙집권화가 필요함을 강조하고 있다. 어젠다의 진화적 성격 때문에 이 분야만큼은 EU 또는 유로지역 대표에게 충분한 자율권을 부여할 필요가 있다.

결론

이 책에서 각 분야별로 세부적으로 다루면서 강조한 몇 가지 사항들이 있다. 먼저, 유럽의 대외경제 관계를 운영하는 현재의 구조는 복잡하며 또 계속 변화하고 있기 때문에 그 효율성이 의문시된다는 것이다. 더군다나 거버넌스 모델의 선택은 역사적 산물일 뿐 효율성에 근거하고 있지 않다. 따라서 우리가 다루고자 하는 주제는 과연 현 체제를 개선할 가능성이 있는지를 진단하는 것이다.

결론을 설명하기 전에 규범 차원의 결론에 도달하는 것이 쉽지 않았다는 점을 먼저 말해두고 싶다. 경제적으로 분석하면 분권화와 EU 차원의 중앙집권화를 선택하는 기준에 대한 답이 나온다. 그러나 세부 집행 단계로 들어가면 문제는 복잡해진다. 경험적으로 분권화 또는 EU 차원의 중앙집권화의 적정한 수준을 산정해내는 것이 현실적으로 어렵거니와, 적절한 거버넌스 모델을 선택하기 위해 탄탄한 경험적 근거를 제시하는 것은 더욱 힘들다. 우리는 여론조사라는 방법을 활용했고 큰 도움이 되었지만, 여론조사에 근거한 분석 결과는 한계가 있다는 사실을 부인할 수 없다. 그리고 무엇보다 EU의 역사는 1950년 프랑스와 영국이 석탄과 철강에 대한 공동정책을 가져야 한다는 데 동의하는지를 알기 위해 실시한 여론조사에서 시작된 것이 아니다. 더욱이 여론조사에 의존하는 것은 시민들이 부차적 효과와 규모의 경제를 평가하고 비교할 수 있다는 가정 하에 이루어진 것인데, 사실상 그것은 경제학자들도 측정하기 어려운 것이다.

거버넌스와 관련해 우리는 사안에 대한 생각을 정리할 분석 틀을 제공했다. 이 책에서 거버넌스 모델에 영향을 주는 것으로 밝힌 요소들, 즉 정책 어젠다의 진화적 성격, 특수 이해관계에 사로잡힐 위험성, 유럽의 이해관계상 공격적 또는 방어적 입장 등의 요소들이 가지고 있는 경험적 한계를 잘 알지만, 그에 해당하는 경험적 해결책은 이 장에서 거론하지 않았다. 따라서 이 장에서 내린 결론들은 모두 잠정적인 결론이라고 보아야 할 것이다.

마지막으로 이번 장의 아쉬운 점은 정책 전반에 걸쳐 분야 간 상호관계를 분석해보지 못했다는 것이다. 예를 들면, 무역 분야에 대한 권한 부여가 환경 분야의 권한위임이나 권한 행사에 결과적으로 영향을 초래했는지는 검토해보지 못했다. 두 분야에 공통적으로 해당하는 사안들이 점점 늘어가는 현실을 생각할 때, 이는 이번 연구의 중대한 결점이라 할 수 있다. 이런 상호 보완성은 대외정책과 대내정책 간에도 존재한다. 국제적인 대표권 행사에서 조약들이 단일 지침을 제공하지 않는 이유는 대내정책 구성 자체가 다양하기 때문일 것이다. 정책 영역 전반에 걸쳐 상호 보완성을 높이는 가장 쉬운 방법은, 개별 국가 내에서 대체로 그런 것처럼 단일 거버넌스 지침을 모든 영역에서 이행하는 방법이다. 단순히 생각하면 상호 보완성이 각료급 회의에 흡수될 수 있을 것처럼 보이지만 이는 EU의 성격과 맞지 않는다. 그러한 단일 지침이 존재하지 않을 경우, 여러 영역에 걸친 상호 보완성을 논할 만한 곳은 EU 집행위원회와 EU 각료이사회다. 이 문제가 제대로 다루어질 수 있을지는 다소 의문이긴 하지만, 그 여부에 대해 논하자면 논문 하나를 더 써야 할 것이다.[28]

그럼 이제 우리가 앞서 제시한 제안으로 돌아가보자. 우리가 검토한 분야에서는 무조건부 전권위임을 추가적으로 적용해야 할 곳이 별로 없었다. 본문에서 설명한 바와 같이 권한이 이미 위임되어 있는 경쟁정책이나 통화정책 같은 분야를 제외하고는, 무조건부 전권위임 모델이 효율적으로 이행될 수 있을 만한 조건들은 까다로운 반면, 그 조건이 충족될 영역은 거의 없는 것으로 판단된다.

기타 영역에서는 모두 자체 조율 모델이나 감독관리제 부분위임 모델, 둘 사이의 선택이 관건이다. 자체 조율 모델의 경우는 일반적으로 법적 측면과 효율성 면에서 그 기반이 약하다. 앞서 언급한 바와 같이 법적 근거에 기반하여 대외협상에서 그 협상이 EU의 권한을 침해하거나 침해할 우려가 있을 경우, 각 회원국들은 EU의 대리인으로 간주되어야 하고 그렇게 행동해야 한다는 견해 쪽으로 유럽사법재판소 입장이 점점 더 기울어가고 있다. 효율성에 입각해볼 때 이 주장에 대해, 단일 대표가 거래비용을 최소화하고 국제협상에서 안정성을 더 높여준다는 반론이 제기될 수 있다. 마찬가지로, 앞서 언급한 바와 같이 감독관리제 부분위임 모델은 매우 유연성이 높다. 특히 장기적 권한을 부여하고 대리인이 일반적 원칙의 범위 내에서는 운영상 자율성을 전적으로 가지게 함으로써 무조건부 전권위임 모델에 가까운 형태로 갈 수

---

28 쿼레와 피사니-페리의 이전 연구(Coeuré and Pisani-Ferry, 2004)에서 우리는 정책 보완성을 유로지역 차원에서 논의했으며 위원회, 유로그룹, EU 각료이사회의 역할에 대해서 논의한 바 있다.

도 있다. 유럽중앙은행 총재가 이 경우에 해당한다. 정반대의 경우는 단기적으로 권한위임을 하여 회원국이 권한을 그대로 유지하고 행사할 수 있도록 하는 방법인데, 이는 자체 조율 모델 쪽에 가까워진다고 할 수 있다.

그렇다면 감독관리제 부분위임 모델을 어떻게 개선할 수 있느냐는 의문이 생긴다. 이번 장에서 다루지는 않았지만 첫 번째는 대리인을 선택하는 것이다. 우리는 EU의 두 집행기관인 EU 집행위원회와 EU 각료이사회 사이의 공동 권한 사항 문제를 다루지 않았다. 그러나 정책 전반에 걸친 상호 보완성은 조약에 명시되어 있는 바와 같이 통일된 단일 거버넌스 쪽으로 기울어질 것을 시사하고 있다고 주장했다.

두 번째는 대리인의 권한을 정의하는 것이다. 우리는 무역협상 분야에서 이른바 미국이 말하는 '패스트트랙(fast-track)' 시스템을 제안하고 싶다.[29] EU 각료이사회나 (해당 분야에서의 조약 조항에 따라) 유럽의회가 투표를 통해 협상 권한을 기한부, 그리고 조건부로 대리인(말하자면 EU 집행위원회)에게 부여할 수 있을 것이다.

그 기한은 분야에 따라 길어질 수도 짧아질 수도 있다. 전통적으로 장기적 권한위임은 국제 간 협상의 관련 이해관계 집단으로부터의 독립성, 지속성, 유연성에 달려 있다. 그리고 기술적으로 복잡한 분야에서는 경험을 쌓고 지식을 습득하는 데도 영향을 받는다. EU 각료이사회가 의장을 번갈아 맡는 전통에서 탈피하여 정책 안정성을 확보하지 않는 한, EU 각료이사회보다는 EU 집행위원회 또는 전문성을 지닌 대리인을 선호하게 될 것이다(현재 유로그룹은 2년에 한 번씩 의장을 선출한다).

---

29 이름은 바뀌었지만 절차는 그대로 남아 있다.

권한의 범위 지정에 관한 우리 생각은 다소 일반적이다. 이는 특정한 협상으로 한정할 수도 있고(쌍방 간 에너지 협약 또는 기후변화에 대한 UN 협약 같은 경우), EU 집행위원회의 전권위임을 인정할 수도 있다. 단, 궁극적으로 대리인은 EU 각료이사회와 유럽의회의 결과 또는 결정된 사항들에 대해 설명할 의무가 있을 것이다.

세계화 추세에 따라 EU의 역할이 변화하고 역내 거버넌스로부터 국제적 거버넌스에의 참여로 옮겨감에 따라 EU는 더 분명하고 효율적인 역할 수행을 요구받고 있다. 우리가 제안하는 접근 방식은 극도로 복잡해진 분야, 그리고 여론과 해외 상대국에서 혼란의 여지가 많은 분야에 선명성과 투명성을 부여할 수 있을 것으로 기대된다.

〈부록 1〉 거버넌스에 관한 설문조사

다음 설문조사의 목적은 '거버넌스 분야' 와 다른 분야를 맡은 저자들 사이의 의견 교환을 위한 기준을 마련하고자 하는 것입니다. 이는 이 책에서 다른 여러 분야의 거버넌스에 관해 추가적 정보를 수집하는 데 도움이 될 것입니다.

설문의 내용과 방법에 대한 의견을 환영합니다. 추가하면 좋겠다고 생각되는 정보가 있다면 추가해주시기 바랍니다. 답변은 질문 아래의 여백에 직접 기록하시면 됩니다.

분야에 관한 정의

• 귀하가 다루는 정책 분야는 무엇인가?

• 그 분야에서 대외관계를 위한 조처들은 일관성을 가지고 있는가? 만약 아니라면, 어느 소분야에서 그러한가? (아래 설문에 답변 시 분야별 구분에 일관성을 두시길 바랍니다.)

권한위임

• 국제협상의 권한은 누구에게 있는가? (예: EU 집행위원회, 대리기관, EU 각료이사회 의장, 각 국가 관련 당국 등)

• 대리인에게 권한을 위임하는 법적 근거는 무엇인가? (예: 대외 대표 행위를 규정한 EC 조약, 대내 권한위임에 관한 EC 조약 조항을 국제협상에 확대 적용, 정부 간 협약, 실무에 따른 임무 등)

- 협상권한은 무조건부인가, 아니면 특정 권한에 근거한 것인가? 이 권한의 위임에는 시간적 제한이 있는가?

- 어떤 과정을 통해 회원국들이 공동의 입장에 합의하는가? 공동 결정을 채택하기 위해 택하는 투표 방식은 무엇인가? (예: 만장일치, 가중다수결, 사전 합의 등) 이 입장을 대표할 책임은 누구에게 있는가?

- 공동 권한 사항은 어떻게 변화해왔는가? 특히 이는 EU의 조치 사항들에 선행하는 것이었는가?

이행

- 국제적 차원에서 합의된 정책들을 집행할 책임은 누구에게 있는가?

- 이 '대리인/주체'의 권한은 어떻게 규정되어 있는가?

- 대리인/주체의 이행 사항에서 회원국의 통제권 수준에 대해 귀하는 어떻게 평가하는가?

- 국가 차원에서의 정책들을 집행하기 위해 회원국은 어느 정도의 유연성을 가지고 있는가? 어느 범위까지 가능한가? 회원국과 대리인/기관 사이의 공동 권한 사항은 역사적·경험적 조치로부터 나온 것인가, 아니면 법적 규정에 의한 것인가?

- 회원국과 대리인/기관 사이에 마찰이 생길 경우 이를 해결하기 위한

장치는 마련되어 있는가? 동일한 질문이지만, 서로 다른 기준과 서로 다른 거버넌스 구조 사이에 마찰이 생길 경우는 어떻게 해결하는가? (예: 경쟁 분야 대 무역 분야)

비판과 제안

• 귀하가 다루는 분야에서 의사결정 과정에 가장 자주 부딪히는 비판은 무엇인가?

• 귀하의 생각에 이 비판들은 어느 정도 타당성이 있다고 생각되는가?

• 이 분야의 주된 개혁 과제는 무엇인가? 그리고 그에 대한 귀하의 견해는 무엇인가?

• 귀하가 다루는 분야에서 거버넌스를 개선할 수 있는 특정 조치가 헌법조약에 포함되어 있는가?

기타 의견

〈부록 2〉 선호 지표의 출처

권한위임에 대한 경제적 분석은 국민들의 선호가 다양하다는 생각에 근거를 두고 있다. 이에 대한 경험적 평가는 거의 없을 뿐만 아니라, 경험적 평가는 사실에 근거한 분석 평가에 걸림돌이 될 수 있다. 이 섹션에서 우리는 이런 단점을 보완하기 위해 간단한 방법을 소개했다. '유럽의 정치 조망'에 관한 다음의 문헌을 따라(Hooghe and Marks, 1999; Gabel and Hix, 2002; Gabel and Andersson, 2002; Hooghe et al., 2002; Imig, 2002; Marks and Steenbergen, 2002) 우리는 사안을 조명해보기 위해 정량적 근거를 토대로 했다. 더 정확히 말하자면, 우리는 두 가지 질문에 답하고자 연구를 시행했다. 유럽인들은 현 공동 권한 사항 구조에 동의하고 있는가? 그들은 정책의 실제 내용에 동의하고 있는가? 우리는 각기 다른 정책 분야에서 이 질문에 답하고자 연구했다.

의사결정의 수준

국가적 차원, 또는 EU 차원 중 어느 차원에서 의사결정이 이루어져야 하는가? 정책 결정이 EU 차원으로 위임되어야 하는지 여부에 대해서는 표준 유로바로미터에서 정확한 정보를 제공하고 있다. 매년 유로바로미터에서 이에 대한 설문조사를 실시하고 있기 때문이다. (설문을 원문 그대로 옮기면 다음과 같다. "다음의 각 분야에서, 귀하는 의사결정이 국가 정부 차원에서 이루어져야 한다고 생각하는가, 아니면 EU 내에서 공동으로 이루어져야 한다고 생각하는가?") 우리는 특집 유로바로미터나 또는 표준 유로바로미터에서 조사한 의사결정 차원에 대한 선호도 설문조사 결과 중 일부를 제외했다(외교정책과 관련된 부분). 그 이유는 어떤 주제에서 유럽이 당면한 문제들을 강조하는 것은 의사결정의 수준에 대한 설문조사 결과에 영향을 주는 반면, 의사결정자에 대한 질문이 여러 영역에 걸쳐 차례로 이루어질 때 구조상의 편견이 생길 위험성을 과소평가할 우려가 있기 때문이다. 의사결정 수준에 대한 여러 질문들을 통해 우리가 얻은 설문조사 결과가 상당히 안정적이었다는 사실이 우리의 가정을 뒷받침해준다(EU 전체에 포함된 국가의 수가 그 기간 동안만은 변하지 않았기 때문이라는 것을 특별히 주목할 필요가 있다). 이 전략에 따라 우리는 38개 정책 분야에서의 의사결정 수준에 대해 17년 동안(1989~2005년)의 정보를 수집했다.

내용 면

여론의 내용 차원에서 평가할 때 우리가 의존할 수 있는 자료는 하나도 없었다. 우리의 전략은 여러 정책 분야에서 관련 정보를 최대한 모으는 것이었다. 주요 자료의 출처는 유럽가치조사, 유럽사회조사(ESS: European Social Surveys), 국제사회조사프로그램(ISSP: International Social Survey Programme), 유로바로미터다. 주요 출처는 아니지만 독일 마셜기금(GMF: German Marshall Fund)의 대서양 정기 연례 여론조사(Transatlantic Trend Survey)도 가끔 활용되었다. 다른 국제적인 출처들은 흥미롭긴 했지만 충분한 관찰 개수가 되지 못해(주로 유럽 10개국 미만을 조사) 우리의 연구 자료에 포함시키지 않았다(예를 들면, 전문 여론조사기관인 퓨리서치센터(Pew Trends Survey)의 조사 결과). 각 정책 분야에서 적절한 질문을 선별해내기 위해, 우리는 각 분야에서 갈등 사항에 대한 일차적인 사실 정보들을 알아낼 수 있는 정책 입장에 대한 경험적 정치 문헌들을 참고했다(주로 Dobbins, Schneider, Zimmer, 2005). 그 다음, 해당 분야에서 우리 생각과 이 책의 각 장에서 발전시킨 연구 내용으로 연구를 보완했다.

〈부록 3〉 EU법의 국제적 측면

| 〈표 2.A〉 EU법 조항 개수

	1957~1965	1966~1975	1976~1985	1986~1995	1996~2005	1957~2005
전체	1,467	9,776	23,099	28,114	45,062	105,305
무역	55	609	2,779	9,692	24,292	37,947
경쟁	23	89	229	885	1,763	2,890
개발	20	54	357	1,918	6,052	9,199
이주	2	2	1	10	98	1,684
에너지	52	58	200	367	667	1,455
환경	4	37	283	919	2,177	3,180
거시, 금융	53	183	629	2,019	7,116	10,889
안보	0	3	16	15	190	232

| 〈표 2.B〉 비회원국 및 국제기구와의 협정 수

	1957~1965	1966~1975	1976~1985	1986~1995	1996~2005	1957~2005
전체	35	360	858	1,251	967	3,125
무역	1	51	143	472	411	1,010
경쟁	0	1	1	17	10	27
개발	4	1	50	149	148	379
이주	0	0	0	0	1	1
에너지	7	1	6	21	26	66
환경	1	2	25	56	88	141
거시, 금융	0	2	3	31	32	73
안보	0	0	1	0	8	9

주: '전체'는 8개 분야에 대한 총계.

	1957~1965	1966~1975	1976~1985	1986~1995	1996~2005	1957~2005
전체	2.4	3.7	3.7	4.4	2.1	3.0
무역	1.8	8.4	5.1	4.9	1.7	2.7
경쟁	0.0	1.1	0.4	1.9	0.6	0.9
개발	20.0	1.9	14.0	7.8	2.4	4.1
이주	0.0	0.0	0.0	0.0	0.1	0.8
에너지	13.5	1.7	3.0	5.7	3.9	4.5
환경	25.0	5.4	8.8	6.1	4.0	4.4
거시, 금융	0.0	1.1	0.5	1.5	0.4	0.7
안보	–	0.0	6.3	0.0	4.2	3.9

분야에 대한 정의(EUR-lex 번호)

0811 협력정책	원조정책, 인도적 원조 , 협력정책
0821 안보	안보정책, 군대, 군사장비, 군사정책
20 무역	무역정책, 관세정책, 무역, 국제무역, 소비, 마케팅, 분배 무역
24 금융	통화 관계, 통화경제, 신용과 금융기관, 자유로운 자본이동, 금융과 투자, 보험, 재정, 예산, 과세, 물가
2811 이주	이민, 국제이민
4031 경쟁	경쟁법, 규제무역관행, 경쟁정책, 경쟁 제한
52 환경	환경정책, 자연환경, 환경오염
66 에너지	에너지정책

문서의 정의

모든 조약	EU 조약, EC 조약, EAEC 조약, 추가 조약, 기타 조약과 의정서
모든 법령	
−2차적 법령	규정, 지시서, 결정, 기타 강령
−국제 협약	비회원국 및 국제기구와의 협정, 회원국들 간의 협정, 국제협정에 의해 창설된 기관의 법규
사례법	법원, 1차법정(Court of First Instance)
예비문서	예비 규정, 기관에서 발간한 기타 문서들
의회 질의	질의 시간에 나온 질문들, 서면 질의, 구두 질의
EFTA 문서	

무역정책

신개념의 무역정책이 필요한 시점

사이먼 J. 에버넷*

EU는 세계 최대의 무역지대다. 실제로 EU는 국제무역협상에서 중요한 세력으로 변모한 것으로 보인다. 그러나 1995년에 WTO가 창립된 이래로, EU 집행위원회(European Commission)의 무역협상단이 일련의 성공을 거두었다고 보기는 힘들다. WTO에서 단기간에 처리될 것 같은 일에도 많은 문제가 제기되면서 협상이 계속 난항에 부딪히자, 2001년 도하라운드 시작과 함께 나타난 EU 집행위원회의 열정이 사라진 것이다. 2006년 EU 집행위원회는 새 FTA를 유예했던 기존 입장을 포기했다. 이는 유럽의 영향력을 높이려는 체계적인 전략이라기보다는 협상

* 마이클 메이어(Michael Meier)의 헌신적인 연구 보조 활동에 감사를 표한다. EU 집행위원회 무역 총국 관리들, 전직 EU 집행위원회 관리들, EU 집행위원회 무역정책에 대한 전망을 토론하기위해 2006년 9월 만난 유럽 기업계 대표들에게도 감사를 드린다. 이분들과의 논의는 관련 분야의 배경을 조사하는 데 도움이 되었으나 이번 글에서 이분들과의 대화 내용을 직접적으로 인용하거나 참고했다는 표현을 사용하지는 않았다. 이 글의 초안에 대해 패트릭 로(Patrick Low), 장 피사니-페리(Jean Pisani-Ferry), 그리고 앙드레 사피르(André Sapir)가 해준 조언에도 사의를 표한다. 이 글에서 표현된 견해에 대한 모든 책임은 필자에게 있다.

모멘텀을 유지하기 위한 임시방편으로 보인다. 설상가상으로, EU 집행위원회와 한국의 협상이 EU의 시장 접근에서 특혜를 추구하는 일본과 미국을 자극한다면, 이는 다자간 무역 체제를 심각하게 손상시킬 위험이 있다. 지난 10년 동안 대단히 불안했던 다자간 무역 질서 및 그 미래와 관련해서도 EU 무역정책이 한 일이 별로 없다는 점에서, EU 무역정책의 목표와 수단에 대한 근본적인 재검토가 이루어져야 마땅하다.

유럽 무역정책에 대한 재검토는 다음의 현실을 고려해야 한다. 먼저 양극화의 무역 질서가 다극화의 WTO 무역 질서로 변화했다는 것이다. 그리고 다자간 무역 질서에서 초래된 무역 자유화의 성과로 선진국 간의 공산품 교역이 자유로워졌다는 것이다. 또한 개혁 조치들이 어려움에 처하거나 실행 단계에서 지나치게 논란이 되었다는 것이다. 게다가 무역 질서 개혁과 관련해 주요 교역국 여론 주도 단체에서 심각한 반대가 있었는데, 빠른 경제성장 또는 수출 성장을 경험하고 있는 국가에서도 이런 일이 발생했다. 마지막으로 고려해야 할 현실은 FTA를 통해 발생하는 무역 자유화 의지와 영향이 매우 제한적임에도 불구하고 양자 간, 그리고 지역 단위의 FTA 체결이 더욱더 강조되고 있다는 것이다.

일단 아시아시장에 대한 접근에서 특혜로 얻을 수 있는 매력이 시들해지면, 유럽의 정책입안자들은 위에서 언급한 현실에 직면한다. 그리고 또 다른 무역강국과 새로이 임시변통하는 식으로 협정을 맺는 것에 대해 고려해야 한다. 이 경우 당사국 간의 경제발전 정도, 외국 기업에 대한 개방성, 조직력의 차이를 고려하면서 모든 당사국이 갖게 될 방어적 측면과 공세적 측면에서의 이익을 검토해야 한다. 결국 궁극적인 목표는 미래 다자간 무역협정을 위한 토대를 쌓는 것이어야 한다. 이것이 적절히 구상된다면 향후 유럽의 무역전략은 2차 세계대전 이후 만들어진 가장 성공적인 국제경제기구 하나를 개혁하는 데 지대한 기여를 할 수 있을지도 모른다.

EU 무역정책의 변화

EU는 상품과 서비스 부문에서 세계 최대의 수출 지역이고, 세계 제2위 수입 지역이다. 2005년 기준으로 대략 3조 6,000억 달러의 상품과 서비스가 EU 국경을 넘나들고 있다. 이는 다른 어떤 국가 혹은 관세동맹보다도 큰 규모다. 27개 국가와 4억 5,000만 이상의 인구를 대표하는 무역정책 입안자인 EU 집행위원회가 상당 부분에서 주도권을 행사하기 때문에, 우리는 유럽의 무역정책이 지난 10년 동안 커다란 영향력을 행사하면서 일련의 성공을 거두었으리라 기대했는지도 모른다. 그러나 실제로, EU는 협상력에서 별로 보여준 것이 없다. 도하라운드는 계속해서 난관에 부딪혔고, 2007년도에 타결이 된다고 할지라도—대부분의 전문가들은 이렇게 예상하지 않는다[1]—이는 EU의 초기 협상목표에 훨씬 못 미치는 것이다.

다자간 무역 체제는 EU에 중요하다. 그 이유는 50년 동안 EU가 협상하고 만들어온 특혜무역 구조에도 불구하고 EU에 의한 수입품 중 4분의 3가량이 아직 특혜 조항의 혜택을 받지 못하고 있기 때문이다. 분명한 것은 전 세계적으로 거의 모든 정책입안자들이 도하라운드에 별로 신뢰를 갖고 있지 않다는 사실이다. 그렇기에 EU 무역정책의 내용과

---

1 역주: 2009년 12월 2일. WTO 각료회의는 도하라운드의 해법을 찾지 못한 채 일정을 마감했다. 2010년까지 도하라운드를 타결한다는 것이 목표이지만, 그조차도 불투명하다.

전략을 재검토해야 한다는 필요성이 대두되고 있는 것이다.

재검토를 할 때 가장 크게 고려해야 할 점은 6개 유럽 국가(벨기에, 프랑스, 이탈리아, 룩셈부르크, 네덜란드, 서독)가 무역정책과 관련해서 그들의 주권을 공동으로 관리하기 시작했던 로마 조약(Treaty of Rome)이 체결된 이래 50년 동안 세계무역 체제가 어떻게 발전했는가 하는 것이다. 당시 유럽 국가와 미국은 관세와 무역에 관한 일반협정(GATT)을 주도했고 그 뒤로도 40년간 주도권을 유지했으며, 현재는 브라질, 중국, 인도가 세계무역 체제의 양극화에 도전하고 있다. 1957년 로마 조약 당시로 거슬러 올라가면, 선진국 간의 공산품 교역 자유화는 아직 갈 길이 먼 상태였다. 지금도 관세장벽이 남아 있긴 하지만 선진국 간 공산품 교역의 자유화는 거의 성취되었다. 더욱이 2차 세계대전 이후 대부분의 기간 동안 선진국의 무역 자유화는 쌍무협정의 형태로 이루어졌다. 현재는 많은 국가들이 독자적으로 무역장벽을 낮출 뿐, 국가의 개혁 조치를 무역협정과 결부시키는 것은 주저하고 있다. 다자간 무역 체제는—유럽의 무역 이익에 다자간 무역 체제는 도움이 되었다—새로운 영역을 확장해가고 있다. 그리고 유럽이 다자간 무역 체제의 진로를 형성하는 데 어떤 건설적인 역할을 할 수 있는가 하는 문제가 제기되고 있다(이후 다루겠지만 개략적으로 이야기하자면, 다자간 방식은 외국과의 교역에서 차별을 감소시키고 국제교역에 결부된 정책적 불확실성을 줄여준다는 점에서 EU의 생산자와 소비자의 이해에 부합한다).

이 장의 목적은 변화하는 국제무역정책과, 이러한 변화에 대한 유럽 무역정책 입안자의 부적절한 대응을 조명하면서 1995년 이래 EU 무역정책의 변화를 기술하는 것이다. EU 집행위원회는 다극화된 무역 체제와 향후 다자간 무역협정이 체결될 수 있는 기반을 논의하는 대신, 아시아시장에 대한 접근에서 특혜를 얻기 위한 경쟁에 참여하는 것을 옹호했다. 그 내용이 2006년 10월 정책보고서 《커뮤니케이션스(Communications)》에 나와 있다. 이 제안을 면밀히 검토해보면 예상치보다 성과가 훨씬 낮을 것으로 보인다. 변덕스러운 인도, 불완전한 동남아시아국가연합(ASEAN), 약한 한국 정부와의 협상에 따르는 문제가 더 확실해지면, 이런 대안들이 덜 매력적으로 보일 것이다. 이런 점에서 볼 때, 2009년 새로운 임기를 시작하는 차기 EU 집행위원회는 다극화된 WTO에서 유럽의 적절한 입지를 확보하는 데 주의를 기울여야 할 것이다.

지면 관계상, 이 장에서는 EU 무역정책의 다양한 측면에서 주의를 기울여야 할 분야와 관련해 우선순위를 정할 필요가 있을 듯하다. 먼저 다자간 무역협정과 쌍무적 FTA의 협상에 중점을 둘 것이다. 이는 과거 다자간 무역 질서에 대한 강조와, 최근 몇 년간 쌍무적 FTA에 우선권이 주어진 경향 때문이다. EU의 무역 관련 비쌍무적 조치, 근린정책, 그리고 터키, 러시아, 우크라이나 같은 주요 국가와의 관계는 간략히 설명할 것이다. 이는 아프리카, 카리브 해, 태평양지역(ACP: African, Caribbean and Pacific) 국가들과의 협상[2]에서처럼 협상 과정이 분명히 정해진 시한에 따르거나, 협정이 독특한 배경에 의해 만들어져 무역 체제 전체에

---

2 역주: EU는 과거 식민 모국으로서의 책임감에 따라 아프리카, 카리브 해, 태평양지역(ACP) 국가에 교역상 특혜를 부여해왔다. EU와 1975년 체결된 로메 협약(Lomé Convention)을 대신하는, 보다 포괄적인 코토누 협정(Cotonou Agreement)이 2000년에 체결되었다. 그러나 이에 불만을 품은 라틴아메리카 국가들이 ACP만의 특혜 접근을 WTO에 제소했고, WTO는 2007년 말까지 국제통상법규에 맞는 새 틀을 갖출 것을 EU와 ACP 측에 요청했다. 이에 따라 2002년 9월부터 EU와 ACP 국가는 새로운 '경제동반자협정(EPA: Economic Partnership Agreement)'의 협상을 개시했지만, 상당수의 ACP 국가들이 협정이 타결될 경우 취약한 내수산업이 타격을 받을 것이라는 우려에 서명을 망설였다. 결국 EU와 ACP는 2007년까지 새로운 협정을 체결하는 데 실패했다. 결국 몇몇 ACP 국가만이 2007년 말 이전에 잠정 경제동반자협정에 가서명했고, 현재 이 국가들 중 카메룬, 코트디부아르, 짐바브웨, 세이셸 군도, 모리셔스, 코모로 제도, 보츠와나, 레소토, 스와질란드, 모잠비크, 파푸아뉴기니만이 EU와 잠정 경제동반자협정을 정식으로 체결한 상태다.

미치는 영향력이 제한적이기 때문이다.

이번 장의 구성은 다음과 같다. 2절에서는 EU 무역정책에 관한 현재의 권한 배분과 의사결정 기구에 대해 간략히 다룰 것이다. 3절에서는 1995년 이후 EU 무역정책의 주요 변화에 대해 기술할 것이다. 여기서 최근 국제무역정책 환경을 만들어온 요인들에 대해 다룰 것이다. 최근 (2006년 10월) EU 집행위원회가 내놓은 대외무역정책과 관련된 보고서 역시 3절에서 다룰 것이다. 이 보고서에 대해서는 별도로 평가하겠지만, 짧게 언급하자면 몇몇 분야에서 부족한 면이 보인다. 4절은 양극화된 무역 체제가 다극화된 형태로 변화하면서, 유럽 무역정책 입안자가 현재와 미래에 직면할 문제에 대해 파악할 것이다. 그리고 결론이 될 언급들은 5절에서 다룰 것이다.

EU 무역정책에서의 권한 배분과 공동 의사결정

무역정책은 국내의 법률과 국가들 간의 (일방적, 양자 간, 지역 간, 다자간) 합의에 따른다. 이는 해외 상품 및 서비스 공급업자들을 차별하거나 국내의 경쟁자에게 혜택을 주는 것에 영향을 미친다. 일반적으로는 EU에서 EU 집행위원회가 무역정책 운영에 관한 전권을 행사한다. 물론 이는 회원국이 유럽 무역정책과 관련된 의사결정이나 특정 분야에서 아무런 역할을 행사하지 않는다는 의미가 결코 아니다.[3] 공동무역정책과 관련된 유럽공동체 설립 조약의 개정안을 보면,

---

3 실제로 투자·서비스·운송 분야의 몇몇 조항은 회원국의 권한으로 남아 있다.

특히 133조의 항목이 이를 다루고 있다.[4] 133조 2항에서 EU 집행위원회는 무역협상과 관련된 경우에 주도권을 갖지만 EU 각료이사회(Council of Ministers)에 요청해서 권한위임을 받아야 한다. 133조 3항은 EU 각료이사회가 EU 집행위원회에 협상 권한을 허락하고, 집행위원회가 주기적으로 EU 각료이사회에 협상 결과를 보고할 것을 의무화하고 있다. 개정된 조약 300조는 EU 집행위원회가 협상한 조약의 비준과 실행에 적용되는 EU 역내 절차에 대한 헌법적 요건을 기술하고 있다.

EU 집행위원회는 시간제한이 있든 없든 간에, EU 집행위원회가 착수하기로 예정된 모든 협상에 관해 EU 각료이사회로부터 권한위임을 받아야 한다. EU 각료이사회의가 위임한 권한은 협상의 광범위한 목표를 대상으로 한다. 그러나 권한위임이 세부적으로 규정되지 못하면 EU 집행위원회는 끊임없이 EU 각료이사회에 권한위임 사항의 변경을 요청해야 한다. 시간제한이 없고 권한위임을 받은 사항이 다른 권한위임 사항으로 파기된다는 조건이 없을 때, 부여된 권한위임이 얼마나 지속되는지는 흥미로운 사항이다. 권한위임과 시간제한 부재와 관련된 조항은 둘 다 모호해서 이를 EU 집행위원회가 남용할 수 있는 여지를 남겨두었다. EU 집행위원회는 교역 상대국과 협상하는 모든 조약에 대해서, 또는 EU 집행위원회가 원칙적으로 권한을 부여받은—반덤핑 제제 부

---

4 이 조약은 EU 무역정책의 목적을 기술하고 있다. WTO(2007)의 19쪽에는 다음과 같이 기술되어 있다. "유럽공동체 협약은 유럽공동체의 무역정책 목적을 정했다. 니스 조약의 131조에 따르면, 유럽공동체의 공동정책은 '공동의 이익에 따라, 세계무역의 균형 있는 발전, 국제무역에 대한 제한 철폐, 그리고 관세장벽의 완화에 기여하는 것을' 목표로 하고 있다. 제133조는 그 범위, 사용 수단, 그리고 의사결정 절차 등을 규정했다. 이는 조약의 일반적인 목표를 강조하고 있는데, 예를 들어 '공동체를 통해, 경제활동의 조화롭고 균형 잡힌 지속 가능한 발전, 높은 수준의 고용과 사회보장, 남녀평등, 높은 수준의 경쟁력과 경제 성과의 조화, 환경의 질에 대한 높은 수준의 보호와 개선, 삶의 수준과 질적 향상, 회원국 사이의 경제적·사회적 조화와 협력' 등이다."

과 등과 같은— 일방적 조치들에 대해 승인을 받아야 한다. 몇몇 예외를 제외하고, 승인과 관련된 모든 결정은 EU 각료이사회에서 가중다수결로 이루어진다. EU 각료이사회는 EU 집행위원회가 체결한 모든 국제적 의무와 관련해서 견해를 피력한다.

회원국이 EU 집행위원회 활동의 잘잘못과 관련해서 견해를 피력할 수 있는 공간은 많다. 이른바 133조위원회가 매주 집행위원회 무역 총국(DG: Directorate General)의 고위관료와 모임을 갖는다. 반덤핑과 관련된 별도의 자문위원회도 구성되어 있다. 자문그룹과 자문위원회는 회원국에서 비공식적 여론조사를 진행한다. 이런 여론조사는 회원국이 EU 각료이사회에서 관련 사항에 대한 투표가 있을 경우, 어떻게 투표할지에 대한 메시지를 EU 집행위원회에 전달하는 기능을 한다. 자문그룹과 위원회의 회의 기록은 대중에게 공표되지 않는다. 따라서 회의장 안에서 무슨 일이 일어났는지 정확하게 알 수 없다. 그럼에도 불구하고 반덤핑과 무역정책 문제와 관련해서는 회원국의 입장과 정보가 경제 신문과 전문 언론사로 유출되는 일이 많았다. 그래서 이들 언론사는 회원국들의 다양한 입장과 EU 각료이사회 투표에 대한 예측 결과 등을 다룰 수 있었다. 이런 정보 유출 덕택에 회원국의 투표 기록 패턴을 알아볼 수 있고, 다른 문제에 대한 대가로 무역정책과 관련된 문제에서 투표 입장을 바꾼 국가의 수를 파악할 수 있게 되었다〔세부 사항에 대해서는 에버넷과 버멀스트(Evenett and Vermulst, 2005) 참조〕.

EU 집행위원회의 협상 권한이 회원국의 양도로 형성된 것이라 할지라도, 협상이 타결된 시점에서 회원국이 공식적으로 EU 집행위원회의 업무를 다시 감독할 수 있다고 믿는 것은 잘못된 생각이다. 회원국은 EU 집행위원회가 위임받은 협상 권한을 넘어섰거나 넘어서는 행동이 예상될 때, 자국의 의견을 피력할 수 있다. 가장 최근에 발생한 사례는 도하라운드 농산물 협상이었다.[5] 프랑스는 회원국의 절반 이상을 동맹 세력으로 확보해서 집행위원회가 위임받은 협상 권한을 넘어서는 행동을 하지 못하도록 지속적으로 경고했다. 이는 EU 집행위원회가 10여 년 전 EU 회원국들이 합의한 농업 분야의 개혁의 한계를 넘어서는 언급을 했기 때문이었다. 필자의 이전 글(Evenett, 2006a)에서는, 유럽 무역 협상단이 교역 상대국에 농업 분야를 자유화할 것을 강하게 요구했을 때 프랑스와 동맹국들이 2005년 한 해에 걸쳐 이 동맹을 지키기 위해 취한 조치들을 기록했다. 이후 불가리아와 루마니아의 EU에 가입하면서, 언론보고서는 이 동맹이 강화되었다고 주장했다. 현재까지 이 동맹은 꽤 굳건하다. 그러나 이런 식으로 농업 문제에서 이해를 관철시키려고 고집하다가 소속 국가들이 해외무역 기회를 포기하게 되는 일이 발생한다면 이 동맹의 결속력은 시험을 받게 될 것이다.[6]

몇몇 사례에서는 무역정책의 우선순위 및 수단과 관련해 회원국과 EU 집행위원회 간에 분명한 이견이 있었다. 더욱이 유럽의회(European Parliament) 의원들도 EU 집행위원회와 다른 의견을 보였다. 일례로, EU 집행위원회가 ACP 국가들과 경제동반자협정(ECP: Economic Partnership agreement) 협상을 진행하는 과정에서 이견이 표출되었는데, EU 집행위원회는 협정에 투자정책, 정부조달, 경쟁 법규와 관련된 조항을 포함시키려 했고, 영국 정부는 유럽의회 지도자들이 했던 것처럼

---

5 언론보고서에 따르면 EU 각료이사회는 2005년 12월, 홍콩에서 열린 WTO 각료회의에서 농업과 다자간 무역협상의 상황을 점검하기 위해 매일 회동했다.

6 낙관적인 입장의 전직 유럽 및 비유럽 무역협상 관계자들이 이 점을 분명하게 지적했다. 신뢰할 만한 도하라운드 협정이 부상하면, 언론에서 말하는 것 이상으로 끈질긴 프랑스 정부와 동맹국들이 훨씬 더 쉽게 고립될 것이라고 주장한 것이다.

종종 공개적으로[7] 이런 협상 입장을 비판했다. ACP 국가들과 EU 집행위원회의 협상전략에 이 같은 공공연한 이견 표출이 영향을 미쳤을 것으로 생각할 수 있다. ACP 국가들은 EU 집행위원회를 단지 미숙한 중개인으로 인식해 이를 무시하고 회원국과 직접 접촉할 수 있다고 여겼다. 더구나 몇몇 회원국은 예전의 식민 지배자였으니 아마도 ACP 국가에 잔정이 남아 있을 수 있다. 경제동반자협정 체제에서 FTA 체결이 무산되는 것은 EU 시장 접근에서의 특혜 상실을 초래할 텐데, 이것은 ACP 국가가 EU 집행위원회를 중요한 대화 상대로 인식하게 할 만큼 심각한 고려 사항이었다.

회원국으로부터 EU 집행위원회로 무역정책의 권한위임을 하는 방식과 절차에 대해 간략하게 설명해보자. EU 집행위원회가 행사하는 중요한 주도권과 다양한 감독 수단은 회원국이 행사하는 방식에 비해 미묘하게 작동된다. 가중다수결제도가 사용되고, 15개 기존 회원국과 신규 회원국 사이에 경제발전 격차가 존재하는 상황에서는 어떻게 12개 신규 회원국이 EU 집행위원회가 과거 중요하게 추구하던 이해관계 대신에 자국의 이해관계가 반영된 무역정책을 취하도록 할 수 있는가가 중요한 사항으로 간주된다. 예를 들어, 신규 회원국은 지적재산권을 해외에서 강화하는 조치, 외국 자본시장을 개방하는 것에는 별 관심이 없지만 해외투자와 아웃소싱을 강화하는 것, 그리고 중위권 개발도상국의 공산품 분야에 대한 접근에서 특혜를 얻는 것을 선호한다. EU 회원국 확대는, 과거에 그랬던 것보다는 미래로 갈수록 EU 집행위원회의 무역 관련 협상의 우선순위에 더 큰 영향을 미칠 것이다.

---

7 구체적인 사례는 UK(2005) 참조.

1995년 이후 EU 무역정책의 중요한 변화

필자는 다양한 측면을 가진 EU 무역정책의 중요한 변화를 기록하기 위해, 필자 입장에서 주제를 묶고 선정하는 작업을 거쳤다.

이 장에서는 1995년 이래로 EU의 주요 무역정책과 그 기초를 이루는 논리를 조명하고, 최근 국제무역정책의 환경을 형성하는 중요한 요인들에 대해 다룰 것이다. 이런 요인들은 항상 존재하기 때문에, 앞으로도 유럽 무역정책 입안자가 다루게 될 선택 사항과 거래 내용에 영향을 미칠 것이다. 이 장에서는 이런 점들이 제시될 것이다.

그 다음에는 1995년 WTO 창설 이후 EU 무역정책을 특징지을 것이다. 그리고 현재 EU 집행위원회 무역담당 집행위원장인 피터 만델슨 (Peter Mandelson) 이전의 두 전임자가 발전시킨 EU 무역정책의 미묘한 논리적 차이를 다룰 것이다. 이는 공식적인 EU 집행위원회 보고서와 1996~2004년까지의 다른 문서 자료에서 드러난다. 또한 양자 간, 지역 간 무역포럼의 발전에 대해서도 논의할 것이다. 그리고 1995년 이래 다자간 국제무역에서의 중요한 변화에 대해 논의할 것이다. 마지막으로 2006년 10월에 발간된 현재 무역정책에 관한 EU 집행위원회의 보고서를 평가할 것이다. 이 글의 논의가 목표하는 바는 EU 무역정책의 형성과 정책의 효율성에 중요한 영향을 미치는 내부 및 외부 요소를 파악하는 것이다.

WTO 형성기의 EU 집행위원회의 무역정책과
무역 측면에서 최혜국관세의 중요성

1995년 1월 1일, EU[8]와 회원국은 WTO의 창립 멤버가 되었다. 그리고 국제무역 체제의 근간을 이루는 다자간 협정들 및 민간항공기 교역협정과 정부 조달 협정도 체결했다. 그해에 EU는 오스트리아, 핀란드, 스웨덴을 회원국으로 받아들였다. 따라서 기존의 12개 회원국의 무역 관련 협약과 신규 회원국의 무역 관련 협약을 통합해야 했다. 유럽은 주요 교역국과 WTO 협약을 재협상해야만 했다.[9]

1993년에 타결되어 1995년에 발효된 다자간 무역협정인 우루과이라운드(Uruguay Round)에서 EU는 관세한도를 설정하는 데 동의했고 농산물에 관해서는 평균 36%까지 관세율을 인하하기로 했다(EU는 또한 최소 각각의 관세를 15% 감축했다). EU는 농산품 수입에 대해 관세 총액을 규제했고 농업 분야에 대한 재정지원을 감축하고(특히, 이른바 보조총액측정치) 농산물의 수출보조금 액수와 수량을 감축하는 데 동의했다(WTO, 2000).

비농산물 분야와 관련된 우루과이라운드 합의에서, EU는 평균 관세를 1995년 6.9%에서 우루과이라운드 합의를 집행하는 후반기에는 4.1%까지 감축하는 데 동의했다. 1997년 싱가포르 WTO 각료회의에서 합의된 정보기술 협약의 결과, 1997년부터 IT 관련 제품은 EU에 관세 없이 수입되었다. 이는 비농업제품에 대한 평균 관세를 4%까지 낮춘 것이다. 의약품과 알코올 제품에 대한 관세철폐 합의는 우루과이라운드 체결 이후 유럽시장의 개방을 이끌었다(WTO, 2000). 〈표 3.1〉은

---

8 특별히 지칭하지 않으면 이번 장에서는 EU라는 명칭을 사용하고 EU 전신들의 명칭은 사용하지 않는다.

9 GATT 조약 24조 6항.

| 〈표 3.1〉 EU와 교역 상대국의 무역정책 현황에 대한 지표

무역정책지표	EU	미국	브라질	중국	인도
관세 양허 범위(%)	100	100	100	100	73.8
농산물에 대한 단순평균관세율(%)	5.9	자료 없음	10.3	15.9	15.4
비농산물에 대한 단순평균관세율(%)	4.0	3.3	12.7	9.1	37.6
최혜국조항 무관세 수입품(총 수입량 대비 %)	53.1	46.8	22.2	34.0	2.1
참여한 GATS 서비스 부문	115	110	43	93	37

자료: WTO Country Profiles(http://stat.wto.org).

현재 EU의 무역장벽을 요약한 것이다. 또한 이는 주요 교역 상대국의
교역장벽과 비교되었다.

우루과이라운드의 서비스 분야에 대한 EU측의 양허표[10]는 영상음향
분야와 해운 서비스, 그리고 항공운송 서비스를 제외하고 모든 서비스
분야를 포괄한다.[11] 서비스 분야에서 최혜국(MFN) 대우의 예외는 영상음
향 서비스, 운송 서비스, 보조금 분야에 적용되었다. 이 같은 양허표에 기
초 통신 분야와 금융 서비스 분야를 자유화하는 조항이 추가되었다. 이
는 1995년 이후 분야별로 주도적 협상이 이루어진 결과다(WTO, 2000).

우루과이라운드 타결 이후, WTO 규정에 따라 EU는 섬유와 의류의
수입에 대한 쿼터를 부과할 권한을 부여받았다. 다른 WTO 회원국과
같이, EU는 2004년까지 이러한 쿼터를 폐지하는 데 동의했다. 과도기적

---

10 역주: 양허표(Schedule of Special Commitments)는 WTO 회원국이 약속한 시장 접근
(market access) 및 내국민대우(national treatment)에 관한 시장 개방 계획서를 말한다.

11 WTO의 EU 무역정책 검토보고서는 EU 집행위원회의 서비스 무역에 관한 일반협정
(GATS: General Agreement on Trade in Services) 양허표에 대해 EU 집행위원회의 자
료에서 다음과 같이 인용했다. EU 측 양허표는 "단일시장을 창설하는 데 진전을 이루는
기능을 수행했고, 양허표의 내용은 내부적으로 이룬 성과를 다자간 차원으로 옮기는 것
으로 구성된다."(WTO, 2000, p.29).

으로 쿼터의 평균 증가율은 1995년 1월 1일 16%에서 1998년 1월 1일 25%로 늘었다(WTO, 2000).

1995년 EU와 교역 상대국 간 특혜협정 네트워크의 경우도 마찬가지였다.[12] WTO 사무국은 EU 무역정책 검토보고서에서 다음과 같이 기술했다.

EU의 많은 교역 상대국이 자유무역지대가 되거나 다른 특별 혜택을 받고 있다. EU와 교역 상대국 간의 자유무역협정, 제휴협정과 다른 특혜협정의 다층화 네트워크는 불과 최근 몇 년간에 걸쳐 공고화되고 확대된 것이었다. 다른 EU 교역 상대국이 EU 시장에 대한 접근성을 개선하는 데 성공하면서, 이런 특혜협정은 경제적으로 그 중요성이 감소했다(WTO, 1995, pp. 17~18).

2007년 2월, WTO의 EU 무역정책 검토보고서가 출판되었을 때, 단지 9개의 WTO 회원국[13]만이 오로지 최혜국 지위에 의거하여 EU와 무역을 했다(WTO 2007). 1998년 5월 1일 9개 국가 중 3개국(홍콩, 한국, 싱가포르)은 EU의 일반특혜관세 체제를 졸업했다. 이후 이들 국가의 수출품은 교역 상대국 간 차별을 금지하는 최혜국 지위에 따른 관세를 지불하고 있다. WTO(2004)는 위의 9개 WTO 회원국이 EU 상품무역의 36%

---

12 특혜협정 네트워크는 유럽경제지대(EEA: European Economic Area), 중부 유럽 국가와의 소위 유럽협정, 발트 해 국가 및 다른 국가와의 FTA, 독립국가연합 국가와의 협력협정, 로메 협약, 일반특혜관세제도(GSP: Generalised System of Preference), 터키와의 관세동맹, 그리고 키프로스, 이스라엘, 몰타와의 제휴협정, 모로코, 튀니지와의 '유럽-지중해협정' 등을 포괄한다. 기존의 특혜무역협정을 협상하도록 유도했던, 강화된 협력협정은 몇몇 라틴아메리카 및 아시아 국가와 체결되었다.

13 오스트레일리아, 캐나다, 대만, 홍콩, 일본, 한국, 뉴질랜드, 싱가포르, 미국.

를 차지하고 있다는 데 주목했다.[14] 이 보고서는 다음과 같이 기술했다.

> EU 집행위원회는 EU 무역의 74%가 최혜국 체제를 따른다고 평가했다. 이는 특혜무역협정을 맺은 교역 상대국과 최혜국 지위에 따른 무역 규모가 전체 무역의 38%를 차지하기 때문이다(WTO, 2004, p. 22).

2004년 10개 신규 회원국의 EU 가입, 2007년 2개 신규 회원국의 EU 가입, 제휴협정의 증가, 코토누 협정, 군수품을 제외한 거의 모든 품목에 대한 혜택 부여(EBA: Everything But Arms), 개정된 일반특혜관세제도, 칠레·멕시코·남아프리카공화국·스위스와의 자유무역협정 체결, 그리고 유럽-지중해 자유무역지대 창설에도 불구하고 EU 수입품의 4분의 3은 최혜국 대우 방식에 기초해 이루어진다. 확실하게 해두어야 할 것은, 몇몇 WTO 회원국에서 EU로의 수출이 지나치게 많이 특혜무역 체제에 의존해서 이루어지는 반면 대부분의 WTO 회원국은 그러한 처지가 아니라는 사실이다. 여기서 유럽의 교역 상대국과 관련해 다자간 무역 체제가 중요한 이유를 찾을 수 있다. 이런 관점에서 볼 때, EU가 세계 2위의 제품 수입국이라는 것은 별 의미가 없다(〈표 3.2〉를 참조하여 2005년 EU 역외에서 유입된 제품을 보라).

1995년 이후 논리와 목표를 잃은 EU 무역정책

1995년 이후 EU 무역이 직면한 문제와 관련하여 서로 다른, 하지만 서로 연관된 두 가지 개념 설정에 대해 논의해보고자 한다. 그중 하나는

---

14 WTO(2007, p. 24)에 따르면, 9개국은 2005년 EU 수입의 대략 30%를 차지하고 있다.

EU 대외교역	10억 미국달러	세계 순위	세계 총 교역 대비 비중(%)
총 제품 수출	1,320	1	17.12
총 제품 수입	1,461	2	18.03
총 서비스 수출	432	1	27.08
총 서비스 수입	384	1	24.39
총 무역액	3,597	1	
GDP(PPP 기준)	12,097	2	
GDP 대비 무역지수(ratio: 0.297)	자료 없음		

자료: EU25 관련 WTO Country Profiles(stat.wto.org).

레온 브리탄 경(Sir Leon Brittan)이 무역담당 집행위원으로 활동한 기간과 관련된 것이고, 다른 하나는 그의 후임자 파스칼 라미(Pascal Lamy)가 무역담당 집행위원으로 활동한 기간과 관련된 것이다. 두 관점 모두 오늘날 EU 무역정책에 대해 부분적인 정보를 제공할 것이다. 뒤에서도 언급하겠지만, 2006년 10월의 EU 집행위원회 무역정책보고서는 많은 측면에서 볼 때 레온 브리탄 경의 입장에 가까운 것이다.

오늘날 세계화는 많이 논의되고 있지만, 1990년대 중반에 이미 국가 경제의 세계시장으로의 통합이 중요한 요소로 지목되었다는 것을 주목할 필요가 있다. 〈국제무역의 범지구적 도전: EU를 위한 시장 접근 전략(The Global Challenge of International Trade: A Market Access Strategy for the European Union)〉이라는 1996년 무역정책보고서는 산업의 '재배치'가 초래한 산업 이탈의 잠재성에 대해 언급했다. 해외시장 개방은 시장 개방에서 경쟁력을 활용할 수 있는 유럽 기업의 능력과 관련이 있다(European Commission, 1996). 더욱이 아시아의 부상은 유럽 정책 결정자가 염두에 두고 있는 사항이다. 그리고 1995년 WTO의 EU 무역정책 검토보고서는 1994년 EU 집행위원회 보고서가 "과거보다 아시아에 높은 우선순위를 부여할 필요성을 주장하고 있다."라고 언급했다(WTO, 1995).

국제무역에 대해 조망한 1996년 보고서는 EU의 무역정책이 직면한 도전에 대해 다음과 같이 언급했다.

세계시장에 대한 개선된 접근은 수년, 수개월에 걸쳐 공동체의 자원을 배치하는 중요한 문제다. 획기적으로 시장 접근성을 늘리는 것은 장기적 절차에 따라 이루어질 것이다. 현재의 규정에 따라 급박한 문제에 대처하고 무역과 투자에 대한 장애물을 제거하기 위한 새로운 규정을 발전시키면서, EU가 명확히 정책의 우선순위에 대해 분석하고 선진국 위치에 있는 교역 상대국 및 개발도상국 위치에 있는 교역 상대국과 밀접하게 협력한다면, EU는 성공할 것이다. 우리는 산업적 측면에서의 요구와 우선순위에 부합하는 조치, 그리고 우리의 수출업자와 투자자에게 가시적이고 직접적인 이익을 줄 수 있는 조치에 주목해야 한다(European Commission, 1996, p. 19).

위의 인용문은 현재도 고려할 가치가 있다. 첫째, 시장 접근성은 정책수단을 평가할 수 있는 렌즈 역할을 한다. 이런 정책수단이 직접적으로 관세와 관련이 있든 없든 간에 말이다. 둘째, 비관세장벽은 우선적으로 고려해야 할 중요한 대상이다. 비관세장벽에 해당되는 규정은 그 자체로는 주목받을 수 없지만 시장 접근성에 제약을 가한다.[15] 셋째, 이

---

15 1996년 보고서에서 다음의 비관세장벽이 특별히 언급되어 있다는 것을 주목할 필요가 있다. 지적재산권 보호에 대한 실패, 원산지 규정, 제한된 정부조달 관행, 투자정책, 경쟁정책 등이다.

정책의 수혜자가 수출업자와 투자자라는 것이다. 즉, 무역 이익만을 고려한 것이다. 이 전략은 시장 접근과 수요에 따라 양자 및 다자 관계를 발전시키는 것이다(European Commission, 1996).

2003년 무역담당 집행위원이었던 파스칼 라미는 전임자였던 레온 브리탄 경과는 다른 시각에서 EU 무역정책이 직면한 도전과, 이와 관련된 논리를 정의했다. 이는 시민사회의 일각에서 일어나고 있는 다자간 무역정책에 대한, 그리고 더 일반적으로는 세계화에 대한 극명한 반대가 EU 무역정책 결정권자가 만드는 논리에 영향을 미쳤기 때문이다.

무역담당 집행위원으로서 파스칼 라미가 임기 말에 쓴 보고서를 보면, 그는 임기 초반부터 '통제 가능한 세계화'를 목표로 삼았다고 기술했다(European Commission, 2004, p. 3). 그의 EU 무역정책은 EU의 다른 목표와 적절하게 융화되어야 했다.

EU 집행위원회에는 많은 책임이 수반되었다. 이는 EU 집행위원회가 단지 제3국과 무역을 규제하는 차원을 넘어서 EU의 대외정책과 내부 시장, 그리고 유럽식 모델을 잘 조화시켜야 했기 때문이다(European Commission, 2004, p. 3).

일부 사람들은 시장 접근성 문제의 중요성이 절대적이지 않고 상대적 가치를 가질 뿐이라는 파스칼 라미의 논리에 의구심을 가졌다. 그래서 그는 계속해서 다음과 같이 주장했다.

시장 개방은 그 자체가 목적이 아니라 시장 개선 방식의 하나다. 더구나 시장 개방은 필요한 것이지만 전부는 아니다. 시장 개방 자체가 발전을 가져올 수는 없다. 역내정책도 올바른 방향으로 나아가야 한다. 특히 역내정책에 의한 이익 분배가 더 공정해져야 한다(European Commission, 2004, p. 3).

EU 무역정책을 위해서는 보다 폭넓은 의견을 듣고 목표를 설정해야 한다. 파스칼 라미는 유럽에서 무역개방정책에 다수의 대중이 호의적인 입장을 갖게 하는 것이 쉽지 않으며, 이런 점에서 대외 시장 개방은 충분하지 못할 수 있다고 언급했다. 그는 이러한 변화가 무역정책 결정권자를 더욱 힘들게 하고 정책에 대한 평가를 어렵게 한다고 인정했다. 그에 따르면, 얼마나 많은 시장 개방이 이루어지고 무역협정이 서명되었는가가 아니라 무역정책과 투명성 및 정당성을 서로 연결 짓는 것, 다시 말해 한 사회가 소중하게 생각하는 가치와 발전을 각 분야와 서로 연결 짓는 것이 중요하다. 논쟁의 여지는 있지만, 이러한 시각은 앞서 논의한 1996년 보고서의 취지와 구분되는 변화를 반영한 것이다.

파스칼 라미는 자신도 참여했던 로마노 프로디(Romano Prodi) 집행위원장 시절 당시에 이루어진 무역정책 관련 성과를 평가하면서, EU가 아직 원하지 않는 개발도상국 위주의 무역정책에 대한 합의를 무산시킬 수 있는 힘을 가지고 있다고 주장했다. 또한 EU는 의약품 관련 협정 등의 분야에서 여전히 중추적인 역할을 행사하고 있다. 특히 파스칼 라미의 평가는 다음 사항에 대해 고려하고 있다.

더 잘 규제된 다자간 질서를 선호한다는 우리의 주장은 별로 효과적이지 못했다. 실제로, EU 무역정책 또는 WTO는 국제적 거버넌스를 강화하는 데만 노력해왔다. 이는 EU 내부와 외부 세계에서 거버넌스의 정당성을 약화시키는 문제를 야기했다. 나는 WTO가 탈규제화된 세계화의 바다에서 거버넌스의 유일한 섬으로 남아 있을 수 있다고, 또는 남아 있어야 한다고 생각하지 않는다(European Commission, 2004, p. 5).

'싱가포르 이슈'라고 불리는 4개 쟁점 분야(투자, 경쟁정책, 정부조달 투명성, 무역 원활화) 중에서 투자, 경쟁정책, 정부조달 투명성 분야가 도하 개발 어젠다의 일괄 타결 방식에서 제외된 경험은 위에 언급된 파스칼 라미의 견해에 영향을 주었다. 비관세장벽에 대한 국제규제의 동기가 무엇이었든 EU 집행위원회의 1996년 보고서에서 기술된 문제점은 EU 무역정책과 관련해 2004년에 나온 설명으로는 해소될 수 없었다.

1996년 보고서와 2004년 평가가 차이가 나는 주요 요인으로 주목되는 것은 EU 무역정책의 목표가 변했다는 것이다. EU 무역정책은 시장 접근성에 중점을 둔 접근 방식에서 다양한 측면을 고려하는 쪽으로 변화했다. 이는 세계화의 장점에 대해 대중을 설득하면서 광범위한 문제를 다루게 된 데 따른 것이다. 파스칼 라미는 2001년 도하개발 어젠다를 시작하는 데 기여했고 이후 EU 무역정책은 상대적으로 일관성을 갖게 되었다. 이는 유럽 무역정책을 결정하면서 표현된 파스칼 라미의 생각에 영향을 받았기 때문인 듯하다.

1995년 EU의 출발점과 지난 10년 동안 EU 무역정책을 형성해온 두 부류의 견해에 대해 기술하면서, 필자는 우루과이라운드 이래로 집행위원회가 협상한 특혜무역 및 다자간 무역에서 다루어진 주요 분야에 대한 논의에 주목하게 되었다.

1995년 이래 EU의 양자 및 지역 무역관계에서의 발전

다자간 협상 분야 바깥에서 이루어진 발전에 대해 살펴보면, EU 가입을 시도하고 있는 국가를 포함하여 이른바 이웃 국가라 불리는 국가들과 협상한 협정과, 다른 국가와 체결한 협정 간에는 차이가 있다. 이웃 국가의 경우를 보면 WTO의 EU 무역정책 검토보고서 시리즈가 증명하듯이, EU는 국경을 접하고 있거나 EU에 인접한 모든 국가와 경제적 유대 관계를 꾸준히 강화해왔다. EU와의 협정은 이행 의무의 관점에서 차이가 있다. EU의 규정을 채택하는 절차는 EU의 원조와 기술 지원이 이루어지는 패키지와 함께 진행되었다. 그리고 EU와의 협정은 무역 관련 이해관계뿐만 아니라, 외교 및 안보가 동기가 되어 체결되는 일도 자주 있었다. EU는 다양한 개발도상국 그룹에 일방적으로 주는 특혜에서 중대한 변화를 보였다. 2000년 6월 23일에 ACP-EU 경제동반자협정(EPA)이 베냉의 코토누에서 체결되었다. EU 회원국은 별도로 하더라도 77개 개발도상국이 협정에 참가했다. 대부분 아프리카, 카리브 해, 태평양 지역에 위치한 예전의 유럽 식민지 국가들이었으며, 이 중 40개 국가는 UN에 의해 최빈개도국(LDC: Least Developed Countries)으로 분류된 상태였다. EU는 이들 국가에 대해 예외[16]가 있기는 하지만 공산품, 농산물 가공품, 수산물을 무관세로 EU 시장에 수출할 수 있도록 시장을 개방했다. 그러나 이는 임시조치로서 2008년 1월 1일자로 효력을 상실할 것으로 예정되어 있다. 그때까지 EU는 77개 서명국과 경제동반자협정 관련 협상을 마무리 지을 것으로 기대된다. 이 협정은 WTO의 규정에 따른 양자협정으로 무역 자유화, 이행기, 해당 상품 적용 범위, 예외 정도에

---

16 이러한 예외에는 설탕, 소고기, 송아지 고기 등에 관한 별도 체제가 포함된다.

대해 유연한 적용이 포함될 것으로 예상된다. 그리고 시장 접근성을 강화하는 것 외에도 지속 가능한 발전을 증진시키고 개발도상국 간의 지역 통합을 발전시킬 것으로 예상된다.[17]

EU가 조건을 충족시킨 개발도상국에 일방적으로 부여하는 일반특혜관세(GSP)에서도 변화가 나타났다. 오랫동안 EU의 GSP 프로그램을 단순화하려는 경향이 있었다. 뿐만 아니라 GSP 수혜국가에 국제적으로 인정된 노동 기준을 확산시키고 특정 환경 문제를 다루며, 마약의 생산과 불법유통을 근절하고자 했다. 2001년 EU가 제정한 군수품을 제외한 거의 모든 품목에 대한 혜택 부여(EBA) 조치가 특히 주목받을 만하다. 비록 세 가지 민감 품목(설탕, 소고기, 송아지 고기)에 대해 유예기간을 두기로 했지만, 코토누 협정의 적용을 받지 않는 최빈개도국에 무관세로 시장을 개방하는 것을 확대했다. GSP 체제의 또 다른 면은 EU로 수출하는 데 더 이상 특혜 조치가 필요 없는 개발도상국들을 GSP 프로그램에서 졸업시킬 권리를 갖는다는 것이다. 앞에서 언급했듯이 1998년에 3개국[18]이 GSP 체제를 졸업해서 최혜국 조항이 정한 관세를 적용받게 되었다. GSP 수혜국의 모든 분야를 GSP 체제에서 제외시키지는 않더라도 일부 분야를 GSP 체제에서 졸업시킬 수 있는 권리를 EU가 갖는다.[19]

EU 시장 접근에 대한 특혜 확산은 1990년대 중반부터 말까지 EU에서 논의된 주제였다. 1997년 WTO 무역정책 검토보고서는 특혜 조치가 부여된 시장 접근성이 지난 2년 동안 EU에서 논쟁이 되고 있는 주제

---

17 앞서 언급했듯이, 경제동반자협정 협상의 중요한 분야에서 선도적인 회원 국가와 유럽의회 의원은 공개적으로 EU 관료의 협상 자세에 대해 비판했다.

18 홍콩, 한국, 싱가포르.

19 EU의 GSP 체제의 이용과 효율성에 대한 연구는 에버넷(Evenett, 2007a)을 참조하라.

라고 언급했다. 1997년 4월, EU 각료이사회는 새로운 특혜무역협정에 대한 면밀한 검토를 요구했다. 또한 특혜무역에 대한 EU 정책의 기본 골격이 제자리를 잡고 유지되어야 한다고 주장했다. 한편, WTO 사무국은 "은연중에 특혜무역협정 네트워크가 더 확산될 여지는 거의 없다."라고 언급했다(WTO, 1997). 이런 상황은 FTA를 목표로 한 새로운 협정을 더 이상 진척시킬 수 없도록 했으며, FTA 추진이 유예되는 상황은 2006년 10월 EU 대외무역정책에 관한 보고서 《커뮤니케이션스》가 출간될 때까지 지속되었다.

2001년 도하라운드 협상은 그 시작부터 FTA에 대한 압력을 억제시켰다. 이는 다자간 협정이 어떤 FTA보다 더 큰 무역 기회를 제공하기 때문이다. 더욱이 EU의 중요한 교역 상대국과의 FTA가 다자간 무역체제에 문제를 야기할 것이라는 우려가 있었다. 이러한 우려는 주요 교역 국가가 WTO 바깥에서 따로 상호 협정을 맺으면 다자간 규칙에 대한 필요성이 줄어들 것이기 때문이었다.

그러나 그동안 EU는 칠레와 FTA를 체결했고(2002년), 이 협정은 전통적인 무역 자유화 조치 외에도 정부 및 비정부 차원에서 정치적인 대화와 협력에 관련된 조항을 포함했다. 멕시코와의 FTA는 2000년 7월 1일에 발효되었다. 여기에는 관세 및 비관세장벽과 관련된 일련의 약정이 포함되었으며 원산지 규정, 기술 규정, 위생 및 식물위생 조치, 세이프가드, 서비스 무역, 정부조달, 경쟁정책, 투자정책, 지적재산권, 분쟁 조절 등의 분야도 포함되었다. 이 협정은 멕시코가 EU에 동일한 조치를 시행하기 4년 전에 EU가 멕시코 수입품에 대해 관세를 면제해주기로 한 무역 자유화 일정을 포함하고 있었다. 반면에, EU와 남미공동시장(MERCOSUR)의 FTA 협상과, EU와 걸프협력기구(GCC) 회원국과의 FTA

협상은 타결되지 못했다. EU-MERCOSUR, EU-GCC의 FTA 협상이 고착화되면서 EU의 무역 자유화 노력은 급속히 WTO로 선회했다. 여기서 1995년 이후의 환경 변화가 고려되어야 할 것이다.

1995년 이후 EU 집행위원회의 무역정책과 다자간 무역 체제

WTO에서의 발전은 1995년 이후에 유럽 무역정책 고위직 결정권자의 관심을 끌었다. WTO 각료회의와 WTO 일정표의 중요한 부분을 구성하는 소규모 장관급 또는 다른 종류의 행사에서 EU는 자발적이고 핵심적인 역할을 수행했다. EU는 주로 시장 접근성과 관련된 주제를 WTO 어젠다에 포함시키면서, 이 분야에서의 다자간 조치를 주도적으로 이끌었다.

그러나 1990년대 후반과 2000년대 초반 상황이 변했다. EU는 WTO의 새로운 규정이 WTO 회원국에 득이 된다고 목소리를 높였다. EU는 1996년 싱가포르에서 열린 WTO 각료회의에서 노동 조건에 대한 규정에 덧붙여, 다음과 같은 무역 관련 사안에 대비해야 한다는 입장을 피력했다. 이는 경쟁정책, 투자정책, 무역 및 환경, 지적재산권, 그리고 무역에 대한 기술장벽이다(WTO, 1997). EU는 WTO의 과제가 기존의 다자간 협정 분야뿐만 아니라 새로운 규칙을 세워야 하는 분야로 확대되는 것도 추구했다. 이는 우루과이라운드에서 매듭짓지 못한 사업을 완결하려는 EU의 목표와 1993년 합의된 다자간 조치의 적절한 실행을 추진하려는 목표에 덧붙여졌다.

WTO 회원국들, 특히 미국은 1990년대 중후반에 WTO 규정의 확대를 희망했다. 그러나 이러한 제안은 WTO 회원국들의 광범위한 지지를 받지 못했다. 실제로 같은 시기에 많은 개발도상국들이, 우루과이라운드 협약들을 실행하는 데 있어 그 조건과 비용이 부담스럽다고 주장했다. 그래서 개발도상국들은 불만을 해소하고자 시도했다. EU, 미국, 그리고 다른 선진국들은 기존의 다자간 협약에 대한 노골적인 재협상을 받아들일 수 없었다. 그러나 조항을 해석하고 우루과이라운드에서 결정된 의무 사항을 이행하는 데 있어 양보가 이루어졌다. 이러한 양보는 오직 WTO의 몇몇 개발도상국들을 만족시키기 위한 것이었다. 그러나 이들 국가는 그들이 원하는 모든 것을 얻지는 못했기 때문에, 새로운 다자간 규약에 대한 협상을 반대하기 시작했다. 이러한 반대의 결과는 이후 개최된 세 번의 WTO 각료회의(시애틀, 도하, 칸쿤에서의 각료회의)에서 명백하게 드러났다.

1999년에는 중요한 진전이 있었다. 첫째, EU가 EU 각료이사회로부터 시애틀에서 열린 3차 WTO 각료회의에 앞서 협상 권한을 위임받았다. 이 권한위임은 밀레니엄라운드(Millennium Round)의 시작을 염두에 둔 것이었다. 둘째, 노동 조건이 다자간 무역체제에 포함되어야 하는가에 대한 심각한 의견 불일치로 시애틀 각료회의가 결렬되었다. 그리고 새로운 다자간 무역협상을 시작하는 문제에 대해 합의는 이루어지지 않았다. 셋째, 자크 상테르(Jacques Santer) EU 집행위원장이 이끌었던 EU 집행위원회는 예산을 잘못 운영하고 유용(流用)한 것에 대한 명백한 증거가 드러나 사임했다. 이 집행위원회는 로마노 프로디가 이끄는 집행위원회로 대체되었으며, 파스칼 라미가 무역담당 집행위원이 되었다.

앞서 이야기했듯이, 세계화에 대한 시민사회의 반감은 점점 커져서 시애틀의 거리에서 강하게 표출되었고 이는 EU 무역정책의 목적과 수단이 기술되는 방식에 영향을 미치기 시작했다. 유럽의 대중이 유럽 내

무역 자유화에 대한 지지를 망설인다면 유럽 무역협상단이 어떻게 다른 국가의 관리들에게 그들의 시장을 열라고 설득할 수 있겠는가라는 문제가 고려되어야 하는 부분이었다. 1999년에 EU의 야심 찬 무역정책이 EU 내부 정책에 의해 제약을 받는 일이 늘어났는가 혹은 그렇지 않은가는 중요한 의문 사항이다. 그리고 이러한 제약은 오늘날에도 지속되고 있다.

다자간 무역협상의 차기 라운드는 2001년 카타르의 도하에서 열린 WTO 각료회의에서 시작되었다. 도하라운드 개시를 위해 준비하는 동안, 미국에서는 2001년 9월 11일 테러가 발생했다. 이 사건은 극도로 불확실한 시대에 세계 각국의 정부들이 서로 협력해야 한다는 것을 입증하는, 지정학적으로 매우 다급한 상황을 조성했다. 그리고 이 일은 도하라운드가 시작되는 데 크게 기여했다. 파스칼 라미의 전폭적 지원과 개발도상국들의 적극적인 참여를 이끌었을 뿐 아니라, 이 라운드에 개발 관련 사항들의 비중을 확대시켰던 것이다. 도하개발 어젠다에 의해 진행된 협상 라운드가 아무런 값어치 없는 것은 아니었다. 무역협상가들이 이 단계에서 모든 지엽적 측면을 고려했는지는 확실하지 않은데, 이는 협상의 개념이 너무 광범위하기 때문은 아니다.

WTO가 지역 및 다자간 개발은행과 비슷한 개발기구가 될 것인가? 개발도상국들은 우루과이라운드 협정에서 불공평하다고 여겼던 조치를 바로잡을 수 있을 것인가? 만일 이전의 협의에 대한 재협상을 다른 국가가 받아들일 수 없다면, 개발에 초점을 맞춘 방식은 새로운 다자간 의무 사항을 협상하는 데 어떤 영향을 미쳤는가? 이 협상 라운드에 대한 기업계의 지원에 대해 '개발' 이라는 표현이 의미하는 것은 무엇인가? 이러한 질문(협상 라운드가 시작된 이래로 이루어진 질문)들에 대한 좋은 답변이 없기 때문에—무역협상단은 전면에 내세우는 것보다 논점을 흐리는 것을 선호한다—가난한 WTO 회원국이 실의에 빠져 '개발지침'이 계략이라고 결론짓는 것은 놀라운 일이 아니다. 그리고 기업계의 지도자들은 다자간 무역 체제에 남아 있는 자신들이 떠안을 수 있는 위험 요소에 대해서도 염려했다. 이러한 견지에서, 도하라운드는 곧 응급실에 실려갈 아픈 아이를 낳는 난산이 되었다.

도하라운드 각료회의에서 EU 대표는 더 단축된(그들의 견해로 3년) 협상 일정표를 요구했다. 더욱이 EU 대표는 WTO 프로그램이 지속성이 있는지 적절하게 고려하고 라운드에서 더 광범위한 목적을 달성하기 위해 무역과 무역 관련 정부정책을 적절하게 조합해달라고 요청했다. EU는 또한 이른바 4대 싱가포르 이슈(무역과 투자정책, 무역과 경쟁정책, 정부조달에서의 투명성, 무역 원활화)와 관련된 협상을 개시하기 위한 합의문을 채택했다. 이 합의문은 다음 WTO 각료회의에서 중요한 것으로 판명되었다.

2002년과 2003년에도 중대한 진전이 있었다. 첫째, EU의 공동농업정책(CAP: Common Agricultural Policy)의 무역과 무역 관련 정부 조치 예산에 대한 논의가 2002년에 시작되어 2003년에 합의되었다. 이 합의문에는 주로 공동농업정책 비용을 감축하는 개혁 프로그램이 들어가 있었다. 이는 농업 문제에 대해 EU 무역협상단이 융통성을 가질 수 있도록 했다.

그러나 공동농업정책의 지지국들은 무역협상의 권한을 위임받은 EU 집행위원회가 농업 문제와 관련해서는 개정된 공동농업정책 예산에서 합의된 개혁 수준을 넘지 않을 것이라는 보장을 받았다. 공동농업정책 지지국들은 EU 집행위원회 무역협상단이 2003년 이후 관련 지침을 준수하도록 끈질기고 집요하게 요구했다. 이는 특히 2005년에 EU

가 농업무역정책 문제에 대한 더 많은 개혁 조치를 이행하라는 상당한 외부 압력을 받고 있을 때 더 심했다. 농업 분야에서 EU 집행위원회의 양보 권한을 제약한 결과는, EU가 농업 분야뿐만 아니라 다른 분야에서 교역 상대국에 요구 사항을 주장하는 데 제약을 받는 것으로 나타났다. 결론적으로 도하라운드 과정에서 EU는, 비록 수사적으로는 정반대 입장을 취했지만 WTO 회원국들 중 시장 접근과 관련된 열의가 상대적으로 낮은 국가군에 위치하게 되었다.

칸쿤 각료회의가 열리기까지 EU는 광범위한 WTO의 제안을 도식화했다. 2004년 WTO의 EU 무역정책 검토보고서에서 도하라운드에 대한 EU의 기여는 다음과 같이 언급되었다.

EU는 무역 자유화, WTO 무역규정 강화, 지속 가능한 발전과 관련해 선두에 서 있다. 상품의 시장 접근성에 대한 자유화는 분야별 방식보다는 포괄적인 방식으로 진행되어야 한다. 그리고 협상은 개발도상국들이 선진국의 시장에 더 나은 접근성을 갖도록 진행되어야 한다. 개발도상국 간 무역 장벽은 크게 감축되어야 한다. 농업 분야에서 EU는 수입관세와 무역 질서를 왜곡시키는 수입을 축소하고, 개발도상국의 이해가 관련된 품목에 수출보조금을 지급하는 것을 중단해야 한다. EU는 농업협상에서 무역 외적 요소가 고려되고, 원산지 표시제가 더 잘 보호되어야 하며, 서비스에 대한 더 나은 시장 접근성이 확보되어야 한다고 역설했다. EU 집행위원회는 제3국 시장에 대한 접근성을 개선하기 위해 100여 개 이상의 기본적인 요구를 제시해왔고 제3국으로부터 이러한 기본적인 요청을 받기도 했다. EU는 다자간 환경협약의 필요성이 다자간 무역 체제 협정과 상부상조하는 방식으로 부드럽게 맞물린다고 주장했다. EU 집행위원회는 최빈국의 상품에 대해 관세와 쿼터를 부과하지 말 것과 개발도상국의 발전 정도와 능력에 기초를 둔, 특별하고 차별화된 조치가 취해져야 한다고 요구했다. 무역과 연관된 기술 원조에 자금을 대고 지원하는 조치들은, 개발도상국이 WTO에 가입해 WTO 규정을 실행하고 다자간 무역 체제에 더욱 활발하게 참여하는 것을 목표로 했다. EU 집행위원회는 무역보호 조치에서 운영 체계를 개선하고 투명성을 높일 것을 지지해왔다. 또한 무역 원활화 규정, 더욱 투명하고 예측 가능한 투자 환경, 그리고 공정경쟁과 정부조달 정책을 증진시키기 위한 개선을 주장했다(WTO, 2004, p. 24).

다음으로 중요한 변화는 칸쿤의 WTO 각료회의와 이른바 '2004년 7월 패키지'라는 것에서 일어났는데, 이 두 사건은 서로 연관되어 있다. 후자는 칸쿤에서 도하라운드 협상이 결렬된 이후 협상을 다시 원점으로 복귀시키는 역할을 했다. 칸쿤 각료회의 이전에, 다른 WTO 회원국들은 EU와 미국이 농업 문제에서 입장 차이를 좁힐 것을 요청하면서, 양측이 공동 제안을 낼 것을 요구했다. EU와 미국은 이 문제를 처리하면서 타협안을 내놓았으나 G20(20개 참가국 그룹, 즉 브라질, 중국, 인도, 남아프리카 등이 이끄는 개발도상국)에서 즉시 거부되었다. 심지어 격론이 오고간 각료회의에서 아프리카 개발도상국 그룹이 EU의 중요한 목표인 4대 싱가포르 이슈(무역과 투자정책, 무역과 경쟁정책, 정부 조달에서의 투명성, 무역 원활화) 중 어느 하나의 협상을 개시하는 것도 공식적으로 거부하면서 상황은 더욱 악화되었다. EU 집행위원회가 일괄 타결 방식의 협상에서 2개 또는 3개의 싱가포르 이슈를 포기하겠다고 동의한 이후에도 난국은 커져만 갔다. 협상이 난항을 겪으면서 각료회의는 결렬되었다. 그리고 2003년의 나머지 기간은 WTO 회원국들이 서로의 잘못을 탓하는 사이에 지나갔다.

WTO의 과제 확대를 거부하는 것과 더불어, 칸쿤 각료회의에서는 중요한 사건이 일어났다. 개발도상국의 꽤 견고한 그룹(G20, G33, G90)이 출현한 것이다. 이 그룹은 중요한 다자간 회의에서 권리를 주장했다. 칸쿤 각료회의까지 EU와 미국이 (때로는 일본과 캐나다의 지원에 힘입어) 주도해온 양극화된 WTO 체제는 다극화된 질서로 변모했다.[20] 개발 라운드는 무엇인가, WTO의 경계는 무엇인가와 관련된 곤란한 질문의 정점에는 거버넌스 문제가 있었다. 모든 회원국이 거부권을 갖거나, 거부권을 사용하려는 조직에서 어떻게 합의를 이룰 것인가에 대한 문제가 또 다른 문제를 만들어냈고 결국 궁지에 몰리자 좌절이 밀려왔다.

2004년 7월 총회에서는 도하라운드 협상을 원상회복시키려는 시도가 있었다. 도하라운드 기간 동안, 일괄 타결 방식에서 싱가포르 이슈 중 3개를 배제하고 남은 한 가지(무역 원활화)에 대한 협상을 시작했고, 비농업 분야의 수입품에 대한 관세 인하와 관련해 공식적인 접근 방법이 채택되었다. 이는 고율의 관세가 저율의 관세보다 더 많이 삭감될 여지가 있다는 것이다. 개발도상국들에게는 소폭의 인하가 결정되었는데, 이는 빈곤한 WTO 회원국들에게는 상호주의를 엄격하게 적용하지 않기로 한 원칙에 입각한 것이었다. 또한 2004년과 2005년에 중요한 협상 과제와 관련된 일정표가 개선되었다. 여기에 특히 미국, 브라질, 그리고 다른 농업 분야 수출국들로부터 라운드에 대한 원대한 목표의 필요성에 대한 이야기가 있었다.

EU 무역정책이 어떻게 형성되었는지 이해하려 할 때, 2005년은 중

---

20 양극화된 WTO 질서의 종결과 관련된 요인에 대해 알아보려면 에버넷(Evenett, 2007b)을 참조하라.

요한 해다. 이 해에 EU는 농산물 시장 개방과 농민에 대한 국가 지원 문제와 관련해 더 많은 양보를 하라는 집요한 압력을 받았다. 한편 회원국들은 2003년 합의된 공동농업정책 개혁을 넘어서 농업 문제에 대한 EU 집행위원회의 협상권한 위임을 확대하라는 외부의 압력에 저항했다(Evenett, 2006a). 이러한 외부의 개방 압력은 몇 번이나 계속 EU에 의해 저지되었고, EU의 주요 교역 상대국들(아마도 2005년 10월과 11월에 브라질, 이후 다른 교역 상대국)은 EU가 농업 분야에서 별로 양보할 여지가 없다는 것을 인식하기 시작했다. 농업 분야에 대한 양보가 없자, EU의 교역 상대국(특히 큰 개발도상국들)은 EU 무역 이익과 직접적으로 연관되는 서비스 분야와 공산품 분야에서의 관세를 자유화하자는 제안을 거절했다.

도하라운드에 대한 기대는 카드로 만든 집보다 더 빨리 무너져 내렸다. 이전에 합의된 협상 시한인 2005년을 넘겼고, 2005년 12월에 홍콩에서 열린 WTO 각료회의 역시 별 진전을 보지 못한 것은 그리 놀랄 일이 아니었다. 2013년까지 농산품에 대한 수출보조금 철폐(액수로 볼 때 상대적으로 작은 규모), 개발도상국에 대한 선진국 관세 기준의 97% 이상에서 관세 및 쿼터를 철폐하기로 한 합의(EU가 독자적인 조치로 이미 이전에 시행한 것), 그리고 개발도상국에 대한 100억 달러 이상의 '무역을 위한 원조' 프로그램을 제공하는 정도의 진전만이 홍콩 WTO 각료회의에서 이루어졌다.

홍콩 WTO 각료회의에서 가장 중요한 사건은—전문지의 보도를 신뢰한다면—브라질이 WTO에서 G20 그룹의 리더 역할을 자임하면서 스스로 공표한 지정학적 포부와 농업무역 협상목표 사이에서 하나를 선택해야 한다는 것을 깨달은 것이다. 농산물 수출보조금 철폐가 확실해졌을 때, 브라질은 G20을 설득해서 농업시장에 대한 접근성을 더욱 큰 폭으로 개선해줄 것을 요구했다. 그러나 이는 좌절되었고 브라질의 시장 자유화에 대한 포부는 농업 분야에서 미국과 유럽의 양보를 얻어내는 정도의 낮은 수준에 그쳤다. 2006년 브라질은 WTO에서 자유화 기대 수준이 낮은 국가들과 연대했다(EU와 인도가 여기에 포함된다). 그 결과 도하라운드를 통해 중대한 성과를 성취하려 했던 미국이 홀로 남겨지게 되었다. 도하라운드가 중단된 중요한 요인이 여기에 있다.

홍콩 WTO 각료회의는 협상 마감 시한을 2006년으로 다시 정했다. 미 행정부가 미국 의회로부터 위임받은 협상권한의 시한(2007년 6월 30일)이 곧 끝나게 되면서 토론을 빨리 진행하고자 했다. 그러나 각 분야의 협상 주제에 대한 마감 시한 때문에 큰 변화를 기대하기는 힘들었다. 여러 분야에 걸쳐 얽히고설킨 문제를 해결하는 것이 불가능했기 때문이다. 더 큰 문제는 미국 무역협상단의 최고위층의 인사이동이었다. 이는 라운드를 끝내는 데 대한 미국 행정부의 관심이 줄어들었거나 이번 라운드에서 성공적인 결정을 내리는 데 대한 미국의 기대가 줄어든 것으로 해석되었다. 더욱이 새로운 미국 무역 대표는 첫 번째 회의에서 양보하려는 태도를 보이지 않았고 오히려 절차를 느리게 진행하는 것을 선호했다. 2006년 상반기는 미국 의회의 중간선거 그림자에 묻혀 지나갔다. 이 기간 동안 미국 무역협상단은 교역 상대국, 특히 개발도상국가로부터 농산물시장 접근성에 상응하는 양보 없이는 농업 문제의 민감한 분야에서 양보하기가 더욱 어려워졌다.

2006년 6월과 7월, 고위협상단은 최종 협상을 타결지을 수 있는 이른바 '헤드라인'의 개수를 의논하고자 만났다. 그들은 차이점을 좁힐 수 없었고 파스칼 라미 WTO 사무총장은 2006년 7월 도하라운드의 중단을 선언했다. 협상 중단 선언으로 인해 각국의 정책 결정권자들은 협상이 총체적으로 실패할 수 있으며, 이 경우 새로운 협상을 시작하면서 더 많은 양보를 해야 할지도 모른다는 사실에 눈을 뜨게 되었다. 실제로 도하라운드를 성공시키겠다고 세계의 원로 정치인들이 다짐했지만, 그에 걸맞은 양보는 이루어지지 않았다. 미국은 (협상 내내 항상 그런 것은 아니지만) 농업 분야에서 중대한 성과가 필요했는데, 이는 미국의 주요 교역 상대국의 우선적인 목표와 조화되지 못했다. 막다른 길에 다가선 것 같은 2006년의 상황은 미국의 고립을 초래했다.

2006년 미국 의회 선거가 실시된 이후, WTO 회원국들은 도하라운드 협상 중단의 의미와 각료급 단위에서 얼마나 많은 진전이 이루어졌는가에 대해 질문하기 시작했다. 이후 WTO의 다양한 분과위원회 위원장들에 의해 공식·비공식 자문이 이루어졌다. 그리고 2007년 초부터 관료급에서 밀도 있는 양자 간 논의가 시작되었다. 미국과 EU 관리들은 농업 분야에 대한 타결을 '리버스 엔지니어링(reversed engineering)' [21] 방식으로 할 수 없는지 검토했다. 이 방식은 다양한 예외 항목을 먼저 검토하여 협상 담당자가 실제 자유화가 어떤 제안들로부터 나왔는지 더 잘 이해할 수 있게 한다. 양자 간 차원에서, 특히 주요 6개국[22] 사이에서 논의가 계속되었다. 이들 국가는 2004년 기본 골격 합의 이후 도하라운드 협상을 주도해왔고 이는 다른 회원국들을 당황하게 만들었다. 소그룹에서 협상의 진전을 이루는 것과, 모든 WTO 회원국이 결과에 대해 거부권을 가진 상황에서 모든 국가를 포함하는 다자간 협상 절차를 가질 필요성

---

21 역주: 이미 만들어진 시스템을 역으로 추적하여 처음의 문서나 설계 기법 등의 자료를 얻어내는 것을 말한다.
22 오스트레일리아, 브라질, EU, 인도, 중국, 미국.

사이에는 딜레마가 존재한다. 많은 소규모 개발도상국들은 특히 개발 관련 요구가 비공식 양자 협정 절차에서 최우선적으로 고려되었는지 검토한다.

다자간 무역 체제에서 EU의 조치에 대해 평가하면, EU가 주도적으로 벌인 사업의 본질과 그 성공에 영향을 주는 다양한 요소에 주목하게 된다. 그 요소들은 다음과 같다.

세계화의 이점에 회의적인 국내 정치 여건(그리고 일반적으로는 국경 개방의 이점에 대해 회의적인 국내 정치 여건), 명확하지 않은 다자간 무역 라운드를 개시하는 것(새로운 이슈와 우선순위에 따라, 개발과 관련된 사항을 포함하면서 자유화의 기대 수준에 대해 선행된 분명한 합의 없이 진행), 농업 분야에서의 양보를 제한하고 라운드의 무역 자유화 수준을 낮추는 데 일조하고 있는 끈질긴 EU 회원국, 다자간 무역 체제의 양극화된 지배 질서를 종식시킨 신흥무역강국들의 부상, 적어도 많은 개발도상국에 인지되고 있는 우루과이라운드의 유산 등이다. 그 결과, EU 집행위원회 관료들이 고안한 규정들이 폐기 처분되었다. 이러한 규정은 부분적으로 족쇄가 풀린 세계화에 대한 파수꾼 역할을 할 뿐 아니라 무역에 대한 고려와도 연관된 것이었다. 또한 EU의 무역정책이 전통적으로 추구해온 시장 접근성은 아직 완수되지 못했다. 그러나 EU 집행위원회가 2006년 말에 새로운 무역정책의 우선순위를 공개한 이후, 현재 EU의 무역정책은 단지 다자간 협력의 진전이라는 틀 안에서만 이루어지지는 않는다. 이제 이에 대해서 살펴보자.

2006년 10월 EU 집행위원회의 대외무역정책에 대한 보고서의 개관 및 평가[23]

2006년 10월 4일 EU 집행위원회는 《글로벌 유럽: 전 세계에서 경쟁하고 있는(Global Europe: Competing in the World)》이라는 보고서를 발간했다. 이 보고서의 부제는 'EU의 성장과 고용전략에 대한 기여(A Contribution to the EU's Growth and Jobs Strategy)' 다. 이 보고서에 나타난 EU 대외무역정책의 기조는 개정된 리스본 전략(Lisbon Strategy)을 지원하면서, 바호주(Barroso)가 이끄는 EU 집행위원회의 전반적인 경제정책목표와의 연결이다. 보고서는 다음 7단계(European Commission, 2006a, pp. 18~19)를 미래 대외무역정책의 중요한 구성 요소로 보고 있다.

① 도하라운드와 WTO를 세계무역을 개방하고 관리하는 최선의 방식으로 간주하며, 이에 대한 우리의 약속을 이행

② 유익하고 동등한 동반자 관계를 만들기 위한 폭넓은 전략의 하나로 중국과 무역·투자 관계를 우선적으로 개선하도록 건의

③ EU 지적재산권 강화 전략의 제2단계를 시작

④ 우선순위에 따라 선택된 국가와 새로운 방식의 FTA를 제안

⑤ 개정되고 강화된 시장 접근 전략의 제안

⑥ 해외 정부조달 시장의 개방 조치를 제안

⑦ 무역구제 조치의 효율성에 대한 검토를 진행

---

23 이 보고서에 대한 더욱 폭넓은 평가에 대해서는 에버넷(Evenett, 2006b)과 《아우센비르트샤프트(Aussenwirtschaft)》 특별 인쇄본의 기고문(Evenett, 2006b)을 참조하라. 특별 인쇄본은 2006년 12월에 출간되었다.

EU 집행위원회는 WTO에 대한 EU의 의무 이행을 약속했고 도하라 운드 협상을 부활시켜 결론에 이르고자 하는 희망을 피력했다. 그러나 EU 집행위원회 보고서에는 그 외 다자간 무역 체제의 미래에 대해 건설적으로 언급된 것이 거의 없다.[24] 《커뮤니케이션스》에는 FTA의 새로운 틀을 협상하자고 제안한 것과 관련해서, FTA가 주의를 기울인다면 다자간 무역협상의 이니셔티브를 보완할 수 있을 것이라고 언급되었다. 이 보고서에서는 EU의 잠재적 협상의 상대 국가를 선정하는 중요한 요소로 '시장 잠재력'과 EU 수출품에 대한 시장보호 수준, EU 주요 교역 상대국의 FTA 전략, EU 기업의 시장 접근 특혜의 축소 가능성이 언급되었다.

이러한 토대 위에서 EU가 FTA 체결을 우선적으로 고려해야 할 지역으로 ASEAN, 한국, 그리고 남미공동시장이 언급되었다. 인도, 걸프협력기구 회원국, 러시아 등도 이와 같은 요건을 갖추었으며 따라서 잠재적인 FTA 상대국으로 포함되어야 한다고 언급되었다. 중국은 중국과의 FTA가 주는 기회와 위험 요소 때문에 잠재적인 FTA 협상 상대국으로 언급되지 않았다.[25]

2006년 10월 4일 보고서에는 EU 무역정책에 대한 EU 집행위원회의 견해에서 혁명이라기보다는 변화가 일어난 것이 반영되었다. 시장 접근성, 비관세장벽, 다른 경제적 고려(일자리와 경제성장 등)에 대한 강조는 EU 집행위원회의 견해가 1996년 이전으로 회귀했음을 뜻했다. 이는

---

24 2006년 7월 도하라운드가 중단되었을 때, 도하라운드 내내 협상에서 나타난 '당신 먼저' 방식을 고려하여, EU 집행위원회가 2006년 후반기는 다자간 무역 체제의 미래와 잠재적 개혁에 대한 중요한 결정을 내릴 적합한 시기가 아니라고 판단했을 수 있다.
25 이와 관련해서 EU 집행위원회는 2006년 10월 24일, 중국과의 관계와 관련된 별도의 보고서를 내놓았다.

EU 차원에서 가치 있다고 판단되어왔으며, 세계화와 세계시장 통합에 대한 유럽 대중의 지지를 강화하는 데 유용한 수단이 될 것이라고 간주되어온 원칙에서의 이탈을 의미한다. 2006년 보고서는 원칙 문제를 덮어두지는 않아서, 무역 및 경제적 관점의 정당성이 언급되었다. 이 보고서는 원칙의 역할 인식에서 분명한 차이가 발생한 것을 보여주고 있다. 즉, 이러한 원칙은 세계화와 유럽적 가치의 양립 가능성에 대한 두려움을 줄여준다는 견해보다는, 대중들이 개방을 통해 경제적으로(직업, 성장, 가격 측면에서) 이익을 보게 된다면 세계시장 통합에 대한 유럽 대중들의 지지가 강화될 것이라는 견해에 따른다는 것이다.

또한 이 보고서는 유럽의 가난한 교역 상대국들에 대한 분명한 차별을 드러냈다. 개발도상국이라는 라벨만으로는 더 이상 EU로부터 EU 시장에 대한 접근을 보장하는 패키지 혜택을 받을 수 없게 되었다. 큰 시장 규모를 갖고 빠르게 성장하며 상대적으로 부유한 개발도상국이 미래에는 선진국과 같은 대우를 받을 것이다. 그러나 모든 유망한 개발도상국가가 EU의 잠재적인 FTA 파트너가 되는 것은 아니다. 이는 중국의 예가 보여준다. 더구나 시장 성장 잠재력과 기존 무역장벽의 수준은 EU가 FTA 상대를 선정하는 중요한 기준이 된 반면 개발도상국의 수출업자가 유럽의 민감한 분야에서 변화를 야기할지도 모른다는 가능성은 고려되지 않았는데, 이는 놀라운 일이 아니다.

다른 글(Evenett, 2006b)에서 필자는 이 EU 집행위원회 보고서가 새로운 FTA 협상 중지 선언을 폐기한 의미에 대해 자세히 분석했다. 주요 요점을 정리하자면 다음과 같다.

첫째, 아시아에서 시장 접근성을 강화하려는 EU의 열망은 멈출 수 없었지만, 생각했던 것보다 무역 측면에서는 덜 중요해 보인다. 이는 특히 아시아에서 경제 규모가 가장 큰 두 국가(중국과 일본)가 FTA 협상을 할 잠재적 파트너 목록에 올라 있지 않다는 데 있다.[26]

둘째, 회원국 간에 인도와 한국 및 몇몇 ASEAN 회원국으로의 수출 실적에서 불균형이 있는 것을 고려하면, 경쟁력이 약한 유럽 기업이 가장 성공한 유럽 내 경쟁기업을 따라잡아 발생하는 EU 수출 증대가 FTA 체결을 통해 전형적으로 발생하는 무역 증가보다 훨씬 많을 것이다. 따라서 EU 기업은 이미 확보하고 있는 시장 접근성을 더욱 확대할 수는 있지만, 이러한 시장 확대가 세계경제에서 가장 빠르게 성장하는 지역에서 시장점유율을 높이려는 FTA의 취지 때문에 발생한 것 같지는 않다.[27]

셋째, 향후 FTA 협상에서 비관세장벽 및 무역과 관련된 지역 내 정책에 대한 EU의 조치와 연관이 있다. EU 집행위원회는 유럽 수출업

---

26 2006년 10월 4일 보고서에서 표현되었듯이, 미래의 잠재적인 FTA에 대한 계획은, 아시아에서 '시장 잠재력'의 55%를 차지하는 두 국가를 제외한다. 이 보고서에 포함된 통계 관련 부속서에서 EU 교역 상대국과 관련된 도표는 2005~2025년 사이의 해당 국가 시장 잠재력 전망치를 유로화로 표시했다. 아시아 국가(호주 포함)의 시장 잠재력의 전체 가치는 4조 740억 유로다. 이중 2조 780억 유로는 중국과 일본에 해당한다. 그리고 이 보고서에서 중국과 일본은 FTA 상대국으로 가능성이 고려되지 않은 반면, FTA 고려 대상으로 목록에 올라 있는 인도, ASEAN, 한국은 1조 600억 유로의 시장 잠재력을 갖고 있다. 1조 600억 유로의 시장 잠재력에 접근하는 것이 별것 아니라는 이야기는 아니지만, 이는 전체 아시아 시장 잠재력의 3분의 1에 불과하다. 아시아는 매우 장래가 유망한 곳이다. 그러나 EU 집행위원회의 FTA 전략은 단지 아시아시장의 일부분에서만 시장 접근성을 강화하려 하고 있다.
27 실증적으로 분석해볼 때, EU 집행위원회와 선택된 아시아 국가들 사이에 FTA 협상 개시는 부정적이다. 이 견해에 대해 필자는 심정적으로 동조한다. FTA가 아시아시장으로 진출할 수 있는 유일한 방법은 아니다. EU 집행위원회는 겉만 번지르르한 체면치레용 FTA에서 벗어나 협상 문항을 작성해야 한다. 이 점은 협상 개시 때, EU의 잠재적인 FTA 상대국에도 통보되어야 한다. 그리고 이 목표가 확고하다는 것을 보여주기 위해 EU 각료이사회가 EU 집행위원회에 각각의 FTA를 체결할 권한을 위임하는 기간을 2년으로 한정해야 한다. 교역 상대국의 의지가 있다면, 2년은 복합적인 협정을 협상하는 데 충분한 시간이다. 그럴듯하게 둘러대기만 할 국가들은 이에 주의할 것이다. 그리고 이런 시간표는 바호주 집행위원회 위원장의 임기가 끝나기 전에 어떤 결과가 도출될 수 있도록 할 것이다. 즉, 무역 관련 권한위임에 시간 제약을 두면서 재량권이 손상될 것을 우려한 바호주 집행위원회의 본능적인 반발이 있을 것이다. 그러나 마감 시한이 정해지지 않은 FTA 협상에서 발생하는 부정적 관행 및 시간 제약이 갖는 전술적·전략적 가치에 대해 검토가 이루어져야 한다.

자에 대한 잠재적 장애물로 인식되는 많은 정부 조치를 언급했다. 그러나 이러한 문제를 어떻게 다룰 것인가는 명확하지 않다. 지난 10년간의 FTA 확산은 FTA를 설계하는 데 경험과 접근 방식의 축적을 가져왔다. 예를 들어 어떤 방식의 구속력 있는 협상 조항이 잠재적으로 계획될 수 있고, 어떤 문제가 구속력 없는 국제포럼에서 다루어져야 하는가 등의 사항을 들 수 있다. 그러나 실제로 이 문제에서 EU 집행위원회 무역협상관에게 지침으로 제공할 수 있는, 다양한 형태의 FTA 조항이 갖는 효과에 대한 경험적 연구는 불충분해 보인다.[28] 더욱이 앞에서 언급했듯이 도하라운드와 진행 중인 경제동반자협정 협상에서 싱가포르 이슈에 대한 격렬한 반대는 FTA에서 비관세장벽 및 무역과 관련된 지역 내 정책의 규정을 새로이 제안하는 데 부정적인 영향을 미쳤다. 이런 난관을 극복하는 데는 시간이 필요하다. 무역 상대국이 정책 분야에서 가장 상징적인 조치를 결코 받아들이지 않는다면, EU는 FTA 관련 의무 조항과(아마도 기술 지원과 재정 지원의 형태로 된) 인센티브를 결부시켜야 한다.

다음 요건은 인도, 한국, ASEAN 국가와의 야심 찬 FTA 협상을 성공적으로 마치는 것과 관련된다. 인도가 도하라운드 협상 동안 보여준 양면성은, EU와 FTA 협상을 하는 인도의 의지에 의구심을 불러일으켰다. 물론 FTA와 WTO 협정에서 각국은 각기 다른 입장을 취할 수 있다. 더욱이 인도는 EU와 FTA를 체결할 의지를 밝히면서 여러 차례에 걸쳐 EU와의 교섭을 개시했다. 그러나 중앙정부가 상대적으로 약

---

28 선택된 정책 분야에서 FTA 조항에 대한 법률적 검토가 증가했지만, FTA 조항의 효과에 대한 실증 분석은 별로 증가하지 않았다. 비관세장벽 및 무역과 관련된 지역 내 정책 5개 형태의 FTA 조항이 갖는 효과에 대한, 경제 및 다른 분야의 심화된 평가가 필요하다.

한 국가에서 국가의 의지가 깊고 넓게 수용될 수 있겠는가? 2006년과 2007년 상반기에 인도 신문의 기사를 주의 깊게 읽어보면, 인도 정부의 장관이 공개적으로 EU와의 FTA를 요구한 경우가 없다는 것을 알 수 있다.[29] 그 대신 잠재적인 FTA 협상에 대한 제안을 서로 검토하자는 많은 약속이 있었다. 그러나 인도 정부에서는 그 어떤 책임 있는 세력도 이에 대한 입장을 명확히 밝히지 않았다. 테크노크라트(technocrat) 사이에 어떤 협상 제안이 있었든지, EU가 FTA 협상을 제안하는 쪽으로 나아갈 위험이 잠재적으로 존재한다. 더구나 인도 관리는 EU와의 FTA 협상이 6년 정도 걸릴 것으로 예상한다고 언급했다. 만일 협상이 끝난다면 이는 현 EU 집행위원회와 차기 EU 집행위원회의 임기 이후 일이 될 것이다.

인도가 다른 국가와의 FTA 협상에서 많은 예외 조항을 두려 한다는 것도 또 다른 문제의 원천이 될 수 있다. 인도는 ASEAN과의 FTA 협상에서 840개 품목(원래는 1,400개 품목을 주장했다)을 예외 품목으로 추진했다. ASEAN은 인도에 2011년 생산품 라인의 90%에 대해 수입관세를 폐지할 것을 요청했는데, 인도는 이를 거절했다(ASEAN-인도 FTA 협상은 2006년 7월 25일 중단되었다). 인도와의 FTA 협상에서 태국도 비슷한 문제에 직면했다. 인도가 특혜관세로 들여오는 상품의 수량을 줄이기 위해 너무나 엄격한 원산지 규정을 요구했기 때문이다. EU는 ASEAN 국가 또는 태국보다 더 잘 협상할 수 있을 것이다. 그러나 누구나 인도가 상품교역 협상에서 방어적인 입장을 취할 것이라는 사실을 예측할 수 있

---

29 관련 신문 기사는 다우존스의 금융정보 서비스 팩티바(Factiva)에서 간편하게 검색, 다운로드할 수 있다.

다. 상품교역은 비관세나 국내 정책을 언급할 필요도 없이, EU 집행위원회가 주요 협상 목적으로 최근 보고서에서 정한 분야다.[30]

2007년 4월 한국과 미국이 FTA를 체결했음에도 불구하고 한국은 자동차 · 섬유 · 전자제품 분야에서 공세적인 입장으로 몇몇 EU 회원국에 어려움을 끼쳤다. 게다가 한국은 유럽 차원의 무역보호 조치에 변화를 일으키기 위해, EU와의 FTA를 활용할 것이다. 이는 EU에서 매우 민감한 문제다. 한국의 (인기 없는) 현 대통령이 한국 국회에서 다수파의 반발에 직면할 때, FTA의 국회 비준(한-미 FTA를 포함하여)을 실현할 능력이 있는지 의심스럽다.[31] 2007년 12월 열릴 한국의 차기 대통령 선거는 한국에서 무역 관련 개혁 조치에 대한 정치적 지지 정도를 명확하게 보여줄 것이다.

ASEAN과의 문제도 더 나아 보이지는 않는다. 그리고 미국-태국, 미국-말레이시아 간의 오랜 시간을 끈 FTA 협상에 관련된 보고서를 정독할 필요가 있다(이런 측면에서 2007년 3월 미국이 말레이시아와의 FTA 협상을 포기했다는 사실은 별로 중요하지 않다). 군부가 지원하는 정부와 협상하는 것을—잠재적으로 가치가 있지만—몇몇 EU 회원국이 꺼리게 된 계기가 된, 2006년 태국에서 발생한 쿠데타는 고려하지 않더라도 ASEAN과 EU 집행위원회의 협상에서 ASEAN을 일관성 있고 단일화된 그룹으로

---

30 인도의 FTA 전략 옹호자들은, 인도가 싱가포르와 FTA를 맺은 사례를 지적한다. 여기서 인도는 서비스 분야를 개방하기 위한 조치를 미약하나마 포함했다. 그러나 여기서조차도 인도에 의해 해외직접투자자를 통해 지사를 설치하는 데 따르는 제약이 생겼다. 이 협정 또한 양측의 상품교역을 자유화하는 데 많은 예외를 포함했다. 6,551개의 관세 항목이 관세 자유화에서 제외되었다. 2,407개 관세 항목은 예전에 적용된 관세율에서 단지 50%의 점진적 감면을 받았다. 이러한 예외 조항과 단계적 감축은 싱가포르와의 FTA에서 인도 관세 라인의 대략 76%를 차지한다. 이는 인도가 인도 경제 규모의 5%보다도 작은 경제와 양자 무역협상을 하면서도, 국경을 뛰어넘는 상품무역 자유화를 수행하기를 망설이는 것을 명확하게 보여준다(경제 규모는 구매력지수로 측정되었다).

31 역주: 이 글이 쓰여진 시점은 노무현 정부 시절이다.

보는 것은 바람직하지 않은 일이다. ASEAN 그룹을 차별적으로 인식하는 것은 특히 EU 국가들이 협상을 가장 꺼려하는 미얀마에 대한 고려를 필요로 하기 때문이다. 모든 사항을 고려해볼 때, ASEAN 국가와의 협상은 실제로 ASEAN의 핵심 그룹 국가들(특히 말레이시아, 싱가포르, 캄보디아, 그리고 아마도 베트남)과의 개별 협상을 합치는 형태로 이루어질 것이다. 결론적으로 이러한 FTA 협상 과정에서 ASEAN 전체를 포괄하는 원칙이 세워져, 유럽 기업계가 직면한 관료주의와 장벽을 줄여줄 가능성은 적다고 본다. 다시 말해, 서로 눈 마주치는 것 이상의 의미가 없는 것이다.

이 부분의 목적은 다음과 같다. 첫째, 2006년 10월에 발간된 보고서인 《커뮤니케이션스》에서 EU 집행위원회가 묘사한, EU의 새로운 무역정책의 주요 요소들을 간략하게 개괄하는 것이었다. 그리고 몇몇 아시아 국가와 FTA 협상 개시를 결정하는 것이 실현 가능성이 있고 성과를 거둘 수 있는 것인지에 대해 몇 가지 시사점을 다루는 것이었다. 유럽 기업에 시장 접근성을 확대하고 국내 조치에서 폭넓은 원칙을 세운다는 측면에서, 적어도 단기적으로 아시아시장 접근성에서 특혜를 받으려 시도하는 것은 성과를 얻지 못할 것이다. 더욱이 잠재적인 FTA 협상을 추진하는 것과 도하라운드 같은 다자간 협상에서 돌파구를 마련하는 것 사이를 어떻게 관계 지을 것인가에 대한 고민이 거의 이루어지지 않았다. 따라서 단기적으로, 그리고 중기적으로 EU 무역정책이 일관성 있게 진행될 수 있을지 의심받을 수 있다.

다극화된 무역 체제에서의 EU

　　도하라운드의 무역협상이 종종 난관에 부딪혔을지라도, 다자간 무역 체제는 EU 무역정책의 토대로 남을 수 있고 또 남아야 한다. 도하라운드 협상이 2007년에 만족스럽게 끝나든 끝나지 않든,[32] 어떤 조약이 실행되고 미국의 새 행정부 무역관리팀이 자리 잡기까지는 몇 년이 걸릴 것이다. 이 2년의 공백 기간은 EU가 다극화된 무역 체제에 이익이 되는 어떤 역할을 수행할 수 있는지 평가하는 데 사용될 수 있다. EU의 시장 규모와 상당한 해외자산을 고려하면, EU가 다자간 무역 체제에 참여하는 것에는 강한 명분이 있다. 다른 대안—주로 다른 국가가 제시한 어젠다에 대해 거부권을 행사하는 것—은 어려움에 처한 도하라운드 이후, 상처 입은 자존심을 위로할 수 있다. 그러나 이는 동맹 세력을 만들고 보존하는 문제에서 지나치게 유럽 내부의 경험을 앞세우는 것일 수 있다.

　　EU의 잠재적인 미래 역할에 대한 평가의 첫 단계는 새로운 무역강국들이 현재와 미래에 취할 수 있는 공격적이고 방어적인 이해관계를 파악하는 것이다. 이들 국가의 국내 정치상 제약도 고려해야 할 대상으로, 이는 다른 나라에서 제대로 이해되지 못하고 있다. 필자의 다른 논문(Evenett, 2007b)에서 언급되었듯이, 인도와 중국 양국에서는 거대 기업과 정부의 긴밀한 (그리고 특이한) 관계에 힘입어 다국적기업의 수가 빠른 속도로 증가했다. 이는 정부의 무역정책 결정권자가 자국의 해외 진

---

32 역주: 2001년 시작된 도하라운드 협상은 선진국과 개발도상국 간 견해 차이로 인해 교착 상태에 빠져 있으며, 2008년 7월 G8과 신흥국들은 도하라운드의 시한을 2010년까지 연장하기로 합의한 상태다.

출 기업이 갖는 이해관계와 국가의 대외지향적 이해관계를 정립시켰기 때문이다. 유럽에서 그린필드 투자는 상대적으로 제약이 없고 심지어 몇몇 국가에서는 장려되기까지 해서, 외국 기업에 의한 인수합병의 제약은 더욱 분쟁을 일으킬 소지가 있다[최근 명목상 인도 기업인 미탈스틸 (Mittal Steel)이 유럽 철강회사 아르셀로(Arcelor)를 인수한 사례는 이를 분명하게 보여준다]. 이러한 거래, 더 일반적으로 다국적기업의 거래에 대한 조치 사례는 국내 기업 환경에 영향을 미친다. 이는 전통적으로 국내 정책으로 간주되던 조치가 이제는 주요 무역국가의 공통 관심사가 되었음을 의미한다. 무역정책의 어법에서 국내 정책에 대한 더 강하고 광범위한 원칙이 만들어질 수 있을 것이다. 미래 다자간 무역협상에 대한 규정 문제를 중점적으로 다루는 어젠다는 훨씬 흥미 있는 일이 될 것이다.

브라질, 중국, 인도가 2000년 이후 수출 증대를 뒷받침해온 기존의 시장 접근성을 유지하는 것은 이 세 국가의 정부가 수입 억제에 취했던 다양한 정책수단에 더 강화된 원칙을 적용할 수 있게 한다. 이것은 단지 하나의 가능성일 뿐, 잠재적인 공동의 이해가 존재하는지 의문이 제기될 수 있다. 시장 접근을 강화하려는 협상 어젠다 면에서, 쌍무적인 무역 협상을 지지하는 정치적 주장(이는 수입·경쟁 기업의 국내 정치적 영향력을 차단하려는 수출 기업의 이익을 결집시키는 목표와 관련된다)은 신흥무역강국들의 정치 체제에서 별로 호응을 얻지 못할 수 있다. 실제로, 중국이나 인도는 쌍무적 무역 협상에서 중요한 어떤 무역 개혁 조치도 실행한 적이 없다(Evenett, 2007b). 이들 국가는 이러한 개혁 조치를 WTO에 가입하기 위한 조건으로 실행하거나 일방적으로 실행했다.[33] 이러한 조치

---

33 중국의 WTO 가입은 쌍무적인 개혁이 아닌 일방적인 개혁으로 보인다.

가 지속되고 무역의 개혁에 대한 국내의 반발이 극복될 수 있다면(수출 분야의 지원을 결집하지 않고), 장래의 WTO에서 시장 개방과 관련된 임무는 부수적인 역할이 될 것이다. 이에 대한 반론은 평균 관세가 하락할 때 수출 관련 기업이 무역 개혁 조치를 되돌릴 필요가 생긴다는 것이다. 이는 수입품과 경쟁하는 기업의 이해가 정치적으로 아주 강하기 때문이다. 칠레의 경험은 이러한 논점을 뒷받침할 때 자주 언급되는데, 평균 관세가 약 10% 하락했을 때, 칠레의 일방적인 무역 자유화가 쌍무적인 무역 자유화로 전환되었다.[34] 미래에 신흥무역강국들이 무역의 쌍무적 개혁을 일으키는 것으로 WTO의 능력에 대한 평가를 할지는 두고 볼 일이다.

일단 공동 이해에 대한 주제가 정해지면, 다음 단계는 무역이나 다른 분야의 가치에 대해 간략하게 평가하는 것이다. 무역 규정의 상업적 가치에 대해서는 실증 분석이 이루어진 적이 거의 없었기 때문에 이 평가는 꽤나 새로운 작업이 필요하다. 이것은 이러한 가치에 대한 회의론이 존재하는 이유를 설명할 수 있다(그리고 시장 접근의 자유화를 몇몇 국가가 선호하는 것에 대해 설명할 수 있으며, 그에 대한 결론은 평가가 더 쉬운 기존 방식에 따른다).[35] 차후에 이익을 얻을 가능성이 있다는 사실만으로 협정이 실현된다는 보장이 없다는 것을 인정하면서, 어떤 조치상의 변화가 주요 무역강국에서 지지를 얻었는지에 대해 조사하는 것이 필요하다. 그리고 무역 개혁으로 얻는 이점을 강화하기 위해 지속적으로 국내 정책과 기술력을 어떻게 하면 최적으로 결합시킬 수 있을지에 대한 이해가 선행되

---

34 이 점을 지적해준 프레드 버그스턴(C. Fred Bergsten)에게 감사드린다.
35 이것은 가로등─빛이 있는 장소이기 때문에─아래서 열쇠를 찾고 있는 소문난 술주정꾼과 비슷하다는 생각이 떠오른다.

어야 한다. 이 모든 정보로, 향후 다자간 무역협상을 가능하게 할 잠재적 기반을 검토할 수 있다.

무역이나 다른 분야에서 유럽이 가진 소중한 가치가 주요 무역강국과의 협상에서 우선순위나 주제로서 지지를 얻을 가능성이 없다는 것이 분석을 통해 얻은 결론이다. WTO 규정에서 악취가 난다면, 의약품 관련 국제무역 규정이 대표적인 사례일 것이다. 이는 세련된 규정(기술적인 지원 또는 재정적 원조와 의무 사항을 좀 더 부드럽게 만들기 위해)이나 무역 개혁 조치에 대한 세련된 지지를 요구할 것이다(그리고 이는 몇몇 국가에 영향을 미쳐 더 이상 예전만큼 관심을 갖지 않게 만든다).

결론

다자간 무역 체제가 전후 세계경제에 상당한 혜택을 가져왔다는 것은(보편적으로 받아들여지지 않을지라도) 널리 알려진 사실이다. 다자간 무역협정은 자유화(적어도 선진국 사이의 공산품 교역)를 촉진하고 수입과 수출의 불확실성을 줄이는 규칙을 따르면서, (몇몇 연구가 신뢰할 만한 것이라면) 자원 배분이나 국가 경제성장률에서 좋은 결과를 낳았다. EU 회원국과 EU 집행위원회는 그 혜택을 확고히 한 데서 신뢰를 얻었다. 그래서 EU 회원국과 EU 집행위원회는 미국 행정부와 함께, 전후 대부분의 기간 동안 다자간 무역 체제를 운영했다.

이런 양극화 체제에 의해 공산품에 상대적으로 개방된 경제 덕분에 몇몇 개발도상국들은 무역강국으로 성장했다. 그리고 이 개발도상국들은 세계 무역 체제의 진로에 영향을 주고 있다. 도하라운드가 진전됨에 따라 신흥무역강국들은 더 이상 EU와 미국 둘이서만 세계 무역 체제의 운명을 좌지우지할 수 없다고 강변한다. 새로운 무역 질서에 대한 다양한 유럽의 제안이 거부당했고, 미국의 공격적인 시장 자유화 조치도 환영받지 못했다. 문제는 "다자간 무역 체제 다음에 무엇이 오는가, 그리고 여기에서 EU의 역할은 무엇인가?"다.

연간 12조 달러의 부가가치를 생산하는 경제와 4억 5,000만 명 이상의 비교적 부유한 소비자를 가진 EU는 다가올 수십 년 동안, 협상 테이블에서 우월한 자리를 유지할 것이다. 중요한 것은 목적이다. 과거에도 변화해야 할 것은 있었다. 과거 EU와 미국은 양자 간, 지역적, 다자간 협정을 통해 다른 국가에 대한 무역 이익과 가치를 창출했다. 새로운 세 무역강국이 부상하는 상황에서 첫 번째 과제는, 향후 다자간 협상과 협상의 조건들에 대해 잠재적 기반을 닦는 것이다. 시장 접근에 대한 자유화 조치만으로는 이러한 기반을 만들 수 없다. 특히 새로운 무역강국이 스스로 국경을 넘는 자유화를 지속한다면 더욱 그렇다. 만약 시장 접근성을 개혁하는 전통적인 대안이 향후 협상의 기반이라면, 어떤 규정이 다자간 협상의 주제가 될 수 있겠는가? 신흥무역강국들의 다국적 기업이 점점 더 많이 해외로 진출하고 있다. 따라서 비관세장벽과 국내 정책을 계획하고 실행할 때, 각국 정부의 차별을 제한하는 규정이 새로운 어젠다의 토대가 될 수 있다.[36] 더 강력하고 폭넓은 원칙을 국내 조치에 도입하는 것은 국제무역 체제의 현재 강국과 미래 강국의 상호 이해에 부합한다. 도하라운드에서 싱가포르 이슈가 후퇴했지만, WTO의 외연은 아직 유연해 보인다.

---

36 '되어야 한다'가 아니라 '될 수 있다'라는 표현을 쓴 것에 주목하자. 전반적으로 실용적인 연습은 가능성을 모색하는 것과 관련이 있다.

교역 상대국은 관심을 기울이지 않지만, 유럽인들이 가치 있게 여기는 노동과 환경 기준에 대한 다자간 협약은 어떻게 될 것인가? 필자의 견해는 이러한 유럽식 해법이 WTO로부터 동떨어진 것은 아니라는 것이다(더 나쁘게는, 무역장벽을 높인 것이 아니라는 사실이다). 우리가 생각한 것보다 소중한 목표가 주목을 덜 받았을 뿐이다. 차라리 공식적인 의무 조항(긍정적이거나 부정적이거나)과 인센티브, 그리고 이러한 가치를 증진시킬 국제적인 계획을 조합하는 것이 필요하다. 선진국은 이러한 목표를 달성하기 위한 지원 예산과 다른 조치들이 있다. 더구나 이런 조치들은 대부분 국제노동기구(ILO) 같은 곳에서 만들어진다.[37] 무역에 대한 의무 조항을 넘어서(예를 들어 사회·환경정책에 대해서) WTO의 범위를 확대하려는 시도는 새로운 무역강국의 반대 때문에 실패한 것 같다.

몇몇 무역 조항에 대한 신흥무역강국들의 반대는, 유럽에서 무역 개혁을 지원하기 위해 현실적으로나 법률적으로 형성한 재계와 정계의 연합에 변화를 요구했다. 예를 들어 현재 무역협상을 통해 지적재산권을 증대시키는 길이 막혀 있는데, 새 조항을 포함하는 데 대한 무역 상대국의 요구 대가가 너무 커서 무역 개혁을 지지하는 세력은 15~20년 전에 무역 개혁을 앞장서서 지원했던 몇몇 유럽 기업 없이 조직되어야 할지 모른다. 이런 미덥지 못한 대안은, EU 무역정책 결정을 위해 한 목표 뒤에 다른 목표가 쌓여 있었던 지난 10년 동안 별 성과가 없었던 것을 떠올리게 한다.[38] 미래를 위한 슬로건은 공통 기반, 실리주의, 그

---

37 국제적인 사회·노동·환경 기준에 대한 지지자들은 다른 국제기구가 이러한 문제를 선도할 수 있다고 주장하는 전문가들에 의해 속고 있다. 필자가 염두에 두고 있는 것은 국제기구의 영역과 재원을 강화하는 데 주의를 기울이는 것이다.

38 마이클 메이어와 필자는 미국 무역정책 결정의 미래에 대해 비슷한 주장을 했다(Evenett and Meier, 2007). 일반적으로 주요 선진국의 무역정책이 지나치게 다양한 목표를 지원하도록 요청되어 왔다고 믿는 데는 아마도 이에 대한 확실한 사례가 있기 때문일 것이다.

리고 편의성이 될 것이다. EU 회원국과 EU 집행위원회는 여기서 많은 경험을 축적했다.

이번 장에서 추천하는 정책은 다자간 무역 체제에 집중되었다. 부분적으로는 다자간 무역 체제가 가장 장기적이며 체계적이기 때문이고, 특혜무역협정의 협상으로 얻을 수 있는 이익을 신뢰하지 않기 때문이다. 그러나 EU가 특히 러시아, 우크라이나, 터키와 같은 주변국과의 무역 관계를 다루면서 특수하고 중대한 도전에 직면할 필요가 없다고 말할 수는 없다. 외교정책은 무역에 대한 고려뿐만 아니라 이들 국가와의 협상과 무역정책에 대한 조치에 영향을 미칠 것이다. 그러나 신문 헤드라인을 장식하고 정책결정권자의 주목을 받는 이러한 문제가, EU 무역 전략가들이 다자간 무역 체제를 위한 새로운 운영 체제를 만드는 데 필요한 과제를 고안하는 것을 방해해서는 안 된다.

개발정책

조율, 조건과 일관성

아르네 빅스텐

최근 수십 년 동안 국제사회는 급속한 세계화 혹은 통합의 과정을 겪고 있다. 더욱 커진 상호 의존성 때문에 유럽의 발전은 다른 국가들의 운명에 점차 영향을 받게 되었다. 유럽의 가장 중요한 경제 파트너는 여전히 OECD의 비유럽 국가들이지만 빈곤 국가들의 비중도 빠르게 증가하고 있다. 유럽은 개발도상국들이 원활한 국가 기능과 성장을 이루어나가게끔 함으로써 그 국가들과의 무역량과 성장의 범위를 더 확대하고 한편으로는 불안과 테러 위협을 감소시키는 데 관심을 기울여왔다. 이처럼 유럽인들은 가난한 국가들과의 관계 증진을 통해 점차 이런 국가들의 빈곤 상황을 인지하고 관심을 기울이게 되었다. 따라서 개발도상국들에 대한 유럽의 개발정책은 두 가지 동기에서 비롯된다. 하나는 안정되고 풍요로운 세계를 위한 이기적 관점이며 다른 하나는 혜택을 덜 받은 지역에 대한 책임감이다. 그러므로 유럽의 대외경제정책은 가난한 국가들의 개발과 빈곤 해결을 위한 지원을 반드시 포함하게 된다.

EU의 개발정책은 어떻게 수립되어야 하는가? 가장 중요한 이슈는 EC(European Community: 유럽공동체)[1]와 회원국 간 국제원조의 조율 수준에 관한 것이다. EC가 반드시 양자 간 노력과 함께 원조의 채널이 되어야만 하는가? EC가 일정 부분 비교우위가 있다는 것이 공식적인 주장이지만 현재의 EC 활동에서는 그러한 점들이 명백히 드러나지 않는다. EC는 대체로 개별 지원국들과 동일한 일들을 수행하게 된다. 그것은 원조 교류에 있어서 구성원의 추가로 조율이 더 어렵게 된다는 것을 의미한다. EC는 효율적인 조율 기능을 수행하고 있지 못하다.

EC의 원조 활동이 양자 간 원조보다 더욱 효율적이라는 것도 불확실하다. 오히려 양자 간 원조가 더욱 효율적으로 보인다. 따라서 EC 원조가 양자 간 원조보다 어떤 점에서 나은지 가늠하는 것은 매우 어렵다. 결과적으로 EC는 회원국들의 원조 활동에 관여하지 말아야 한다고 해석될 수 있다.

반면 보다 희망적인 대안도 있을 수 있다. 지금과는 정반대 방안으로 향후 EC 개발정책선언(Development Policy Statement)에 회원국 간의 원조 프로그램을 포함시키는 것이다. 경제적으로는 양자 간 원조 예산을 EC 차원에서 통합시킬 수 있는 정도까지 확대될 수도 있다. 이것은 커다란 정치적 도전이 될 것이며 현실적으로 가까운 시일 내에 실현될 가능성은 희박하다. 만일 EC가 지금과 같은 범위에서의 원조를 지속한다면(단기적으로는 그럴 가능성이 높다) EC 원조, 양자 간 원조, 그리고 외부로부터의 원조 간 조율을 어떻게 향상시킬 수 있을 것인가에 대한 논의가

---

1 유럽공동체(EC)라는 용어는, 이 장 전체에서 회원국들의 개별적인 노력에 반대되는 개념으로 EU 공동체 예산과 유럽개발기금(EDF: European Development Fund)을 활용한 공동의 개발협력을 의미한다.

필요하다. 예를 들면 국제수지조정 지원과 같은 보다 일반적인 형태의 원조를 통해 조율에 따른 문제점은 감소시키고 주도권은 증대시킬 수 있을 것이다. 그리고 동일한 프로젝트나 프로그램에 여러 후원국의 재원이 투입되는 경우 한 지원 주체(EC 혹은 양자 간 지원국 중)가 정부 교섭이나 후속 작업에서 조율기관 역할을 수행할 수 있을 것이다.

EC는 또한 민주주의와 거버넌스를 촉구하는 상황에서 회원국들과 국제금융기구(IFIs: International Financial Institutions) 등에 비해 비교우위를 갖는다. 이러한 부분은 점차 더욱 중요해질 것으로 예상되며 이것이 EC 원조를 포기할 수 없는 이유 중 하나다.

EU는 2015년까지 GNI의 0.7%를 원조 예산으로 마련하고 타당한 채무감축 프로그램을 지원하기로 결의했다. 이 같은 약속은 반드시 이루어져야 하지만 2004년 이전에 가입한 몇몇 회원국들과 특히 2004년 또는 그 이후에 가입한 신규 회원국들이 EU의 목표를 달성하지 못할 것으로 보인다. 게다가 EC 원조는 공식적으로는 지극히 이타적인 목적의 동기를 표방하지만 실제로는 영리에 근거한 재원 배정이 이루어지고 있다. EU의 원조정책은 UN의 밀레니엄 개발목표(Millennium Development Goals) 달성을 위해 좀 더 심도 있게 계획되어야 한다.

무역은 개발정책 구성에서 가장 중요한 영역이다. 빈곤국가의 수출품에 대한 무역규제 철폐가 가져다주는 경제적 이득은 명백하나 선진국에서는 특정 단체들의 정치적 영향력이 이처럼 매우 중요한 정책 변화를 막는다. 도하라운드(Doha Round)에서 반복되는 협상 결렬과 계속 유지되고 있는 EU의 공동농업정책(CAP: Common Agricultural Policy)은 참으로 불명예스러운 일이다. 무역 왜곡을 가져오는 국내 지원책들과 무역규제 모두 농업시장을 왜곡시킨다. 원조에 대한 노력은 유럽시장에서 최빈개도국들(LDCs: Less Developed Countries)의 수출을 규제하려는 무역정책들과 부딪치게 된다. 모든 EU 국가들과 EC는 그들의 무역과 농업정책들이 개발지원 목표와 부합할 수 있도록 정책들을 조정해나가야 한다. 특히 이 분야는 EC가 회원국을 대표하여 WTO와의 협상을 주도한다는 측면에서 EC의 강력한 개입을 필요로 하는 분야다.

EU는 개발을 위한 정책 일관성을 유지할 필요성을 자주 주장해왔다. 여기서 일관성이란, EC를 비롯한 각 국가들이 합의된 원조목표를 지원하는 정책들을 확실히 지속시키는 것을 의미한다. EC와 회원국들은 원조와 채무, 무역정책들이 각각 보완적이라는 사실을 확실히 해야 한다. 현재 상황에서는 많은 대책들이 마련되어야 한다.

이 장의 뒷부분에서는 위에 요약된 결론들에 대한 근거들을 제시할 것이다. 우선 변화하는 세계경제 환경에 대해 간략하게 살펴보고 이어 EU 개발정책에 대해 검토할 것이다. 여기에는 원조와 채무감축, 무역 관련 정책들이 포함된다. EC가 개발정책 분야로 보고 있는 몇몇 정책 분야(예를 들어 이주 및 안보)에 대해서는 이 책의 다른 장에서 다룰 것이다. 이런 리뷰를 통해 설정된 목표를 달성하는 데 더 나은 정책을 위한 변화들을 논의해보고자 한다.

글로벌 경제 환경

최근 수십 년간 각 국가들의 해외무역 의존도는 점차 증가해왔다(〈표 4.1〉). 그와 동시에 세계무역에서 OECD와 EU가 차지하는 비중은 감소한 반면 신흥경제국들, 특히 동아시아와 태평양

	1990	1995	2000	2004
고소득: OECD	17.1	18.8	21.9	*20.4
유럽통화공동체-EU12	26.9	29.3	36.7	36.5
동아시아 및 태평양	24.4	29.4	36.1	42.9
동유럽 및 중앙아시아	23.7	31.1	40.9	41.9
중남미	17.1	18.7	20.6	25.7
중동 및 북아프리카	26.3	25.9	28.4	33.9
남아시아	8.6	12.5	14.8	19.0
사하라 이남 아프리카	27.2	28.7	32.4	32.3
세계	19.0	21.2	24.6	*23.9

* 2003.
자료: 세계은행, 2006a.

국가들의 중요도는 더욱 부각되고 있다(〈표 4.2〉). 즉, 유럽과 교류 중인 개발도상국들의 발전 수준에 대한 유럽 경제의 의존도도 전반적으로 증가하고 있다.

최근 세계 빈곤 지역의 경제 수준은 점차 개선되고 있다. 〈표 4.3〉에서 세계 인구의 상당 부분을 차지하는 동아시아와 태평양 국가들, 그리고 남아시아 지역의 GNI는 OECD 수준과의 격차를 줄여나가고 있다.[2] 여러 국가들의 최근 경제 발전의 상당 부분은 세계경제로의 성공적인 편입에 기인한다(Cline and Williamson, 2005 자료 참조). 그 어떤 국가도 고립된 채로 이렇다 할 경제성장을 이루어내지 못했다.

---

2 세계 인구의 일반적인 상황 개선을 나타내는 사회지표는 평균기대수명이다. 사하라 이남 아프리카는 예외적인 상황을 보이고 있는데, 이 지역에서는 실제로 1990년부터 2004년까지 HIV/AIDS의 대유행으로 평균기대수명이 49.2세에서 46.2세로 낮아졌다. 남아시아의 평균기대수명은 선진국에 비해 여전히 크게 저조하나 같은 기간 58.7세에서 63.4세로 증가했다. EU 국가들은 같은 기간 76.2세에서 79.4세로 증가했다(World Bank, 2006a).

174

| ⟨표 4.2⟩ 상품과 서비스의 세계 수출점유율(%)

	1990	1995	2000	2004
고소득: OECD	73.3	70.1	66.6	63.9
유럽통화공동체—EU12	35.2	32.4	28.4	31.1
동아시아 및 태평양	3.9	6.2	7.7	9.8
동유럽 및 중앙아시아		4.7	5.0	6.8
중남미	3.9	4.3	5.3	4.8
남아시아	0.8	0.9	1.1	*1.2
사하라 이남 아프리카	1.8	1.4	1.4	1.5

* 2003.
자료: 세계은행, 2006a.

| ⟨표 4.3⟩ 1인당 국민총소득(PPP 기준)의 상대적 수준 비교, 국제달러 기준

	1990	1995	2000	2004
고소득: OECD	100	100	100	100
유럽통화공동체—EU12	89.6	89.1	88.6	87.0
동아시아 및 태평양	8.0	11.4	13.2	16.6
동유럽 및 중앙아시아	33.4	22.6	22.5	26.0
중남미	25.7	26.2	24.9	23.9
중동 및 북아프리카	17.6	17.5	16.9	17.9
남아시아	7.1	7.6	8.0	8.9
사하라 이남 아프리카	7.2	6.2	5.7	5.7

주: 고소득 OECD=index 100.
자료: 세계은행, 2006a.

세계은행(World Bank)에 따르면 하루 소비지출 1달러 미만인 인구비율은 1981년 40%에서 2001년 21%로 감소했다(⟨표 4.4⟩). 아시아의 빈곤은 놀라운 속도로 감소했지만 세계에서 가장 가난한 지역인 사하라 이남 아프리카의 빈곤은 전혀 줄어들지 않았다. 소비에트연방 붕괴 이

	1981	1987	1993	1999	2001
동아시아 및 태평양	57.7	28.0	24.9	15.7	14.9
(중국)	63.8	41.0	28.4	17.8	16.6
(중국 제외)	42.0	27.0	16.7	11.0	10.8
동유럽 및 중앙아시아	0.7	0.4	3.7	6.3	3.6
중남미	9.7	10.9	11.3	10.5	9.5
중동 및 북아프리카	5.1	3.2	1.6	2.6	2.4
남아시아	51.5	45.0	40.1	32.2	31.3
(인도)	54.4	46.3	42.3	35.3	34.7
사하라 이남 아프리카	41.6	46.9	44.1	45.7	46.4
총계	40.4	28.4	26.3	21.8	21.1
(중국 제외)	31.7	28.4	25.6	23.1	22.5

자료: Chen and Ravallion, 2004.

후 전(前) 동유럽권 일부에서는 빈곤이 심화되었으나 최근 몇 년간 대부분의 동유럽 국가에서 상황이 개선되었다. 라틴아메리카 국가들은 빈곤 감소의 측면에서 볼 때 약간 진전을 보이고 있으나 이 지역의 빈곤율은 여전히 상대적으로 낮은 수준이다. 대부분의 동아시아와 동남아시아 국가들뿐 아니라 중국이나 인도와 같은 대형 신흥국의 경제 도약은 약 200여 년 전 산업혁명과 함께 본격화되었던 세계 소득 불균형의 증가를 멈추게 했을 뿐 아니라 감소시키는 계기를 제공했다. 국내 소득 불균형을 제외하고 인구수에 가중치를 두어 산출한 지니계수(Gini-coefficient)로 측정된 국가 간 불균형 수준은 1980년부터 감소하기 시작했다(〈표 4.5〉). 부르기뇽과 모리슨(Bourguignon and Morrison, 2002)은 국내 소득 불균형을 고려하여 1820~1992년 사이의 세계 지니계수를 산

연도	지니계수	연도	지니계수
1900	0.393	1970	0.539
1913	0.427	1980	0.544
1929	0.458	1985	0.531
1938	0.448	1990	0.526
1950	0.530	1995	0.498
1960	0.521	1998	0.496

주: 구매력평가지수로 조정된 1990년 가격으로 49개 국가의 1인당 GDP 데이터를 기반으로 한 수치. 국가들은 인구비중에 따라 가중치가 부여됨.
자료: Boltho and Tonniolo, 2000, p. 7.

출해냈다. 이들의 자료에 따르면 1950년 무렵까지 세계 지니계수는 꾸준히 증가하다가 이후에는 변화 폭이 비교적 적게 나타났다.

이러한 분석에 대한 논란은 이어지고 있으나(Milanovic, 2006) 많은 개발도상국들의 발전 속도가 선진국들보다 훨씬 빠르다는 것만큼은 분명하다. 그로 인해 이 국가들 간의 소득 격차가 줄어들고 있는 것이다. 그러나 최저소득층 국가들과의 불균형 격차는 더욱 심화되고 있다. 산업화된 선진국 시민들과 주로 사하라 이남 아프리카에 해당하는 세계 10%의 최저 빈곤 계층과의 소득 격차는 21세기 이전까지 계속 증가돼 왔다. 그 이후 성공적인 정책 개혁들과 국제 원자재 붐을 통해 아프리카 경제는 어느 정도 회복세를 보여왔다(Pattillo, Gupta and Carey, 2005). 하지만 여전히 아프리카의 상황은 국제사회가 직면한 핵심 개발 과제로 남아 있다.

전반적으로 빈곤 및 국가 간 빈부 격차가 감소하고 있다는 것은 고무적인 일이지만 아직도 해결해야 할 과제들이 많이 남아 있다. 이것이

EU의 개발정책이 중요한 이유이기도 하다. EU 개발정책은 지역별 특성상 각기 다르게 필요로 하는 요소들을 고려해야 한다.

EU 개발정책의 구조

EU 개발정책은 구 식민지 국가들에 대한 원조에 중점을 두는 것에서부터 국제무역 관련 이슈들을 포함하고 평화와 안정을 증진시키기 위한 노력들로 점차 변화해왔다. 개발도상국들과의 관계에서 EC는 정치적, 상업적, 그리고 사회적 측면을 고려한다. EC 개발정책에 대한 논의와 함께 우리는 회원국들의 양자 간 개발정책에 대해서도 논의하려고 한다. EC와 회원국 간의 정책과 목표들은 매우 복합적이며 때로는 상충되기도 한다. 따라서 유럽 기구들과의 정책 일관성과 조율에 대해서도 이 장에서 다루고자 한다.

EC 정책

많은 이해 당사자들이 EC 개발정책에 관여하고 있다. 가장 중요한 의사결정권자인 유럽의회(European Parliament)와 EU 각료이사회(Council of Ministers)는 정책의 전반적인 방향을 결정한다. EU 집행위원회(European Commission)는 개발정책의 입안과 실행을 주도한다. EU 집행위원회 내에서 대외 관계 총국(DG: Directorate General)은 정치적 거버넌스와 관련된 사항들을 담당하고 있고 아프리카를 제외한 지역별 국가전략과 인권 및 안보와 같은 정치적 요소를 내포한 지원도 담당한다. 개발담당 총국은 정책 및 개발협력 관계를 수립하며 아프리카의 국가전략을 담당한다.

인도적 지원을 위한 EU 집행위원회 사무소(ECHO: European Commission Office for Humanitarian Support)는 NGO나 UN 기구들을 통해 이루어지는 인도주의적 지원을 관리한다. 마지막으로 무역 총국과 회원국 확대 총국 또한 개발목표 수행을 위한 주요 분야에서 활동한다. 각 회원국들은 EC 예산 및 유럽개발기금을 위한 재원을 제공한다. 그리고 감사원(Court of Auditors)은 예산이 효율적으로 집행되는지 감시하고 유럽사법재판소(ECJ: European Court of Justice)는 조약을 잘 따르고 있는지 감시한다.

마스트리흐트조약(Maastricht Treaty) 177조는 EC 정책이 개발도상국들, 그리고 특히 가장 불리한 환경에 처한 지역의 경제와 사회가 지속 가능한 발전을 촉진시킬 수 있도록 지원해야 한다고 밝히고 있다. 또한 EC 정책은 개발도상국들의 점진적 세계경제 편입과 빈곤 퇴치를 목표로 한다. EC는 민주주의와 법치주의, 인권에 대한 존중과 기본적인 자유권을 추구해야 한다.

EC는 회원국들에 비해 상대적으로 비교우위를 가지고 있는 분야에 개입해야 한다. 그런 분야들은(European Commission, 2000a)[3] 무역과 개발의 연계, 지역 통합과 협력 지원, 거시경제정책 지원, 교통, 식품안전, 지속 가능한 농촌 개발 및 제도적 역량 강화 등으로 굿 거버넌스 및 법규와 관련된 분야들이다. 하지만 실질적인 EU 개입이 이 분야들에만 국한되지는 않는다. 집행위원회는 추가적으로 개발도상국들이 UN의 밀레니엄 개발목표를 달성할 수 있도록 지원하고 있다.

집행위원회 차원의 원조에는 두 가지 메커니즘이 있다. 하나는 유럽개발기금을 통한 것으로, 각 회원국들이 비정기적으로 재원을 마련하

---

3 개발정책보고서(Development Policy Statement)의 평가에 관해서는 맥스웰과 엥겔(Maxwell and Engel, 2003) 및 맥키 외(Mackie et al., 2005)의 논의 참조.

는 것이다. 이 예산은 ACP(African, Caribbean and Pacific Countries)[4]의 지원에 사용된다. 이는 2000년 코토누 협정(Cotonou Agreement)[5]에 근거하여 20년간 EU와 ACP 국가들 간의 협력 관계를 위한 방향을 제시한다. 원조의 주요 목적은 ACP 국가들의 빈곤을 줄여나가는 것이다. 협정은 미래에 도입될 것으로 계획된 경제동반자협정(EPA: Economic Partnership Agreement)과 함께 통상과 관련된 요소도 포함한다. 또 다른 하나의 메커니즘은 EC 전체 예산에서 ACP를 제외한 지역의 개발을 위한 지원금을 분배 및 배정하는 것이다.

경제동반자협정은 EU와 ACP 국가들 간 관계에 새롭게 도입된 주요 정책이다. 이것은 두 가지 측면에서 기존의 협정들과 차별화된다. 첫째, 경제동반자협정은 상호 호혜적인 것으로 WTO 규정과 양립될 수 있다. 둘째, 경제동반자협정의 대상인 ACP 그룹은 하나의 특정 경제가 아닌, 여러 지역의 국가들을 포함한다. 협정의 목표는 EU와 각 지역별 경제동반자협정 협상군과의 자유무역지대를 만들어내는 것이다. 협정은 재화와 서비스의 무역 자유화 및 지역 간 통합을 촉진하며 개발 재정과 협력 관계를 마련하고 비즈니스와 관련된 제도를 개선시키는 것을 목표로 한다(Gasiorek and Winters, 2004). 경제동반자협정은 2008년 1월 1일에 발효될 예정이다. 하지만 논란이 많아 아직까지 어떤 협상도 성공적으로 발효되지 못했다. WTO와 양립될 수 있는 경제동반자협정이 실효

---

4 역주: ACP는 아프리카, 카리브 해 및 태평양 연안 국가를 이르는 말로 대부분 과거 유럽제국의 식민지였던 나라들이다. EU는 이들 국가의 경제개발을 지원하기 위해 1975년 제1차 로메 협약(Lomé Convention) 및 2000년 이를 대체하는 코토누 협정을 통해 특혜관세, 쿼터 보장 등 무역상의 혜택을 제공해왔으나 동 협정이 WTO 협정과의 불일치로 인해 쌍무적 FTA 체결로 방향을 전환, 지역 대 지역의 포괄적 FTA인 EU-ACP 파트너 협정 협상이 진행되고 있다.
5 2000년 EU와 ACP 국가, 즉 아시아, 태평양 및 카리브 해 연안 국가들 사이의 정치·경제 등 제반 분야에서의 협력을 규정한 협약으로서 과거의 로메 협약(1975~2000)을 대체했다.

될 때까지는 WTO와 배치됨에도 불구하고 비호혜적인 제4차 로메 협약 특혜(Lomé IV preferences)[6]가 계속 적용될 것이다.

경제동반자협정 도입 이전에 이미 EU와 개발도상국들과의 협정안에는 개발협력, 정치회담 및 통상에 관한 것들이 총체적으로 포함되어 있었다. 더불어 이는 양 기구 간의 전형적인 원조 프로그램보다 훨씬 광범위하다. 현재 지속되고 있는 프로그램은 ACP를 위한 유럽개발기금, 남아시아 프로그램, 아시아와 중남미(ALA: Asia and Latin America)에 대한 포괄적 지원, 지중해 연안 및 중동 국가(MEDA: Mediterranean and Middle East Countries)들의 지원, 동유럽 및 중앙아시아를 위한 기술적 지원 프로그램(TACIS: Technical Assistance Programme for Eastern Europe and Central Asia), 발칸반도 국가들의 재건 및 개발 안정을 위한 EC 지원(CARDS: EC Assistance for Reconstruction Development and Stabilisation of Balkans), 그리고 동유럽 국가들을 위한 가입 전 프로그램(Phare: Pre-accession Programme for Eastern European Countries) 등이다.

새로운 EU 재정 전망(Financial Perspective: EC 다년간 예산 계획)은 2007년 1월부터 적용된다. 2005년 열린 EU의 향후 개발정책에 관한 심의회에서 대다수의 이해 당사자들은 정책의 가장 중요한 목적이 빈곤 퇴치에 있으며 UN의 밀레니엄 개발목표(European Commission, 2005) 달성을 위해 총력을 기울여야 한다는 것에 동의했다. 또한 개발정책이 EU의 공동 외교안보정책 혹은 이주정책의 하부 개념이 되어서는 안 된다는 주장도 대두되었다. 오히려 다른 정책들, 특히 농업이나 무역정책이 개발정책과

---

6 역주: 2차(1980~1985), 3차(1985~1990), 4차(1990~1999)에 걸쳐 연장. 1975년 토고(Togo)의 수도 로메(Lomé)에서 체결된 유럽경제공동체(EEC)와 ACP 국가 간의 경제발전을 위한 원조 협정이며 ACP 국가들의 생산품에 대한 우대 조치를 그 내용으로 한다.

함께 맞춰져야 할 것이다(2006년 European Commission의 제안들 참고). '개발에 관한 유럽적 합의(European Consensus on Development: 2006 European Parliament, Council, Commission)'에서는 "EU 개발협력에 있어 가장 중요한 첫 번째 목적은 밀레니엄 개발목표를 추진하면서 지속적인 개발을 이루기 위한 빈곤의 퇴치에 있다."라고 명시하고 있다.

회원국 정책: 영국의 사례

회원국들은 EU 개발 지원의 대부분(80%)을 맡게 된다. 아마도 가장 흥미로운 양자 간 공여국은 영국일 것이다. 영국의 국제개발부(DFID: Department for International Development)는 최근 논쟁의 전면에 서서 다른 어떤 공여국들보다 새로운 사고방식의 도입에 앞장서고 있다. 이에 영국의 정책부터 살펴보도록 하겠다.

1990년대 말 영국의 해외개발본부(Overseas Development Administration)는 내각의 일원인 국무장관이 이끄는 국제개발부로 승격되었다(OECD, 2002). 이로 인해 원조 문제들이 상정되고 각 부서를 망라하는 일관성 있는 정책을 추진할 수 있게 되었다. 국제개발을 위해 국무장관이 이끄는 부처 간 실무협의체가 주요 개발정책 마련을 위해 구성되었다. 이 협의체에는 개발정책에 영향을 미치는 다수의 부서가 포함되었다. 그 이후로 영국의 야심은 국제적으로 결정적인 역할을 담당하는 것이었다. 전 재무장관인 고든 브라운(Gordon Brown)은 개발재정 문제를 국제금융기구(IFIs)에 포함시켰고 전 수상인 토니 블레어(Tony Blair)는 2005년 G8 글렌이글스(Gleneagles) 정상회담에서 아프리카 등지에서의 원조 증대에 대한 세계 지도자들의 의견을 모으는 데 성공했다.

영국은 《세계화 백서(Globalisation White Paper)》에서 무역과 개발정책에 대해 명시하고 최빈개도국들이 세계경제 통합에서 수혜를 받을 수 있는 전략적 틀을 마련했다. 영국은 세계무역과 관련된 의제에 적극적으로 관여해오고 있으며 도하라운드 개발을 주제로 한 회의를 이끌어냈다. 또한 영국은 최빈개도국으로부터 무기를 제외한 모든 수입을 개방하기 위해 EU의 '군수품을 제외한 모든 제품(EBA)'[7]에 대한 논의에도 적극 개입했다.[8] 다른 국가들과 마찬가지로 특정 분야(예를 들어 설탕과 같은)에서 자유무역 추진을 반대하는 영국 내 로비 세력의 활동도 활발했다.

영국은 백서에 명시된 원조정책에 이어 〈아프리카위원회(Commission for Africa)〉(2005), 2005년 G8 정상회담 개발공약(G8 Commitments of 2005), 파리선언(Paris Declaration) 등의 보고서를 통해 이 분야에 더욱 박차를 가하고 있다(DFID, 2006a). 보고서에는 2013년까지 개발 예산을 0.7% 수준으로 증액하기 위한 방안들을 상세히 기술하고 있다. 또한 빈곤 퇴치 및 인권 보호와 국제적 의무를 준수하고 재정 및 거버넌스의 투명성을 개선시키고자 노력하는 국가들에 우선 원조할 것을 강조하고 있다. 국제 시스템을 발전시키고 수혜국들의 책임감을 높이는 데 그 목적이 있는 것이다. 영국은 이런 개발 이슈와 관련해 다른 유럽 국가들과 좀 더 긴밀한 협조 체제를 추구하고 있다. 영국은 양자 간 프로그램이 있는 모든 개발도상국들과의 다자간 공여협약에 참여할 것이며 EC 및 EU 회원국들과 보다 많은 공동 전략 및 공동 재정협약을 발전시켜 나갈 것이다.

---

[7] 역주: EBA는 'Everything but Arms'의 약자로서 2001년 EU가 최빈개도국의 모든 상품에 대해 일체의 관세와 쿼터를 폐지한 조치를 말한다. 이 조치를 통해 EU는 최빈개도국의 대 EU 시장 접근을 대폭 확대했으며 일부 유예를 부과했던 바나나, 설탕, 쌀도 2009년까지는 무관세, 무쿼터 수입을 보장할 방침이다.

[8] EC의 최빈개도국에 대한 일반특혜관세제도는 2001년부터 제공되고 있으며 현재 49개국이 여기에 포함된다.

영국의 구상이 특별한 것은 아니지만 일반적인 공여국들의 경향을 반영하고 있다. 노르딕 국가들(The Nordic: 북유럽과 북대서양 국가들을 일컬음. 덴마크, 핀란드, 아이슬란드, 노르웨이, 스웨덴을 포함)과 네덜란드도 좀 더 적은 범위이지만 다른 유럽 공여국들과 유사한 방향으로 움직이고 있다.

원조 규모

EU는 세계 제1의 개발원조 공여자다. EC와 회원국들은 전 세계 해외개발원조(ODA: Overseas Development Assistance)의 약 55%를 담당하고 있다. OECD 개발자문위원회(DAC: Development Assistance Committee)의 총 원조 규모는 2004년에 약 800억 달러, 2005년에는 1,060억 달러에 달했다. 원조의 주요 증가 원인은 파리클럽(Paris Club)이 나이지리아와 이라크의 190억 달러 부채를 탕감한 데 있다 (World Bank, 2006b). 2006년에도 부채 탕감 지원은 꽤 있을 것이다. 그러나 계획된 ODA의 예산 증액분이 자원 증여의 형태로 이루어질 것이고, 이는 공여 예산의 압박으로 돌아올 것이다. 또한 최근 몇 년간 해외직접투자(FDI: Foreign Direct Investment)[9]와 (해외노동자들의) 송금액(inward remittances) 형태의 부채 이외의 민간자금 역시 상당히 증가했다.

총 원조 금액은 EU 회원국마다 상당한 차이를 보인다. 2004년 이전

---

9 해외직접투자는 주요 투자 요소이지만 그럼에도 여전히 세계투자의 10%에 못 미친다 (2000년경의 FDI 붐을 제외하고는). 세계적으로 1990~2004년의 해외직접투자분은 총 GDP의 1.0%에서 1.6%까지 증가했으며 동아시아와 태평양 지역에서는 1.6%에서 2.5%로, 중남미 지역에서는 0.8%에서 3.0%로, 남아시아에서는 0.1%에서 0.8%로, 사하라 이남 아프리카 지역에서는 0.4%에서 2.2%로 증가했다.

가입한 15개 회원국들의 지원 규모는 2001~2004년까지 GNI의 0.33%에서 0.35% 수준으로 미미한 증가세를 보였다(〈표 4.6〉). 덴마크, 룩셈부르크, 네덜란드, 스웨덴만이 UN이 수십 년 전에 설정한 목표인 0.7%에 도달했다. 〈UN〉(2005)과 〈아프리카위원회〉(2005)에서 제시되었던 2015년까지의 이 목표는 글렌이글스 정상회담에서 재확인되었다. EU는 2015년까지 GNI의 0.7%를 목표로 정하고, 중간 시점인 2010년까지의 목표치는 0.56%로 잡았다(European Parliament, Council, Commission 2006, §5). 이탈리아와 같이 현재 0.15%에 그친 몇몇 나라들의 경우는 중간 목표를 달성하기에도 갈 길이 멀다. 2004년 EU 가입국들의 경우는 기여도가 낮다. 구 EU 회원국들의 EC를 통한 해외원조는 2001년에 약 22.6%였으나 2004년에는 20.3%로 하락했다.

아프리카의 낙후성 때문에 해외원조는 이 지역에 집중돼왔고 아프리카는 원조 의존율이 가장 높은 지역이 되었다(〈표 4.7〉). 그렇지만 〈표 4.8〉에서 1인당 원조 금액을 살펴보면 사하라 이남 아프리카가 동유럽, 중앙아시아, 중동 및 북아프리카보다 그다지 높지는 않다. 해외원조에 의한 개발 효과에 대해 논쟁이 뜨겁기는 하지만 일반적인 결론은 원조가 긍정적 성장 효과를(단기적 문제들을 완화시킴과 동시에) 가져온다는 것이다(Clemens, Radelet and Bhavnani, 2004; Tarp, 2006 참조).

글렌이글스에서 G8 정상들은 아프리카에 대한 원조를 2010년까지 매년 250억 달러씩 추가 지원할 것을 공약했다. 이는 현재 수준의 두 배 이상이 될 것이다. 또한 개발자문위원회 회원국들은 모든 개발도상국에 대한 원조를 500억 달러까지 증액시키기로 했다. EU는 이 새로운 재원의 대부분을 마련하기로 되어 있다. 이는 EC 또는 회원국 간 양자적으로 이루어질 것이다. 공여국들이 그들의 약속을 지킬지는 확실하

| 〈표 4.6〉 2001, 2004년 DAC 회원국의 순 해외발전 지원 |

DAC 국가	2001		2004	
	ODA(백만 달러)	ODA(GNI 대비 %)	ODA(백만 달러)	ODA(GNI 대비 %)
오스트리아	633	0.34	678	0.23
벨기에	867	0.37	1,463	0.50
덴마크	1,834	1.03	2,037	0.85
핀란드	389	0.32	655	0.35
프랑스	4,198	0.31	8,473	0.41
독일	4,990	0.27	7,534	0.28
그리스	202	0.17	465	0.23
아일랜드	287	0.33	607	0.39
이탈리아	1,627	0.15	2,462	0.15
룩셈부르크	139	0.76	236	0.83
네덜란드	3,172	0.82	4,204	0.73
포르투갈	268	0.25	1,031	0.63
스페인	1,737	0.33	2,437	0.24
스웨덴	1,666	0.77	2,722	0.78
영국	4,579	0.32	7,883	0.36
EU 회원국 총계	26,388	0.33	42,886	0.35
(EC를 통한 총계)	(5,961)		(8,704)	
오스트리아	873	0.25	1,468	0.25
캐나다	1,533	0.22	2,599	0.27
일본	9,847	0.23	8,906	0.19
뉴질랜드	112	0.25	212	0.23
노르웨이	1,346	0.80	2,199	0.87
스위스	908	0.34	1,545	0.41
미국	11,429	0.11	19,705	0.17
DAC 회원국 총계	52,435	0.22	79,512	0.26
비DAC 국가 총계*	1,178	0.13	3,726	0.17

* 체코, 헝가리, 아이슬란드, 쿠웨이트, 한국, 라트비아, 리투아니아, 폴란드, 사우디아라비아, 슬로바키아, 터키, 아랍 에미리트, 이외 양자간 원조. / 자료: OECD DAC database, World Bank, 2006b.

<표 4.7> 총 원조액(GNI 대비 %)

	1990	1995	2000	2004
동아시아 및 태평양	1.2	0.8	0.5	0.3
동유럽 및 중앙아시아	0.3	1.1	1.2	0.7
중남미	0.5	0.4	0.3	0.4
중동 및 북아프리카		1.5	1.0	1.7
남아시아	1.5	1.1	0.7	0.8
사하라 이남 아프리카	6.4	6.2	4.2	5.3

자료: World Bank, 2006a.

<표 4.8> 1인당 총 원조액(미국달러)

	1990	1995	2000	2004
동아시아 및 태평양	4.9	5.7	4.8	3.7
동유럽 및 중앙아시아	7.6	24.6	23.0	25.1
중남미	11.8	13.3	9.7	12.6
중동 및 북아프리카	46.2	21.9	16.3	35.0
남아시아	5.4	4.2	3.1	4.7
사하라 이남 아프리카	35.1	32.3	20.2	35.8

자료: World Bank, 2006a.

지 않다. 현재까지 실제 지원 금액의 큰 증가는 나타나고 있지 않다. 지원 확대를 가속화하기 위해 고든 브라운은 미래 원조분을 담보로 채권 발행을 통해 단기간 내 필요한 자원을 마련할 수 있도록 할 것을 제안했다. 하지만 이런 사전 차입은 미래 원조 금액을 현재 원조에 우선 차용하는 개념이기 때문에 위험할 수 있다. 미래 원조 규모를 급격히 축소해야 하는 심각한 문제가 발생할 수도 있기 때문이다.

공여국들이 최빈곤국들에 대해서는 차관 대신 보조금으로 지급하는 사안에 대해서도 논의가 있어왔다. 추가적으로 차관을 받지 않으면 빚을 갚을 능력이 없는 국가들에 차관을 주는 것은 이치에 맞지 않는 것이다. 국제개발협회(IDA: International Development Association)의 일부 재원은 실제로 (매우 저금리의) 차관 대신 보조금으로 사용되고 있다. 클라인과 윌리엄슨(Cline and Williamson, 2005)은 세계은행이 보조금만을 위한 제3의 창구를 마련할 것을 제안했다.

이른바 혁신적인 재정 메커니즘을 통한 원조에 대해 새로운 관심들이 생겨나고 있다. 이를 통해 전체 원조 규모의 증대와 함께 자금 흐름의 예측 가능성을 높일 수 있을 것이라 기대되고 있다. 국제금융백신기구(IFFIm: The International Finance Facility for Immunisation)가 국제재정기구(IFF)의 시험 단계로서 발족되었다. 이와 함께 좀 더 발전적인 시장 집중 방안들이 제안되고 있는데, 몇몇 국가들에서는 프랑스의 제안에 따라 항공 출국세를 국제약품구매기구(IDPF: International Drug Purchase Facility) 재정으로 돌리는 방안을 검토하고 있다. 국제금융백신기구는 공여국 담보를 통해 2006년에 첫 채권을 발행할 예정이다. 현재까지 이런 시도들의 영향은 불확실하지만 비정부 재정을 과거보다는 좀 더 조율된 방식으로 조달할 수 있는 유용한 채널이 될 수 있다.

향후 EU 개발정책이 직면할 주요 과제는 원조 규모를 계획에 따라 증가시키는 것이다. 과거의 행보를 돌아봤을 때 공약했던 규모의 원조금을 조달할 만한 회원국들의 능력 혹은 의지에 대해 회의적으로 볼 수밖에 없는 수많은 이유들이 존재한다.

원조의 국가별 배분

　　　　　　　EU와 회원국들의 원조 활동이 그들이 밝혀온 목표와 얼마나 부합해왔는지 논의하고자 한다. 공여국들의 원조 배분은 자국의 이익적 측면, 수혜국이 필요한 정도와 수혜국의 원조금 사용 능력 등에 따라 영향을 받게 된다. 자국의 이익적 측면은 지정학적(유사 관념 국가 또는 잠재적 정치동맹국에 대한 원조) 혹은 상업적 요인이 될 것이다. 원조는 무역과 해외직접투자와 같은 상업적 연계를 이루기 위해 사용될 수 있다. 원조를 통한 시장 진입은 공여국의 경제적 이득에 따라 원조 할당이 이루어지는 한 예가 된다. 개발을 지원하는 가장 궁극적인 목적은 국민소득이 낮은 빈곤국을 돕고자 하는 것이다. 이러한 점이 경제적 이익을 목적으로 하는 것과는 (최소한 단기적 관점에서) 차별화되는 부분이다. 수혜국의 원조금 사용 능력은 일반적으로 거버넌스와 정책 및 제도의 질로 측정된다.

　　베르텔레미(Berthélemy)의 국가별 원조 배분 분석에서 가장 놀라운 점은 수혜국의 필요성이나 수혜국의 원조금 사용 능력이 실제 EC의 배분에서 그다지 큰 역할을 하지 않는다는 것이다(Berthélemy, 2006b). 그 대신 EC와 ACP 국가들 간에 1970년대 이후 맺어진 특별한 관계가 중요한 역할을 하는 것으로 나타났다. 또한 EC의 원조 배분이 영국의 경제적 이익에 강하게 영향을 받고 있으며 이는 영국이 자국의 실리적 이득과 연계될 수 있도록 브뤼셀(Brussels)에서 성공적인 로비를 했음을 말해준다. 이러한 특징들은 EC 원조가 공식적인 목표 이외의 다른 요인들에 의해 이루어지고 있다는 것을 보여준다.

　　경제적 이익 또한 양자 간 원조 배분에서 중요하지만 이는 EU 국가들마다 다르게 나타난다. 프랑스와 이탈리아는 가장 이해타산적인 목표 하에 원조 배분을 무역과의 연계를 고려해 실행하고 있다. 이에 반대되는 국가는 스칸디나비안 국가들과 아일랜드, 오스트리아, 네덜란드다(Berthélemy 2006b). 베르텔레미는 또한 프랑스와 이탈리아는 고(高)채무국에 원조를 하고 있음을 지적했는데 이는 미불채무의 위험을 막기 위한, 상당히 방어적인 태도다. 무역 파트너국에 호의적인 양자 간 편향은 특히 저수출국인 아프리카 국가들이 배제되고 있음을 말해준다(Berthélemy 2006b). EC 원조는 특히 ACP 국가들을 우선 대상으로 삼고 있지만 놀랍게도 EU 회원국들의 양자 간 원조는 그렇지 않다.

세계은행과 같은 다른 다자간 기구는 1인당 소득수준이나 채무비율 등을 기준으로 원조 배분을 하고 있다. 이러한 측면은 양자 간 원조와 유사하다. 따라서 세계은행을 구성하는 국가들은 EU 회원국들이 EC에 요구할 수 있는 것 이상으로 그들만의 기준들을 세계은행에 좀 더 요구할 수도 있을 것이다.

〈표 4.9〉는 각 지역에 걸쳐 광범위하게 이루어지고 있는 EU 회원국들과 EC 원조의 현황을 보여준다. 전체 EU 회원국 원조의 약 5분의 1이 EC를 통해 이루어지고 있다. 각 회원국들은 EC보다 더 많은 비중을 아프리카에 배정하고 있으며 EC는 주로 발칸반도 국가들과 같은 유럽에 더 많이 배분하고 있다. 이러한 사실은 EC가 빈곤 퇴치 외에도 여러 가지 폭넓은 원조 목적을 가지고 있음을 보여준다. 최근의 EU 개발정책을 보면 아직까지도 "공동체는 최빈곤국에 대한 지원을 늘리기 위해 최선을 다해야 하며 특히 아프리카 국가들에 보다 집중해야 한다."라고 밝히고 있다(European Parliament, Council, Commission, 2006). 이와 같은 강조는 분명 현재 국제 상황 하에서 그럴 만한 명분을 갖는다. 또한 EU는

"기본 목적 및 수혜국의 필요와 결과를 기준으로 하는 투명한 재원 배분"에 의해 움직일 것임을 밝히고 있다. 하지만 위에 언급한 결과에서 보았듯이 EC는 이 목표와는 거리가 있어 보인다. 공여국들의 활동은 나라마다 한결같지 않으며 국가 선택도 조율되지 못하고 있다. 이로 인해 많은 공여국들이 지원 대상국을 찾고 있는 한편, 소수의 지원만을 받게 된 '지원국 고아'들이 생겨나게 되었다. EU의 원조담당 기관들은 좀 더 사려 깊은 국가별 원조가 이루어질 수 있도록 조율 역할을 해야만 한다.

공여국 조율

원조 활동의 조율을 위해서는 국가 간 원조의 배분관리가 요구되지만 더 중요한 것은 개별 회원국들에 대한 원조의

〈표 4.9〉 2004년 EU 회원국과 EC의 지역별 원조 배분(%)		
	EU 회원국	EU 집행위원회
중동 및 북아프리카	12	20
사하라 이남 아프리카	53	43
중남미	12	8
그외 아시아/오세아니아	8	5
남아시아 및 중앙아시아	10	10
유럽	5	15
총 EU 원조의 점유율	79.7	20.3

자료: EC-OECD, 2006, p. 19; OECD-DAC database.

방법에 있다(Bigsten, 2006). 이는 조율 실패를 피하기 위해 필수적이다 (Halonen-Akatwijuka, 2004). 원조 활동은 흔히 상호 보완적이기 때문에 공여국 간의 비효율적 원조 배분을 피하기 위한 조율이 필요하다. 공여국 간 조율이 어려운 것은 그들의 선호가 유사하기 때문이다. 공여국들은 개발에 대한 서로 다른 시각과 상이한 국익을 가질 수 있다. 따라서 조율에 대한 공동 선언에도 불구하고 실제로 이를 성취하기는 어렵다. 비록 수혜국 정부 또는 다른 공여국들의 목표와 상충되더라도 각각의 공여국은 자체 목표를 추진해나간다. 다자주의의 한 가지 장점은 다양한 공여국들 내에서 기득권의 영향을 축소시킬 수 있다는 것이다(Kanbur, 2000, 2003).

조화로운 활동의 범위는 수혜국의 상황에 따라 다양하다. 국제개발부(DFID, 2006b)는 이를 3단계로 구분했다. 성과가 좋은 원조 의존국들의 경우에는 수혜국 정부에 지나친 부담이 되는 공여국의 요구를 줄이고 적은 조건에 의해 재원을 배분한다. 관리 능력이 결여된 취약 국가에서는 공여국들이 수혜국 정부와 상호 작용하는 전략이 필요하며 그외 국가들은 정책 결정의 개선과 공공사업의 지원을 맡는다. 마지막으로 비(非)원조 의존국에서는 공여국들의 재정 지원보다는 정책 투입을 통한 지원이 가능하다.

따라서 EU 개발원조의 실행에 있어 한 가지 중요한 측면은 조율이다. EU의 활동과 EC와 EU 회원국의 양자 행동 간, 나아가 비 EU 개발 공동체 간의 조율이 그것이다. EU는 조율 문제를 야기하는 또 하나의 공여국일 뿐인가, 아니면 보다 나은 조율을 위한 원동력인가? EU 원조는 양자 간 원조의 보완과 다른 측면에 집중하는 것을 목표로 한다. 마스트리흐트 조약은 EC 개발협력이 조율성, 보완성, 일관성의 원칙에 의해 관리되어야 함을 명시하고 있다. 스웨덴의 국제개발협력국(SIDA: Swedish International Development Cooperation Agency)와 같은 양자 간 공여와 비교해볼 때 EC는 보다 광범위한 일련의 장치들을 갖고 있다. EU 집행위원회는 다양한 정책 영역과 재정 수단을 보유하지만 때때로 목표 간 일관성이 결여되어 있다. 예를 들어 스웨덴과 EU의 일반적인 개발정책들은 유사하지만 실제 집행에 있어서는 상당한 차이가 있을 수 있다.

원조 규모가 증가하면 조율의 필요성 역시 증가한다.[10] 조율은 공동 예산 지원[11]뿐만 아니라 공동 역량 강화를 위한 노력의 형태를 취할 수 있으며, 공동 프로그램과 공동 전략 혹은 공동 사무소를 필요로 할 수도 있다. 또한 분야별로 더 나은 노동 분업이 요구된다. 공여국들은 보다 효율적인 정보 공유로 조율 문제의 극복을 시도할 수 있다.

디슈(Disch, 1999)는 적어도 원칙상으로는 정책적 합의가 쉬울 수 있지만 절차와 집행에 관한 합의는 더욱 어렵다는 것을 지적했다. 프로젝트와 프로그램의 실행 방법 차이는 공여국과 수혜국 모두에게 높은 거래비용과 함께 큰 부담으로 작용한다. 따라서 이 수준에서의 조율은 큰 잠재적 이득을 제공한다.

몇 가지 흥미로운 구상들이 진행 중이다. 예를 들어 2006년 4월 EU 장관들은 회원국 프로그램을 위한 새로운 체제에 합의했는데 이는 회원국들에 의한 자발적이고 점진적인 기초 하에 채택되었다. EC는 이

---

10 한센과 타르프(Hansen and Tarp, 1999)은 원조에 대한 이윤 하락 지점을 주지했으며 원조 유입의 긍정적 효과는 GDP의 약 25%에서 멈춘다고 보았다.
11 아프리카와의 전략적 파트너십 조사에 따르면 아프리카 14개국 원조의 약 28%가 예산 지원의 형태다(World Bank, 2006b, p. 81). 근본적인 예산 지원 규정에 대한 이해는 거래비용 감소에 효과적이다.

체제를 ACP 국가들을 위한 새로운 프로그램 개발에 적용할 것이다. EU 회원국 및 다른 공여국들은 이를 다년간의 합동 프로그램을 위한 기초로 이용할 수 있다. 국제개발부는 여전히 EC와는 별도의 자체 개발전략을 기대하고 있다(DFID, 2006b). 노르딕 국가들[12]은 공여국들 간 노동 분업 향상을 위한 의제 조율에 착수했다. 협의의 목표는 주도적인 공여국의 임명, 권한위임, 나아가 각 분야에서 활동하는 공여국 수 제한 등과 같은 책임의 위임에 있다. 국가 수준에서의 조율은 빈곤 감축 전략 절차에 기초해야 한다. 공여국들은 소수 국가에 원조 노력을 집중시킬 필요성을 제기하지만 실제로 이와 같은 가능성은 크지 않다. EC와 회원국 모두에게 있어 다수에 대한 폭넓은 원조의 중요성은 원조 효율성보다 더 비중 있게 고려되는 것으로 보인다. 현재 세계은행과 개발자문위원회는 협의그룹 간 회의의 절차 강화를 위해 상호 협력하고 있다.

수혜국들은 공여국 조율의 중요성을 깨닫고 최근 이에 관한 두 개의 성명[13]을 내놓았다. EC는 조율기관의 역할을 맡아야 하나,[14] 지금까지의 증거들은 EC가 그와 같은 역할을 만족시켜주지 못했다는 것을 보여준다. EU는 오히려 보다 복잡한 결정 과정과 관료주의적 절차를 갖는 또 다른 원조기구로 기능한다. 따라서 EC 원조의 효율적 조율을 위해서는 여러 사항들이 선행되어야 한다. 아직까지는 EC 원조가 양자 간 원조보다 더 효율적이라고 할 만한 그 어떤 증거도 없어 보인다. 한 가지 대안은 EC 원조를 모두 폐지시키고 행위자 수를 줄이는 것이다. 반면 EC의 개혁 능력을 긍정적으로 평가하는 경우라면 EU 회원국 원조

---

12 덴마크, 핀란드, 아일랜드, 네덜란드, 노르웨이, 스웨덴, 영국의 총국(DG)들은 공여국 활동의 조화와 조율에 관한 공동 행동안을 제시했다.
13 로메 협약(OECD, 2003a)과 파리선언(OECD, 2005a).
14 공여국들은 파리클럽을 통해 최빈개도국 부채 문제를 조율하기도 한다.

정책의 총체적 조율자로서 EC의 권한을 강화시킬 수도 있다. EC는 활동의 범위를 확대하고 실제로 EU 행동을 조율한다. 또한 EU는 양자 간 공여국들이 일반적으로 다루지 못하는 무역 또는 안보와 같은 이슈를 보다 심도 있게 다룰 수 있는 일련의 다양한 장치들을 보유하고 있다. 매키 등의 학자들(Mackie et al., 2005)은 EC와 양자 간 원조의 상호 보완성에 대한 논의를 통해 회원국 원조 프로그램을 포함하는 향후 EU 개발정책에 관한 성명 가능성을 고려하고 있다. 그러나 이는 도전적 과제이며 현 개혁 과정에서 실현 가능한 결과물로 보이진 않는다. 또한 EC 원조의 완전한 철폐 역시 불가능해 보인다. 따라서 여기서는 현 체제의 점진적 개선을 위한 방법들을 논의할 것이다.

원조 양식

파리선언(OECD, 2005a)은 원조 절차에 관한 포괄적인 의제를 제시한다. 이는 5가지 영역을 포함한다.

- 수혜국 주도(Ownership): 이는 수혜국이 예산 집행 과정과 연계된 국가 주도의 개발전략을 수립하고 있어야 함을 의미한다. 새로운 '빈곤 감축 및 성장 지원 금융(PRGF: Poverty Reduction and Growth Facility)'의 목적은 수혜국에 보다 많은 정책 자율권을 주기 위함이다. 과거 구조조정 프로그램과 관련된 조건의 범위는 완만히 축소되었다. 수혜국이 적절한 보고 체계를 보유했는지 여부에 따라 공여국이 수락하는 조건의 감소는 의무적이다. 오늘날 아프리카

의 정책 결정은 공여국이 요구한 빈곤 감축 전략 체제에 기반을 두고 있다. 공여국들은 국가전략을 실행하기 위해 재원을 제공해야 한다.

- **일관된 조율(Alignment):** 이는 원조의 흐름이 수혜국의 국내 우선순위 분야와 조율되어야 함을 의미한다. 즉, 원조가 정부 예산에 반영되어야 한다는 것이다. 공여국은 수혜국이 정부조달 시스템 또는 재정관리 시스템을 마련하도록 도와야 한다. 이는 파트너 국가의 원조물자뿐만 아니라 자체 자원에 대한 효율적 관리를 돕는 국가 역량 강화 프로그램에 대한 지원을 요구하기도 한다. 공여국은 이러한 프로그램에 대한 공동 지원을 제공하기 위해 노력해야 한다.[15] 공여국은 그들의 신뢰를 기반으로 할 때 파트너 국가의 정부 조달 또는 재정관리 시스템을 이용할 수 있다.[16] 또한 높은 수준의 예산 지원과 같은 유연한 자금 조달도 가능하다. 공여국들은 프로젝트 실행을 위한 병렬 시스템(유사 실행조직 구성 최소화)의 구축을 피해야 한다. 더불어 공여국들은 보다 예측 가능한 원조가 이루어지도록 예산 지원 절차에서 지불 계획에 대한 정보를 적절한 시기에 제공해야 한다.

---

15 칸부르 외(Kanbur et al., 1999)는 공동 접근을 주장한다. 첫째, 원조 프로그램 관리에 있어 일상의 간섭 감소. 둘째, 프로젝트와 정책 간 균열의 감소. 셋째, 수혜국의 국내 정치·경제에 따른 개발전략에서 수혜국 주도권 향상. 넷째, 공여국에 수혜국 특성에 기초를 둔 기금의 조정권리 부여 등을 목적으로 한다. 특히 원조 유입은 개별 프로젝트가 아닌 정부의 전체적인 프로그램을 지원한다. 수혜국 정부는 전체적인 지출 프로그램 입안을 위해 공여국 및 수혜국 국민들과의 대화를 거쳐 다양한 수준의 원조 유입에 대한 가정에 기초를 두어야 한다. 공여국들은 이를 평가하고 공동 자원을 투입한다. 이때, 국내외 자원을 포함하여 전체 프로그램을 재정 지원한다. 특정 공여국에 의해 지정된 특별 프로그램은 없고 원조의 모든 부분이 이 구조 안에 포함된다.

16 아프리카위원회(Commission for Africa, 2005, p. 364)는 가해결책으로 상호 간의 원조 절차를 인정하는 방안을 제안했다. EU에서 사용하고 있는 이와 같은 절차는 회원국들이 특정 절차에 관한 조화를 요구하는 대신 상호 절차를 유효한 것으로 인정하고 있다.

- **원조 당사자 간 조율(Harmonisation)**: 이는 공동 협의 과정과 절차를 이용해야 한다는 것을 의미한다. 즉, 조건이 충족될 때 프로젝트별 원조가 프로그램에 기초를 둔 원조로 제공되는 것을 의미한다. 공여국들은 공동 임무에 대해 공동 분석하고 정보를 공유하며 국가 주도의 분석 역시 지원해야 한다.
- **결과 중심(Managing for results)**: 공여국들은 수혜국 정부들과 공동 협력해야 하며 그 외 공여국들은 모니터링 절차를 위한 공동의 틀을 개발해야 한다는 것을 의미한다.
- **상호 책임(Mutual accountability)**: 성과와 상호 책임 장치에 관한 상호 평가를 의미한다. 원조 전달을 위한 장치들은 원조의 효율적 사용에서 매우 중요하다. 원조 수혜국들은 여전히 수많은 공여국 관료들과 NGO, 수백 개의 개별 프로젝트와 프로그램을 다루어야 한다. 파리선언은 원조정책에 관한 최근 EU 문서들에 많이 반영되었다(European Parliament, Council, Commission 2006).

특히 EC 개발협력의 질과 효율성은 지불 지연과 관료적 절차, 빈곤에 대한 초점의 결여 등으로 의문시되어 왔지만(Dearden, 2002) 최근 몇 년간 어느 정도 개선이 이루어졌다(Berlin and Resare, 2005). 2000년에 있었던 EC 개발협력 개정과 UN 밀레니엄 개발목표의 채택은 부분적으로는 빈곤에 대한 초점 부재로 야기된 비판에 대한 대응이었지만, 동시에 이로 인해 빈곤한 ACP 국가들로 가야 할 원조가 주변국으로 유입되는 경우도 증가했다.

EU 집행위원회의 원조 프로그램에 대한 방법론은 2000년 이후 변경되었다. 예산 지원의 측면에서는 실행지수가 폭넓게 사용되었다.

1980년대부터 1990년대까지의 구조조정 대출은 정책 개혁을 담보하는 사전 조건에 기초를 두었다. 이와 같은 시스템이 잘 작동하지 않자 공여국들 사이에서는 특정한 궁극적 목표에 따라 수혜국 실행 정도에 기반을 둔 사후 조건으로 변경해야 한다는 주장이 제기되었다.

EU 집행위원회는 이와 같은 종류의 원조 배분을 선도적으로 마련했고 1999년 이래로 ACP 국가들과의 금융협정안에 원조 증여는 특정한 사회적 · 경제적 변수의 결과물에 기초를 둔다는 '다양한 융자 한도'에 관한 내용을 포함했다(Adam et al., 2004). 즉, 실행 결과에 기초를 둔 계약은 수혜국 주도의 개선을 가져올 것이고 역으로 이는 올바른 실행을 위한 필수 사항으로 여겨질 것이다. 이는 수혜국이 자체의 정책 패키지를 한정하고 공여국 조율의 문제를 완화하며 또한 재원 유입에 대한 예측력을 증가시킬 것이다. 이러한 새로운 양식이 점차적으로 소개됨과 동시에 때로는 전통적 조건들이 유지되었다. 아담 등의 학자들(Adam et al., 2004)은 이와 같은 체제를 전적으로 실행한 4개국의 사례를 평가했다. 그들은 먼저 소유 주도권에서 큰 변화를 발견하지 못했는데, 이는 부분적으로 새로운 체제가 원조의 일부분만을 포함했기 때문이다. 개혁의 초기 단계에 공여국은 여전히 영향지수보다는 중간 척도에 크게 의존했고 따라서 전통적인 정책 조건과 비교해 그 차이가 적었다. 빈곤한 수혜국 정부들에게는 영향지수의 수집도 어려웠다. 바로 이 점에서 공여국의 지원이 유용하게 이용될 수 있다.

비록 1995년 이래로 경제성장이 향상되었지만 아프리카에서 정책 개혁의 성과는 여전히 제한적이었다. 자칫 민감할 수 있는 정책 개혁은 아프리카의 경제적 도약을 가져오기엔 역부족이었다. 분명 효율적인 정책 실행을 가로막는 제약들이 있었고 최근의 문헌들에서도 열악한 제도가 아프리카 성장 제약의 주요 요인이라 밝혀진 바 있다.[17] 이 맥락에서 제기될 수 있는 질문은 EU를 포함한 국제공동체가 원조와 조건을 통해 제도의 변화를 가져올 수 있는가다.

원조의 영향력 분석에서 공여국과 수혜국이 어떻게 조직되고 제도와 실행에 어떤 방식으로 영향을 미치는지를 고려하는 것이 중요하다. EU는 동유럽 국가들에게 EU 가입 조건으로 개혁을 요구하면서 그들의 제도에 영향을 주는 데 성공했다. 그러나 아프리카와 그 외 개발도상국들은 EU 가입 후보국들이 아니어서 EU가 이 지역에 그와 같은 영향력을 행사할 수는 없다. 하지만 이 문제는 확실히 고려해볼 만한 가치가 있다.

원조의 유형

콜리어(Collier, 2006)는 만약 우리가 원조 효과를 증진시키길 원한다면 원조가 효율적으로 사용될 수 있는 새로운 분야를 찾는 것이 필요하다고 주장한다. 더불어 원조 패키지는 상이한 수혜국 환경에 적용되어야 한다고 했다. 이는 확실히 적절한 접근이다. 그는 아프리카 지역을 각기 다른 전략을 요구하는 세 가지 타입의 국가군

---

17 아프리카 경제연구 컨소시엄은 이 지역 경제성장에 관한 연구를 통해(O' Connell, 2004; Collier and O' Connell n.d.) 네 종류의 반(反)성장 신드롬을 확인했다. 첫째는 시장에 대한 지나친 정부 개입이라는 규제적 신드롬이고, 둘째는 효율 감소의 원인이 되는 자원 이전이 정부정책 입안의 주요 역할을 하는 재분배 신드롬이며, 셋째는 매몰 신드롬으로, 매서운 구조조정에 따르는 감당할 수 없는 정부 지출의 붐, 또는 엘리트에 의한 횡령 등으로 미래 재원을 현재 재원으로 재분배하는 신드롬이다. 넷째는 국가 붕괴 신드롬으로 내전이나 심한 정치적 불안정 등을 말하며, 마지막으로 신드롬이 없는 국가들도 존재한다고 보았다. 경험적 연구를 통해 신드롬의 부재가 연평균성장률을 매년 2%까지 증가시키는 것으로 밝혀졌다. 연구의 주요 결론은 아프리카 성장 둔화의 원인이 역기능적 정치·경제 환경 또는 신드롬 때문이라는 것이다.

으로 분류했다.

첫 번째 유형은 정부에 유입되는 대규모의 자원 수익으로 종종 크고 타락한 정부가 있는 자원부국이다. 이 그룹에 필요한 주요 전략은 공공 지출의 효율성 증대에 있다. 지식 전달과 거버넌스 조건은 시민들에 대한 정부의 책임 강화로 이어질 수 있다. 그리고 적절한 기술적 원조는 체계적인 공공지출을 지원할 수 있다. 수익이 효율적으로 이용되기 위해서는 권력의 분산이 필수적일 것이다. 이는 현재 급격한 원자재 개발로 자원 붐을 겪고 있는 아프리카 국가들에게 매우 중요하다. 이러한 의외의 수익이 효과적으로 사용되는 것은 매우 중요하며 이에 따른 책임이 요구된다.

두 번째 유형은 수출 다변화로 발전 가능한 자원 부족형 해안 경제다. 그들의 성장 엔진은 민간 수출업체들이다. 새로운 수출업자들에 도움이 되는 환경이 필수적이며 원조는 이 목적에 부합하는 방향으로 이루어져야 한다. 이를 통해 주요 수출 하부구조에 대한 지원이 가능하고 토지 수용에 대한 보상금 지급이 가능하다. 관세 서비스와 세금관리, 항구 운영, 상품 규제 등도 국제 수준으로 향상되어야 한다. 그 외에 수출을 위한 하부구조도 마련되어야 한다. 여기서 우려되는 것은 무역 자유화 등의 방법으로 완화되어야 하는 '네덜란드병(Dutch Disease)' [18]과 같은 리스크다. 원조는 이러한 절차를 지원하는 방향으로 적절히 지속되어야 한다.

---

[18] 역주: 자원개발에 의존해 급성장한 경제가 물가와 환율이 상승하며 자체 제조업의 경쟁력을 잃고 자원이 고갈되어 경제성장률이 마이너스로 돌아서는 현상을 '네덜란드병'이라고 한다. 이것은 1970년대 이후 네덜란드가 유전 개발에 따른 호황을 누리면서 급격한 임금 상승과 함께 소비 급증 등을 경험하며 경제 활력이 급격히 떨어진 데서 비롯됐다. 네덜란드는 이 때문에 통화절상에 따른 수출 경쟁력이 약화된 것은 물론 한동안 심각한 노사갈등 등 사회불안까지 겪어야 했다.

세 번째 유형은 자원 부족형 육지 국가들이다. 이 유형이 가장 위험한 문제점을 안고 있다. 그들은 장기간 빈국으로 남을 가능성이 높기 때문에 특히 빈곤한 국민들을 위한 원조가 필요하다. 주변국들이 빠르게 성장하지 않는 한 여기에는 확실한 성장 엔진이 없다. 따라서 이 경우에는 농업 발전에 초점을 둔 광범위한 개발전략이 필요하다.

콜리어(Collier, 2006)는 최근 수십 년 간 아프리카에서 발생한 몇 가지 정책 선택 실패 사례를 분류했다. 첫째는 기능장애로 정부로부터 혜택을 받는 엘리트가 타락하는 경우다. 이때 정책 조건은 하나의 선택 사항이 될 수 있었지만 잘 작동하지 않았다. 대안은 지도층 엘리트의 지배력을 약화시키기 위한 거버넌스 조건이다.[19] 불행히도 거버넌스 조건을 어떻게 실행할 것인가에 대한 정보 격차가 존재한다. 이를 해결하기 위해서는 정보 전달이 필요하다. 또 다른 제약은 공무원들의 행정 능력 부족이다. 이는 다양한 형태의 기술적 지원으로 향상되어야 한다. 이미 약 200억 달러 또는 원조의 약 4분의 1이 기술적 지원의 형태로 이루어졌지만 이는 주도권과 통제의 새로운 패러다임과 조율되어야 한다.

민주주의는 두 가지 주요 특징을 갖는다. 선거 경쟁, 견제와 균형이 그것이다. 자원부국에서는 특히 엘리트의 수익 착취를 막기 위해 민주주의가 필요하다. 그리고 선거가 자원을 지원받은 타락한 후원자들의 게임으로 전락하는 것을 막기 위해 견제와 균형이 필요하다. 체제에 대한 철저한 감독은 공정성 유지를 위해 필요하며 그 외의 체제들은 효율

---

19 영국 국제개발부는 조건에 의한 개혁과 이를 파트너 국가들의 특정 정책 결정과 연계시키지 않는 방안을 원한다. 대신에 파트너 국가들의 빈곤 감축 프로그램(PRSs)으로부터 합의된 기준이 아닌, 진전에 대한 감독을 추구한다. 또한 수혜국이 빈곤 감축과 인권, 기타 국제 의무 및 건전한 재정관리에 대한 합의에서 벗어날 때 원조를 철수하는 방안을 고려 중이다.

성 증진을 위해 필요하다. 감독은 공공재이므로 집단행동의 문제가 발생할 수 있다. 공여국들은 이러한 측면에서 시민의 조직화를 도울 수 있고 동료 집단에 대한 평가를 독려할 수도 있을 것이다. 또, 감독 절차는 심각한 대리인 문제를 야기할 수 있다. 이를 줄이기 위해 공여국들은 지도자들의 정보 획득 능력과 이에 대한 분석 능력을 향상시키고 대리인에게는 수행에 대한 인센티브를 강화해야 한다. 시스템이 구축되면 공여국들은 보상과 벌칙이 제대로 마련되고 실행되도록 중요한 역할을 해야 한다. 감사제도와 의회 검토는 주요 개입 영역이다.

공여국의 주요 목표는 수혜국의 거버넌스와 실행 능력을 향상시키는 것이어야 한다. 이는 거버넌스 조건과 정부 자원이 투명하고 책임 있게 다루어질 수 있는 체제 구축을 위한 기술적 원조를 함께 요구한다. 세계은행은 책임 있는 거버넌스에 대해 강요하는 일을 피해왔지만 EU 국가들과 유럽공동체는 정치적으로 민감한 사안에 대한 개입에서 국제금융기구에 비해 받는 제약이 적기 때문에 이를 주도할 수 있다.

채무 삭감

채무 이슈는 최근 수년간 자주 논의되는 글로벌 의제다. 고채무 빈곤국(HIPC: Heavily Indebted Poor Countries) 프로그램은 1996년 세계은행과 IMF에 의해 제안되었고 1999년에 확장되었다. 이 프로그램의 목적은 개발도상국들의 원리금 상환이 가능한 수준까지 채무 삭감을 이루는 것이다. 국제개발협회와 빈곤 감축 및 성장 지원 금융(PRGF) 프로그램에 속한 국가들은 이러한 혜택을 받게 된다.

경제 개혁 프로그램의 실행에 들어간 국가들은 결정 시기에 순현재가치(NPV: Net Present Value) 부채/수출 비율이 150%를, 부채/조세 수익률은 250%를 초과하지 않아야 한다. 그 외 부채들은 부채 청산 작업의 일환으로 부채 삭감을 지원하는 파리클럽에 의해 다루어진다. 파리클럽은 고채무 개발도상국들로 구성된다. 이는 고채무국들의 채무 문제 해결을 조율하기 위한 비공식 그룹이다. 고채무 빈곤국 부채 탕감으로 실질적인 원리금 상환 비율의 감소가 기대된다. 29개 국가들은 프로그램 종료 시 부채의 순현재가치가 3분의 2 수준까지 감소할 것으로 보았다.

2005년 6월 G8이 제안한 다자간 부채 감축 구상(MDRI: Multilateral Debt Relief Initiative)은 아프리카 개발기금(AfDF: African Development Fund)과 국제개발협회 및 IMF에 빚진 고채무 빈곤국의 부채를 100% 탕감할 것이다. 완전한 부채 삭감은 고채무 빈곤국 체제의 종결 시점에 가능할 것이다. 이 이니셔티브로 200억 달러의 추가 삭감이 이루어질 것으로 예상되는데, 이것은 양자 간 또는 상업적 부채에 대한 병렬적 삭감을 제시하진 않는다. 부채 삭감은 건전한 거시경제 성과와 빈곤 감축 전략의 실행 및 공공지출 관리 체계를 조건으로 한다.

이 이니셔티브에는 빈곤국에 혜택을 주는 공여국의 추가적인 융자가 필요하지만 이로 인해 빈곤국에 원조하는 국제개발협회의 역량이 손상되는 것은 아니다. 공여국들은 평소처럼 기초 펀드를 제공해야 하고 채무자들로부터 재유입을 줄이기 위한 추가 금융 지원이 필요하다.

공여국들은 채무 삭감을 완전히 상쇄할 수 있을 만큼의 국제개발협회 자금 공급을 보장해야 한다. 이것이 추가 자금인지 또는 일반 원조 예산으로부터 온 것인지는 두고 봐야 하지만 후자의 양이 상당할 것이라 추측된다. 이는 다른 프로젝트에 대한 지출 삭감을 의미한다. 비록 그럴듯해 보이지만 이와 같은 이니셔티브가 최빈개도국들로의 자원 유입을 보장하는 것은 아니다.

채무 삭감을 빈곤 감축 수단으로 이용하는 국가들은 보다 큰 재정 여력을 갖게 된다. 이는 사후 공공차입의 건전한 관리뿐만 아니라 올바른 재정지출 관리를 요구한다. 다자간 부채 감축 구상은 공여국들의 빈곤국에 대한 향후 지원의 축소를 막기 위해 세 기금에 대한 추가 자원을 공급하도록 했다. 29개 국가들의 빈곤 관련 지출은 1999년 GDP의 약 6%에서 2005년 9%로 증가했다.

개발자문위원회의 회계 절차에 따르면 2005년 대부분의 원조 증가는 채무 삭감의 형태였다.

이는 때로 본래 유럽 기업들의 수출을 지원하기 위한 용도였지만 사용되지 않은 수출신용 또한 삭감의 대상이 되기 때문에 원조라는 정의에서 제외되어야 한다. 개발원조위원회의 EU 국가들은 2005년에 순수 공적개발원조로 557억 달러를 제공했다. 그중에서 147억 달러가 채무 삭감 보조금의 형태였다(Addisson, 2006).

이러한 이니셔티브의 한 가지 문제점은 원조금 지급이 성실하게 채무 상환을 했던 국가에서 그렇지 않은 국가로 이전된다는 것이다. 이는 향후 초래할 결과에 대해 의문을 갖게 한다. 향후 국가들은 자신들의 채무 상환 관리에 관심을 갖게 될까? 또는 그 국가들에 대한 수월한 융자가 가능할까? 만약 개혁에 대한 보장이 없다면 이러한 이전이 의미가 있을까? 그렇지 않다면 원조금은 또다시 블랙홀로 빠질 것이다.

채무 감축을 통해 정부는 그들의 하부구조와 제도를 향상시키거나 또는 기업 과세 완화를 위한 수단으로 사용할 수 있지만 제도적 시스템의 근본적 비효율성을 변화시킬 수는 없다. 이는 그 국가들 스스로 강한 기득권의 반대에 맞서 이루어내야 한다. 위의 조건에 관한 논의는 여기서도 유의미하다.

EC는 고채무 빈곤국과 기타 부채 삭감 이니셔티브에 기여했다. 이 분야 EU 정책은 국제 이니셔티브를 지원하고 EU의 다른 정책 활동들 역시 최빈국이 감당할 만한 채무 조건에 대한 기대를 꺾지 않을 수 있도록 지속되어야 한다.

무역, 공동농업정책[20]과 발전

개발도상국에 대한 무역정책은 EU 개발정책의 가장 중요한 요소일 것이다. 글로벌 경제의 링크 모델에 의하면 상품무역의 완전한 자유화는 세계 GDP를 2015년에 2,870억 달러까지 증가시킬 것이며 그중 860억 달러가 개발도상국의 증가분이 될 것이다.[21] 이러한 계산은 시장 개방의 생산성 효과뿐만 아니라 서비스 무역 자유화와 무역 활성화로부터의 이익을 제외한 것이다. 사하라 이남 아프리카는 48억 달러의 임금 상승, 또는 1.1%의 GDP 증가 효과를 경험할 것이다. 이는 미약해 보이지만 여전히 그 지역의 상대적인 소득 증대는 세계 평균의 두 배다. 이득의 3분의 2는 다른 국가들의 개혁으로, 3분

---

20 공동어업정책(CFP: Common Fisheries Policy)도 유사한 특징을 갖지만, 공동농업정책보다는 그 중요도가 낮다.

21 클라인(Cline, 2004)은 개발도상국에 대한 관세의 완전 철폐가 연간 2,000억 달러의 장기적 소득 증대에 기여할 것이고, 그중 2분의 1은 개발도상국에 대한 선진국의 관세 철폐에 기인하며, 또한 이는 빈곤에도 큰 영향을 미칠 것으로 보았다.

의 1은 그 자체의 개혁으로 구성된다. 사하라 이남 아프리카의 수익 중 78%는 농업 개혁으로 가능했고 EU 자유화에 의한 모든 이득도 농업에서 비롯되었다. 무역 자유화로부터 농민과 비숙련 노동자의 이득 증가 가능성이 높기 때문에 이러한 개혁은 개발도상국에 매우 긍정적인 분배 효과를 가져다줄 것이다(Hertel and Winters 2006).

그러나 상품무역의 완전한 자유화가 단기간에 이루어질 것으로 보이지는 않는다. 지난 5년간 WTO 체제 하에서 다자간 협정을 이루기 위한 시도가 있었다. 도하라운드의 목표는 다자간의 상호적·반차별적 무역 자유화였다. 도하라운드의 성공적 완성은 완전한 자유무역과는 여전히 거리가 있지만 그럼에도 불구하고 이는 상당히 낮은 수준의 보호주의를 의미한다. 앤더슨, 마틴, 반 데르 멘스브루허(Anderson, Martin and van der Mensbrugghe, 2006)는 협상이 줄 수 있는 다양하고 가능한 성과에 관한 실험을 통해 전 지구적 실질소득에 대한 효과가 2015년까지 750억~1,200억 달러에 이를 것으로 예상했다.

그러나 이러한 시나리오에서 대부분의 소득은 개혁이 진행 중인 고소득 국가에 집중되는 반면 사하라 이남 아프리카에 미치는 영향은 미미하다. 따라서 EU와 그 외 선진국들의 자발적인 양보는 오히려 그들 자신에게 혜택을 준다. 도하라운드가 아프리카에 득이 되기 위해서는 아직도 갈 길이 멀다. 자유화로 인한 이득은 예컨대 교통이나 시장 하부구조, 훈련 등의 개선에 의해 사하라 이남 아프리카의 공급 역량 강화를 위해 추가 원조의 형태로 EU[22]에서 아프리카로 이전되는 것이 중요하다(Hertel and Winters, 2006).

---

22 이 모델의 시뮬레이션에 따르면, EU25와 유럽자유무역연합(EFTA) 국가들은 650억 달러의 이득을 볼 것이다.

연산 일반 균형 모델(CGEM: Computable General Equilibrium Models)은 자원의 효율적 배분으로 인한 정적 이득을 파악했지만 무역은 보다 동적 이득과도 연관된다. 클라인(Cline, 2004)은 무역과 성장 간 관계에 관한 많은 연구를 재검토했다. 이는 명확한 인과관계[23]의 제시가 어렵기 때문에 논쟁이 되는 연구다. 그러나 소득수준이 크게 개선된 국가들이 수출시장에서도 성공했다는 것을 명확히 보여준다. 이는 일부 특화로 인한 정적 이득에서, 또 일부는 총 요소 생산성의 긍정적 효과로 인한 동적 이득에서 비롯된다.

개발도상국들이 세계경제에 편입되기 위해서는 아웃소싱과 해외직접투자가 가능해야 하며 이를 위한 체제 구축이 필수적이다. 이는 상품의 품질은 물론 상품의 적시 배송을 보장하는 체제를 요구한다. 만약에 제품이 프로세스와 마케팅 운영의 일부분이라면 배송 지연은 매우 치명적인 일이다.

세계화로 인한 혜택을 보기 위해서는 최빈개도국들의 안정과 안보가 필수적이다. 세계은행(World Bank, 2006b)에 의하면 아프리카에서의 평균적인 수입 거래일수는 58일이다. 산업화된 국가가 14일인 데 비해 현저히 높다. 하루의 지연은 1%의 수출량 감소로 이어진다. 글렌이글스 정상회담에서는 개발도상국의 수출 확대 노력을 지원하는 '무역을 위한 원조'에 많은 관심을 나타냈다. EC는 2005년 6월에 3억 유로까지 무역 관련 지원을 증액하겠다고 공표했으며 영국도 2010년까지 무역 관련 원조를 빠르게 증가시키겠다고 밝혔다.

ACP 국가들은 EU 개발정책의 주요 고려 대상이 되어야만 한다. 최

---

23 로드게리스와 로드릭(Rodriguez and Rodrik, 2001)의 증거에 대한 비평을 참조하라.

근 수십 년간 이 국가들은 세계시장에서 많은 변화를 보였다. 그들의 세계경제 수출시장점유율은 1970년대에 3.2%였지만 2003년에는 1.8%까지 하락했다. EU 시장에서 ACP 국가들의 시장점유율은 같은 시기에 4.1%에서 1%로 보다 극적으로 감소했다(Borrmann, Busse and Neuhaus, 2004). 게다가 EU의 일반특혜관세제도(GSP: Generalised System of Preferences) 역시 중요한 영향을 미치지는 않은 것으로 보인다. ACP 외의 지역들이 보다 나은 수출 확대 성과를 올린다는 사실은 ACP 국가들에 주요한 수요 측면의 제약이 있다는 것을 시사한다. 최근 몇 년간 오일과 천연자원의 가격 상승으로 인한 원자재 붐은 수출소득을 증가시켰고 이로 인해 사하라 이남 아프리카는 2005년 상품 수출로부터의 이득이 27%까지 증가하는 것을 보았다. 이것은 2005년 1월 섬유와 의류 수출에 대한 쿼터 폐지가 포함된, 지속적인 자유화를 반영하는 것이다. 따라서 최근의 원자재 붐으로 다소간의 개선이 있었지만 이것이 얼마나 오랫동안 지속될지는 불투명하다.

무역제재의 모든 영향력을 측정하기란 어렵다. 따라서 세계은행은 최근 총무역제약지수(OTRI: Overall Trade Restrictiveness Indices)를 산정했다. 총무역제약지수는 일반적인 무역 수준을 갖는 국가에서 관찰되는 다른 보호 장치에 상응하는 균등관세다. 이것은 GDP와 음의 상관관계에 있는 것으로 보인다. 국가가 부유할수록 수출뿐만 아니라 수입에 대한 총무역제약지수는 더 낮다(World Bank, 2005). 2002~2005년 사이에 전 세계적 총무역제약지수는 약 2%까지 하락했다(〈표 4.10〉). 그러나 우리는 사하라 이남 아프리카와 같은 최빈지역이 여전히 높은 관세를 유지하고 있다는 것을 주지해야 한다. 또한 개발도상국의 평균관세는 1997년에 16.3%에서 2005년에 12.2%로 하락했다(World Bank, 2006b).

수입국 그룹	2005	2002~2005년간의 변화
동아시아 및 태평양	16	−5.3
동유럽 및 중앙아시아	11	−1.2
중남미	17	−1.1
중동 및 북아프리카	27	−4.3
남아시아	19	−4.0
사하라 이남 아프리카	23	0.0

자료: World Bank, 2006b, p. 95.

사하라 이남 아프리카 국가들은 선진국의 높은 관세에 직면하고 있을
뿐만 아니라 다른 개발도상국과의 무역에 있어서는 더 높은 과세를 부
과받고 있다(World Bank, 2005). 따라서 사하라 이남 아프리카 지역 수출
업자들은 제조업에서는 장벽이 낮지만 농업상품의 수출에 대해서는 선
진국이 직면한 것보다 더 높은 제재를 받고 있다.

특혜가 인정되더라도 저소득국가들의 수출이 직면한 무역제재는 세
계 평균을 웃돈다. 이는 무역에 대한 비관세장벽의 지속적인 중요성을
반영한다. 빈곤국가들에게 농업에 대한 비관세장벽은 특히 중요하다.
사하라 이남 아프리카 지역 국가들도 낮은 상품관세에 비해 그들의 주
요 수출품목인 농업에서 높은 제재에 직면한다.

EU 내에서 개발도상국에 중요한 농업상품에 대한 관세는 가장 높은
데, 예를 들어 설탕 관세는 250%나 된다(Dimaranan and McDougall, 2002).
〈표 4.11〉은 섬유와 의류에 여전히 높은 관세가 책정되고 있는 것을 보
여주는데, 이는 개발도상국 수출에 대해 전체적인 보호주의가 상당하다
는 것을 의미한다. EU의 '군수품을 제외한 모든 제품' 수입에서 아주

부문	미국	EU
농업	19.9	46.4
직물 및 의류	10.9	11.6
그 외 제조업	2.1	3.2
오일, 그 외 비농업 원자재	0.9	0.6
총 보호 조치	4.0	9.5

자료: World Bank, 2006b, p. 95.

적은 부분을 차지하는 것을 주지해야 한다. 〈표 4.11〉의 수치들은 유럽에 판매를 시도하는 많은 최빈개도국들이 경험한 보호 수준을 보여준다. 유럽의 공동농업정책과 농업에 대한 높은 수준의 보호정책은 최빈개도국들에게 심각한 문제다. 이는 최빈개도국 농민들에게 부정적인 영향을 미치고 있다. 그럼에도 프랑스와 독일 간의 최근 협정으로 현 프로그램 기간 동안 자유화와 탈규제 측면에서 큰 진척이 있을 것으로 보이지는 않는다.

농업은 이제 더 이상 EU를 포함한 세계의 부유한 지역에서 경제적 중요성을 갖는 분야가 아니다. 그러나 도하라운드의 주요 의제였고 정치적으로 민감한 분야다. EU 내에서 적용되는 보호주의 장치들은 EU 시민들의 복지를 감소시키는 동시에 아프리카 국가들의 소득을 하락시키고 있다. 이해 당사자 간의 합의가 쉽게 이루어져야 하지만 실제로 선진 지역의 농업 분야 로비는 매우 강하다. 다자간 관세 인하를 위한 도하라운드는 2006년 7월에 중단되었고 2007년 7월 미국의 신속협상권(TPA: Trade Promotion Authority)이 만기되기 전까지 최종 승인될 것으로 보이지는 않는다. 이는 미국·EU·일본·브라질·인도·호주의 농업 분야 시장 개방, (특히 EU에 의한)[24] 농업보조금 삭감, (미국에 의한) 산업제품에 대한 시장 개방의 증가(브라질과 인도가 주요 대상)라는 세 이슈에 대한 합의에 실패함으로써 중단되었다. 이러한 결과가 더 실망스러운 이유는 도하라운드가 전 참여국들에게 보다 공정한 세계무역 체제를 제공하는 기회였다는 대표성 때문이다. 라운드가 다시 진행될 수 있을지 논하는 것은 아직 이르다.

따라서 당분간 EU는 개발정책 관점에서 아프리카와 ACP 국가들에 중점을 둔 양자 간 협상에 집중해야 할 것이다. 빈곤한 아프리카 국가들에게는 일정 정도 중요하게 작용하는 무역특혜제도가 마련되어 있다. 2005년 EC는 더 관대한 무역특혜제도를 도입했는데, 이 제도는 특정 기준에 부합하는 빈국들에게 관세 세번(dutiable tariff line)[25]의 80%에 무관세를 부과하는 것이다. 따라서 사하라 이남 아프리카 지역에서는 보다 나은 결과를 얻을 수 있을 것이고 다른 형태의 무역 지원을 통해 그들의 총 무역량 왜곡은 줄어들 것이다. 이와 같은 조치들은 사하라 이남 아프리카가 효율적으로 공급할 수 있는 상품과 서비스들에 대한 최혜국대우(MFN: Most Favoured Nation) 관세와 EU 진입장벽의 과감한 축소를 포함해야만 한다.

현재 ACP 국가들에게 제공되고 있는 무역특혜제도는 WTO 규정에 위배된다. 이는 ACP에 속하지 않는 최빈개도국들을 차별함과 동시에 또 다른 요구 조건인 상호성 면에서도 부족하다. EU와 ACP 국가들은

---

24 EU는 WTO 협상에서 공동농업정책에 관한 몇 가지 개혁안을 제안했다. 수출보조금에 대한 단계적 철폐와 국내 지원의 축소 및 시장 접근의 개선 등이 그 내용이다. EU는 이를 통해 농업관세가 23%에서 평균 12%까지 내려갈 것으로 보았다.

25 역주: '세번(Tariff line)' 은 관세를 부과하는 기본 단위를 의미하며, 대개 관세가 있는 관세 세번은 '관세부과가 가능한 관세 세번(dutiable tariff line)' 이라고 한다.

코토누 협정의 협상 기간 동안 이에 대한 새로운 장치 마련을 위한 최종 합의에 이르지 못했으며 WTO는 그들에게 2007년 말에 만료되는 8년 간의 면제 기간을 주었다. 따라서 무역 관계, EU의 지원 수단, 지역 간 및 국제적 통합의 강화 모두를 고려한 경제동반자협정이 곧 마련되어야 한다(또 다른 연기가 이루어지지 않는 한).

농업상품에 대한 EU의 관세는 여전히 남아 있다. 이는 아프리카 국가들에게 특히 치명적이며 반드시 철폐되어야만 한다. 또한 원산지 규정, 기술적 표준, 쿼터와 보조금 같은 일련의 다른 분야들에도 개혁의 여지가 있다. 아프리카와 다른 ACP 국가들도 EU 수출에 대한 관세 인하가 차츰 허용되어야 한다. 이러한 불균형적 계획안이 WTO에서 허용될 수도 있겠지만 이러한 관행은 곧 철폐되어야 한다. 밀너, 모리세이, 맥케이(Milner, Morrissey and McKay, 2005)는 10년의 유예기간이 적절할 것으로 보았다. 이는 2018년까지 완전한 시장 개방이 이루어짐을 의미한다. 서비스 무역 또한 결국 여기에 포함되어야 할 것이며 투자 활성화를 위한 규제 체제의 개선과 무역 활성화 제도들의 개발이 필요하다.

경제동반자협정 효과에 대한 모의실험은(Milner, Morrissey and McKay, 2005) 단기간 복지 효과에 한계가 있을 것이라는 점을 보여준다. 또한 아프리카 경제는 EU 외 다른 모든 국가들과의 독자적 무역 자유화로부터 상대적인 이득을 얻을 것이라는 점을 보여준다. 그런 수단들은 덜 차별적이기 때문에 보다 성장 강화적일 것이다.

최빈개도국들은 이미 '군수품을 제외한 모든 제품' 구상 하에서 EU 시장에 대한 자유로운 접근이 허용되므로 경제동반자협정 가입으로 인한 무역 관련 이득은 상대적으로 적을 것이다. 또한 향후 바나나, 쌀, 설탕 등에 대한 잔여 관세와 쿼터가 2009년 7월까지 점차 소멸되므로 EU 로의 진입장벽은 보다 완화될 것이다. 그렇게 되면 최빈개도국들은 현재 ACP 국가들과 EU 간 상품협정서에 포함되는 상품들을 중심으로 EU 시장으로의 완전한 자유진입이 가능해질 것이다. 그러나 최빈개도국들은 EU가 수출 증대 저지를 위한 다양한 보호 조항을 사용할 수 있고 또한 최빈개도국 분류에서 벗어나게 되면 더 이상 과거와 같은 특혜를 받을 수 없기 때문에, 여전히 위험에 직면해 있다.

　79개의 ACP 그룹에 속해 있는 39개의 최빈개도국들에 더 나은 혜택을 제공하지 않으면서 그들에게 경제동반자협정 가입을 유도하는 것은 어려울 것이다. 이는 단순하고 완화된 원산지 규정과 서비스 무역에 대한 양보, 비관세장벽 축소, 최빈개도국들이 다루는 조정비용에 대한 금융 지원과 수출 향상 지원 등을 포함한다(Borrmann, Busse and Neuhas, 2004). 현재 이와 같은 혜택이 없는 비(非)최빈개도국 회원국들은 경제동반자협정 가입으로 더 큰 혜택을 볼 것이다. 이는 제약이 더 큰 일반특혜관세제도를 선택하는 것보다 더 큰 이득을 가져다줄 것이다.

　경제동반자협정은 종종 사하라 이남 아프리카 정부 수익의 상당 부분을 차지하고 있는 관세수익의 하락을 가져올 것이다. 우려되는 것은 비효율적 경제의 경우처럼 수출소득의 확대가 지연되는 것이다. 그들은 심각한 무역 전환을 피하기 위해 자유화된 서비스 산업을 규제하고 지역 간 무역을 보다 효율적으로 관리하기 위해 관세 이득을 다른 정부 소득으로 대체할 필요성이 있다(Hinkle and Schiff, 2004). 경제동반자협정이 중요한 긍정적 효과를 얻기 위해서는 다른 형태의 개혁들과 조화를 이루어야 한다(Hinkle and Newfarmer, 2006).

　이러한 조정 문제에도 불구하고 ACP 국가들은 국제경쟁에 대한 개방이 필요하고 따라서 경제동반자협정 프로세스는 이 국가들에게 장기적인 이득을 가져다줄 것이다. ACP 국가들의 수출 확대 활성화를 위해서는 다른 지원 장치가 필요하며 경제동반자협정은 개발 수단으로 이용되어야 한다(Hinkle and Schiff, 2004). 경제동반자협정은 사하라 이남 아프리카의 다른 지역들에서 사용하고 있는 환율정책, 무역 활성화 방안, 투자 환경 개선, 경쟁정책과 하부구조에 대한 투자 등의 방법들과 함께 수행되어야 한다. 때로는 다자간 자유화가 더 선호될 수 있는데, 이 경우에도 연관된 비무역 혜택을 위해 경제동반자협정을 유지할 수 있다(Gasiorek and Winter, 2004).[26]

경제동반자협정 비가입국들은 일반특혜관세제도를 유지할 것이고 이들은 추가 원조 및 경제동반자협정과 관련된 기술 지원 혜택을 받지 못할 것이다. 따라서 EU 수출로 인한 이득이 상당히 감소할 것이다. 또한 그들은 수입관세 인하를 피할 수는 있지만 보다 대외 지향적인 태도를 취해야 하기 때문에 유리하다고 볼 수는 없다. 절대빈곤국가들에게는 어떤 경우에라도 제도적·기술적·금융적 지원이 절실히 필요하기 때문이다. 지역 통합은 수출 공급 증가에 기여하겠지만 여기서의 주요 도전은 국내 정책 및 제도의 향상에 있다.

따라서 WTO 체제가 최선의 선택이지만 현재의 교착상태를 볼 때 현재 직면한 주요 도전은 빈곤국가들, 특히 대부분의 아프리카 국가들과의 협정에 집중하는 것이다. 이는 클라인과 윌리엄슨(Cline and Williamson, 2005)이 미국에 제시한 전략과 일치한다. 개혁전략의 첫 번째 단계는 산업국들의 보호주의 완전 철폐와, 적어도 중간 수준의 소득

---

26 얀센(Jansen, 2006)은 서비스의 자유화 측면에서는 일반적인 다자간 접근이 더 효율적이라고 보았다. 만약 더 나은 대안이 존재한다면 왜 EU 기업 진출만 허용할 것인가?

을 갖는 개발도상국과는 점진적 보호주의 완화와 같은 단계적 조정을 포함한 보다 심화된 다자간 자유화 조치를 취하는 것이다. 두 번째 단계는 고위험의 저소득국가들(빈곤국 채무감면 프로그램 국가들, 최빈개도국들, 사하라 이남 아프리카)로부터의 수입에 대한 즉각적인 자유진입과 고위험 저소득 국가들에 직접 투자하는 선진국들의 부과관세에 10년간의 유예기간을 주는 것이다.

클라인과 윌리엄슨은 WTO 체제 하의 지적재산권의 포함에 대해서도 논의했다. 그들은 확장된 권리가 혁신적인 활동을 장려하기 위한 것이지만, 이는 의약품의 쉽고 값싼 확산을 가져왔다고 지적한다. 국제사회는 결국 개발도상국의 요구를 수용하여 이 국가들에 값싼 복제의약품 사용을 허용했다. 2001년 도하 선언문은 HIV/AIDS, 결핵, 말라리아 및 기타 전염병을 치료하기 위한 복제의약품을 제조할 수 있는 의무 라이선스를 지급할 수 있는 권리를 인정하고 있다(WTO, 2001). 그리고 자체적으로 약품을 제조할 수 없는 국가들이 다른 개발도상국들로부터 약품을 수입할 수 있도록 허가하는 협정이 그 뒤를 이었다.

원조 개입과 기타 EU 정책 간 정책 일관성은 수년간 EU 문서들에서 강조돼왔다. 이는 일반적으로 개발정책과 외교정책 간, 특히 무역정책과의 일관성을 포함한다. 세 종류의 주요 EU 이니셔티브, 군수품을 제외한 모든 제품, 경제동반자협정, 일반특혜관세제도는 다른 개발 이니셔티브들과 조화를 이루어야 한다.

또한 개발도상국 수출업자들은 수출상품의 원자재 대부분이 제3국으로부터 수입되었을 때 EU로의 자유로운 수출이 제약을 받는 원산지 규정으로 많은 어려움을 겪고 있다. 더불어 WTO 규정 강화로 특정 국가들에 대한 추가적인 특혜 제공이 어려워졌다. 아프리카 제조업체들에게는 위생 기준도 문제일 수 있다. WTO 회원국들 간에는 이제 관세만이 보호 장치로 작동하는 것은 아니다. 과도하게 빠른 확장이 이루어질 때 역시 보호 장치가 작동한다.

유럽의 섬유와 의류 분야는 10년간의 조정 기간이라는 과도기를 거쳐 2005년 초에 수입이 자유화되었다. 그러나 중국으로부터의 수출이 빠른 성장세를 보이던 수개월 후 EU와 미국은 중국에 수출 보류를 위한 압력을 가했고 이로 인해 몇 가지 수입 제한 조치가 재부과되었다. 이는 개발도상국들과의 협정 체결 이후 10년간의 준비 기간 동안 두드러지게 나타났다. 특정 경제 분야에 영향을 미치는 자유무역의 허용보다는 다소간의 원조 증액이 보다 용이하다. 원조비용은 광범위하게 분산되는 데 반해 무역 개방의 부정적 효과는 특정 집단에 집중되기 때문이다.

게다가 유럽은 특정 산업 분야에 여전히 상당한 무역 보호 장치를 갖추고 있고 대부분의 개발도상국들은 그 이상의 산업 보호 장치를 보유하고 있다. 무역이론에 따르면 관세 효과 측면에서 수입 부문 보호를 위해 도입된 관세는 실제로 효과적이지만, 이는 수출 부문에 더 큰 타격을 주기 때문에 결국 복지의 감소로 이어질 수 있다. 그러나 단기적으로 부적절하게 분배된 자원을 그 이상으로 메울 수 있는 동적인 효과는 없는 것일까? 유럽은 주로 농업과 덜 고도화된 산업 활동을 보호한다. 이런 부문들은 정적 손실 및 보호되지 못한 부문에서 동적 효과의 손실 전부를 그 이상으로 메워줄 수 있는 어떤 동적 효과를 기대할 수 있는 부문들이 아니다.

유럽이 자유무역으로 전환함으로써 이득을 얻는 것은 확실하다. 유럽이 스스로 복지를 희생하지 않으면서 개발도상지역 무역 파트너들의 희생을 요구하는 힘든 협상 주체가 될 필요는 없다. 유럽은 농민과 같은 특정 이익집단의 이득을 희생시키고 있지만 그럼에도 그들이 겪는 손실은 다른 보상 장치들에 의해 다루어져야만 한다.

EU의 미래 개발정책

EU 개발정책은 몇 가지 분야를 포함하며, 우리는 여기서 원조, 채무 감축과 무역 이슈를 다루었다. 여기서 이 분야들에 관한 제안들을 요약해보면 가장 중요한 것은 이들이 EU 개발정책의 다른 측면들과의 연관 하에서 다루어져야만 한다는 것이다.

• **EC와 회원국들 간의 원조 조율**: EC는 원조 채널인가? 아니면 원조 채널은 개별 회원국들에 남아 있어야 하는가? EC가 주로 양자 간 원조를 중복하거나 회원국 간 활동 조율을 지원하지 않기 때문에 이는 조율을 더 어렵게 하고 더불어 수혜국들에게 유럽으로부터의 원조 유입 관리를 어렵게 하는 하나의 추가 기구처럼 보일 수 있다. EC 원조가 특별히 효율적으로 보이지는 않으므로 EC 원조 유지를 주장하는 것은 어려워 보인다.

이에 반대되는 주장들도 제기되고 있다. 그러한 움직임은 회원국들이 향후 EC 개발정책 선언이 개별 회원국 원조 프로그램을 포함하거나, 또는 모든 EU 원조를 EC 채널을 통해 지원되도록 하는 것을 의미한다. 회원국 프로그램 철수의 잠재적 약점은 다양한 회원국에서 원조에 대한 대중적 지지가 감소할 수 있다는 것이다. 게다가 EC 원조의 폐지 또는 모든 원조가 하나의 채널을 통하는 급진적 선택은 단기간 내에 이루어질 수 없을 것으로 보이며, 따라서 즉각적 실천전략은 EC 원조와 양자 간 원조 및 다른 공여국들과의 조율을 향상시키는 것이다. 이는 대부분의 공여국들이 수년 동안 폭넓게 논의하고 있는, 원조에 관한 공식 의제이지만 그 발전은 더디다(Easterly, 2006). 또한 원조를 국제수지 지원과 같은 보다 일반적 형태로 전환함으로써 공여국들은 조율 문제를 완화하고 수혜국 주도권도 향상시킬 수 있을 것이다. 다양한 공여국들이 동일 프로젝트나 프로그램에 지원할 때 그중 한 공여국이 정부 간 연락과 사후 점검을 맡는 조율자 역할을 맡을 수 있을 것이다. 이와 같이 다양한 개선 방안들이 실행될 수 있다.

- **원조 규모**: EU를 포함한 산업국들은 늦어도 2015년 이전까지 원조에서 GNI의 0.7% 제공을 약속했다. 이는 EU 신회원국들에게는 지나치게 야심 찬 목표임이 분명하지만, 반면 미약한 양의 원조를 하고 있는 많은 EU 구 회원국들에는 주요 도전이 될 것이다. 이는 또한 구회원국들에게 여전히 유효한 목표이며 EC는 이 목표를 향한 회원국의 진행 과정을 감독할 필요가 있다.
- **원조의 국가별 배분**: EC 원조 배분은 양자 간 원조에 비해 수혜국의 필요보다는 공여국의 경제적 이득을 목표로 한다. 이는 양자 간 원조가 EC 수준의 원조 배분으로 전환됨으로써 EU 회원국들이 국가 수준에서 유지했던 이타적 입장으로부터 원조 프로그램의 중점을 전환시킬 수 있다는 것을 의미한다. EU 원조기관들은 보다 세심한 전 지구적 분배 활동을 성취하기 위한 더 나은 결정을 조율할 필요성이 있다.

- 거버넌스 조건: 우리는 제도와 거버넌스가 개발을 제약하는 주요 요인임을 제시했고 이들에 대한 원조 효과는 매우 중요하다. 콜리어(Collier, 2006)는 정책 조건으로부터 거버넌스 조건으로의 전환이 있어야 한다고 주장했다. 전자는 시민의 책임의식을 과소평가하는 반면 후자는 시민의 책임의식을 강화시키고자 한다. 좋은 시스템은 모든 공여국들이 예측 가능하고 합의한 공통적인 것이어야 한다. 이 점에서는 EC가 다른 회원국들에 비해 비교우위를 갖는다. 이는 유럽의 민주적 가치일 뿐만 아니라 동시에 효율성도 높일 수 있다. 만약 EC가 여기서 유용한 역할을 한다면 EC 원조 전체를 포기하는 것은 현명하지 않다.
- 국제기구의 거버넌스: 국제기구의 거버넌스는 이 장에서 다루어지지 않았지만 깊이 생각해볼 필요가 있다. EU는 IFIs에 대한 정책을 발전시킬 필요가 있다.[27] 국제원조의 구조에 대한 정밀한 검토가 필요하고 더 나은 노동 분업이 관찰되는지 평가해야 한다. 우리에게는 더 나은 다자간 자원 배분 시스템이 필요하다.[28] EU는 또한 세계경제기구들의 거버넌스에 대한 입장을 분명히 해야 한다. 전체적으로 유럽은 이 분야에서 과도한 역할을 맡고 있어서 만약 EC가 유럽의 역할을 맡는다면 중국, 인도, 브라질 같은 주요 개발도상국에 기회를 주도록 회원국 대표를 축소시킬 수 있다.
- 채무 감축 수단: 여기서의 결론은 간단히 EU가 현재 마련되어 있는 채무 감축 이니셔티브에 대한 지원을 유지해야 하며 이것이 향후 최빈개도국들에게 확실히 제공되어야 한다는 것이다.

---

27 골드스타인(Goldstein, 2005)의 국제금융구조에 관한 논의 참조.
28 국제개발부는 다자간 자원 배분을 관리하는 다자간 효율성 체제를 발전시켜 나갔다.

- 무역: 만약 유럽이 시장 개방에 한층 더 적극적으로 나선다면 유럽과 빈곤국가들 모두 이득을 볼 것이고 경제적으로 더 나은 경기 상승의 기회를 얻게 될 것이다. 유럽 자신의 이익과 다른 지역과의 연대 이익을 동시에 이 정도까지 충족시키는 정책 분야를 찾기는 힘들다. EC가 전 EU 국가들을 대표하여 WTO 협상을 진행하는 분야가 바로 이 분야이기 때문에 이에 대한 EC의 개입은 매우 중요하다. EC 개발정책의 원조 부문에서 무역을 위한 원조를 주요 분야로 두는 것은 당연할 것이다.

- 일관성: EU와 전 OECD 국가들은 개발을 위한 정책 일관성의 필요성을 자주 주장해왔다 (OECD, 2003b). 스웨덴은 전 지구적 개발과 빈곤국의 빈곤 축소를 위한 요구와 일관된 공식 정책들을 채택했다(Sweden, 2001). EU는 이를 다음과 같이 공식화했다. "공동체 개발정책의 목표는 개발도상국들에 영향을 주는 다른 정책의 수립이나 실행에 대한 고려를 충분히 포함해야 한다. 이를 성취하기 위해서는 특히 민감한 분야의 조치들에 대한 직간접 효과의 체계적이고 철저한 분석과 함께 EU 집행위원회의 정책 결정 과정에서 개발 문제에 대한 고려가 이루어져야 한다."(OECD, 2002, p. 43) 다양한 국가들과 부서들에 두루 걸쳐 있는 정책들은 최빈개도국들의 전체적인 개발목표를 지원하고 서로 간의 시너지를 생성해내야 한다. 정책 일관성 획득을 위한 이러한 의지는 이타적 시각과 이기적 시각 모두에서 중요하다.

정책결정자들 간 일관적인 행동은 제한되어 있고 정책 일관성에 대한 감독 능력도 부족하다. 모든 정책에서 개발의 영향을 고려하는 것은 지나치게 야심 찬 것일 수 있지만 EU 회원국들은 적어도 최빈개도국들에게는 가장 중요한 정책 일관성 향상을 위해 노력을 기울여야 할 것이다. 이 장에서 논의되었던 정책 분야들 중에서 정치적으로 가장 문제가 되는 분야는 원조정책이 아니라 무역정책과 농업정책이다. 만약 우리가 개발에 관한 의무를 진지하게 고민한다면 후자 영역들의 변화가 가장 중요하므로 이는 EU 정책 결정자들에게 가장 큰 도전이 될 것이다.

대외통화 · 금융정책

분석과 제안

앨런 에이헌, 배리 아이켄그린*

EU가 통화 및 금융 분야에서 대외 관계를 얼마나 잘 운영하고 있는지 묻는다면 "쉽지 않게 가고 있다."[1]라는 대답이 먼저 나올 것이다. 그 원인 중 하나는 국제통화 및 금융 분야의 관련 조직과 기관들이 서로 얽혀 있는 데다, 이들 기관과 조직의 참여 지분이나 발언권이 역사적 · 정치적 배경에 의해 영향을 많이 받기 때문이다.

〈표 5.1〉을 보면, 유럽 국가들은 IMF, G7, G10 등의 국제기구에서 다수 의석을 차지하고 있는 것을 알 수 있지만, 오늘날 세계경제의 흐름에 비추어볼 때 그만큼 큰 역할을 하고 있지는 못하다. IMF의 상임위원 24명 중 8명이 유럽 대표다(중요한 라틴아메리카 선거구의 경우 스페인이 정

---

* 2006년 10월 12~13일 이틀간 브뤼셀에서 열린 유럽과 세계경제에 관한 회의에 참가한 분들과 토마스 비저(Thomas Wieser)의 의견에 감사한다.
1 이 장에서 우리는 전반적인 경제 관계나 무역정책보다는, EU와 다른 나라들 간의 통화 · 금융 관계만 중점적으로 논했다. 참고로 EU의 무역 분야는 특이하게도 오래전부터 EU 집행위원회의 권한으로 위임 · 운영되고 있다.

〈표 5.1〉주요 국제포럼과 그 회원국*

IMF 집행위원회	G7	G10**
독일	프랑스	벨기에
프랑스	독일	프랑스
영국	이탈리아	독일
벨기에	영국	이탈리아
네덜란드	캐나다	네덜란드
이탈리아	일본	스웨덴
핀란드	미국	스위스
스위스		영국
미국		캐나다
일본		일본
베네수엘라		미국
오스트레일리아		
중국		
캐나다		
이집트		
사우디아라비아		
말레이시아		
케냐		
소련		
이란		
브라질		
인도		
페루		
르완다		

* 유럽 국가 우선순위.
** G10은 1962년 설립되었고 스위스는 1964년 가입.

기적으로 그 대표를 맡는데, 이때는 유럽 국가 대표가 총 9명으로 늘어난다). 이렇듯 참여 구조가 편중되어 형성된 까닭은, 1944년 IMF 창립 당시 경제 규모가 작은 몇몇 유럽 국가들이 산업과 금융 부문 발전의 출발점 역할을 하면서 이 국가들의 국제무역 및 금융거래에 대한 평가가 다소 과장되었기 때문이다. 또한 기관의 조직구조란 일단 구축되면 좀처럼 변하지 않는 성질이 있기 때문이다.

현재 G10 회원 중 7개국이 유럽 국가인 것은, 1960년대 유럽이 잉여

달러를 상당히 보유하고 있었고, 그에 따라 당시 국제통화 어젠다의 단골 메뉴였던 미국 금 보유고 문제에 대해 발언권을 행사할 수 있었기 때문이다. G7이 대다수 유럽 국가로 구성된 것 역시 당시 이 국가들이 국제통화·금융 시스템 구축에 반드시 참여해야 할 후보국들이었고, 1970년대 유동성의 시대에 들어서면서 정회원이 되었기 때문이다. 이러한 역사적 대물림으로 인해 유럽 국가들은 국제통화 및 금융과 관련된 거의 모든 영역에서 지금까지 과도한 의석을 차지하게 되었다.

문제는 경제의 균형이 신흥시장으로 옮겨가는 현 상황에서 이런 구조가 지속될 수 있느냐 하는 것인데, 대부분의 견해는 부정적이다. 오늘날 국제경제 사회에서 신흥경제국들의 영향력과 중요성에 비해 IMF나 세계은행(World Bank) 이사회에서 그들의 참여 의석이 상대적으로 적다는 것은, 유럽 국가들의 참여 지분이 지나치게 많다는 사실을 반증한다. 이런 불균형이 위험한 이유는, 신흥시장들이 막대한 외환 보유고를 축적한 후 국제금융시장에서 자국의 운명을 결정할 사안에 대해 더 큰 목소리를 내기 위해 다자 기구들에 대적할 지역연합을 구축할 가능성이 크기 때문이다. 일례로 2006년 9월, 미국과 중국은 정규적 상호 협력 체계에 동의했다. 이어 2006년 12월 중순 베이징에서 미·중 협력 1차 회의가 열렸다. 미국 대표단으로 헨리 폴슨(Henry Paulson) 재무부장관, 벤 버냉키(Ben Bernanke) 연방준비제도이사회 의장 같은 고위관리들이 참여했다. G7에서는 세계 제2의 경제대국이 될 것으로 보이는 중국의 참여가 제한되었기 때문에, 이 회의가 G7을 대체하는 방향으로 발전될 가능성도 충분히 있다. 따라서 국제사회에서 유럽이 자리를 양보하지 않는다면 앞으로 손잡을 수 있는 파트너들을 점차 잃게 될 것이다.

EU의 통화·금융 사안을 복잡하게 만드는 또 하나의 원인은 유럽 그 자체다. 예를 들어 스위스는 G10의 회원국이다. 스위스의 금융정책이 국제금융시장에서 상당한 파급효과가 있기 때문에 유럽의 대표로 스위스도 한 의석을 갖는 것이 타당하게 보이지만, 문제는 스위스가 EU 회원국이 아니라는 점이다. 노르웨이 또한 상당한 수준의 외환 보유고를 가지고 있으며 종종 IMF 선거구장을 맡기도 하지만 역시 EU 회원국이 아니다. 반면, 영국은 EU 회원국이지만 유로권에는 참여하지 않고 있다.[2] 게다가 EU와 유로권의 회원국 구성이 계속 바뀌어왔고 앞으로도 계속적인 변화가 예상되고 있어 유럽 자체가 사안을 더 복잡하게 만드는 요인이라 할 수 있다. 유럽의 대외 통화 · 금융관계는 다음과 같은 노선 중 하나를 취할 수 있을 것이다.

① 예전부터 그래왔던 것처럼 통상적인 방법은 대외 통화 · 금융 정책을 개별 국가의 권한으로 남겨두는 방안이다. 유럽에서 대외정책 전반에 걸친 단일화보다 대외 금융정책의 단일화에 대한 요구가 더 크지는 않다고들 한다.[3] 이 방안은 현재 상황을 근본적으로 해결하는 것이 아니라 효율성이 최악으로 떨어지지 않게 업데이트하는 정도에만 그칠 것이다.

② 회원국들 간에 더욱 긴밀한 협조를 통해 미국과의 균형을 유지하고 유럽의 공동 입장(공동 입장이 있다는 전제 하에)을 더욱 효과적으로 추구하는 방안이 있을 것이다.

---

2 스웨덴, 덴마크, 그리고 현재 12개 EU 신규 회원 중 11개국도 같은 단계에 있다.
3 마이유, 오옴스, 로티에르(Mahieu, Ooms and Rottier, 2003)의 사례를 참조하라. 이들은 만일 EU 회원국들이 공동의 대외정책을 수립할 권한을 EU에 위임하려면, IMF에 한해서 완전한 단일 회원이 될 수 있도록 준비해야 한다고 주장했다.

③ 마지막으로, 국제사회에서 유럽의 대표권을 일원화하는 방안이 있다. 구체적으로는 EU 집행위원회(European Commission)에 대표단을 구성하는 책임을 위임하고, EU의 단일대표를 임명해서 여러 세계 포럼에 소속된 EU의 각 대표들과 서로 의사소통하도록 하는 방법이 있을 것이다.

물론, 방법론을 선택하기 이전에 어떤 권한은 EU에 위임하고 어떤 책임은 개별 회원국에 전가할 것인가 하는 포괄적인 논의가 먼저 이루어져야 할 것이다. 2002~2004년까지 유럽헌법(Constitution for Europe)을 제정하기 위해 헌장 초안을 기획하고, 그 비준에 따르는 난제들을 해결하기 위해 유로피안 회의(European Convention)가 열렸다. 그 회의 과정을 지켜본 사람이라면 누구나 유럽 국가들 간에 특정 접근 방식에 대해 일치된 합의점을 찾는다는 것이 실로 꿈같은 이야기라고 느꼈을 것이다.[4]

그러면 유럽은 어떻게 해야 효과적이고 현실성 있는 합의점에 도달할 것인가? 재정 연방주의 이론(The theory of fiscal federalism)에서는 정부의 차원에 따라 책임과 권한의 배분을 결정하는 기준을 제시한다. 해당 사안에서 취향이 동일하고 공급이 집중되어 있는 규모의 경제가 존재할 때 가장 포괄적인 차원의 정부, 즉 유럽의 경우 EU에 권한을 위임해야 한다. 반대로 국가별로 취향이 다양하고 규모의 경제가 없을 때 낮은 차원의 정부, 즉 유럽의 경우 개별 회원국 정부에 권한을 위임해야 한다.

---

4 이 장의 주제인 통화·금융 사안들이 이 모임에서 어떻게 다루어졌는지는 다음 본문에서 설명했다.

유럽의 경우를 대비해보면, 공급의 집중화와 규모의 경제가 의미하는 것은 권한이 EU 차원으로 중앙집권화되어 있을 때 국제사회에서 유럽이 더욱 효과적으로 행동할 수 있다는 말로 풀이된다. 또한 취향이 동일하다는 의미는 유럽 국가들의 정책목표가 비슷하다는 것이다. 이런 점에서 우리는 대외 통화·금융 정책이 이 두 가지 조건을 어느 정도 충족시키는 분야라고 생각한다. 따라서 대외 통화·금융과 관련된 사안에서 유럽은 보다 더 긴밀히 의견을 조율하고 유럽의 대표권을 EU 차원으로 중앙집권화해야만 국제사회에서 유럽이 원하는 목표를 달성할 수 있을 것으로 본다.

이러한 판단이 올바르다면, 어째서 EU는 통화·금융 관련 사안에 대해 공동의 입장을 구성해내는 책임을 아직도 EU 집행위원회에 위임하지 않는 것일까? 혹자는 개별 국가들이 EU 집행위원회에 권한을 위임하기 싫어한다는 사실로 보아 이 판단이 틀렸다고 주장한다. 또는 유럽의 현재 권력 집중[5] 효율성을 과대평가하고 있거나 선호의 다양성을 과소평가하고 있다고 주장하기도 한다. 회원국들이 EU에 해당 정책에 대한 권한을 위임하지 못하는 현실은 언뜻 보기에 우리의 판단이 틀렸다는 증거처럼 여겨질 수 있다.

그러나 변화에는 상당한 고정비용이 소요된다. 브레턴우즈(Bretton Woods) 체제 하의 기구들에서 EU 참여 의석을 조정하려면 EU 비회원국들과도 협상할 필요가 있는데, 이들 중 많은 경우가 EU 회원국들과 동일 선거구에 소속되어 있다.[6] EU 의석의 재조정은 일부 국가들에는

---

5 역주: 유럽의 발언권·대표권 채널의 집중화.
6 IMF의 180개 회원국들과 세계은행의 회원국들은 24개 선거구 또는 국가들의 집합체로 분할 구성되어 있고, 그 각각의 선거구와 집합은 이 기구들의 상임이사회(Excutive Board)에 선거구별 대표 1인을 내보낼 수 있다.

소중한 정치적 자산을 불가피하게 포기하는 것을 의미하기도 한다. 일반적으로 정책입안자들은 위험을 회피하고 안정을 더 선호하기에 현상유지를 고수하는 편이다. 복리를 분명히 증진시킬 수 있는 방안이 있어도 약간의 불확실성이 존재하면 현 구조를 그대로 유지하는 입장을 고수하게 된다. 따라서 유럽의 경우에도 EU 대표 일원화라든가 EU 차원의 중앙집권화가 더 효율적이라고 하더라도 타성에 기인해 제대로 개혁을 추진할 수 없는 것이다.

이러한 해석은 현상 유지에서 탈피하여 개혁을 추진하려면 전략이 필요하다는 사실을 지적한다. 우리는 과거 계획경제 국가들이 계획경제에서 시장경제로의 전환을 추진하는 개혁전략에서 아이디어를 얻어 이번 연구의 이론을 구축했다. 제한적인 범위의 개혁부터 시작해 첫 단계에서 성공적으로 개혁이 이루어지면, 이런 경험이 개혁에 대한 확신을 심어주게 되고 개혁을 점차 단계적으로 시행할 수 있는 여건이 형성되는 것이다. 점진적 개혁은 만일 그런 경험이 전혀 없었다면 개혁 자체에 회의적이었을 이해관계자들에게, 한 단계 더 나아간 개혁의 긍정적 효과에 대한 확신을 심어준다(Dewatripont and Roland, 1992). 즉, 대표 일원화와 공동 정책의 필요성이 가장 강한 사안이나 상황에서 먼저 개혁을 시도해보는 것이다. 만약 제한적 개혁의 결과가 유럽의 발언권과 영향력을 증진하는 데 효과적이라는 확신을 심어주면, 다른 상황이나 사안들에서도 점진적으로 적용하는 것이 가능해질 것이다.

구체적인 방안으로는 IMF부터 제한적 개혁을 시작할 것을 제안하고자 한다. 가능한 방안 중 하나는 유럽 의석을 단일대표제나 공동대표제(즉, 유럽지역 대표 1인과 EU 회원국 대표 1인으로 구성된 2인 공동대표제)로 추진해보는 것이다(앞에서 말한 점진적 개혁의 논리를 생각할 때 공동대표제부터 시작하는 것이 좋을 듯하다). IMF에서 EU의 대표를 일원화하는 것이 세계은행, G7, G10, G20, 금융안정포럼(FSF: Financial Stability Forum) 등에서 시작하는 것보다 더 타당할 것으로 판단된다. IMF의 경우, 유럽의 입장을 수렴하는 데 필요한 인프라가 상대적으로 잘 구축되어 있다. 사실 EU 회원국들이 IMF 상임이사회에서 의석을 포기하지 않으려는 경향이 IMF의 포괄적인 거버넌스 개혁에 주된 장애 요인으로 점차 더 부각되고, IMF의 존립 적법성을 저해하는 요인으로 인식되고 있다.[7] 유럽은 단일대표를 둘지의 여부를 떠나 어쨌거나 이 문제에 대해 협상해야 할 것이다. 물론 각 국가들은 현 구조와 절차를 이용해 자국의 발언권을 최대한 고수하려 할 것이다.[8]

제한적 개혁을 시도하기에 가장 적절한 곳이 IMF인 또 하나의 이유는, 유럽이 적어도 IMF 관련 사안에서만큼은 선호도가 비교적 동질적이기 때문이다. EU 회원국 절반이 동일 화폐를 사용하고 이에 따라 동일 환율이 적용되기 때문에, 환율 관련 사안에 관심을 두고 있는 IMF가 개혁의 시발점으로 타당성이 있어 보인다. (금융의) 글로벌 불균형이라는 주제를 다루는 IMF의 첫 번째 다자간 협력 체계에 개별 회원국이 아닌 유로지역이 초청되었다는 사실이 그 근거다.

마지막으로, IMF가 개혁의 시발점이 될 타당한 이유는 대표권에서 규모의 경제가 크기 때문이다. 리치와 리치(Leech and Leech, 2005), 그리고 비니-스마기(Bini-Smaghi, 2006b)의 연구에 따르면, 단일대표 또는 공동대표제를 시행할 경우 EU는 블록투표(Block Vote)에서 핵심적인 스윙

---

7 필립스(Philips, 2006a)의 예를 참조.
8 역주: 상임이사회에 유럽 국가들의 의석이 많은 현 구조에서는 아무래도 이들의 의견이 관철되기 쉬울 것이다. 따라서 유럽 국가들은 최대한 의석을 고수하려고 할 것이고 이에 따라 대표권 통합을 위한 행보는 쉽지 않을 것이다.

보터(Swing Voter: 선거 결과에 결정적 영향을 주는, 입장이 유동적인 유권자 또는 계층)가 된다. 따라서 더욱 유리한 입장에 서게 되며, 이것이 바로 EU 차원으로 권한을 위임해 규모의 경제를 실현하는 의미가 된다. 개혁에 소요되는 고정비용을 감소시킬 또 다른 요소는 IMF 안에 이미 SCIMF와 EURIMF라는 조직이 존재한다는 사실이다. SCIMF는 경제금융위원회(EFC: Economic and Financial Committee. 재무부와 중앙은행의 고위관리들로 구성) 내 IMF 관련 사안을 논하기 위한 소위원회로서, EU 집행위원회의 경제금융분과장(DG Ecfin: Directorate-General for Economic and Financial Affairs)이 의장을 겸직한다. EURIMF는 IMF 내 EU 회원국 대표들로 구성된 비공식 위원회다. 이 두 채널을 통해 EU는 IMF 내에서 유럽의 국가별 입장을 조율하는 인프라를 구축해놓은 셈이다.

따라서 세 가지 주요 사항, 즉 개혁에 따른 고정비용, 선호도의 동질성, 규모의 경제를 모두 갖춘 IMF에서 유럽 대표권 일원화를 추진하는 것이 가장 합리적이라 분석된다.[9] IMF에서 대표 일원화가 좋은 결과를 가져오면 EU 회원국들은 다른 분야나 기관에서도 점차 개혁을 시도해볼 수 있을 것이다.

---

9 물론 다른 주장도 있다. 이는 4절에서 자세히 설명했는데 주 요점은 다음과 같다. 현재 상임이사회에 아시아 국가들이 충분히 참여하지 못하고 있는데, 이는 유럽의 참여 지분이 상대적으로 많다는 것을 의미하며, 바로 그런 이유로 IMF의 적법성이 도전을 받고 있다는 주장이다. 따라서 아시아 국가들이 치앙마이(chiangmai) 발의 이니셔티브에 근거해 경쟁적으로 지역협의체를 구성해서 기존의 다자간 체제를 약화시키려는 압력을 줄이려면, 유럽의 참여 지분을 합리적으로 조절하여 다른 나라들에게 추가로 의석을 내주어야 한다는 것이다.

게임의 현재 스코어

EU가 대외정책과 관련된 광범위한 협력에서 지금까지도 별다른 진전을 보이지 못했기 때문에 회의적인 시각을 가진 사람들이 많다. 대외 통화·금융 정책은 대외정책의 한 분야일 뿐이며, 회원국 간의 정책 선호도는 기본적으로 다양하다. 예컨대, 유럽 국가들은 유럽 외부 세력에 대해 서로 다른 입장에 서 있다. 영국은 미국과 특별한 관계에 있고, 프랑스는 러시아와 오랜 관계를 지속해오고 있으며, 독일은 터키와 역사적·경제적으로 관계가 깊다.

통화·금융 관련 사안에도 같은 논리를 적용하고 싶다. G10의 창립 당시부터 프랑스는 미국이 국제통화 시스템에서 과도한 특권을 누리는 현실을 특히 못마땅하게 여겨왔다. 독일은 국제구제패키지(International Rescue Package)와 관련된 도덕적 해이와 인플레이션 편중을 특히 우려하고 있다. 영국은 상대적으로 금융 분야에서 규제 완화와 자유화에 대해 더 주력하고 있는데, 이는 국제금융 경쟁에서 런던이 주요 거점이 되기를 내심 바라기 때문이다. 네덜란드와 스칸디나비아 국가들은 최빈국에 대한 개발원조와 금융 지원에 우선순위를 두고 있다. 식민지를 갖고 있었던 EU 국가들은 과거 자국의 식민지였던 국가에 대해 특별한 책임을 느끼고 있으며, 통화·금융 정책이 자국의 특수한 이해관계를 충족시키는 방향으로 수립되기를 바란다.

이와 동시에, 대외 통화·금융 정책들은 다른 대외정책들과는 분명한 차이점이 있다. 현재까지 13개 유럽 국가들이 단일 통화인 유로를 채택했고, 동일한 달러 대비 환율을 사용한다. 따라서 이 국가들의 외환시장 개입전략도 한 가지뿐이며, 환율 상황과 세계경제 흐름에 따른 통화정책도 한 가지만 채택할 수 있다. 또한 경제와 금융의 위기가 어느 정도 임박했는지에 대해, 그리고 유럽중앙은행(ECB: European Central Bank)이 어떻게 대응해야 하는지에 대해서도 공동의 견해를 가지고 있어야 한다. 통화연합이 존재한다는 사실은 이 분야에서 상대적으로 선호도가 수렴되어 있다는 것을 의미한다. 13개 유럽 국가들이 단일 통화를 사용하고 단일 중앙은행이 있다는 사실은 국제 통화 및 금융 분야에서 유럽의 대표성이 보다 집중화됨으로써 발생하는, 규모의 경제가 존재한다고 볼 수 있겠다.

그 결과 통화·금융 사안에서 대외 권한을 회원국과 EU 당국이 나누어 가지는 절충안이 채택되었다. 암스테르담 조약(Treaty of Amsterdam)에 규정된 사항은 다음과 같다. "경제·통화연합과 특별히 관련된 사안에 대해서는 EU 집행위원회가 발의한 제안에 대해 유럽중앙은행과 상의를 거친 후, EU 각료이사회(Council of Ministers)에서 가중다수결 방식을 통해 유럽공동체의 입장을 채택하도록 한다." 내용을 살펴보면, 개별 회원국의 입장이 그대로 반영되는 EU 각료이사회가 유럽 공동 입장의 최종 채택 여부를 결정하는 권한을 가지고 있다. 따라서 EU 집행위원회와 유럽중앙은행이 어젠다 제정을 통해 영향을 주긴 하지만, 회원국이 이 분야에서 여전히 주도권을 가지고 있는 것을 알 수 있다. 이는 역사와 조직의 타성이 현 구조에 큰 영향을 미치고 있음을 시사한다.[10]

EU를 위한 대표 일원화의 개념이 유로피안 회의에서 유럽의회

---

10 현실적으로 문제는 더 복잡해진다. 예를 들어 EU 집행위원회의 관리들은 EU 이사회(EU Council)의 중재를 거치지 않고 세계은행과 IMF 의장들과 직접 접촉해서 발칸 국가에 대한 국제금융지원 같은 문제를 협의해왔다. 위원회는 돈세탁 방지를 위한 재정행동특별전담기구(FATF: Financial Action Task Force)의 회원으로서 다른 대부분의 EU 회원국들과 연대하고 있다. 이러한 국제경제 사안에서 EU 이사회가 아닌 EU 위원회가 주도적 역할을 하고 있다.

(European Parliament)와 EU 집행위원회에 의해 제기되었다. 당시 EU 경제통화분과 위원장이었던 페드로 솔베스(Pedro Solbes)는 IMF 이사회에서의 EU 대표 일원화 안을 지지한다고 대내외에 선언했다(Louis, 2003). 헌법 초안은 한 발짝 더 나아가 국제사회에서 유로지역을 대표할 임기 2년 6개월의 유로지역 총재를 유로그룹이 선출하도록 권한을 부여함으로써, 유로지역 국가들의 발언권을 한층 더 강화하자는 움직임이 있었다. 이들의 제안은 유로지역 회원국들이 투표로 대외 금융 관련 사안을 결정하도록 허용하자는 것이었다. 이 제안에 따르면 유로그룹은 '국제 금융기관들과의 회의에서 경제·통화연합의 특정 이해관계 사안들에 대한 공동 입장을 결정할 수 있게' 되는 것이다. 그러나 단일대표를 의도한 이 방안은 다른 조항, 즉 의사결정 권한은 궁극적으로 EU 각료이사회 내에 대표를 두고 있는 개별 회원국들에게 귀속된다는 조항에 의해 제한을 받게 되었다. 특히, 헌법 초안에는 '국제금융기관에서 대표 권한을 강화하기 위해 적절한 조치를 취할 수 있도록' EU 각료이사회에 힘을 실어주었다(Corrales-Diez, 2003).

실제로도 각 회원국들은 정책을 조율하는 데 노력을 집중했을 뿐, 적극적으로 대표 일원화에 힘쓴 것은 아니었다. 2002년 오비에도(Oviedo)에서 열린 EU 각료이사회에서 EU는 공동 입장 도출을 위해 의견 조율이 필요하고 이를 위해 노력해야 한다는 점에는 비공식적으로 합의했다(Crelo, 2005). 그러나 공동 입장 정립에 사전 책임이 따르는 것은 아니다. EU 대표는 각 회원국들이 서로 견해를 조율하도록 권하지만 강제력은 없다.

논란의 여지는 있으나, 2003년 하반기에 이탈리아가 EU 의장직을 맡은 이후 소프트 코디네이션(soft coordination: 강제성이 거의 없는 연성적 정책 조율)이 많았다. 일부에서는 소프트 코디네이션이 더 바람직하다고 강조해온 비니-스마기 같은 관료들의 영향이라고 보고 있다. 소프트 코디네이션 전략의 핵심은 IMF와 세계은행의 유럽 상임이사들(EDs: Executive Directors)들이 매주 1회 회의를 갖는 것이다. 회의의 목적은 각 국가들의 입장을 논의하여 이해관계가 일치하는 부분을 찾아서 공동의 이해를 추구하는 전략을 세우는 것이다.

IMF

상대적으로 회원국 간 입장 조율이 잘 이루어지는 곳이 IMF다. SCIMF 는 IMF 관련 사안들에 대한 경제금융위원회의 업무를 준비한다. (SCIMF 는 2001년 실무를 위해 설립되었고, 2004년 경제금융위원회의 상임소위원회로 자리 잡았다). SCIMF는 연간 약 8회 정도 브뤼셀에서 회의를 개최하며 각국의 재무부와 중앙은행에서 온 대표들과 경제금융분과(DG Ecfin) 대표 2인, 유럽중앙은행 대표 2인으로 구성된다.

EU 집행위원회는 SCIMF의 의장 역할을 담당하는데, 회의 의제와 의사록을 준비하되 토론에 적극 참여하지는 않는다. 경제금융분과 대표 2인은 회의석상에서 EU 집행위원회를 대신해서 발언하지만 표결에는 참여하지 않는다. EURIMF 의장직을 수행하는 유럽 상임이사 역시 이 회의에 참석하는데, 이들의 역할은 워싱턴 DC에서 진행되는 사항들과 일관성을 유지하는 것이다.

SCIMF에서 합의된 문서는 제일 먼저 경제금융위원회로 보내 승인을 받고, 그 다음 IMF 내 유럽 상임이사들에게 보낸다. 하지만 유럽 상임이사들이 그 조언에 따라야 할 의무는 없다. 게다가 회의가 대략 6주 간격으로 열린다는 사실도 문제가 되는데, SCIMF가 시간을 정해놓고 회의를 하는 것이 아니어서 그들의 의견과 공동 입장을 적시에 IMF 이사회에 제공하지 못하기 때문이다(Eurodad, 2006). 이 점이 소프트 코디네이션의 한계라 할 수 있다.

SCIMF의 소프트 코디네이션이 갖는 한계를 보완해주는 곳이 바로 EURIMF인데, 이는 IMF 내 유럽의 공동 입장 조율을 촉진하기 위해 1998년에 만들어진 대표단이다. 여기에는 EU 집행위원회의 워싱턴 대표단에서 1인, 유럽중앙은행에서 1인이 참석한다. EURIMF의 핵심 활동은 '의장보고서 조율 체계(EU presidency grey mechanism)' 다. 각 대표단 회의 전에, '회색서(grey)' 라 불리는 입장보고서(position paper)를 준비한다. 이런 보고서들을 통해 EU와 관련된 질문들에 대한 입장 조율 과정을 거친다. 또한 EURIMF 의장직을 수행하는 유럽 상임이사는 IMF 상임이사회에서 세계경제 사안들에 대해 유럽의 공동 의견을 밝히는 성명을 발표할 수 있다.[11]

마지막으로 임시 '의석대표(one-per-chair)' 또는 '분과대표(one-per-office)' 회의가 있다. 이 회의는 IMF 상임이사회에 의석을 보유하고 있는 유럽 대표가 모인다. 이들은 소 EURIMF(mini-EURIMF) 같은 기능을 한다.

중요한 점은 이 회의에 유럽중앙은행은 참여하지 않는다는 사실이다. 여기서 심의한 내용이 IMF 상임이사회로 넘어가면 그때 유럽중앙은행에 참관 자격이 주어진다. 유럽중앙은행이 유럽의 통화정책 사안들에 대해 IMF 상임이사회 회의에서 발언—예를 들어 '유로권의 제IV 조항 조언' 에 대한 실무자 보고서—할 수는 있으나 이는 유럽중앙은행

---

11 비니-스마기(Bini-Smaghi, 2004)는 이것이 가능한 이유가 유럽 국가들이 주요국 견제와 세계경제를 다자간 감시 체계로 하는 문제에 견해를 같이하기 때문이라고 주장한다. 그러나 이런 주장, 즉 EURIMF 의장의 연설은 내용이 없다. 왜냐하면 그것은 이사회에 대표를 보내고 있는 유럽 국가들 중 어느 누구도 반대할 만한 내용을 담고 있지 않기 때문이다. 그러나 이런 것이 바로 소프트 코디네이션 전략의 대표 사례라는 주장도 있다.

의 입회가 승인되는 경우에 한해서다.

이에 1998년 EU 집행위원회도 참관 자격을 요구했다. 정확히 말하면, 유로지역의 의장직을 맡은 회원국 대표가 IMF 상임이사회에서 'EU 집행위원회 소속 대표들의 조력으로' 유로지역을 대표하겠다고 제안했다. 그러나 EU 각료이사회에서는 이 방안이 권한을 위임하는 것처럼 보인다는 이유로 EU 집행위원회의 제안을 기각했다(Corrales-Diez, 2003).

일부 관리들은 다수 중앙은행들이 참여하는 IMFC(IMF Committee)에서 유럽중앙은행 총재가 참관 자격만 있기 때문에 IMF 감시 기능이 약화되었다고 주장한다. 2006년 봄, IMF 회의에서 유로그룹의 총재인 장-클로드 융커(Jean-Claude Juncker: 룩셈부르크 수상)는 이 상황에 대해 "멍청하고 우스꽝스러운 일"[12]이라고 표현했다. 유로그룹 재무장관회의 의장 자리는 자리가 생겼을 때만 대표권을 행사하는 것이다(Atkins and Schieritz, 2006). 확실히 하자면, EU 각료이사회의 의장직을 맡고 있는 회원국의 재무부장관은 2년마다 열리는 IMFC에서 연설을 하게 되어 있다. 하지만 그 연설은 브뤼셀에 있는 SCIMF에서 준비하며, SCIMF에서는 모든 회원국의 공동 의견을 반영해야 하기 때문에 연설문 내용이 지극히 일반적이고 피상적이 될 수밖에 없다. 구체적인 내용을 명시하기도, 어젠다로 구성하기도 어렵다. 더구나 EU 의장을 6개월마다 돌아가며 맡는 현 시스템은 정책의 일관성을 유지하기 어려울뿐더러, EU 의장과 IMF 직원들 간에 지속적인 관계를 유지하는 데도 장애 요인이 되고 있다(Eurodad, 2006; Phillips, 2006b).

---

12 Dolan and Bull(2006).

세계은행

세계은행에서의 EU 참여는 더욱 부진하다. 세계은행 상임이사회에는 어떤 EU 기관도 그나마 참관 자격조차 갖고 있지 않다. EU 집행위원회가 IMF-세계은행 합동개발위원회에 참관인으로 참석하지만, 발언권도 없고 내부 문서도 제공받지 못한다(Phillips, 2006b). 2004년부터 EU 개발분과위원장이 IMF-세계은행 합동개발위원회에서 대변인 역할을 하고 있지만, 공식적인 대표권 행사는 아니다(Eurodad, 2006).

워싱턴에서는 세계은행 소속 유럽 국가 대표들이 정기적으로 회의를 하지만, 브뤼셀에는 SCIMF에 상응하는 체계적인 조직이 없다. 2000년부터 유럽 국가원수들이 세계은행 이사회 어젠다에 초점을 맞춰 워싱턴에서 회의를 개최하려는 시도가 있었다. 2003년 11월, 유럽 국가들은 이런 회의를 최소한 2주에 한 번 이상 개최해야 한다는 내용의 추진 합의서에 서명했다. 현재는 정보 교환을 주된 목적으로 매주 금요일마다 회의가 열리며, 워싱턴에 파견된 EU 집행위원회 관료가 이 회의에 참관인으로 참석한다(Eurodad, 2006).

유럽 국가들은 IMF와 마찬가지로 세계은행에서도 공동 선거구에 속하는 회원국들이 있는가 하면 서로 다른 선거구에 속해 있는 경우도 있어 공동 입장 조율이 그리 녹록하지 않다. 그리고 입장 조율을 더욱 어렵게 만드는 또 하나의 요소는, IMF와 비교했을 때 세계은행에 파견된 유럽 상임이사들의 배경이 훨씬 더 다양하다는 것이다. 이들의 반은 재무부, 3분의 1은 개발협력부, 나머지는 외무부 관료 출신이다.

이런 모든 상황에도 불구하고, 유럽 상임이사들은 때때로 합동 정책성명서를 발표하기도 했다. 일례로 세계은행 후보로 월포위츠(Wolfowitz)를 지지한다는 공동성명을 발표한 적이 있었다. 또, 2003년 11월 유럽 상임이사들은 공동이해정책의 조율 및 채택과 관련한 절차사항에 합의한 바 있다(Eurodad, 2006). 하지만 공동 선거구에 속한 상임이사들은 여기에 참여하지 않았다(Phillips, 2006b).

G7/8

G7/8 회의에서는 통화·금융 정책 사안이 논의될 경우에 한해서만 유럽중앙은행이 유럽 통화당국을 대표한다. 그 외 분과에서는 프랑스, 독일, 이탈리아 중앙은행장이 발언권을 가진다(Truman, 2004). 그리고 유로그룹의 총재가 참석하고 3개국 재무부장관이 동석한다.

예상 가능한 일이지만 G7에서 대표를 독점하고 있는 EU 강대국들은 다른 나라에 의석을 양보하려는 생각이 없다. 이런 문제는 최근 있었던 다자간 채무구제 발의안(Multilateral Debt Relief Initiative)의 경우와 같이 다른 회원국들의 참여를 필요로 하는 발의안이 G7에 상정될 때 드러난다(Phillips, 2006b).

문차우(Munchau, 2006)는 G7/8을 미국, 유로지역, 일본, 중국으로 구성된 G4로 대체하는 제안을 내놓았다. 케넨 외(Kenen et al., 2004)는 미국, 유로지역, 일본과 영국이 종신회원국이 되고 기타 10개국은 번갈아 참여하는 국제금융·경제협력회의(Council for International Financial and Economic Cooperation)로 대체하자고 주장했다. 이탈리아, 프랑스, 독일은 대표권을 잃기 때문에 아마도 이 제안을 거부할 것이라 예상된다. 또한 유럽의 공동 입장을 정립할 체계가 수립되어 있지 않고, 해당 권한을 유로지역 또는 EU 관련 당국에 위임할지 협의가 없는 상황이라 가능성은 더욱 낮아 보인다.

금융안정포럼

금융안정포럼은 아시아 금융위기 발생 당시 국제금융시장에서의 제도적 안정성 문제를 논의하기 위해 1999년 봄에 만들어진 포럼이다. 여기에는 국제금융기관, 관리감독 포럼들, 중앙은행전문위원회 등에서 금융안정화를 담당하는 각국의 관련 당국이 참여한다. 유럽 국가 중에는 프랑스, 독일, 이탈리아, 영국이 각자 중앙은행, 금융·경제부, 그리고 증권 규제 당국의 전문가들을 파견하고 있고 네덜란드는 중앙은행 인사를 대표로 내보낸다. 기타 유럽 국가들은 참가하지 않고 있다. 또, 유럽중앙은행은 참여하지만 EU 집행위원회는 참여하지 않는다. 금융정책포럼에서는 공동 정책이나 정책 조율에 관한 제도적 진전은 아직 없어 보인다.

현 체제는 어떤 영향을 미치고 있는가?

지금부터는 앞서 설명한 유럽의 현재 운영 구조가 IMF 정책, 환율정책, 그리고 글로벌 불균형을 개선하려는 노력 등에 어떤 영향을 미쳤는지 논의해보고자 한다.

IMF 정책

유럽 국가들은 금융위기에 처한 나라들을 위한 IMF 원조에 강경 노선을 고수하는 경향이 있다. 유럽 상임이사들은 IMF 차관의 도덕적 해이(Moral Hazard)를 해결하는 한 가지 방법으로 상한선이 명백해야 한다고 항상 주장해왔다. 최근에는 300% 쿼터의 상한 조건에 예외를 적용할 경우 그 이유를 상세히 설명하는 공개 서한을 IMF에 제출하도록 제안했다. 또한 다수 이사들도 통상적으로 적용된 차용 한계 조건을 면제할 경우, 절대다수결에 의해서만 그 예외를 두도록 제안했다(National Bank of Denmark, 2001).

그러나 대규모 차관에 대한 회의론도 차관 제공 자체를 막지는 못했다. 2001년 가을 아르헨티나에 차관을 제공할 당시에도 유럽 상임이사 2인이 반대 견해를 피력했지만, 결국 막지는 못했다. 가장 큰 원인은 미국이 차관 제공을 추진했기 때문인데(Mussa, 2002), 만약 유럽이 한목소리를 낼 수 있었다면 상황은 달리 전개될 수도 있었을 것이다.

또한 유럽 국가들은 국가부채의 재조정에 대해서는 엄격한 규칙과 기준에 입각해 접근해야 한다고 주장하는 IMF 회원들의 선봉자였다. 다수 유럽 국가들이 국가채무 재조정 방식으로 SDRM(Sovereign Debt Restructuring Mechanism)을 강력히 지지했는데, 이 SDRM은 공식적인 채무 재조정 협상 절차에 관한 규정이다.

그러나 스페인이 의장국인 선거구에서 SDRM을 반대했는데, 이는 해당 선거구의 신흥시장 채무국들, 특히 베네수엘라, 멕시코, 콜롬비아의 반대가 심했기 때문이었다. 영국 또한 국가 SDRM에 회의적이었는데, 영국은 구조조정 시 법에 의한 과정(집단 조치 조항을 사용하는 방식을 통한)보다는 계약에 의한 처리에 익숙했기 때문이다. 만일 유럽 국가들이 같은 편에 서서 일을 추진했다면 유럽의 입장은 분명 더 큰 무게를 지녔을 것이다.

마지막으로 유럽 국가들은 국제기구와 그 일상적 활동에 대한 개혁 논의에서도 이렇다 할 영향력을 미치지 못했다. 영국 재무부는 IMF의 감독 기능과 대출 기능 사이에 방화벽을 구축해야 한다고 주장했다. 감독 기능을 독립·분리시킴으로써, 대출 담당관의 개인적 친밀감 때문에 차관 수혜국 선정이 특정 국가에 편중되지 않도록 하고자 함이었다 (Balls, 2002). 영국 중앙은행 총재는 IMF 활동이 개별 국가의 이해관계와 정권의 단기성에 영향을 받지 않도록 경영진은 물론 스태프의 독립성까지도 보장해줄 것을 요구했다(King, 2006). 그러나 이와는 대조적으로 기존의 구조 하에서 자국이 원하는 방향으로 어젠다를 설정하고 이를 추진하는 자유를 누리고 있던 다른 유럽 국가들은 스태프와 경영진의 정치적 식견을 강화할 것을 요구하고 있다. 비슷한 이유에서, 유럽 국가들은 기금의 쿼터 배정 방식의 단순화를 논의하는 회의에서도 쿼터 배정 방식에 따라 투표 지분의 영향을 받으며 그에 따라 이해관계가 엇갈리게 된다. 이런 상충되는 입장들 때문에, 유럽은 사전에 의견 조율이 잘 되었더라면 누릴 수 있었던 영향권의 폭이 크게 좁아진 셈이다.

유럽 환율정책

그 다음으로는 외환시장 개입 문제가 있다.[13] 전통적으로 외환 개입 문제는 G7 회의의 부속 안건으로 다루어졌는데, 지금까지는 재무부장관들이 각국 중앙은행과의 협의를 통해 외환시장에 개입해왔다. 그래서 통화정책은 중앙은행의 책임이지만, 외환시장 개입 여부를 포함한 환율정책은 재무부장관이 결정하는 불편한 상황이 G7 대부분의 국가에서 벌어지게 되었다.[14]

---

13 외환시장 개입에 대한 저자의 논의는 헤닝(Henning, 2006)의 분석에 근거했다.

14 '불편한' 이유는 국내 채권과 해외 채권이 서로 불완전한 대체 수단이라는 것을 전제로 할 때 불태화 개입(sterilised intervention)이 효과적이기만 하다면, 재무부장관이 중앙은행으로부터 통화정책을 변경해도 좋다는 양해를 받지 않고 환율을 변경할 수 있겠느냐는 것이다. 불태화 개입의 효과에 관한 문헌은 많이 있다. 특히 도밍게즈와 프랑켈 (Dominguez and Frankel, 1993)을 참조.

이런 상황에서의 문제점은 유로지역 전체를 대표할 재무부장관이 없다는 사실이다. 유로그룹의 총재가 G7 회의에 참가하지만 그의 책임 소재는 그다지 명확하지 않다. 프랑스, 독일, 이탈리아 재무부장관들은 G7의 정식 파트너 위치에 익숙하기 때문에 이 자리를 양보하지 않으려 할 것이다. 이런 제반 사항 모두 유로지역이 미국, 일본, 영국, 캐나다와 외환시장 개입 문제를 합의하는 데 장애가 되고 있다. 따라서 외환시장에서 발생하는 일련의 상황을 신속하게 대처하는 데 걸림돌이 된다. 또한 외환 개입과 함께 이루어지는 공개적 구두 개입(open mouth operations)[15]도 조율하기 어렵게 된다. 유럽 국가들 간에도 환율에 대한 공식 발표의 일관성을 조율하기가 참으로 어려운 형편이다.

비니-스마기(2006a)는 "이론적으로는 유럽중앙은행의 총재와 유로그룹의 총재만이 환율 문제를 언급할 수 있다. 그러나 이 원칙을 시행하기가 늘 쉬웠던 것은 아니다."라고 기록하고 있다.

외환시장 개입 여부 결정에 다른 G7 중앙은행보다 유럽중앙은행이 더 큰 역할을 할 때 사안은 복잡해진다.[16] 외환시장에 대한 개입은 재무부장관들이 중앙은행들에 간단히 지시할 수 있는 문제가 아니다.[17] 중앙은행(더 정확히 말하면, 유럽중앙은행과 각국 중앙은행들로 구성된 유로 시스템)이 동의를 해야만 개입할 수 있는데, 이는 사실상 거부권을 부여한 것이나 다름이 없다. 그래서 다른 국가들과 협상할 때 교섭 책임자가

---

15 역주: 공개적 구두 개입은 대외적 발언을 통해 정책 의도를 전달하여 정책 실행 이전에 사전 효과를 유도하는 방법을 말한다.

16 일반적으로 말하면 "유럽중앙은행이 외환시장 개입을 집행한다. 하지만 환율정책의 집행에 있어서는 유로그룹이 유럽중앙은행과 협의 하에 결정할 권한을 갖는다."(Bini-Smaghi, 2006a) 환율정책에 관한 권한이 나뉘어 있는 절차상 규정은 EU 조약 제111조 1항에 규정되어 있다.

17 헤닝(Henning, 2006a, p. 12)이 지적한 대로, 유럽의 재무부장관들은 유로 시스템에 시장 개입을 강요하거나 지시하는 방안은 적절치 않다는 데 의견을 모았다.

유로그룹의 재무장관회의 의장인지, 재무부와 중앙은행의 각료로 구성된 경제금융위원회의 의장인지, 아니면 유럽중앙은행 총재[18]인지 늘 분명한 것은 아니다. 다른 나라의 재무부 관료들이 임명제 중앙은행 인사들보다는 선출제 관료들이나 책임자들과 협상하길 더 원하는 한, 유럽중앙은행 총재가 대외 관계를 책임지는 것은 특히 더 어려울 것이다.

이런 모호성 때문에 유로가 90센트(미국달러)로 떨어졌던 2000년 가을, 외환시장에 개입하기 위한 상호 정책 조율이 상당히 난항을 겪었다. 헤닝(Henning, 2005)이 묘사한 것처럼, 다른 국가들에도 그들의 대화 상대가 유로지역 재무장관 3인인지, 유로그룹 총재인지, 경제금융위원회 의장인지, 유럽중앙은행 총재인지가 분명하지 않았다. 외환 개입의 결정, 그 결정에 따른 합동 발표문 작성, 그리고 언론 공개가 각기 어떤 기관의 책임 소재인지도 명확해 보이지 않았다(실제로 유럽인들은 외환 개입을 결정할 권한이 유로 시스템의 '단독 권한'이라는 점에 동의하지만, 언론 발표는 중앙은행, 경제금융위원회 의장, 유로그룹 총재 간에 서로 협의하자는 내용에 합의한 바 있다). 유럽의 외환시장 개입뿐 아니라 '거의 즉각적인 대응'을 하겠다는 공식 발표에 대해서도 유럽 관계자들이 관철하고자 하는 바였다.[19] 2000년 11월 유럽이 두 번째로 개입했을 때 그들이 G7 파트너들과 의견 조율을 시도하지도 않고 일방적으로 개입한 사실이 이런 문제점을 보여준다.[20]

---

18 1999년 핀란드 회의에서 EU의 관련 당국 관료들은 대외 접촉 책임을 유럽중앙은행 총재에게 위임하기로 합의했다.

19 Henning(2006), p. 24.

20 일방적으로 진행하기로 한 결정은 미국의 대통령 선거가 임박했다는 사실도 반영되었을 것이다(이 때문에 미 재무부가 다른 일들로 여념이 없었을 것이다).

유로그룹의 총재직 임기를 늘리는 것이 어느 정도 어려움을 경감시킬 수는 있지만 완전한 해결책이 될 수는 없다. 가장 깔끔한 해결책은 G7을 G5에 포함시켜 유로지역과 유로그룹 총재가 프랑스, 독일, 이탈리아의 재무부장관들을 대체하는 것이다. 그러나 G7의 금융 사안을 다루기에 그 구조가 적합하다고 해서 G7의 다른 사안, 즉 유로지역에 해당되는 것이 적은 사안들에 대한 회의에서도 적절한 조치라 할 수는 없다. 유로그룹의 총재는 재무부장관들보다 개별 국가의 정책에 대한 영향력이 적다.

그래서 유로그룹의 총재가 프랑스, 독일, 이탈리아의 재무부장관들을 대체해 참여하는 것은 유럽의 협상력을 약화시키는 것으로 보일 수 있다. 프랑스, 독일, 이탈리아는 이런 방안의 효율성은 인정하지만 이런 구조조정은 거부할 것으로 보인다.

마지막으로 만약 유럽이 G7을 재구성하는 문제가 제기된다면 유로그룹의 총재가 그 세 국가의 재무부장관을 대체하는 것으로 변화가 끝나지는 않을 것이다. 버그스텐(Bergsten, 2006)의 제안, 즉 G7을 해체해서 미국, 중국, 일본, 유로지역으로 구성된 G4를 만드는 안이 분명히 회의 안건으로 상정되긴 할 것이다. 이해관계를 가진 영국, 캐나다와 같은 나라들이 이에 행동을 같이할지의 여부는 분명치 않다.

글로벌 불균형

최근 미국과 중국의 경상수지 격차가 우려스러울 정도로 크게 벌어졌다. 이런 불균형이 무질서하게 조정될 경우 안정성이 위협받을 소지가 있기 때문에 IMF는 2006년 여름에 중국, 유로지역, 일본, 사우디아라비아, 미국이 참여하는 다자간 협력에 나섰다. 유로지역의 경상수지는 거의 균형 수준에 있어 문제가 되지 않았다.[21] 그럼에도 불구하고 유럽은 달러 대비 유로 환율이 급격히 올라 미국으로의 수출이 감소되고, 동시에 중국 위안화에 대한 환율이 떨어지지 않아 아시아로의 대체수출을 촉진하지 못한다면, 그런 상황의 개선을 위해 결국 유럽이 과도한 부담을 질 수 있다는 점을 우려했다.

더욱이 달러의 급격한 하락이 안전자산으로의 자금이동을 야기할 경우 아직은 유로지역 회원이 아닌 중·동부 유럽 국가들로서는 대규모 경상적자를 금융 조달로 해결하는 것이 더욱 어려워질 것이다. 만일 이들 국가가 자국 통화의 평가절하를 용인할 경우, 그들의 목표인 유로지역 가입에서 더 멀어질 것이다. 반대로 이들이 자국 통화를 방어하려 한다면 금융위기를 불러들여 (해외금융 지원을 많이 하는 서부 유럽 국가들의 은행 시스템을 포함해) 유럽 전역에 충격을 줄 수도 있다. 따라서 유럽은 과도한 불균형이 점차 줄고 달러가치가 폭락하기보다는 점진적으로 조정되게 함으로써 불균형 문제를 질서정연하게 해결하고자 한다.

대외수지 균형을 지속적으로 이뤄나가려면 모든 주요 관련 국가들의 정책 변화가 있어야 한다. 즉, 미국은 공공 및 민간 부문의 저축률을 높이고, 아시아는 내수에 더 많이 의존하도록 하는 등 정책 조율이 필요하다. 특히 위안화의 대폭 절상을 허용하는 중국의 환율정책 변화는 중국의 엄청난 경상수지 흑자를 줄이는 데 중요한 역할을 할 것이다. 유럽 국가들은 혼란스런 메시지를 보내왔다. 중국은 IMF에서 발언권이 상대적으로 약하기 때문에 IMF 체제 하의 다자간 협력 절차에 건설적인 방향으로 참여하는 데 그다지 적극적인 태도를 보이지 않을 것이다.

---

21 에이헌과 본 하겐(Ahearne and von Hagen, 2006), 레인과 밀레시-페레티(Lane and Milesi-Ferretti, 2006)가 세계적 불균형에 관한 유럽의 관점을 잘 설명했다.

IMF에서 중국의 참여 비중이 낮은 것은, 앞에서 언급한 바와 같이 유럽의 참여 비중이 과도한 것을 의미한다. 따라서 유럽의 의결권을 재조정하는 것이 세계경제의 불균형 문제를 성공적으로 해결하기 위해 필요 조건으로 여겨진다.

제안

어떻게 하면 좀 더 합리적인 체계를 구축할 수 있을까? 우리의 의견은, IMF와 세계은행으로부터 G7, G10, G20, 그리고 금융안정포럼에 이르기까지 국제기구와 단체 내에서 유럽의 대표를 통합·강화해야 한다는 것이다. 이는 브레턴우즈 체제의 국제기구들 내에서 현재의 쿼터와 선거구를 묶어 2개 의석, 즉 유로지역 대표 1석과 EU 국가 대표 1석을 공동대표로 임명하는 것으로 시작할 수 있다(Bini-Smaghi, 2004). 궁극적으로는 이 공동대표도 단일대표제로 통합될 수 있다. IMF와 세계은행에서 EU는 단일 회원이 되고 쿼터 배정 방식에서도 공식적으로 하나의 경제체로 활동하는 것이다. G7, G10과 같은 단체에서도 유럽 국가들이 단일대표를 선출하든지, 잠정적 공동대표제로 시작할 수 있다.

　이런 개혁은 유럽뿐 아니라 다른 나라들을 위해서도 바람직해 보인다. 이는 선호도나 목표의 다양성으로 인해 발생하는 어려움들을 대외 통화·금융 정책에서만이라도 해소할 수 있을 것이다. 물론 단일대표를 선출한다고 해서 개별 회원국들의 입장이 한 번에 수렴되는 것은 아니다. 예를 들어, 아일랜드와 이탈리아는 경제 역동성이 많이 달라 유럽중앙은행 정책에 대해서도 서로 입장이 달랐다. 그렇다고 해서 이 두 국가가 13개 유럽 국가들이 단일 통화·환율 정책을 추진하는 것을 막지는 않았다. 규모의 경제로부터 오는 이득이 손실보다 압도적으로 클 것이라는 사실을 잘 인식하고 있었기 때문이다.

유럽의 대표권을 통합하면 유럽의 영향력도 그만큼 커질 것이다. 하나의 그룹으로 투표를 하면 EU나 유로지역 단독으로도 IMF와 세계은행에서 최대의 단일투표 블록이 된다. 단일 EU 의석은 투표에서 이기기 위해 다른 나라들과 연합할 필요도 없게 된다. 비니-스마기(Bini-Smaghi, 2006b), 그리고 리치와 리치(Leech and Leech, 2005)가 계산한 바로는 이들 기관에서 유럽은 판세를 결정하는 결정적 투표자가 된다. G7, G10, G20에서 유로지역, 한 걸음 더 나아가 EU는 생산·교역 또는 금융거래 면에서 미국과 규모가 같은, 그리고 일본 및 다른 국가들보다는 규모가 더 큰 경제지역의 위상을 갖게 된다. 이는 국제사회에서 EU의 발언에 힘을 실어주며 회원국들이 더 큰 이득을 볼 수 있도록 해주는 지렛대 역할을 할 것이다.

유럽 대표권 일원화는 또한 현재 충분히 참여하지 못하고 있는 신흥시장들에 자리를 만들어줌으로써, 다른 국가의 이해관계에도 부합한다고 볼 수 있다. G7과 G10은 주요 경제·금융 사안을 다룰 때 구조적으로 중요한 신흥시장, 특히 중국이 제도적으로 배제되어 있어 그다지 바람직한 구조가 아니었다. G20은 이처럼 구조적으로 중요한 신흥시장을 포함할 수 있다는 장점이 있지만, '20'이라는 수는 효율적인 협상을 하기에는 너무 많은 수다.[22] (어떤 면에서 G20은 현재 유럽 대표 구조의 불합리성을 축소해서 보여주고 있다. 여기에는 G7 회원국 중 4개국, 즉 프랑스, 독일, 이탈리아, 영국이 참여하고 있으며, 심지어 EU까지 가세하고 있다.) 관건은 수를 줄이는

---

22 IMF와 세계은행의 24인제 상임이사회는 생각보다 깊이 제도화되어 있다. 상임이사들은 일주일에 3회씩 회합을 가짐으로써 G7 회원과 대표들보다 더 나아간 절차를 관례화시킬 수 있다. 일부 학자들(Truman, 2005)은, IMF의 상임이사회가 규모를 줄이면 효율성이 더 높아질 것이라고 주장하기도 한다.

것이다. 예를 들어 미국, 유럽, 일본, 중국을 포함한 G4(Bergsten, 2006)라 든지, 사안에 따라 추가로 번갈아가며 해당국이 참여하는 형태(Kenen, 2005)로 운영하는 방안도 있다.

이와 유사한 방식으로 IMF와 세계은행에서 유럽의 대표권을 통합해서 소수 의석으로 줄이면 상임이사회의 총 의석을 늘리지 않으면서도 신흥시장에 더 많은 자리를 만들어줄 수 있고, 의석 수가 많아서 발생하는 비효율성도 피할 수 있게 된다. 2006년 9월 IMF와 세계은행 연례회의에서는 쿼터와 의석 재조정이 주제가 되었는데, 여기서 신흥시장의 활동에 적법성을 제고하기 위해 신흥시장에 더 많은 발언권을 주어상임이사회의 참여 의석을 재조정할 필요가 있다는 데 인식을 같이했다. 유럽 국가들(EU 회원국이 아닌 노르웨이와 스위스를 포함)은 이들 이사회의 24석 중 9석을 차지하고 있는데, 다른 나라에 의석을 준다는 말은 일부 유럽 회원국이 의석을 포기해야 한다는 뜻이다. 하지만 유럽 국가들이 자진해서 의석을 포기하지는 않을 것이기 때문에 일이 순조롭게 진행되지는 않을 것이다.

2006년 9월 IMF-세계은행 회의에서는 제대로 입장이 반영되지 못하고 있는 4개 신흥시장(중국, 터키, 멕시코, 한국)을 위해 상응하는 쿼터를 늘리기로 합의했다. 쿼터 증가분은 현재 IMF 쿼터의 1.8% 정도에 해당하며, 2008년까지 더 포괄적인 쿼터 개혁을 약속했다. 쿼터 개정을 발의한 국가는 미국이었는데, 이는 미국의 현재 투표 지분이 미국의 쿼터에 비해 적게 책정되었기 때문이다.[23] 반면 다수의 유럽 국가들, 특히 소규모 국가들은 과도하게 의석을 차지한 경향이 있었다. 더 포괄적인 개혁

---

23 그러나 실제로 미국은 현재 진행되고 있는 쿼터 개정 작업 과정에서 자신의 지분을 늘려달라는 요구를 하지 않겠다고 약속했다.

을 하려면 업데이트된 쿼터 공식이 적용되어야 하는데, 아마도 국가 규모, 개방성, 수지균형 가변성 등을 복합적으로 고려해서 이루어져야 할 것이다. 그러나 IMF 상임이사회는 투명성을 확보하기 위해서는 쿼터 정산법이 단순해야 한다고 발표했다. 이는 아마도 GDP에 보다 큰 비중을 두고 다른 보조 변수에는 적은 비중을 두겠다는 의미로 보인다.

만약 개정된 계산법에서 수출 가중치를 줄인다면 소규모 EU 국가들의 대표권 비중은 더 줄어들 것이므로[24] 이 국가들이 광범위한 쿼터 개혁에 대해 회의적인 것은 당연한 일이다. 유럽 국가들의 지지나 최소한의 외교적 친분 관계를 이용하지 않고서는, 쿼터 개정 추진을 위해 필요한 85%의 지지를 끌어모으기는 불가능할 것이다.

분명한 것은, 브레턴우즈 체제 하의 기구를 비롯한 국제경제포럼에서 회원국 참여 지분에 대한 개혁 압력이 전례 없이 증가하고 있다는 사실이다. 유럽의 대표권 장악은 오래가지 못할 것이다. 만약 유럽이 자신의 의석과 지분을 줄이고 동시에 자신의 영향력을 유지하도록 유럽의 대표를 일원화하지 않는다면, 유럽이 참여하는 국제기구와 단체들에서 계속 적법성의 문제가 생기고 점차 영향력을 잃게 될 것이다. 아시아 국가들은 치앙마이 발의를 다자화할 것이고 지역 감시 체계를 강화해서 점차 IMF를 대체할 기구를 창설하는 방향으로 갈 것이다. 그들은 IMF로부터 또다시 차관을 받지 않도록 자국을 보호하기 위해 외환 보유고를 계속해서 급속도로 늘려갈 것으로 보인다. 그렇다면 유럽 국가들은 의미 있는 거버넌스 구조 개혁을 방해하고 다자간 금융기구

---

24 만약 EU 역내 거래가 이 계산에 포함되지 않았더라면 소규모 EU 국가들의 대표권 비중은 더 줄어들 것이다. 그러나 개혁을 더 광범위하게 하려는 것이 아니라면 역내 거래를 계산에 포함시킬 수밖에 없다.

들의 적법성과 영향력 약화를 초래했다는 비난을 면치 못할 것이다. 결국에는, 변화를 통해 자신의 영향력을 유지할 수 있는 기회마저 갖지 못하고 자신들의 지분과 의석을 줄이는 데 동의할 수밖에 없는 상황으로 몰릴 것이다.

단계적 추진

앞에서 설명한 개혁이 반드시 해야 하는 것이라면, 왜 유럽 국가들이 이를 주저하는 것일까? 일부 유럽 국가들은 대표권을 통합할 경우 자국의 국가적 이해와 일치하지 않는 데도 어쩔 수 없이 공동체 입장을 따라야 하는 상황을 우려한다. 그들이 걱정하는 것은 유럽이 공동 입장을 정립하는 데 필요한 경험과 기반이 없다는 점과, 그런 결정에서 자신들의 영향력이 줄어든다는 점이다.

이런 걱정을 줄이는 합리적인 방법은 단계적으로 하나씩 추진하는 것이다. 관련 국제기구나 포럼에서 회원국들이 곤란한 입장에 내몰리지 않을 것이라는 점, 이런 결정에 이르게 한 조처들이 적절했다는 점, 그리고 대외정책과 관련된 영역에서 회원국의 권한을 박탈하는 것이 아니라는 점을 확인하게 되면 다른 통화·금융 단체에서도 유럽의 대표 일원화에 확신을 얻고 이를 점차 확대할 수 있을 것이다.

앞에서도 설명했지만, 이런 단계적 접근 방식은 전환경제의 점진적인 정책 개혁에 관한 문헌을 통해 그 효과가 어느 정도인지 가늠해볼 수 있다. 제한적인 개혁은, 개혁이 제한적이지 않았을 경우 회의적이었을 이해관계자들에게 더 광범위한 개혁 효과에 대해 확신을 심어준다는 이론이다(Dewatripont and Roland, 1992). 이에 따르면, 의석을 잃게 되는 나라에 일종의 보상을 해주더라도 다른 사안에서 양보함으로써 발생하는 비용은 많이 줄어든다. 일례로 벨기에 같은 나라는 IMF와 세계은행 모두에 의석을 보유하고 있고, 또 G10에도 참여함으로써 높은 위상을 누리고 있다고 할 수 있다. 따라서 벨기에가 일단 3개의 의석 중 하나만 먼저 양보하도록 한다면, 한꺼번에 구조조정을 통해 홍역을 앓는 것보다 보상비용을 크게 줄일 수 있다. 한편, 의석을 새로 취득한 나라도 다른 영역에서 더 쉽게 양보할 수 있을 것이다. 만약 EU가 다른 사안에서 벨기에의 양보에 보상하겠다는 약속을 이행한다면, 한 단계 더 나아간 차원의 통합에서도 벨기에는 양보에 대한 보상 약속을 더욱 신뢰할 수 있을 것이다.

이런 전환 상황의 단계적 추진에 대한 반론도 있는데, 이에 따르면 구조 개혁은 상호 의존적이기 때문에 단계적 추진이 어렵다고 한다. 즉, 한 분야의 개혁은 다른 분야에서도 동시에 적용될 때만 긍정적 효과를 나타낸다는 논리다. 동시 개혁이 필요한 한 가지 사안이 있긴 하다. 세계은행과 IMF는 각각의 개발위원회를 통해 부채감축 발의안과 금융 안정안을 공동으로 작업하고 있는데, 이 중 한곳에서는 유럽 대표권 개혁이 이루어지고 다른 한곳에서는 이루어지지 않는다면 문제가 복잡해질 것이다. 그러나 그런 반대 주장은 브레턴우즈 기구들과 다수의 국제경제포럼에서 유럽 대표권을 비롯한 전반적인 거버넌스 개혁에서는 그 논리 기반이 취약하다.

IMF에서 시작하기

유럽 대표권 구조개혁을 위한 출발점으로 가장 이상적인 곳은 IMF다. IMF의 핵심 활동 분야인 국가 감시, 다자간 감시, 긴급차관에 대해 유럽 각국의 이해관계가 서로 다른지는 분명하지 않다. 또, 주요 유럽 국가들이 IMF에 금융 지원을 요청할 가능성은 별로 없어 보인다. 확실한 것은 EU 비회원국에 대한 원조가 각 회원국에게 서로 다른 의미를 가지는 한, 회원국별로 입장의 차이를 보일 수 있다는 것이다. 예컨대, 2001년 여름 아르헨티나에 국제구제지원 패키지를 제공하는 문제가 논란이 되었을 때 스페인과 이탈리아는 아르헨티나와 이해관계가 깊었기에 호의적인 입장을 취했다. 그러나 대외 금융 상황과 관련된 이런 다양성이 회원국 내 다양성보다 더 큰 차이를 보이는지(몇몇 유럽은행 시스템은 유럽 주택시장에 다른 나라보다 거래 관계가 더 많이 얽혀 있다), 그리고 그 차이 때문에 EU 회원국의 약 절반 정도가 공동의 통화정책을 채택하고 추진할 수 없게 된 것인지 그 여부는 분명치 않다.[25] 유럽이 범유럽 은행—즉, 한 국가(국민)만 지분을 갖고 있는 것이 아니라 유럽 내 다른 국가(국민)들도 지분을 소유하고 있는 다국적은행—과 함께 더욱더 통합된 금융시장을 형성함에 따라 국가 간 차이는 점점 의미를 잃어갈 것이다.

IMF의 다자간 감시와 글로벌 불균형 관련 사안들을 협의할 때도 같은 논리를 적용할 수 있다. 유로지역 회원들이 글로벌 불균형의 시정이 무질서한 것을 걱정한다면, 그들은 달러 대비 공동 환율의 평가절상과 같은 경로를 통해서 영향을 받을 것이다. 그렇기 때문에 그들은 유로화가 과도하게 평가절상되는 것을 막는 데 이해를 같이한다. 유로지역의 회원들이 이해를 같이한다는 사실을 IMF가 이미 인식했기 때문에 개

---

25 미국 내부에도 비슷한 다양성이 존재한다고 볼 수도 있지만 이 때문에 IMF에 대한 정책에서 합의를 이루지 못한 적은 없다고 주장할 수도 있다. 대규모 은행과 소규모 은행 간 개발도상국의 채무로 인해 발생했던 마찰을 돌이켜보자(소규모 은행들을 베이커 플랜(Baker plan)에 참여시키는 데 난관이 많았다). 또는 2001년 폴 오닐(Paul O´Neill)의 IMF에 대한 비판을 상기해보자. 그는 IMF가 미국의 배관공들과 목수들이 어렵게 벌어 저축한 돈을 마구잡이로 낭비하고 있다고 비난한 바 있다. 이는 다시 미국 사회의 모든 분야가 다 같이 긴급 대출의 장점에 대해 똑같이 느끼고 있는 것은 아니라는 사실을 시사한다.

	중국과 미국에 대한 수출 규모				중국과 미국으로부터의 수입 규모			
	중국		미국		중국		미국	
	1998	2005	1998	2005	1998	2005	1998	2005
오스트리아	0.3	0.8	1.2	2.4	0.4	0.9	1.1	0.9
벨기에	0.7	1.4	3.5	5.4	1.1	3.6	4.9	4.4
독일	0.5	1.1	2.3	3.1	0.6	1.6	1.4	1.4
스페인	0.2	0.2	0.8	0.7	0.5	1.1	1.1	0.7
핀란드	1.4	1.2	2.5	2.1	0.5	1.3	1.6	1.1
프랑스	0.5	0.5	1.7	1.6	0.4	0.9	1.6	1.2
그리스	0.1	0.1	0.4	0.4	0.5	1.0	1.1	0.8
아일랜드	0.5	1.0	9.7	10.3	0.8	1.1	7.9	4.7
이탈리아	0.4	0.5	1.7	1.7	0.4	1.0	0.9	0.8
네덜란드	0.4	0.7	2.0	2.8	1.9	5.6	4.7	4.5
포르투갈	0.1	0.2	1.0	1.1	0.3	0.4	0.9	0.7

자료: Ahearne and von Hagen(2006), 슬로베니아는 데이터에 미포함.

별 유럽 국가가 아닌 유로지역을 글로벌 불균형 문제를 다룬 다자간 협의에 초청했던 것이다. 분명 유럽 국가들은 미국과 중국 시장에서의 의존도가 서로 다르다(〈표 5.2〉 참조). 그러나 공동 입장을 채택하지 못할 정도로 차이가 큰 것은 아니다. 유로화의 존재 자체가 IMF에서 유로지역의 대표권을 일원화해야 한다는 당위성을 말해준다.

세계은행이나 G7 또는 G10에도 적용할 수는 없는 논리를 IMF에는 적용할 수 있다. IMF는 근본적으로 수지균형에 민감한데, 이는 단일 통화 구역 내에서는 존재하지 않는 것이다. 역사적으로 IMF는 환율에 초점을 맞춰왔고 유로지역은 유로지역 외부 국가들에 대해 단일 환율을 가지고 있다. IMF 쿼터는 전통적으로 회원국들의 대외 무역과 지급에 가중치를 부여하는 공식을 적용해 정해지는데, 유로화의 출현은 유로 지역 내부의 무역과 지급을 계산에 넣지 않게 되는 것을 의미한다.

더욱이 IMF에서는 공동 입장을 도출할 수 있는 바탕이 상대적으로 잘 발달되어 있다. 앞에서 설명한 바와 같이 SCIMF는 IMF에서 경제금융위원회의 작업과 그와 관련된 사안들을 준비한다. SCIMF가 합의하고 경제금융위원회의 추천을 받은 서류는 유럽 상임이사들에게 보내고 상임이사들은 이것을 통해 공동 입장을 수립한다. EURIMF도 또 하나의 도약대가 될 수 있다. EURIMF는 유럽 대표자들의 모임으로, 앞에서 언급한 입장보고서인 '회색서'를 통해 이해관계 및 입장 조율을 이룬다. 유럽 상임이사들은 최종 보고서를 채택하기 위한 '의장보고서 조율 체계'를 운영한다. 이런 일련의 조처들이 개혁의 도약대가 될 수 있을 것이다.

마지막으로 비니-스마기(Bini-Smaghi, 2006b), 리치와 리치(Leech and Leech, 2005)의 스윙 보터 분석론은 유럽이 만약 하나의 블록으로 투표권을 행사할 수 있도록 개혁한다면 영향력을 약화시키지 않고도 투표권 지분을 줄일 수 있다고 제안하고 있다.

통일된 입장에서 오는 장점들이 그렇게 크다면, 어째서 유럽 국가들은 이 의견에 더 개방적인 자세를 취하지 않는가? 한 가지 원인은 선거구가 혼재되어 있기 때문이다(〈표 5.3〉). 유럽 국가들에 의해 주도되는 다수의 선거구에는 성향과 이해관계가 아주 다른 국가들도 포함되어 있다. 이런 선거구에 포함된 유럽 국가들(벨기에, 네덜란드, 스페인, 이탈리아, 아일랜드, 덴마크, 핀란드, 스웨덴, 발틱 국가들)은 비유럽 국가들, EU 비회원국들과 공동 입장을 채택하기 위해 자기 생각만을 고집해서는 안 될 것이다. 최근 유럽의 동편 확장(eastward expansion) 덕분에 과거에 비해서는 문제

<**표 5.3**> IMF의 24개 선거구*

미국	일본	**독일**	**프랑스**
영국	**오스트리아**, 벨라루스, **벨기에**, 체코, 헝가리, 카자흐스탄, **룩셈부르크**, 슬로바키아, **슬로베니아**, 터키	아르메니아, 보스니아, 헤르체고비나, 불가리아, 크로아티아, 키프로스, 그루지야, 이스라엘, 마케도니아, 몰도바, **네덜란드**, 루마니아, 우크라이나	코스타리카, 엘살바도르, 과테말라, 온두라스, 멕시코, 니카라과, **스페인**, 베네수엘라
알바니아, **그리스**, **이탈리아**, 몰타, **포르투갈**, 산마리노, 동티모르	오스트레일리아, 키리바시, 한국, 마셜, 미크로네시아, 몽골, 뉴질랜드, 팔라우, 파푸아뉴기니, 필리핀, 사모아, 세이셸, 솔로몬제도, 바누아투	중국	앤티가바부다, 바하마, 바베이도스, 벨리즈, 캐나다, 도미니카, 그레나다, **아일랜드**, 자메이카, 서인도제도, 세인트루시아, 세인트빈센트그레나딘
덴마크, 에스토니아, **핀란드**, 아이슬란드, 라트비아, 리투아니아, 노르웨이, 스웨덴	바레인, 이집트, 이라크, 요르단, 쿠웨이트, 레바논, 리비아, 몰디브, 오만, 카타르, 시리아, 아랍에미리트, 예멘	사우디아라비아	브루나이, 캄보디아, 피지, 인도네시아, 라오스, 말레이시아, 미얀마, 네팔, 싱가포르, 태국, 통가, 베트남
앙골라, 보츠와나, 부룬디, 에리트레아, 에티오피아, 감비아, 케냐, 레소토, 말라위, 모잠비크, 나미비아, 나이지리아, 시에라리온, 남아프리카, 수단, 스와질란드, 탄자니아, 우간다, 잠비아	아제르바이잔, 키르기스스탄, 폴란드, 세르비아, 스위스, 타지키스탄, 투르크메니스탄, 우즈베키스탄	러시아	아프가니스탄, 알제리, 가나, 이란, 모로코, 파키스탄, 튀니지
브라질, 콜롬비아, 도미니카공화국, 에콰도르, 가이아나, 아이티, 파나마, 수리남, 트리니다드토바고	방글라데시, 부탄, 인도, 스리랑카	아르헨티나, 볼리비아, 칠레, 파라과이, 페루, 우루과이	베냉, 부르키나파소, 카메룬, 카보베르데, 중앙아프리카공화국, 차드, 코모로, 콩고(인민공화국), 콩고(민주공화국), 코트디부아르, 지부티, 적도기니, 가봉, 기니, 기니비사우, 마다가스카르, 말리, 모리타니, 모리셔스, 니제르, 르완다, 상투메프린시페, 세네갈, 토고

* 유로지역 국가들 포함.

가 많이 수월해졌는데, 이는 아이슬란드를 제외한 노르딕-발틱 선거구의 국가들 모두가 EU에 가입했기 때문이다. 벨기에가 최대 회원국인 선거구는 10개국을 포함하고 있는데, 그중 단 3개국(벨라루스, 카자흐스탄, 터키)만이 EU 회원이 아니다. 이탈리아가 최대 회원국인 선거구는 아르메니아, 산마리노, 동티모르만이 EU 회원국이 아니다. 사실 이 3개국은 너무 규모가 작아서 대표의 입장에 큰 영향을 주지 못한다고 할 수 있다. 그러나 폴란드와 스페인은 공히 7개의 EU 비회원국을 포함한 선거구에 속해 있다. 네덜란드와 키프로스는 10개 비회원국을 포함한 선거구에, 아일랜드는 11개 비회원국을 포함한 선거구에 속해 있다. 이 국가들은 공동의 EU 입장에 동참하는 데 어려움이 있다는 것을 알게 될 것이다.

유럽 국가들이 대표권 일원화에 대해 미온적 태도를 보이는 또 다른 요인은 IMF 협정의 어떤 조항에도 유로지역이나 EU를 IMF 회원으로 받아들일 수 있는 요소가 없다는 사실이다. IMF 규정은 개별 국가만을 회원국으로 인정하고 있다. 그러나 바람직한 조치를 이루지 못하면, 규정이라는 것은 늘 그랬듯이 개정할 수 있는 사안이다. 만약 개정이 어렵다면 융통성 있게 규정을 해석하면 될 것이다. 1950년대에 이집트와 시리아가 아랍연합공화국을 구성했을 때도 그렇게 한 사례가 있다.

마지막으로 개혁이 제대로 이루어지기 위해 반드시 유로지역 또는 EU가 IMF의 회원으로 인정되어야 하는지도 분명치 않다. 가능한 방법 중 하나는 다음과 같다. 유로지역 회원들이 한 선거구의 전체 회원이 되도록 선거구를 인정하고 그 다음 이 선거구는 자체 의사에 따라 자신의 대표를 선출하거나 선택할 수 있도록 하는 반면, 다른 EU 회원국들은 같은 특권을 가진 또 하나의 선거구 회원이 되도록 구성하는 방안이 있다. 이 두 선거구의 회원들은 만약 회원들이 동의한다면, 협정 조항 규정을 바꾸지 않고도 궁극적으로 하나의 선거구로 통합할 수 있을 것이다.

또 다른 방안은 유럽을 2개 선거구가 아니라 6~7개의 선거구로 인정하는 것이다. 트루먼(Truman, 2005)이 이전에 제안한 바는 유럽 대표의 통합이 정치적 의사의 진전 속도를 앞서가지 않도록 단계적으로 진행될 수 있다는 것이다. 첫 번째 단계는 현재 EU가 이끄는 선거구에 속하지 않는 EU 회원국들(폴란드, 스페인, 아일랜드)을 EU가 이끄는 선거구에 옮겨 넣는 것이다. 두 번째 단계는 EU에 가입하지 않은 나라들(카자흐스탄, 동티모르, 아르메니아, 보스니아, 크로아티아, 그루지야, 이스라엘, 마케도니아, 몰도바, 우크라이나)을 EU가 주도하지 않는 또 다른 선거구로 이전하고 나중에 EU가 주도하는 선거구로 통합하는 것이다. 이것이 한층 더 원만한 형태의 대안이 될 수 있겠다.[26] 이는 '시행하면서 경험을 쌓는 (learning by doing)' 단계적 개혁전략과도 맞아떨어진다.

회원국들의 입장

비니-스마기(Bini-Smaghi, 2006b), 리치와 리치(Leech and Leech, 2005)의 주장, 즉 유로지역 회원국들이 연합체를 구축한다면 IMF에서 절대적인 스윙 보터가 될 것이라는 주장은 설득력이 있지만, 개별 회원국 입장에서 보면 자신들의 발언권이나 투표권을 잃어버릴지도 모른다. 그들이

---

26 선거구를 재조직해서 EU 회원국들이 EU 선거구 내에서 배타적 대표권을 가지도록 하는 것에도 단점은 있다는 주장이 간혹 있다. IMF가 신용공여국과 신용수혜국으로 나뉘는 것이 이 기구가 점점 더 정치화되어가고 있는 현실을 부분적으로나마 반영한다(Rajan, 2006; Mahieu, Ooms and Rottier, 2003). 혼합된 유럽 선거구가 여기에 균형을 맞추기 위해 최소한 한 가지 역할을 할 수 있다. 그런 유럽 대표 단일화가 실현되면 이 균형은 다시 깨질 수 있다. IMF에서 어떤 나라가 빌리고 어떤 나라가 빌려줘야 하는지 돌에 새겨놓은 것도 아니다. 아시아 국가들은 과거에 차관을 빌렸지만 지금은 외환 보유고가 충분해서 앞으로 수혜국이 될 가능성은 매우 낮다. 따라서 이런 극화 현상을 다루기에 알맞은 선거구를 짠다는 것은 어려운 일이다. 케넨 외(Kenen et al., 2005), 그리고 킹(King, 2006)과 같은 학자들이 이런 상황에 몇 가지 대안을 제시했다.

예전처럼 주요 정책 사안에 대해 유럽 상임이사들 간 컨센서스를 형성하는 데 기여할 능력을 그대로 유지하기는 어려울 것이기 때문이다.[27] 그러나 단일 유럽 대표권은 그 컨센서스를 만들어내는 데 더욱 큰 영향력을 발휘할 것이기 때문에 다른 방법으로라도 일종의 보상을 받게 될 것이다. 해당 선거구가 소유한 투표권의 수와 발언권이 상호 관련성을 갖는 한 문제되지 않을 듯하다.

한 걸음 더 나아가, 유럽의 입장을 결정할 때 소규모 국가들에 가중치를 주도록 내부 투표규정을 채택한다면 더 큰 이익이 있을 수 있다. 극단적인 경우 모든 국가가 가중치를 동등하게 누리는, 즉 유럽중앙은행 상임이사회에서 한 국가당 한 표를 행사하는 방안도 생각할 수 있다. 물론 IMF 내에서 이웃 국가들보다 더 많은 투표권을 갖는 데 익숙해져 있는 유럽 강국들은 이 방안을 그다지 반갑게 여기지 않을 것이다. 사실 리치와 리치(Leech and Leech, 2005)는 다음과 같은 사실을 지적했다. 만약 선거구가 현재의 IMF 가중치를 적용한 단순다수결로 정해지고 단일 유럽 의석이 미국과 동등한 투표권을 갖는다는 전제 하에서 보면, EU 국가들은 IMF에서 더 많은 투표권을 얻게 된다는 것이다.[28] 여기서도 역시 개별 EU 회원국들은 그들의 유효 투표권이 더 한층 강화되는 것을 보게 될 것이다. 그들이 상임이사회에서 각각 개별 의석을 포기함으로써 부분적이지만 보상을 받게 된다는 뜻이다.[29]

---

27 그래서 예를 들면, 네덜란드는 현재 자신이 보유하고 있는 의석을 결과적으로 포기해야 하는 IMF 상임이사회의 재구성에 공식적으로 반대해왔다. Zalm(2006) 참조.

28 IMF 내에서 힘의 균형과 현재 의석 쿼터를 주는 산출 공식을 생각해볼 때 비합리적인 가정은 아니다.

29 만약 EU의 입장이 니스 조약(Nice Treaty)의 이중다수결(double-majority) 투표 절차에 따라 결정된다면 이 가능성은 낮다. 이 절차에 따르면, 유럽 의석이 어떤 입장을 택하려면 상당한 비율의 절대다수 동의가 필요하다. 그렇다면 EU는 절대다수를 확보하지 못할 경우 결정적인 스윙 보터로서 역할을 할 수 없을 것이다.

이렇게 볼 때 개혁에 대한 앞으로의 전망은 무엇인가? 유럽의회는 2006년 3월 IMF 관련 활동전략에 대한 결의안을 채택했다는 사실로 보아 우호적인 입장인 것 같다. 회원국들을 단일 선거구로 모으는 방안이 제의되었고, 유로지역 회원국부터 시작해서 장기적으로는 경제금융이사회 의장과 EU 집행위원회까지 참여시키는 단일 선거구 형성을 유럽의회의 감독 아래 추진하여 유럽 대표권의 일관성을 유지하자는 데 의견을 모았다.

그러나 개혁의 성공 여부는 궁극적으로 회원국들의 태도에 달려 있다. 이탈리아는 브레턴우즈 기구들에서의 조정의 필요성을 아마 가장 강력하게 지지해온 국가일 것이다. 필립스(Phillips, 2006b)의 말을 빌리자면 "이탈리아는 일찍부터 포르투갈, 그리스, 몰타와 같은 선거구에 속해 있었기 때문에, 그래서 의사결정에서 협력의 경험을 가지고 있기 때문에 더욱더 EU 차원으로 중앙집권화된 유럽 대표권을 찬성하는 쪽일 것이다."라고 할 수 있다.[30]

전통적으로 유럽의 통합을 추진해왔던 프랑스와 독일은 과거에는 우호적이었다. 필립스(Phillips, 2006b, p. 19)의 보고서에는 다음과 같은 내용이 있다. "이 두 나라는 과거에 유럽 단일대표나 브레턴우즈 기구들에서의 연합의석을 고려할 의사를 밝힌 바 있다. 그러나 그 제안이 본질적으로 실현되지 못할 것이라는 판단 하에 제안한 것으로 보이며, 세계 거버넌스 구조개혁에 대한 진정한 약속이라기보다는 독일-프랑스 간 우호 관계를 증진시키려는 의도라 생각된다." 1998년 프랑스 재무장관 도미니크 슈트라우스-칸(Dominique Strauss-Kahn)은 IMF에서 독

---

30 그러나 이탈리아가 항상 일관적이진 않았다. 이탈리아는 동티모르가 2002년 자국 소속 선거구에 가입하도록 지원했는데, 이는 유럽의 독보적 대표권과는 거리가 먼 조치였다.

일-프랑스 단일 의석을 공개적으로 언급했다.[31] 2003년 독일 개발부는 브레턴우즈 기구들에서의 가중다수결 투표 방식을 제안했다. 이 제안 대로 한다면 인구가 많은 개발도상국에 더 많은 발언권을 주게 된다. 독일과 프랑스는 2002년 12월 22일 시작된 유로피안 회의에서 공동 기고 문을 통해, 유로지역의 대외대표에 대해 IMF에서처럼(IFIs)에서 단일대 표를 내세우는 것이 조율된 유럽 입장을 표명하기에 바람직하다고 밝 혔다(Eurodad, 2006, p. 21).

최근에 들어서는 입장이 더 강해졌다. 악셀 베버(Axel Weber) 독일 중 앙은행 총재는 최근의 IMF 개혁에 대해 "모든 IMF 회원들의 더욱 투명 하고 공정한 대표를 정하기 위한 광범위한 패키지를 찾아야 한다."라고 했다. 이런 관점에서 볼 때, EU 회원국들은 자신의 정당한 입장이나 주 장들을 서둘러 철회하지는 말아야 한다(EurActiv, 2006). 그러나 이런 독일 의 입장은 약해진 듯 보이는데, 이는 유럽 대표 일원화의 보팅 파워 분석 결과에 영향을 받은 듯하며, 긴밀한 유럽 통합을 향한 열정이 약해지는 경향을 반영한다. 2006년 9월 IMF/세계은행 연례회의 후, 독일의 재무 부는 IMF에서 영향력을 충분히 발휘하지 못하고 있는 나라들에 독일을 포함시켰다. 피어 슈타인브뤼크(Peer Steinbrük) 독일 재무부장관은 싱가 포르에서 있었던 기자회견에서 독일은 미국, 일본 다음의 세계 3위 경제 대국으로서 IMF에서 그 영향력을 유지할 자격이 있다고 말한 바 있다 (Deutsche Welle, 2006). 그는 미국의 주장, 즉 현재 계획 중인 전면적인 개 혁의 일부로 각국의 GDP 규모가 결정적인 요소가 되어야 한다는 미국

---

31 코랄레스-디아즈(Corrales-Diez, 2003)의 보고서는, 프랑스 정부가 최소한 원칙적으로는 단일 의석 개념을 지지하는 것으로 언급하고 있다.

의 주장을 일축한 것이다.[32] 2006년 10월 시드니에서 있었던 G20 회의에서 EU 회원국들이 발표한 성명서의 배경에도 역시 독일이 있었다. 이 성명서는 IMF 내에서의 투표권을 재분배한다면 "가장 대표권이 과소 책정된 회원국들에 한해" 혜택을 주어야 한다고 주장했으며, 또한 "상임이사회의 규모와 구성을 변경시키는 안은 시기상조다."라고 경고했다.[33]

영국도 회의적일 것으로 생각되는데, 그들은 유로 연방주의를 공격하는 데 다소 유보적인 태도를 취하고 있기 때문이다. 그러나 영국 재무부와 영국 중앙은행은 IMF 개혁의 필요성을 공공연히 이야기해왔다. 통화연합의 전례를 보아도 영국은 다른 EU 회원국들이 대표 일원화를 추진할 경우 적어도 방해는 하지 않을 것으로 보인다. 따라서 초기에는 유로지역 회원들을 중심으로 유로권 대표 단일화가 먼저 이루어질 것으로 보인다.

사실 비유로지역 유럽 국가들, 즉 영국, 스웨덴, 덴마크, 중·동부 유럽 국가들 간의 대표권 일원화는 단기적으로 실현 가능성이 적어 보인다. 영국은 영구 대표권을 받을 경우, 단기적으로 단독 대표권을 행사하고, 다른 회원국들과 공동의 입장을 만들어내야 하는 변화는 받아들이지 않을 것이다. 이렇게 볼 때 첫 번째 단계는 유로지역 회원들로 구성된 단일 의석이 제일 먼저 실현되고, 그 다음 단계로 다른 EU 회원국의 단일 의석이 실현될 것으로 전망된다.

---

32 마찬가지로 싱가포르에서 네덜란드는 자국의 투표권이 희석될 것을 우려해서 반대 입장에서 유보적인 태도를 표명했다. 헤릿 잘름(Gerrit Zalm) 네덜란드 재무장관은 그 공식은 개선할 필요가 있지만 조급히 판단할 일은 아니라고 밝힌 바 있다.
33 이 두 문구는 스완과 루이스(Swann and Louis, 2006)를 인용했다.

결론

　　　　국제통화 및 금융 정책이 수립되는 분야에서 유럽의 대표권이 나뉘어 있는 현실은 유럽이 영향력을 제대로 발휘하지 못하게 하는 원인이다. 미국은 유럽보다 규모가 크진 않지만, 브레턴우즈 기구들뿐 아니라 해당 사안이 논의되는 국제기구나 회의에서 더 큰 영향력을 행사할 수 있었는데, 그 이유는 미국이 하나의 목소리를 내고 있기 때문이다. 유럽은 IMF와 세계은행, 그리고 G7, G10의 이사회에서 수적으로만 과도하게 자리를 차지하고 있으며, 이로 인해 이들 조직의 존재 합법성마저도 훼손시키고 있다. 유럽이 자리를 양보하지 않는 것은 이들 기관이나 포럼의 지배구조 개혁에 근본적인 장애 요인으로 작용하고 있다. 따라서 발언권이 상대적으로 약한 신흥시장들은 자국의 외환 보유고를 가지고 IMF나 세계은행에 필적할 수 있는 지역 내 협의체를 구성하기 시작했다. 일례로, 미국은 중국과 상호 협의체를 만들어 G7 절차를 대체하고 있다. 이상의 모든 사항을 고려해볼 때 유럽은 대표권을 일원화함으로써, 제대로 대접받지 못하고 있는 신흥시장들에 자리를 마련해주고 현존하는 국제기구들의 적법성을 제고하는 동시에 그 기구들 내에서 유럽의 활동이나 영향력을 위축시키지 않을, 아니 오히려 증대시킬 가능성도 있다.

　물론 이러한 개혁에는 여러 난관이 있다. EU 회원국들이 대외정책을 조율하여 공동 입장을 채택할 때 발생하는 어려움들이 그대로 대외 통화·금융 정책 분야에도 남아 있다. 통화·금융 사안에서 서로 다른 견해를 가진 회원국들은 단일 유럽 대표권에 대한 제안이 그들의 입장을 제고시켜준다는 확신을 가질 수 없는 것이다. 과거부터 특권을 누려온 소규모 회원국들은 자신들의 희생을 요구하는 방안에 저항할 것이다. 그들은 세계의 강국으로서 역사적으로 누려온 위치와 관련해 현재 누리고 있는 가시적 권한을 포기하지 않으려 할 것이다. 그러나 아이러니컬하게도 EU 회원국들이 국제통화·금융 분야 관련 기관에서 자리를 양보하지 않으면 그 기관 자체는 결국 주류에서 도태될 것이다.

따라서 유럽의 관점에서 유럽 대표 일원화에 대한 긍정적 인식을 심어주는 노력이 시급하다. 우리는 단계적 전략을 제안했다. 선호가 비교적 비슷한 분야, 그리고 회원국들의 입장을 조정하기 수월하도록 인프라가 비교적 잘 마련되어 있는 IMF에서부터 시작하는 것이다. 만약 우리가 예상하는 대로 회원국들이 크게 손해를 보지 않으면서 영향력을 강화할 수 있다는 것을 경험하게 되면, 다른 국제기구나 단체에서도 이런 개혁을 점진적으로 이루어나갈 수 있을 것이다. 물론 약간의 위험부담은 따르겠지만 그렇다고 더 만족스러운 결과를 가져올 대안이 있는 것은 아니라고 판단된다.

FRAGMENTED POWER
EUROPE AND THE GLOBAL ECONOMY

Chapter **06**

경쟁정책
국제시장에서의 유럽

올리비에 베르트랑, 마크 이발디*

제도적 · 기술적 · 경제적 환경의 변화는 유럽의 경쟁정책에 새로운 과제를 제시하고 있다. 첫째, 기업의 행동, 특히 국제적 기업의 인수합병(M&A)과 경성 카르텔(hard-core cartel)은 세계화의 혜택을 침해할 수 있다. 경제 자유화의 진일보와 함께 최근 마이크로소프트의 사례에서 드러났듯이, 시장은 독점금지정책이라는 새로운 문제를 제기하면서 중요한 기술적 향상을 이루었고 그 구조를 재구성했다. 그리고 마지막으로 이러한 변화들은 새로운 제도적 경쟁 체제를 수반했다. 규제위원회의 급격한 증가는 다국적기업과 공정거래위원회를 위한 자원 낭비를 초래했고, 규제위원회 간 정책 결정이 충돌할 위험을 야기했다. EU는 이런 변화와 더불어 유럽 독점금지정책을 현대화하는 거대한 개혁 프로그램

---

* 통찰력 있는 논평과 제안을 해준 래티샤 드리게즈(Laetitia Driguez), 션 에니스(Sean Ennis), 프레데릭 제니(Frédéric, Jenny), 조르주 몰린스-이살(Georges Molins-Ysal), 구나르 닐스(Gnnar Niels), 발레리 라바사(Valérie Rabassa), 앙드레 사피르(André Sapir)에게 매우 감사한다.

에 착수했다. 이 개혁 프로그램은 제도적 틀과 실체법을 재구축하는 것으로, 특히 진행 중인 독점금지법 집행의 탈중앙집권화 과정과 유럽경쟁네트워크(ECN: European Competition Network) 형성을 이끌고 있다.

이런 맥락에서 유럽의 위원회들이 유럽 경쟁정책을 대외적 차원뿐만 아니라 현재 내부 개혁과 연결하여 평가하는 것은 시의적절하다. 세계화는 감시비용을 증가시킬 수 있고 국가 간 반(反)경쟁 행위를 다루는 유럽 위원회들의 능력을 심각하게 떨어뜨릴 수 있다. 또한 갈등과 분쟁은 산업정책 동기—이따금 경제 애국주의로 불리는—와 '근린 궁핍화' 정책에 의해 더 악화될 수 있다.

지역 내·지역 외 원칙에 대한 경쟁정책의 독점적 적용은 최적의 국제경쟁 체제를 조성하지 않기 때문에 세계화는 보다 높은 수준과 형태의 협력을 요구한다. 양자 협력, 특히 상호 존중 원칙의 실행은 법이나 이익이 국제 충돌의 원인일 경우 더 이상 가치가 없다고 여겨질 수 있는데, 이것은 세 가지 방법으로 촉진될 수 있다. 첫째, 지속적인 규칙의 일치다. 특히 공정거래위원회들 간 차이가 있는 신기술산업 기반의 맥락에서 OECD와 국제경쟁네트워크(ICN: International Competition Network)의 연대 행위를 통한 지속적인 규칙의 일치가 있다. 둘째, 비밀 정보 교환에서의 협조 증진이다. 셋째, 국제독점금지기구 설립이 있다.

그러나 WTO가 세계시장을 통제하는 기구, 특히 분쟁 해결 기구라는 역할을 맡는다면 경쟁 업무와 관련된 무역과 무역 외 영역의 구별이 분명해진다. 비록 WTO가 시장 접근과 진입장벽과 관련된 문제를 판단하는 데 정당성을 인정받을지라도, 국제적 경성 카르텔이나 인수합병 검토를 평가하기에는 아직 준비가 더 필요하다. 여기서 WTO의 대체로, EU 체계처럼 다자 체계가 도모될 수 있다. 이러한 다자 체계는 정치적·실용적 이유로 EU, 일본, 미국과 같은 핵심 국가들이 첫 번째 단계로 구성될 수 있고 경쟁에 대한 국제사법재판소(ICJ)의 창설로 결합될 수 있다. 이러한 외부 개혁과 더불어 내부 개혁이 몇 가지 요구될 수 있다. 규제위원회는 다른 EU 정책과 국내 규제에서 경쟁 문제를 보다 우선적으로 하기 위해 경쟁 옹호를 더 발전시켜야만 한다. 병렬적이고 보완적인 개혁은 각 회원국의 간섭으로부터 독립된 유럽 경쟁기구를 만들 수 있다.

경쟁정책의 과제들

경쟁정책과 그 집행은 기술과 제도 부문에서 전 세계적 변화뿐만 아니라 무역과 투자의 자유화에 대한 전 세계적 전개로 새로운 도전에 직면하게 되었다. 이 장은 다음과 같은 세 가지 목표를 갖는다. 첫째 이러한 새로운 맥락을 기술하고, 둘째 유럽의 경쟁정책이 전개되는 상황을 어떻게 이해할지 설명하며, 셋째 미래에 해야만 하거나 할 수 있는 가이드라인을 제시한다.

세계화의 도래로 시장구조와 경제 환경은 많은 변화를 겪었다. 관세장벽의 점진적 제거와 함께 교통과 통신 기술 향상은 거래비용을 낮췄다. 이러한 변화들은 국내 가격을 낮추고, 소비자와 산업이 이용할 수 있는 상품 영역을 넓히고자 하는 무역의 흐름을 촉진시켰다. 덜 엄격한 해외투자 레짐과 결부된 무역 자유화는 다국적기업의 확산과 해외직접투자(FDI)를 촉진시켰다. 무역과 해외직접투자는 주재국에 대한 경쟁친화 효과와 연결될 수 있다. 그러나 이러한 효과는 매우 불안정하고 자칫 파괴될 수도 있다. 1980년대에 무역 자유화 혜택들은 덜 투명한 비관세장벽과 그에 따른 보호무역의 등장으로 훼손되었다. 그리고 10년이 지난 후 규제위원회의 개입을 받지 않는 기업의 행동은 시장 통합과 국제 경쟁에 더 큰 손상을 입힐 수 있음이 보다 명백해졌다. 국가장벽은 널리 알려진 1996년 코닥/후지(Kodak/Fuji)의 사건에서처럼 수직적 계약을 통해 민간 장벽으로 대체될 수 있다(Kojima, 2002).[1] 수직적 합의와 더불어 기업들은 국가 간 인수합병이나 국제적 경성 카르텔을 통해 경제 개방으로 약화된 시장지배력을 복구하고 이득을 회복할 수 있는 것이다.

국가 간 인수합병 활동은 1990년대 초부터 생산의 국제화 증진으로 그 역할을 점차 인정받게 되었고, 1990년대 전반에 걸쳐 해외시장에 진입하는 수단으로써 신설 부문 투자를 대체해갔다.[2] 해외직접투자의 구조는 급속도로 변했고[3] 이 기간 동안에 해외직접투자 거래가치의 약 80%가 인수합병의 형태를 보였다(UNCTAD, 2000). 사실 인수합병 활동은 1990년대에 두드러진 급증을 보였다(예를 들어 Bertrand et al., 2007; Evenett 2003; Hijzen et al., 2005).[4] 이러한 국면은 주로 국가 간 활동이 극적으로 증가하는 특징을 보인다. 1999년에 완료된 국가 간 인수합병의 가치는 대략 7,200억 달러였고(UNCTAD, 2000), 1990년대의 국가 간 인수합병은 전

---

1 코닥/후지 사례에서 미국 위원회들은 수직적 제한을 인가하지 않는 일본을 비난했다. 후지의 지역 필름 배급 체계 통제는 미국 기업 코닥이 일본의 영상 · 필름 시장으로 접근하는 것을 제한했다.

2 신설 부문 투자는 기업이 기존의 해외 기업의 지분을 사는 국가 간 인수합병과 비교해보면 새로운 생산설비의 설치로 규정될 수 있다. 우리는 합병과 인수의 용어를 구별하지 않는다.

3 국가 간 운영의 증진은 외주전략과 국가 간 생산 과정의 분할과 병행된다(Evenett et al., 2000). 무역과 해외직접투자 자유화는 가능한 투입 구매자의 수를 증가시켰고 강탈 행위를 감소시켰다. 수직적 분해는 독점금지위원회들과 관련해 몇 가지 함의를 갖는데, 이는 기업 간 거래가 사실상 국가 내 거래보다 더 자주 독점금지 조사에 노출되기 때문이다.

4 20세기에 인수합병 행위의 몇 차례 물결을 목격했지만, 최근의 물결은 규모와 부문별 범위, 기업들이 이러한 물결에 참여한 국가의 수에서 전례가 없다(Evenett, 2003). 인수합병 행위는 1999년에 정점에 달했다. 당시 인수합병의 전체 평가액은 세계 GDP의 8%에 해당하는 정도에 이르렀다. 이에 반해 지난 두 번의 인수합병 물결의 정점이었던 1980년과 1990년에는 GDP 대비 각각 0.3%, 2.0%였다(UNCTAD, 2000).

체 인수합병 거래의 4분의 1 이상에 해당했다. 국제 인수합병에 관한 연구가 여전히 초보적 수준에 있기 때문에 아직까지 명백한 실증적·이론적 증거는 없지만 이런 국가 간 인수합병의 흐름은 경제 개방으로 인해 일어난 것으로 볼 수도 있을 것이다(Bertrand and Zitouna, 2006b).[5]

실증적 연구의 다음 두 기준은 주목할 만하다. 첫째, 국가 간 인수합병의 복지에 대한 영향이 모호하게 판단되고 있다는 것이다(예를 들어 Horn and Persson 2001; Norback and Persson, 2004, 2007). 그러나 긍정적인 복지 증진을 기대할 수 있다. 사실 효율성 증진은 국가 간 인수합병으로, 회사 내 전문 지식의 보급을 가져오는 합병 대상 간의 보다 높은 상호 보완성 등의 이유로 더욱 커질 수 있다. 게다가 경쟁의 감소는 시장의 중복 부분을 더 줄이는 측면도 있다. 둘째, 최근의 실증적 연구들은 생산성이나 연구개발 활동에 대한 인수합병의 긍정적인 영향을 확인한 듯하다(예를 들어 Arnold and Smarzynska, 2005; Bertand and Zitouna 2006a; Bertrand and Zuniga, 2006). 그러나 인수합병은 끊임없이 많은 우려를 낳고 있다. 가령 펩시의 프랑스 회사 다논(Danone) 인수 소문으로 인한 프랑스 정치인들의 강한 반발이나 중국 회사 중국해양석유총공사(CNOCC)가 미국 석유회사 유노칼(Unocal)을 인수하려는 시도 후 미국 정치인들의 반응 등이 있는데, 이것은 특히 공개토론의 형식으로 나타나고 있다. 이러한 우려는, 인수합병이 전체적으로든 부분적으로든 국내 사법권의 통제 밖에 놓일 때 국내 경쟁정책의 효율성이 약화되면서 더 커지고 있다. 2001~

---

5 이는 국제 인수합병을 검토하는 이 장의 목적을 넘어서는 것이다. 실증적 논문의 경우, 베르트랑 외(Bertrand et al., 2007), 헤이젠 외(Hijzen et al., 2005), 디 조반니(Di Giovanni, 2005), 구글러 외(Gugler et al., 2003), 라프 외(Raff et al., 2006) 등을 참조하라. 이론적 측면은 베르트랑(Bertrand, 2005), 비요르바튼(Bjorvatn, 2004), 카비라지와 차우드허리(Kabiraj and Chaudhuri, 1999), 로메루드 외(Lommerud et al., 2006), 치오와 죠우(Qiou and Zhou, 2006), 니어리(Neary, 2004) 등이 소개했다.

2002년은 현대 자본주의의 다섯 번째 물결의 끝을 목격한 해였다. 최근 몇 년 동안은 인수합병 활동 중에서도 특히 국가 간 구조조정의 회복을 보여주고 있는 듯하다(European Commission, 2006d).

인수합병뿐만 아니라 국제적 경성 카르텔 역시 세계화의 혜택을 손상시키고 있다.[6] 국제적 카르텔의 존재는 라이신(lysine), 구연산(citric acid), 비타민 카르텔(Vitamin Cartels)의 비난으로 부각되기 시작했다. 코너(Connor, 2004)는 전 세계에서 1990~2003년 사이에 적발된 160개 이상의 국제 카르텔을 기록했는데, 그 카르텔들의 벌금을 모두 합하면 대략 100억 달러 정도다. 현대의 국제 카르텔은 두드러진 특색을 갖고 있다(Connor, 2004; Evenett et al., 2001; Levenstein et al., 2004). 카르텔에 가담한 회사들은 주로 미국과 EU에 분포되어 있지만 때로는 아시아 국가, 특히 일본과 한국에 분포되어 있기도 하다. 이들은 국제적으로 상품과 용역을 팔고 있는 거대한 다국적 카르텔을 수반한다. 이러한 회사들은 독점금지 규칙을 잘 알고 있지만 다국적기업들과 빈번하게 접촉하기 때문에 담합의 위험이 더 높아질 것이다.[7] 이 기업들은 또한 진입을 막거나 약탈적인 가격을 설정하는 것과 같은 반경쟁 행위의 혐의가 있는 방법을 보다 쉽게 취할 수 있다. 사실 다국적기업들은 보다 높은 시장지배력과 진입장벽을 가진 집중화 시장에서 활동하고 있다(UNCTAD, 1997). 이들 기업은 통상과 관련한 연구개발과 마케팅에 엄청난 금액을 투자하고, 이로 인해 발생한 무형자산은 막대한 규모의 경제가치를 발생시킨

---

6 국제 인수합병과 카르텔은 관련될 수 있는데, 경쟁 상대의 수를 줄임으로써 인수합병은 카르텔의 형성을 촉진할 수 있다. 또한 카르텔을 제재하는 것이 시장지배력을 복구하기 위해 기업들이 합병하도록(혹은 연대 회사를 형성하도록) 독려할 수 있다고 자주 강조된다(Evenett et al., 2001).
7 복합 시장 계약에 관한 연구 문헌은 스코트(Scott, 1989, 1991), 베른하임과 윙스톤(Bernheim and Whingston, 1990)을 참조하라.

다. 게다가 복합적이고 차별화된 상품을 판매함으로써 풍부한 자금을 소유하게 되어 점차 외부 자금 조달에 대한 제한을 거의 받지 않게 되며, 양도가격을 그들의 이익에 맞게 조정할 수도 있다.

그럼에도 불구하고 많은 반경쟁 행위의 은밀한 본성은 최근 관측된 이런 경향들이 규제위원회의 보호주의 수단이나 방법의 향상에 전적으로 기인하는 통계적 사실인지, 국제적 카르텔이 왜 빈번해졌는지를 이해하기 어렵게 만든다. 국제적 인수합병 활동과 마찬가지로 국제적 카르텔에 대한 경제적 연구 또한 부족하지만 이러한 현상 역시 세계화와 관련이 있음은 의심할 바 없다. 예를 들어 세계화는 소통을 향상시키고 조정과 더욱 담합된 시장 결과를 촉진시킨다. 경제통합으로 일부 시장이 보다 집중화될 수 있고, 이에 담합을 용이하게 할 수 있다는 억측도 존재한다.[8] 가장 주목할 만한 것은 경쟁과 효율성, 복지에 대한 손실은 특히 약한 반카르텔 레짐을 갖고 있는 개발도상국들에게 중요한 영향을 끼칠 수 있다. 이 모든 이유들 때문에 최근 몇 년 동안 국제 카르텔에 대한 기소가 EU와 미국 위원회들의 의제 중에서 가장 우선시되고 있는 것은 그리 놀라운 일이 아니다. 공정거래위원회 간 정보 공유와 조정 없이 국제 카르텔을 기소할 수 있는 권한이 심각하게 제한될 수 있다. 숀벨트(Schoneveld, 2003)가 설명한 바와 같이 필요한 증거를 수집하고 외국의 증인을 면접하는 데 상당한 어려움이 있기 때문에 규제위원회 간의 협력이 중요해졌다.

경제 자유화 추세와 더불어 시장은 지난 20년 동안 주요한 기술 향상으로 재구성돼왔다. 이러한 기술적 변화는 부분적으로 무역 개방과 관련되어 있다. 보다 큰 시장은 높은 기대수익률을 제시하기 때문에 연구

---

8 보다 높은 투명성은 구매자들로 하여금 최상의 상품을 찾도록 하여 담합 규정을 손상시킬 수도 있다. 그러나 흐릿한 경계는 천연의 지리적 시장 분할을 덜 분명하게 한다.

와 기본 시설에 대한 높은 고정비용에 영향을 미치는 혁신을 자극했다. 최근 기술 진보의 주요 특징 중 하나가 네트워크 기반 산업들의 발전이다(Röller and Wey, 2002; Evenett et al., 2000). 네트워크 기반 산업들은 고도의 집중력이 특징이다. 한 상품에서 다른 상품으로의 시장지배력 행사는 일부 단체들이 마이크로소프트의 사건에서 주장했던 것처럼 세계적 지배와 남용을 가져올 수 있다. 네트워크의 외부 효과는 또한 기업 집중을 조장하는 경향이 있다. 소비자제품의 가격은 소비자들의 수에 달려 있다. 소비자 수에 따라 기업들은 가격을 낮추고 판매를 확장하여 수요를 강화함으로써 선발 주자로서의 장점을 얻도록 노력한다. 소비자들은 국내적·국제적 외부 영향과 보완성으로부터 혜택을 얻을 수 있지만, 또한 전환비용과 동결 효과와 관련하여 피해를 볼 수도 있다. 네트워크 효과가 가령 표준 설정, 제품 호환성, 면허 등과 관련해 기업들 간의 집중이나 협력을 조장할 수 있기 때문에, 규제자는 경제적 틀을 재고(再考)하고 경쟁정책을 수용할 필요가 있다. 이는 독점금지 논쟁의 새로운 이슈가 될 수 있고 최근 마이크로소프트 사건에서도 한 차례 드러났듯이 학계의 의견을 가를 것이며, 다양한 규제위원회들 사이에서도 합의된 의견을 도출해내기 어려운 경우가 될 것이다.[9]

사실 경제적·기술적 변화는 경쟁정책의 새로운 제도적 틀을 수반한다. 최근 몇 년 동안 규제위원회의 수는 급격하게 증가했다. 1989년에는 11개 개발도상국들과 20개 OECD 국가들만이 경쟁법을 갖고 있었고(Schoneveld, 2003), 2003년까지는 100개 이상 국가들이 경쟁 규칙을 채택했다. 그 결과 국내 레짐들의 중복이 발생했고 이로 인해 다국적기

---

9 〈이코노미스트(The Economist)〉, "Microsoft on Trial", 2006년 4월 28일자를 참조하라.

업들의 재정적 · 인적 자원이 낭비되었으며 법적 비용이 이중으로 발생했다. 또한 이러한 중복은 정리와 보고를 반복하는 재검토의 결과로 독점금지 거래를 감시하는 추가 비용을 발생시켰다. 게다가 이것은 정치적 · 사업적 불확실성이라는 요인을 발생시켰다. 주어진 사건에 대한 여러 위원회들의 각자 다른 결정들은 서로 간의 충돌을 야기하고 심지어 보잉/맥도넬더글러스(Boeing/McDonnell Douglas)의 사건[10]에서처럼 무역전쟁의 위기를 가져올 수 있다. 이러한 모든 문제들은 독점금지 규칙이 국가마다 차이가 있거나 반경쟁 행위의 영향에 대한 예측 주장이 국가마다 다를 때 증폭된다.

제도적 · 경제적 · 기술적 환경의 변화는 현재의 유럽 경쟁정책에 대한 새로운 도전이 될 수 있다. 때문에 이 정책은 몇 년 동안 지속적으로 재구축되었다. 유럽의 독점금지 거래 규제의 시작은 1951년의 파리 조약(Treaty of Paris)과 유럽석탄철강공동체(ECSC: European Coal and Steel Community)의 창설로 거슬러 올라간다. 유럽 경쟁법은 공식적으로 1957년 로마 조약(Treaty of Rome)에서 제정되었다. 경쟁정책은 기본적으로 경쟁과 경제 혜택에 의한 시장의 운영을 촉진하고 이를 보호하려는 목적을 갖고 있다. 이것은 로마조약 81~89조까지에 제시되어 있다.[11] 유럽 경쟁정책에 대해서는 수평적 · 수직적 제한 협정에 관한 81조와 지배적 지위의 남용에 관한 82조가 핵심이다.[12]

---

10 이러한 갈등은 물론 미국-EU 관계에서만 국한되지 않는다. 남아프리카공화국은 1996년에 론호(Lonrho)와 젠코(Gencor) 간의 합병 금지에 대해 항의했다. 또한 미국 위원회들은 집행위원회에 의해 승인된 유럽 회사들 간의 합병, 예를 들어 2000년의 영국 비오씨(BOC)그룹과 프랑스 에어리퀴드(Air Liquide)의 합병을 막았다.

11 국가원조에 관해 언급하는 87조와 88조를 주목하라. 집행위원회의 경쟁총국은 국가원조가 유럽 내 경쟁을 왜곡하지 않는 것을 보장한다. 경쟁총국과 다른 유럽 기구에 의한 국가원조, 집행에 관한 전반적인 분석은 이 책의 범위를 넘어선다.

12 로마 조약(1957)의 85조와 86조는 암스테르담 조약(1997)의 81조와 82조로 대체되었다.

합병규정은 이후 1989년에 제정되었다.[13] EU 집행위원회(European Commission)는 일괄처리 규정을 제정하고 사업 불확실성을 줄이기 위한 가이드라인을 제시했는데 두 가지 개정 모두 재계의 지지를 받았다(OECD, 2005b). 유럽의 국가 간 합병 수 증가는 보다 투명하고 신속한 정밀조사와 단일시장 프로그램의 보다 엄격한 경쟁 규칙 집행을 요구했다.

EU는 유럽 독점금지 레짐을 현대화하기 위해 거대한 프로그램을 출범시켰는데, 제도적 네트워크와 실체법 개정이 바로 그것이다. 첫째는 독점금지법을 집행하기 위한 브뤼셀의 집행위원회와 회원국 위원회의 연대책임을 포함하는 탈집중화 과정이다. 이 과정은 2004년 5월 유럽경쟁네트워크[14]의 창설과 2003년 새 규정의 적용으로 이어졌다.[15] 둘째는 협정을 위한 통지 체계의 폐지다. 법적 면제 레짐(The Legal exemption regime)은 사전 감시 체계에서 사후 감시 체계로 바뀌었다. 이러한 변화는 유럽 자원을 재할당하는 데 핵심적인 역할을 했다. 집행위원회는 조사, 제재, 결정의 새로운 권한을 부여받았다. 끝으로 실체법은 모든 독점금지 분야에 영향을 미칠 수 있도록 법률적인 접근보다 경제적인 접근으로 변경되었다.

이러한 개정정책은 가스·전기통신 부문 등의 자유화 과정과, 중유럽과 동유럽 국가들로의 확대 추동력에 의해서 이뤄졌다. 이 정책은 독점금지 규정 틀의 재구성과 합리화를 의미한다. 더 나아가 2004년, 새로운 합병규정을 통한 합병정책의 현대화는(에어투어/퍼스트 초이스, 테트라라발/지델, 슈나이더/르그랑의 합병 사건에서처럼) 2002년 집행위원회의 몇

---

13 1989년 이전의 합병 규제는 간접적으로 81조와 82조에 토대를 두었다. 합병의 첫 번째 금지는 콘티넨털캔(Continental Can) 인수가 있었던 1971년에 일어났다.

14 유럽경쟁네트워크는 정보를 교환하고 사례를 할당하며 연대 조사를 수행하는 유럽 경쟁위원회들의 네트워크다. 이것은 EU 규칙의 동일 적용을 보장하도록 기획되었다.

15 2002년 12월 15일의 EU 이사회 규정(EC) No. 1/2003(OJ, 2003, L1)을 참조하라.

가지 결정이 유럽재판소에 의해 부결되었기 때문에 불가피해졌다.[16] 이 것은 2003년 이후 합병 단속반의 해체와 최고 경쟁경제학자들의 고용이라는 발전을 가져왔다. 더 보편적으로, 독점금지법의 발달은 정책 결정 과정에서 건전한 경제 분석의 중요성을 점차 인식하게 된 점에서 기인했다고 볼 수 있다.

EU의 이러한 인식은 국제경쟁네트워크나 OECD와 같은 다른 제도의 영역에서 실행되었던 토론과 연구에 의해 자극을 받았다. 유럽 경쟁정책 개정은 EU의 성장과 고용을 위한 리스본 전략(Lisbon Strategy)의 맥락에서도 나타나고 있다. 유럽 경쟁정책의 장기적인 주요 목표는 통합된 유럽시장의 건설이었다. 지역 내 시장의 점진적인 이행으로 시장통합이라는 목표는 우선순위에서 멀어졌고 점차 경제적 효율성이라는 목표로 대체되고 있다. 이러한 새로운 목표는 2000년 리스본 전략에 관한 협정을 통해 강화되었다. 이 협정의 목표는 2010년까지 EU를 '보다 많고 좋은 일자리와 보다 강한 사회적 결집으로 경제성장을 지속할 수 있는, 세계에서 가장 경쟁적이고 역동적인 지식 기반 경제'로 만드는 것이다.[17] 경쟁정책에 관한 집행위원회의 2004년 연차보고서에서 명확히 강조된 것처럼, 유럽 규제위원회의 임무는 경제 효율성을 향상시키고 생산성 증가를 이끌며 세계시장에 대한 EU의 경쟁력을 고무시키기 위해 경쟁을 육성하고 강화하는 것이다(Monti, 2003, 2004a, 2004b).

복합적이지만 수렴적인 요소들에 의해 추진된 유럽의 경쟁정책에 대

---

16 2004년 1월 20일의 EU 이사회 규정(EC) No. 139/2004(OJ, 2004, L24)을 참조하라.

17 이 장에서 우리는 경쟁정책과 지적재산권 레짐 간의 상호 작용에 대해 완벽하게 설명하지는 않는다(Crampes et al., 2005). EU는 상표와 같은 지적재산권을 제공하지 않고 회원국 수준에서 집행된다. 지적재산권은 1973년에 서명된 유럽특허협약에 의해 보완된다. 유럽특허청(EPO: European Patent Office)은 국내 특허를 제안함으로써 일괄 조사를 허용하고 있다.

한 개혁은 국제적 차원에서 새로운 이슈를 제기하며 상당한 주목을 끌고 있다. 여기에는 이러한 이슈들을 이해하고 유럽 개정의 지역 내외 차원에 대한 고려가 상당 부분 필요하다. 핵심 포인트는 세계화가 감시비용을 증가시키고 국가 간 반경쟁 행위를 금지하는 유럽 규제위원회의 능력을 심각하게 저해시킬 수 있다는 것이다. 게다가 충돌은 산업정책 동기—때로는 경제적 애국주의로 불리는—와 '근린 궁핍화' 정책에 의해 악화된다. 경쟁 규칙의 지역 내외적 적용이 자체적으로 최적의 국제경쟁 체계를 이끌지 않을 수 있기 때문에, 세계화는 보다 높은 수준의 협력을 요구하는 것이다. 이러한 협력은 국제경쟁네트워크, WTO, OECD와 같은 다른 제도들을 통해—특히 지역 무역협정에서 독점금지 조항에 따라—양자적이고 복수적이며 복합적인 수준에서 경성·연성 법 모두를 채택하는 것과 관련된다. 이는 유럽 내에서 경쟁규제위원회가 갖는 영향력뿐만 아니라 행위에 대한 보다 높은 수준의 신뢰와 중립성을 요구한다.

이 장의 2절에서는 유럽 경쟁정책의 지역 외 부문에 대해 연구한 다른 논문들과 제도적 측면을 기술한다. 3절에서는 국제시장에서 경쟁정책 계획의 토대가 되는 경제 연구들이 제시하는 이론적·실증적 주장에 대해 알아본다. 마지막 절에서는 유럽 경쟁정책의 현재와 미래를 위한 몇 가지 권고를 제공하는 요소들에 대해 다룰 것이다.

유럽 경쟁정책의 대외 차원

로마 조약의 81조와 82조는 유럽 경쟁 입법의 초석이지만 코지마(Kojima, 2002)가 지적했듯이 유럽 사법권에서의 범위를 명백하게 규정하지는 않았다. 이 조항들은 추정되는 관행이 "회원국들 간의 무역에 영향을 주고 공동시장의 반경쟁에 영향을 끼칠 수 있다."라고 주장한다. 무역에 끼치는 영향은 "직접적이거나 간접적으로, 실제적이거나 잠재적으로" 발생하는 것이다(Sugden, 2002; Hamner, 2002).

유럽의 규칙들은 국가 내에서 발생하는 무역에 영향력을 끼칠 수 있도록 적용된다(Grisay, 2005). EU나 비 EU 국가를 막론하고 지배적인 지위의 남용과 금지된 합의의 남용이 당사의 국적에 관계없이 유럽 무역에 영향을 미친다면 그것은 EU 법에 종속된다. 이러한 경우는 일부 회원국들을 상대하는 기업이 이에 해당되고 반경쟁의 영향 역시 단일시장 내에서 발생하도록 요구받는다. 때문에 이 규칙들은 EU 내에서 자유경쟁을 보장하는 것이다.

이 단락은 유럽 경쟁정책의 제도적·정치적 틀이 갖는 외부적 특징에 대해서 언급한다. 다시 말해 유럽 지역 내 원칙에 대한 해석과 적용, (주로 지역 무역협정을 통해) 주요 무역 파트너들과 맺는 쌍무협정, 복수협정, 그리고 WTO, OECD, 국제경쟁네트워크, 국제연합무역개발협의회(UNCTAD) 틀 내에서의 다자간 협상에 대해 기술한다.

지역 외 원칙

81조와 82조는 EU 법의 지리적 적용 범위를 규정하고 집행위원회와 회원국들의 경쟁을 특화하기 때문에 통합 유럽시장의 목표와 일치하지만 EU 외 회사들의 행위에 대해서는 침묵한다. 따라서 EU는 이러한 문제를 해결하기 위해 다음과 같은 두 가지 다른 원칙을 적용한다. 경제 단위와 지역 외 원칙(Grisay, 2005)이 바로 그것이다.

1972년 다이스터프(Dyestuff)의 사례와 1973년 콘티넨털캔의 사건에서 유럽사법재판소(ECJ)와 집행위원회는 기업 그룹의 단일체에 대해 언급했다(Davison and Johnson, 2002).[18] 이것은 지역 외 원칙에 관한 것으로 해외에 있는 모회사에 EU 내 지역에 설립한 자회사에 대한 이행 책임을 할당하는 것이다. 사실 모회사는 계열사에 결정적인 영향력을 행사하므로 해외의 모회사는 EU 내에서 활동하는 것으로 간주한다. 가격의 증가는 EU 밖에서 결정될 수 있고, 유럽시장 내 자회사에 의해 이행될 수도 있다. 이러한 원칙은 지역 내 원칙과 일치한다.

지역 외 원칙은 관련 회사들이 EU 시장 내에 자회사를 갖고 있지 않을 때도 적용된다(Falvey and Lloyd, 1999). 이 원칙은 기업의 반경쟁 행위가 국적에 상관없이 지역 내 국가에 영향을 끼치는 기업들에 대한 기소로 구성된다. 국내법은 타 국가 내에 위치한 기업들에게 적용된다. 1977년 집행위원회는 이 기업들이 "설령 관련 회사들이 외국 국적을 갖고 국가 영토 밖에 위치해 사업을 하며, 그 영토와는 전혀 관련이 없고 외국법에 의해 통제되는 협정 하에 운영되더라도 사법권 내의 영토에 영향을 준다고 판단되면 경쟁 제한에 위배될 수 있다."라고 명시했다(Kojima, 2002).

1988년의 나무펄프 사건(The wood Pulp Case)에서 유럽사법재판소는 집행위원회의 지역 외 원칙 사용을 승인했다.[19] 1984년 미국, 캐나다, 노르웨이, 포르투갈, 스페인의 회사들은 81조를 위반해 유럽의 나무펄프시장에서 가격을 담합한 혐의로 집행위원회에 의해 고발당했다. 피고 측들은 그들이 EU 내에 있는 기업이 아니기 때문에 EU가 그들에 대한 사법권을 갖고 있지 않다고 주장했다. 사실 피고 측 대부분의 기업

---

18 임페리얼 케미컬 인더스트리 대(對) EU 집행위원회, 1972년 사건 48/69, ECR 619. 콘티넨털캔, 1973년 사건 6/72, ECR 215. 그리세이(Grisay, 2005)를 참조하라.
19 A. Ahlström Osakeytiö와 다른 기업 대(對) EU 집행위원회, 1988년 사건 89, 104, 114, 116, 117, 125, ECR 5193. 그리세이(Grisay, 2005)를 참조하라.

들은 EU 내에 어떤 자회사도 두고 있지 않았다. 또한 그들은 미국의 한 기업이 미국에서 합법적으로 공인받은 수출 카르텔에 포함되어 있음을 설명했다. 따라서 그들은 EU의 카르텔 금지 조치는 불간섭이라는 국제법 의무를 위반한 것이라고 주장했다. 유럽사법재판소는 이 모든 주장을 기각했다.

그 이유는 첫째, 사법권은 "생산자는 공동 시장 내에서 그들의 가격협정을 이행했다. 기업들이 EC 내에서 구매자들과 접촉하기 위해 그들의 자회사, 대행사, 부대행사(sub-agent), 지점이라는 수단을 가졌는지 여부는 중요하지 않다."라는 주장을 토대로 정당성을 설명했다(Sugden, 2002). 사법권이 말하는 정당성은 그 기업들의 위치나 국적이 아니라 그들의 행위가 끼치는 영향에 토대를 두고 있는 것으로 '이행 독트린(implementation doctrine)'[20]이라 불린다.[21] 중요한 것은 협정이나 결정이 어디에서 이뤄졌

---

20 이행 독트린은 미국에서 '영향 독트린(effect doctrine)'으로 불린다. 실제 이 두 개념은 명백한 합의가 없지만 상당히 유사하다. 코지마에 따르면, 집행위원회는 영향 독트린을 채택하고 있다. 반면 유럽사법재판소는 객관적인 지역 내 원칙을 사용한다. 영향 독트린과 이행 독트린 간의 차이는 유럽 밖에서의 협정이 유럽시장에 영향을 미칠 때 존재할 수 있다(Davison and Johnson, 2002).

21 미국 대법원은 1909년에 아메리칸바나나 사(American Banana Co.) 대 유나이티드프루트 사(United Fruit Co.)의 사건 때문에 처음으로 지역 외 원칙을 검토했다. 조치가 미국 내에서 발생하지 않았기 때문에 이 원칙은 부정되었다. 미국에 기지를 둔 코스타리카의 무역업자는 코스타리카의 바나나 무역시장에서 반경쟁 관행을 해온 미국에 기지를 두고 있는 코스타리카의 다른 무역업자를 고발했다(Sugden, 2002; Kojima, 2002). 미국은 1944년에 알코아(Alcoa) 사건에서 처음으로 지역 외 원칙을 적용했다. 그것은 미국으로의 수출 감소에 영향을 미치는 미국 밖 회사들의 협정을 축소시켰다(Kojima, 2002). 1976년의 대외거래 독점금지개선법(Foreign Trade Antitrust Improvement Act)은 미국 상업에 직접적이고 실질적이며 분명히 예견할 수 있는 영향을 미치는 해외의 행위를 기소했다. 이는 코지마가 논의한 '의도된 영향(intended effect)' 이론이다(Kojima, 2002). 1980년대에 미국 독점금지위원회는 국제 문제에 소비복지 접근을 사용했다. 사법권은 미국 소비자들에게 해를 미치는 수입 행위와 관련된 해외 기업을 추적할 수 있었다. 1990년대에 이행정책은 공식적으로 미국으로의 상품과 서비스 수출, 즉 미국 기업들에 해를 끼치는 관행으로까지 확장되었다(Falvey and Lloyd, 1999). 이러한 확장은 1980년대에 특히 일본과의 무역 결손과 긴장의 맥락에서 처음 등장했는데 확장은 EU에 의해 비판되었다. EU가 EU의 수출업자들 보호의 지역 외 원칙을 확장하고, 시장 접근이라는 용어로 동기 부여하는 것을 거절했다는 사실을 강조하는 것이 중요하다.

느냐가 아니라 어디에서 이행되느냐, 즉 상품이 어디에서 팔리느냐다. 이 경우 가격협정은 EU 내에서 이행되었다(Kojima, 2002; Fiebig, 2005). 따라서 사법권은 지역 내 원칙을 토대로 하므로 국제법으로 인정된다.

둘째, 국제법의 불간섭 의무에 관한 위반 주장 역시 기각되었다. 그 의무는 한 국가에서의 의무가 다른 국가의 법에 의해 금지되었을 경우에만 일어난다. 유럽사법재판소는 이 사례가 미국법에 위반되지 않기 때문에 어떤 충돌도 찾지 못했다. 수출 카르텔을 규제하는 미국법은 기업들이 EU 경쟁법으로부터 면제되어야 한다는 어떤 요구 사항도 포함하고 있지 않았다(Sugden, 2002; Hamner, 2002).

1999년의 젠코/론호의 사례로 또 다른 사법적 단계를 살펴볼 수 있다(Davison and Johnson, 2002).[22] 이 사례는 두 남아프리카 회사들 간의 합병과 관련된 것으로 제1심 법원이 합병규제의 지리적 적용 범위에 대해 검토했고 집행위원회의 조치가 합법이라고 확정하기 위해 나무펄프 사례를 언급했다.[23]

모든 단일 경제정책처럼 이러한 지역 외 원칙은 몇 가지 중요한 문제점을 드러냈다. 바로 정치적 제한이 명확하다는 것이다. 독점금지 규제력에 의존하는 이러한 원칙은 국제독점금지 문제들을 해결할 수 있다. 그러나 그 원칙은 충돌을 확대시키고 심각한 긴장을 야기할 수도 있다. 예를 들어, 보잉/맥도넬더글러스의 사례를 살펴볼 수 있다.

---

22 젠코 대(對) 집행위원회, 1999년 사건 T-102/96, ECR Ⅱ-0753.
23 이미 기존의 EU 영역 기준 때문에 젠코/론호 사건에서 사법권의 지리적 범위를 규정하는 것은 매우 복잡했다. 결합된 모든 관련 사업의 전 세계 총 거래액이 통합 50억 유로를 초과할 때, 그리고 적어도 두 개의 관련된 사업의 EU-범위 총 거래액이 2억 5,000만 유로를 초과할 때만 EU 영역이고, 동일한 유럽 회원국들 내에서 각각의 사업이 EU-범위 거래액의 3분의 2 이상이 아니면 아니라는 것이다. 이러한 기준은 등록되고 생산하는 장소의 개별 기업들에 적용된다.

보잉/맥도넬더글러스 합병이 효과적으로 제재되었다면, EU를 상대로 한 미국의 보복과 갈등을 줄일 수 있는 철저한 조사가 수반되었을 것이다(Aktas et al., 2000).[24] 또한 사법적 제한이 있는데, 국가들은 종종 주권을 침해한다고 생각되는 것을 금지하는 수단으로 이를 채택했다. 이와 관련해서는 지역 외 원칙의 정치적 영향으로 돌아가 알아볼 것이다.

양자협정과 지역무역협정

EU 경쟁당국들은 정보 공유, 과정의 조정, 그리고 실체적 이슈에 관한 수렴을 강화하기 위해 양자협정에 서명했는데(Röller and Wey, 2002)[25] 여기에는 통지에서부터 부정적인 상호 존중에 이르는 다양한 수준의 쌍무협정이 존재한다(Bode and Budzinski, 2005; Haucap et al., 2005).

첫째, 협력은 통지를 수반할 수 있다. 몇 가지 잠재적 반경쟁 관행을 인지한 한 국가가 관련된 경쟁규제위원회에 이를 통지하는 것이다. 둘째, 자문이 존재할 수 있다. 규제위원회들은 특히 정보 교환을 통해 실체 조사를 서로 돕는다. 여기에는 부정적 상호 존중과 긍정적 상호 존중이라는 두 개의 다른 협력체계가 존재하는데, 이들은 협정에 자주 포함되지 않고 비구속적 약속의 형식을 취하며 국내법의 지역 외 적용을 막는다. 부정적 상호 존중 원칙은 위원회들이 다른 국가에 대한 조치 후 발생할 수 있는 결과를 반드시 고려해야만 한다고 언급한다(Bode and Budzinski, 2005). 각 위원회들은 다른 국가들의 주권과 이익을 존중한다. 긍정적인 상호 존중

---

24 보잉은 항공사와의 독점계약을 포기하는 데 동의했다. 집행위원회가 이러한 계약을 금했을 뿐만 아니라 무거운 벌금(거래액의 10%까지)을 부과할 수 있었음에 주목하라. 유럽 회사들의 보잉이나 맥도넬더글러스 항공사의 구매 역시 금지되었다.
25 양자협정과 다자협정의 완전한 목록은 집행위원회 경쟁 총국의 웹사이트를 참조하라.

원칙은 국내 위원회들이 해외에서 반경쟁 행위를 채택한 국내 기업들에 대해 외국 정부를 대신해서 조치한다고 언급하고 있다. 국내 위원회들은 동반자 국가의 이익을 보호하기 위해 자국의 국내법을 적용한다.

EU는 모든 주요 무역 파트너들과 양자협정에 서명했다(Grisay, 2005). 첫째, 양자협력은 EU 이웃 국가들이 경쟁규제의 유사한 형식을 갖추도록 강제해왔다. 첫 번째 사례는 1992년 EU와 유럽자유무역연합(EFTA: European Free Trade Association) 국가들이 서명했던 유럽 경제지역과 포르투갈 간 협정이다. 이 협정은 동일한 경쟁 조건과 경쟁 규칙 설계를 목표로 한다. 그 협정은 사례들이 EU나 유럽자유무역연합 위원회, 혹은 정보 교환이나 행정적 지원으로 깊은 협력 관계를 맺은 기관에 할당된 일괄처리 원칙에 토대를 두고 있다. 두 번째 사례는 경쟁규정이 포함되어 있는 중부 유럽과 동부 유럽 국가들과의 지역 자유무역협정이다.

그들의 주요한 가맹 조건은 유럽 경쟁 규칙에 대한 존중이었다. 유로-지중해 자유무역협정(Euro-Mediterranean Free Trade Agreement) 역시 협력과 법의 수렴을 촉진하는 경쟁규정을 포함한다.

주로 선진국과 개발도상국 간의 지역 무역협정이 최근 독점금지규정을 확산하는 것을 주요 채널로 제시하고 있음을 주목해야 한다. 규정들은 시장 접근이라는 용어로 표현되기도 하고 반경쟁 수단에 의해 침해되는 무역협정을 피하는 것을 목적으로 한다(Evenett, 2005a).

둘째, 비근린 국가들과의 연계는 보다 높은 수준의 협력과 일정 수준의 수렴에 기여하도록 했다(Davidson and Johnson, 2002). EU 집행위원회는 캐나다, 일본, 미국과 공식적인 협력협정을 맺었고 호주, 중국, 한국, 멕시코와 관계를 유지하고 있다(OECD, 2005b). 가장 중요하고 포괄적인 양자협정은 미국의 공정거래위원회와의 협정으로, 그 경제적 중요성과 범위에 대해 좀 더 자세히 기술하고자 한다.

미국과 EU 간의 협력은 1991년에 이뤄졌고 양자 간 맺은 협정의 효력은 EU 각료이사회가 승인한 이후인 1995년에 발생했다. 일반적 문제에 관한 사례의 통지와 정보 교환 외에도 1991년 협정은 전통적인 개념인 부정적 상호 존중에 토대를 두면서 한편으로는 긍정적 상호 존중의 수단도 포함하고 있다(Bevin and Echevarria, 2005). 5조와 6조는 각각 긍정적 상호 존중 원칙과 부정적 상호 존중 원칙을 언급하고 있다(Mantini, 1999).[26] 그러나 이 두 조항 모두 구분된 의무를 갖고 있진 않다. 두 번째 협정은 1998년 체결되었는데, 이는 긍정적 상호 존중에 관한 자세한 사항을 제공하고 있다(Davison and Johnson, 2002; Bevin and Echevarria, 2005). 사실 이전의 협정은 긍정적 상호 존중 원칙이 위원회들에 의해 이행되는 결정 기준이 결여되어 있었다. 이러한 이유로 1998년 EU-미국 간 협정의 3조는 긍정적인 상호 존중의 원칙에 대한 새로운 정의를 채택하고 있다.[27] 당사국은 설령 추정된 반경쟁 행위가 다른 당사국의 경쟁법을 위반하지 않거나, 또한 다른 당사국의 경쟁위원회들이 어떠한 강제 조치를 취하는 데 무관심하더라도 다른 당사국의 경쟁위원회들에게 조사 착수를 요청할 수 있다. 요청을 받은 당사국은 일반적으로 요청에 따라 이행할 의무를 갖는다(Montini, 1999). 1998년에 개정된 이래로 긍정적인 상호 존중 원칙은 1998년 세이버/아마데우스(Sabre/Amadeus) 사례로 단 한 차

---

26 "한 국가가 다른 국가의 영토에서 수행되는 반경쟁 행위가 중요한 이익에 나쁜 영향을 미치고 있다면, 영향을 받은 국가는 영향을 준 국가에 통지할 수 있고, 영향을 준 국가의 경쟁위원회에 적절한 집행을 착수하도록 요청할 수 있다."

27 3조는 "요청한 국가의 경쟁위원회는 요청받은 국가의 경쟁위원회에 조사를 요구할 수 있고, 정당한 수준에서 요청받은 국가의 경쟁법에 따라 반경쟁 행위를 규제하도록 요구할 수 있다. 이러한 요청은, 요청한 국가의 경쟁법을 위반했는지 여부에 관계없이, 그리고 요청한 국가의 경쟁위원회가 논평하는 것이나 경쟁법 하에서 집행 행위를 생각하는 것에 관계없이 이뤄질 수 있다."라고 되어 있다.

례만 사용되었다.[28]

그럼에도 불구하고 이들 협정은 합병과 카르텔 경우 대체적인 조정, 예를 들어 2003년 플라스틱 첨가제 산업에서처럼 동시적인 국제 카르텔 조사와 점검을 촉진했다(Bevin and Echevarria, 2005). 협력은 또한 관용 프로그램에 관한 주요한 수렴을 이끌었다. EU는 2002년에 관용 프로그램을 보다 투명하고 신뢰할 수 있게 개정했지만[29] EU-미국 간 협정이 합병규제를 포함하지 않고 있다. 합병 검토에 관한 구체적인 각서는 2002년에 채택되었고 조사의 일률적 시행과 정보 공유를 통한 협력 촉진을 목표로 했다. 그러나 협력협정은 복합적인 경쟁과 사법권이 연계된 비효율의 지속과 기밀 규칙에 따른 정보 교환의 제한 때문에 부적절한 것으로 판명되었다. 또한 협력은 심각한 정치적·경제적 혼란에 대해서는 내성이 없는 것처럼 보인다.

다자체제

복합적 협력에 대한 첫 번째 시도는 1946~1947년 하바나 헌장(Havana Charter)으로 거슬러 올라간다. 하바나 헌장은 WTO와 관련이 있다. 그 헌장은 무역에 해가 될 수 있는 제한적 거래 관행에 관한 중요한 내용(5장)을 포함하고 전전(戰前) 시기의 일본 재벌(zaibatsu)과 독일 카르텔 행위와 관련한 부분에 대해 관심을 가진다. 그러나 하바나 헌장은 주권의 일부를 포기하지 않으려는 미국 의회의 거부로 비준되지 않았다. 헌장의 일

---

28 미국 사법부는 집행위원회에 공식적으로 미국 기업에 대한 유럽 항공사의 반경쟁 관행을 조사해줄 것을 요청했다.
29 합병 조사에 대한 협력은 기업의 로비 때문에 다른 반경쟁 관행들보다 적극적이다. 기업들은 다른 규제자들에 의해 몇 가지 과정에 직면해야 하기 때문에 인수합병 거래에서 위원회들 간의 협력을 보다 지지한다.

부는 관세 및 무역에 관한 일반 협정(GATT)에 통합되었고, 1947년에 서명되어 1948년부터 적용되었다. 국가들 간의 무역장벽을 낮추도록 협상하는 규칙과 포럼의 틀을 제공하기 위한 복합적 협정인 GATT는 독점금지에 관한 명료한 규정을 정의하지 않고 있다. 이러한 문제는 1990년대 우루과이라운드(Uruguay Round) 이전부터 토의되었지만 결국 협상에서 제외되었다. 그러나 메슬랭(Messerlin, 1995)이 지적했듯이 경쟁 문제, 특히 공공조달과 관련한 몇 가지 간접적인 언급이 나타났다.

OECD와 국제연합무역개발협의회(UNCTAD)는 또한 1990년대 이후 경쟁 문제에 관한 복합적 협력을 독려하는 방법으로 포럼을 활용해왔다. OECD는 복합적 기업의 행위에 관한 지도뿐만 아니라 무역에 영향을 미치는 반경쟁 행위에 관해서 점차 다른 권고를 채택해갔다(Messerlin, 1995). 무역에 영향을 미치는 반경쟁 관행에 관한 OECD의 권고는 1967년으로 거슬러 올라가며 1973년, 1979년, 1986년에 몇 차례 수정을 거쳤다.

1995년 OECD는 정보 교환, 자동 통지, 그리고 강화된 협력 과정을 통해 반경쟁 관행에 대한 조사와 고발에서 회원국 위원회들 간 협력의 필요성을 강조했다. 이것은 경쟁의 충돌을 막고 문제를 해결할 긍정적인 상호 존중의 원칙 적용과 자발적 조정을 촉진했다(Grisay, 2005). 가령 OECD는 1998년 경성 카르텔에 대한 효과적인 조치를 권고한 사례가 있으며 2005년까지 합병 검토에 관한 권고가 최상의 관행으로 채택되었다. 국제연합무역개발협의회 내에서는 개발도상국들에 대한 다국적 기업들의 행위와 제한적인 거래 관행(특히 국제 카르텔에 대한 비난)의 규제에 관해서 적극적인 토론이 있었고 이것은 1980년에 일련의 '최상의 시도' 원칙들을 채택했다. 국제연합무역개발협의회의 노력은 특히 개발도상국들에게 기술적 지원을 제공함으로써 매우 유용한 것으로 판단되었다.

복합적 규제의 다른 수단은 WTO다. WTO는 GATT에 이어 1994년에 결성되었다. WTO는 현재 복합적 무역정책의 중요한 기구 역할을 한다. WTO는 무역 충돌을 해결하고 회원국들의 무역정책을 감시하며, 회원국들은 WTO가 설정한 규칙을 존중할 의무를 가진다. WTO는 규칙의 집행과 정당성을 보증할 효과적인 논쟁 해결 체계를 품고 있다. 다른 국가들의 부정행위에 피해를 입은 국가들은 WTO에 구제를 요구할 수 있다.

1990년대 초, EU는 WTO의 규정에 경쟁정책 레짐을 포함시키자는 아이디어를 냈다. 이 아이디어는 1992년 다보스 포럼(Davos Forum)에서 레온 브리탄 경(Sir Leon Brittan)이 처음 제안했고, 1995년 반 미에르트(Van Miert) 보고서로 제안되었다(Kojima, 2002; Evenett et al., 2000). EU의 제안은 그리세이(Grisay, 2005)가 설명하듯이 몇 가지 요소를 포함하고 있었다. 협력 의무(자동 과정, 일반 정보 교환, 부정적·긍정적 상호 존중의 원칙 도입), 제한적 거래 관행, 시장지배력의 남용과 관련된 최소 기준법의 규정 및 적용(핵심 원칙), 공동 원칙 위배의 경우에 한해 논쟁 해결 과정의 이행과 집행(국내 취급과 비차별·투명성 원칙과 더불어)이 그것이다.

1996년 WTO의 실무 그룹은 EU의 제안과 제기된 문제들을 검토하기 위해 싱가포르에서 각료 회담을 열었다. 당시 경쟁 문제에 관한 진전이 나타나지 않고 있었는데 새로운 서비스 교역에 관한 WTO 협정(GATS), 지적재산권에 관한 협정(TRIPS), 그리고 투자에 관한 협정(TRIMS)으로 경쟁 행위에 관한 규제 필요성을 인식하기 시작한 것이다. 그러나 이것들은 단순한 권고 이상의 역할을 하지 못했다. 예를 들어 서비스 부문, 특히 통신은 거대 기업의 지배권과 비교하여 낮은 수준의 경쟁력을 갖출 뿐이었다. 때문에 GATS는 경쟁을 보호하고 외국 독점에 대한 중립적 규제를 촉진할 수 있는 몇 가지 조항을 포함하고 있다. 회원국들은 독점공급자가 공인된 독점 행위를 초과한 서비스를 제공하기 위해 경쟁할 때 지배적 지위를 남용하지 않는다는 보장을 원했고 지적재산권에는 법적 독점 지위를 부여했다. 이 모든 사례에서 무역은 잠재적으로 반경쟁 행위에 의해 영향을 받을 수 있다. 따라서 불완전한 경쟁시장의 맥락에서 무역 문제를 검토하는 것이 적절하다.

EU가 WTO에 구속력 있는 법 집행을 촉구하는 동안 미국은 복합적 협력 포럼인 국제경쟁네트워크를 통해 덜 제도화된 복합적 틀을 지지했다. 국제경쟁네트워크는 초기에 국제경쟁제안(Global Competition Initiative)기구로 알려졌다. 이 포럼에 대한 아이디어는 미국 위원회가 1997년에 만든 국제경쟁자문위원회(International Competition Advisory Committee)에서 나왔다. 그 당시 미국 위원회들은 검토 대상이 되는 국가 간 합병의 경우가 급격히 늘어나는 것에 우려를 표하기 시작했다. 또한 외국에서 미국의 경쟁정책 관련 집행권과 조사권이 상대적으로 비효율적이라는 사실도 염려하기 시작했다. 2000년 9월 미국과 EU 위원회들은 국제경쟁네트워크의 창설에 대한 그들의 지지를 공식적으로 표명했고 2001년에 국제경쟁네트워크가 설립되었다.

국제경쟁네트워크는 OECD 회원국들과 비회원국들로 구성된 비공식적인 독점금지기구다(예를 들어 Hoekman and Saggi, 2005; Bode and Budzinski 2005; Todino, 2003). 국제경쟁네트워크는 정부 간 기관이 아니다. 이 기구는 미국과 EU에 의해 세워졌지만 전 세계 80개 이상의 다른 사법권을 빠르게 끌어들였다. 또한 민간 행위자뿐만 아니라 WTO,

OECD, 국제연합무역개발협의회 등 다른 제도의 회원국들 역시 이 네트워크에 참여했다.[30] 국제경쟁네트워크는 자발적 토대에서 협력을 증진시키고 벤치마킹과 상호 학습을 통한 정보 공유로써 충돌을 줄여나가고자 했다. 이것은 집행에 대한 최선의 가이드라인을 개발함으로써 국가 간 합병 검토 레짐의 수렴을 높이는 것을 목표로 한다.

또한 국제경쟁네트워크는 경쟁 문제 해결에 관해 계획을 짜는 역할을 하고 특히 실무 그룹 구성을 통해 회원국들 간의 합의와 토론을 선호한다. 합병이나 카르텔에 관한 실무 그룹이 존재하는 것처럼 다른 실무 그룹들 역시 존재한다. 또한 국제경쟁네트워크는 정부의 정책 결정자에게 영향을 미치기 위해 경쟁 옹호를 개발한다. 중요한 것은 이 기구가 규칙을 조화시키고 최선의 관행을 채택할 수 있는 제안들을 모두 OECD 권고의 예처럼 비강제적이고 자발적으로 처리한다는 것이다 (Jenny, 2003; Bode and Budzinski, 2005). 그러므로 이들의 제안들은 종종 '연성법(soft laws)'이라 불린다. WTO와 달리 국제경쟁네트워크(혹은 OECD) 틀에서는 제재 메커니즘이 존재하지 않는 것이다.

지금까지 EU의 경쟁정책에 관한 단일·양자·복합적 제도 수단들에 대해 기술했다. 다음에는 시장의 국제화로 인해 발생하는 독점금지 문제에 대해 분석할 것이다. 정책 결정자들에게 유용한 수단으로 사용되는 찬반 조사는 주로 현존하는 경험적이고 이론적인 증거들에 토대를 두고 있다.

---

30 OECD와 국제경쟁네트워크 사이에는 명백한 차이가 존재한다(Kudrle(2005)의 토론을 참조하라). 국제경쟁네트워크는 이 경쟁 문제에만 초점을 맞추고 OECD에 비해 모든 국가들에게 개방되어 있다. 이 기구는 영원한 비서가 아니다. OECD가 추천한다면, 국제경쟁네트워크는 보고와 제안만을 통해 업무 처리 모범 기준의 국가들을 가이드하고 있으며 OECD 포럼을 대체하기보다는 보완한다.

국제시장에서 적절한 경쟁정책은?

경쟁정책에서의 상호 작용, 충돌, 효율성: 이론

경쟁위원회들은 전반적으로 객관적 기능을 극대화하고자 정책 결정을 내린다. 기본적으로 이런 객관적 기능은 합병기업들의 이익(영내자), 비합병기업들의 이익(영외자), 그리고 소비자 공급으로 구성된다. 이러한 각각의 요소들에 기인하는 중요성은 위원회들 간에 차이가 날 것으로 보인다. 이 점에 대해서는 나중에 다룰 것이다. 독점금지 규제의 상호 의존은 소위 부정적 파급과 왜곡 효과를 야기할 수 있다(Falvey and Lloyd, 1999). 부정적 파급은 한 국가의 조치가 다른 국가의 복지를 줄이는 상황으로 규정할 수 있다. 왜곡은 이런 개입이 전 세계 복지를 감소시키는 영향을 끼칠 때 발생한다. 외부 효과가 내재화되지 않았을 경우는 어느 정도 공통적으로 인정되는 세계 복지의 기준에 비춰보았을 때 과도하게 엄격하거나 과도하게 관대한 경쟁 레짐을 부과하는 위원회들이 생겨날 수 있다. 따라서 경제학 연구 문헌들은 항상 실책 '유형 1'을 경쟁위원회들이 범한 실책 '유형 2'와 구분한다. 실책 '유형 1'은 전 세계의 복지 증진을 이끌었을지라도 관행(예를 들어 합병)이 국가 규제자에 의해 잘못 봉쇄되었을 경우에 해당한다. 실책 '유형 2'는 전 세계의 복지를 감소시키고 있음에도 불구하고 그것이 국가 규제자들에 의해 승인되었을 경우에 발생한다.[31] 본질적으로 국제적 수준의 이러한 왜곡은 국가 간 손익의 불공평한 지리적 배분에서 기인한다.

---

[31] 주의 깊은 독자들에 의해 언급되듯이, 우리가 기술하는 메커니즘은 실제로는 '실책'이 아니라 국제 복지를 제시하고 외부 효과를 고려하지 않는, 보다 의도적인 결정이다.

국가 간 외부 효과와 경쟁 레짐

첫째, 우리는(대부분의 이론적 모델에서 경제학자들이 추정하는 바와 같이) 위원회들이 국가의 복지를 극대화할 때 지역 내외 다른 레짐 아래의 경쟁정책이 가지는 함의에 대해 조사한다. 둘째, 우리는 왜 국가들이 서로 협력하는지, 그리고 그것이 얼마나 실현되기 어려운지를 연구한다. 이것에 대해 이론적으로 연구한 논문의 수는 매우 적으며 경험적 연구의 수는 더욱 적다. 이러한 연구 논문들은 통상 M&A에만 주목하고 있다.

지역 내 원칙은 국내법을 자국 내 회사들에게만 적용한다. 폐쇄 경제에서 경쟁정책에 대한 설계는 통상 국내 소비자 공급과 국내 기업의 이익 계급의 복지 거래에 의해 결정된다. 열린 시장에 대한 최적 정책은 순수 수입 산업들(그리고 일반적으로 보다 더 순수한 수입 국가)을 위해 무역이 없는 상황에 맞춰진다. 왜냐하면 국가가 외국 기업의 수출품에 의해 영향을 받지 않아야 하기 때문이다. 외국 기업을 통제하는 것은 불가능하다. 위원회들은 순수 수출 산업들(그리고 수출 국가들)에 대해 기업들의 반경쟁 영향이 외국 소비자들이 아닌 국내 소비자들에 미치는 것에 대해서만 전적으로 고려하기 때문에 관대해지는 경향이 있다(Guzman, 1998, 2004). 따라서 경쟁정책은 종종 너무 관대해져 순수한 국가와 산업의 교역수지와 상관없이 최적의 국제정책으로 비교될 수 없는 것처럼 보이기도 한다.

수출 카르텔은 과소규제와 근린 궁핍화 경쟁정책의 완벽한 사례다(Evenett et al., 2001). 수출 카르텔은 해외에서 상품을 팔 때 연대하여 작업하는 수출 그룹으로 단순히 규정될 수 있다. 이러한 협력으로 기업들이 가격협정 행위에 가담해 무역 흐름을 감소시키고 해외 소비자의 복지를 낮출 수 있는 가능성이 생긴다.[32] 반경쟁 관행에 의해 피해를 입는 소비자들이 외국인일 경우 경쟁위원회는 국내 기업의 이익 극대화를 줄이는 방향으로 거래한다. 이러한 독점금지 개입은 수출 카르텔이 국내 소비자들에게 영향을 미치지 않기 때문에 무관한 것으로 생각된다.

지난 10년 동안 많은 국가들이 수출협정을 위한 명백한 독점금지 면제를 제거해왔다(Levenstein and Suslow, 2004). EU 집행위원회와 대부분 EU 국가들은 확실한 레짐을 포기했고 암시적인 레짐을 선택했다. 반면 미국과 호주는 계속해서 (통지와) 면제를 유지했다. 1918년 미국은 웹-포머린 수출거래법(Webb-Pomerene Export Trade Act)에서 수출 면제를 채택했고 이 법은 1982년 수출무역회사법(Export Trading Company Act)으로 개정되었다.[33]

수출 카르텔과 마찬가지로 산업이 모든 제품을 수출한다면 위원회들은 반경쟁 국가 합병을 승인할 수 있는 동기를 갖게 된다. 왜냐하면 그 제품들은 외국 소비자들에게만 해롭고 국내 기업에는 호의적이기 때문이다. 과소규제의 가설은 몇 가지 경제학 이론 연구에 의해 지지받고 있다. 테이와 윌만(Tay and Willmann, 2005)은 지역 내 원칙 하에서 합병이 통제될 때, 위원회들 간의 협조가 없으면 경쟁정책이 너무 관대해진다는 결론을 내렸다. 그들의 이론에 따르면 이들 합병이 위원회들의 사

---

32 그러나 수출 카르텔은 효용성을 강화할 수 있다. 해외에서 수출품의 마케팅과 배급과 관련하여 협력함으로써(예를 들어 공동 판매를 통해) 기업들은 수출 고정비용을 분담할 수 있다. 따라서 수출 카르텔의 영향은 외국의 소비자들에게조차 긍정적일 수 있다. 효용성 고려와 해외 수출의 도모는 과거에, 특히 미국에서 이의가 제기되었다. 수출 카르텔 공제는 1950년대와 1960년대에 중소기업이 아니라 다국적기업이 자주 채택했었다. 오늘날 이 문제는 분명 덜 명확하고 과장되어 있다(Levenstein and Suslow, 2004).
33 레벤슈타인과 수슬로(Levenstein and Suslow, 2004)가 논의했듯이, 세 가지 다른 레짐이 존재한다. (통지와 인가가 있든 없든) 명백한 면제, 암시적 면제, 그리고 (지리적 시장의 언급이 없는) 법적 면제가 없는 레짐이다. 수출 카르텔은 국내법에 구속되지 않을 때 암시적 면제가 있다.

법권에 해당하지 않기 때문이다. 그러므로 위원회들은 그들이 국내에 부정적 영향을 끼치는 해외 합병을 완전히 막을 수 없는 것이다. 따라서 지역 내 레짐은 실책 '유형 2'에 빠질 가능성이 보다 높다. 이것은 헤드와 리스(Head and Ries, 1997)의 국제 인수합병에 관한 연구에서 확인되었다. 손해를 입는 소비자들이 발생하는 국가들이 합병에 관한 사법권을 갖지 않는다면 일부 합병은 국제 복지를 감소시킬지라도 금지되지 않을 것이다. 소비자들과 기업들이 동일한 장소에 있지 않을 때, 실책 '유형 2'의 가능성이 커진다. 바로스와 카브랄(Barros and Cabral, 1994)의 연구 결과를 보면 이를 확인할 수 있다. 경쟁위원회들은 국내 수요의 부담이 국내 공급의 부담을 초과한다면 (그 반대 경우라면) 국제위원회들이 허용하는 국내 합병을 금할 수 있다. 합병 대상이 아닌 기업과 비교하여 소비 수요가 높은(또는 낮은) 기업합병의 경우, 경쟁정책은 보다 엄격(또는 관대)하게 적용될 수 있는 여지가 있다.[34] 따라서 순수 수출 산업들에 대해 사법권은 실책 '유형 2'를 범하면서 해외 소비자들에게 영향을 미치는 반경쟁 국내 합병을 인가할 것이다. 마찬가지로 순수 수입 산업에서 사법권은 실책 '유형 1'을 범할 수 있다. 예를 들어 위원회들은 외국 소비자들의 긍정적인 효율화 효과에 대해 고려하지 않았을 것이다. 그것은 해외시장에 공급하는 비용을 줄이고 국내 경쟁을 낮추는 국내 합병 사례일 수 있다. 경제학 관련 연구로부터 도출된 주요한 결론은 다음과 같다. 위원회들은 다른 국가의 사법권에 국가 간 영향을 내재화하지 않는다. 따라서 소비자와 생산자의 분포와, 기업 본부

---

34 바로스와 카브랄은 합병의 외적 영향, 즉 샤피로와 파렐(Shapiro and Farrell, 1990)이 영외자(outsiders)로 부른 비합병 기업과 소비자에 미치는 영향을 분석했다. [영내자(insiders)로 불리는] 합병 기업들에 관한 영향은 이 기업들이 운영에 이익이 될 때만 합병을 결정한다는 가정하면서 무시되었다.

가 있는 국가 간 분포의 비대칭이 점차 증가하면 이는 복지의 비효율성을 늘리는 결과로 이어질 것이다.

그러므로 정부는 해외에서 수행되는 반경쟁 행위로 나타나는 국가 간 영향력을 해소하는 지역 외 원칙을 채택하는 것으로 결정을 내릴 수 있다(Falvey and Lloyd, 1999). 그런 다음 정부는 다른 국가 내에 위치한 회사들에 국내법을 적용한다. 지역 외 레짐 하에서 경쟁정책은 반대로 매우 엄격해진다(Guzman, 1998, 2004). 순수 수입 국가는 반경쟁 관행에 비난을 가하는 외국 회사들에 대해 경쟁정책을 강화한다. 국가는 외국 기업들의 결정 요소로부터 소비자들을 보호하기 위해 과대 규제를 가하려는 경향이 있다. 그러므로 1993년 영국 회사를 포함한 하트포드화재보험(Hartford Fire Insurance Co. v. California) 사례에서 설명되듯이 적절한 국제 레짐은 국내법의 가장 엄격한 요소일 수 있다(Guzman, 2004). 영국 화재보험회사의 특정 관행은 영국법에서는 허용되지만 미국법에서는 금지되었다. 그리고 미국 대법원은 영국법과 미국법 간의 실질적 충돌이 없다고 선언했다. 미국 위원회들이 문제의 행위에 대해 제재하도록 독려한 것이 영국 회사들에게만 이익이 되고 미국 소비자들에게는 해가 되기 때문이다. 따라서 지역 외 레짐 하에서 국가는 실책 '유형 1'을 늘리고 실책 '유형 2'는 줄이면서 비효율적 관행뿐만 아니라 효율적 관행을 금하는 것이다.

이는 보다 공식적인 모델들에 의해 확인된다. 위원회들이 손해가 되는 모든 합병을 막는다면 테이와 윌만(Tay and Willmann, 2005)이 주장한 것처럼 합병 회사들의 국적에 상관없이 전 세계의 복지를 줄이는 합병은 결코 허용되지 않을 것이다. 헤드와 리스(Head and Ries, 1997)는 국제 합병에 영향을 받는 모든 국가들이 그 합병에 대해 사법권을 갖는다면 세계

복지를 줄이는 어떤 합병도 없을 것임을 보여준다. 흥미롭게도 위원회들 간에 반복되는 상호 작용은 실책 '유형 1'을 줄일 수 있다(Cabral, 2005). 역동적인 틀에서 각국은 복지를 줄이지만 세계복지를 늘리는 국제 합병 제안을 수용할 것이고, 부정적인 외부 효과로 인한 손실은 협력전략으로부터 벗어날 때의 희생보다 줄어들 것이다.

요약하자면 국제적인 규제가 없는 국제 경쟁은 너무 엄격하거나 너무 관대한 독점금지 규제를 이끌 수 있다. 그러나 이러한 결론은 지역 외 원칙의 집행에서 실질적인 어려움이 발생하기 때문에 수정되어야 한다(예를 들어 Grisay, 2005). 첫째, 국제 공법(公法)은 국가들이 해외에서의 집행권을 행사하는 것을 막고 있다. 둘째, 해외에서 정보와 자료를 획득하는 브뤼셀 집행위원회의 힘이 약하다. 개별 국가가 일부 사례에서 반경쟁 행위의 증거를 얻거나 찾는 것은 불가능할지 모른다. 유럽에서는 EU 내에 설립된 자회사들이 그 정보가 해외에 있다 하더라도 정보 요구를 따라야만 한다. 회사가 해외에 있을 때 집행위원회는 회사로부터 정보를 요구할 수 있지만 강제력을 행사할 수는 없다. 정보는 자발적 토대 위에 제공되기 때문이다. 게다가 영국, 호주, 프랑스, 남아프리카공화국 등 일부 국가들은 주로 지역 외 원칙 적용에 반대하는 미국에 대항할 법을 제정했다(Senz and Charlesworth, 2001 혹은 Falvey and Lloyd, 1999). 일부 법은 외국 기관으로부터 증거를 수집하거나 이전(移轉), 외국 재판의 집행, 외국 위원회들의 명령 준수를 금하고 있으며 '환수(claw-back)' 법이 있을 수도 있다. '환수' 법은 "외국 재판의 대상인 실체는 지역 사법부에 세워진 외국의 판결 확정 채권자의 재산에 대해 재판 개요를 복구하기 위해 외국 재산을 처분하도록 한다."라는 것이다(Senz and Charlesworth, 2001, p. 79). 더불어 지역 외 원칙의 집행은 외국 기업들의 사업 행위와 재산의 크기에 따라 국가 간에 큰 차이가 존재하며 부정행위를 한 기업에 대한 제재의 신뢰도 역시 국가마다 다르게 나타난다. 해당 국가의 정부가 외국 기업의 위치와 관계없이 외국 기업의 재산을 점유하고 행위를 제한함으로써 국내 기업들과 외국 기업들을 공평하게 규제할 수 있다. EU 집행위원회는 EU 밖에 있는 회사들에게 벌금을 내도록 강요할 수 없고 비 EU 회사들의 유럽 자회사들에게 재정적 제재만을 부과할 수 있다. 집행위원회는 금지된 관행을 근절하는 강제권이 아니라 명령권을 사용할 수 있다. 끝으로 그리세이(Grisay, 2005)가 언급했듯이 위원회들은 경쟁의 충돌을 피하기 위해 다른 국가들의 정당한 이익을 명심해야만 한다.

　지역 외 원칙의 집행은 보잉/맥도넬더글러스 사례에서 볼 수 있듯이 심각한 정치적 긴장을 야기할 수 있고 갈등을 증폭시킬 수 있으며 보복을 촉발시킬 수 있다. 또한 지역 외 원칙은 국가 간 반경쟁 행위 문제를 해결하는 데는 유용하지만 제한적인 메커니즘을 제시한다. 반대로, 쌍무협정이나 다자협정을 통한 협력은 경쟁정책 결정으로부터 부정적 외부 효과를 내재화하는 메커니즘을 구성할 수 있다. 이러한 협정은 보다 높은 국제 복지의 달성으로 모든 국가에 이익이 되도록 할 수 있고 보다 광범위하게 바라보면 이러한 협정은 상호 양해와 토론을 촉진할 수 있다. 그러나 거래를 협상하는 것은 재정이나 비재정 보상 체계를 가지고 있을 때만 실현 가능한 것이다. 일부 국가에서는 협정으로 인해 손실이 발생할 수도 있기 때문이다. 지역 외(지역 내)로부터 협력 레짐을 진행할 때 순수 수입(수출) 국가들은 보다 관대(엄격)한 최적의 레짐에서 손실을 볼 가능성이 있다. 지역 외 집행의 불균등은 테이와 윌만(Tay and Willmann, 2005)이 예측했듯이 강력한 국가들의 보상 요청을 증가시

킬 것이다.[35] 그리고 이전(移轉)은 구즈만(Guzman, 1998)이 일부 언급했
듯이 거래비용을 발생시킬 수 있다. 이러한 비용은 특히 산업 로비스트
나 지지자들에 의해 영향을 받는 정치적 압력과 대리점 문제로부터 발
생한다. 게다가 불완전한 정보는 협정의 어려움으로부터 손익평가를
하게 한다. 또한 잘 알려져 있는 무임승차 행위도 있을 수 있으며, 일부
협정의 승자들은 패자에게 보상을 하지 않으려 할 수도 있다. 이러한
비용은 관련 국가들의 수가 적고 그 성격이 유사할 때 줄어들 수 있을
것이다.

실제 현재 이루어졌던 협력은 몇 가지 주요한 문제점들을 겪었다. 정
보 교환은 비밀규칙에 의해 종종 제한을 받는다(Montini, 1999). 1994년
미국은 캐나다와 함께 국제독점금지집행지원법(International Antitrust
Enforcement Assistance Act)에 서명했다. 이 법은 몇 가지 환경 아래서 비
밀 제한을 적용받지 않는다.[36] 범죄 처벌 가능성과 미국의 민사소송상
3배수 손해배상 규칙(treble damages rule) 때문에 유럽과의 정보 교환은
더욱 제한적이다. 보다 일반적으로 경쟁위원회들은 국내 기업들의 피
해가 내재된 교환의 향상을 공개적으로 지지하기 어렵다. 경쟁사나 외
국 정부들과의 정보 연계 위험이 있기 때문에, 필요한 증거를 수집하고
해외 증인을 면접하는 어려움은 국제 카르텔을 고발하고 처벌하는 위
원회들의 능력을 심각하게 떨어뜨릴 수 있다(Schoneveld, 2003). 기업의
경영진들은 국가 밖 카르텔(모임, 정보 교환)을 조직할 수 있지만 복합적

---

35 개발도상국들은 통상 순수한 수입 국가들이기 때문에 부의 제약 때문에 현실적이지 못한
선진국에서의 손실을 보상받아야 했다.

36 회사들은(미국과 EU 위원회들에 의해 조사된 월드컴/MCI 사건처럼) 특히 인수합병 조사
를 위한 비밀사업 정보의 교환과 토론을 인가하면서 약간의 이익을 얻는다. 그것은 (분석
과 구제, 시간과 돈 약속 등이 충돌하면서) 다국 관할 합병 검토비용을 줄인다. 회사들은
카르텔 과정에서 이러한 규정을 포기하기를 더 꺼린다.

인 경쟁과 사법권 유지와의 연계 등의 어려움이 존재한다. 카르텔 고발 사례를 살펴보자. 조정되지 않은 벌금의 누적은 대상 기업을 파산시킬 수 있고 이것은 시장구조에 매우 부정적인 영향을 미칠 수 있다. 따라서 유럽사법재판소는 일사부재리 원칙을 거부했다(Grisay, 2005). 이에 반해 국내법은 에버넷 등(Evenett et al., 2001)이 논평한 것처럼, 국제 카르텔을 막는 데 비효율적일 수 있다. 다자시장 효과의 맥락에서 국내 시장에만 토대를 둔 벌금과 억제 메커니즘은 부적절하다. 벌금의 수준이 너무 낮기 때문에 기업들이 국제 카르텔에 가담하는 것을 막을 수 없는 것이다. 감면제도 역시 덜 효율적일 수 있다. 왜냐하면 기업이 자국 내에서 몇 가지 유리한 정보를 제공받는다면 다른 국가들에게서 받는 비난을 감수할 수 있기 때문이다. 독점금지 감사 과정이 동시에 이행되지 않는다면 비효율적인 결과를 야기할 수 있다. 동일한 논쟁이 합병에 대한 구조적·행태적 구제로 연장될 수 있고 합병 조사로 연장될 수 있다. 과정의 차별(합병 조사의 시기 차이)은 효과적인 협력을 방해할 수 있다. 마지막으로 핵심적인 독점금지 사례들에 대한 구속력이 없는 협력은 보잉/맥도넬더글러스와 제너럴일렉트릭/하니웰(GE/Honeywell) 충돌에서 드러나듯이 불충분하고 정치·경제적인 일부 맥락에서는 너무 허약하다고 판단될 수 있다.

중앙집권화한 단일 위원회들에 의해 집행되는 구속력 있는 국제 독점금지 틀의 구성은, 복합적 독점금지 검토와 관련된 모든 비용을 제거하고 국가들에 관한 일부 효과적인 원칙들을 부과하는 이론적 해결책이 될 수 있을 것이다. 그러나 연방주의에 관한 연구 문헌은 경제적 외부 효과를 내재화할 수 있는 정부 수준으로 책임이 할당되어야 한다고 제안하는데, 이것을 보완성의 원리라고 한다. 중앙집권화는 외부 효과의 내재화로부터 얻은 이익이 중앙위원회들에 의해 발생된 비용과 비교하여 충분히 클 때 적절할 것이다. 이러한 제도적 해결책은 사실 새로운 종류의 경제 비효율을 낳을 수 있다(Fox, 2003). 위원회들은 감시 책임을 가진 시장으로부터 떨어져 있으므로 이것은 정보의 비대칭성을 두드러지게 할 것이며 적용할 수 있는 법은 지역 환경에 맞지 않을 수도 있다. 또한 책임 관계가 발생할 수도 있다. 위원회들은 그들만의 목표를 추구하고 특정한 이해를 선호할 수 있다. 이것은 비전문적인 시민들의 낮은 정치적 압력에 의해 강화될 수 있고 법의 채택에 대한 지역의 영향을 희석시킬 수 있으며, 사업공동체의 이익을 취하는 보다 높은 위험이 있는 문제를 일으킨다.[37] 끝으로 단일 국제위원회의 구성은 다양한 규제위원회 간의 경쟁이 없어진다는 것과 벤치마킹 관행이 제거된다는 것을 의미할 것이다.

충돌의 원인: 독점금지 목표와 해석

이해의 차이뿐만 아니라 경제적 해석이나 대상의 차이로 인해 경쟁위원회들 간의 반대가 존재할 수 있다. 2001년 제너럴일렉트릭/하니웰의 사례를 살펴보자. 이 합병 충돌에 대해 많은 평론가들은 거대 기업들의 합병이 경쟁시장구조에 어떤 영향을 미치는지에 관해 다른 시각으로 본 결과를 제시했다(Bannerman, 2002). 포트폴리오 효과 이론(portfolio effect theory)에 토대를 둔 EU는 미국과의 합병을 금했다. 집행위원회는 합병 파트너들이 그들이 판매하는 상품과 서비스를 묶어 판

---

37 그러나 그 위험이 국가규제국(national regulation office)보다 국제규제국으로 더 확대될 수 있는 이유는 명확하지 않다. 게다가 한 국가의 강력한 이해 집단은 다른 국가의 보다 강력한 이해 집단에 의해 견제될 수 있다(Guzman, 2004).

매함으로써 경쟁자들을 따돌릴 수 있다고 가정한다. 이런 행위는 소비자들에게 분명 손해가 될 것이고 경쟁자들은 이러한 새로운 합병 실체에 대응할 수 없을 것이다. 미국 위원회들은 다르게 생각했다. 비록 그 합병이 단기적으로 경쟁자들에게 손해를 끼칠 수 있다 하더라도 회사가 주도하는 효율적 합병은 소비자들에게 이익이 될 것이기 때문이었다. 경제 독트린의 차이뿐만 아니라 일부 경제학자들은 근원적인 산업정책 동기를 구별했다(Patterson and Shapiro, 2001). 몇 가지 점에서 위원회는 유럽 경쟁자들의 이익에 너무 많은 비중을 두었다. 이러한 논쟁은 1997년 보잉/맥도넬더글러스 합병에서 발생한 갈등을 설명하는 데 빈번하게 사용되었다. 이 모든 사례에서 EU는 소비자에게 피해를 주어 경쟁자들의 이익을 보호하는 것이라는 주장을 강하게 부정했음을 주목해야 할 것이다.

이 부분에서 우리는 유럽과 미국의 독점금지 레짐을 비교해보려 한다. 미국의 독점금지법은 소비자들의 이익을 위해 경쟁을 보호하고자 20세기 초에 제정되었다(Niels and ten Kate, 2004; Kurlde, 2005). 개입을 줄이는 정책을 옹호하는 시카고 학파의 영향 아래 1970년대와 1980년대의 경제 독트린에서 중요한 변화가 발생했다. 미국 독점금지법의 주된 생각은 독점금지정책이 경쟁 과정을 보호하고 경쟁 상대를 보호하지 않는다는 것이다. 궁극적 목적은 경쟁 자체가 아니라 소비자 복지다. 사실 시장구조는 활동하는 기업들의 수가 적다고 하더라도 저비용에 고품질의 상품과 서비스를 산출하기 때문에 매우 경쟁적일 수 있다. 소비자들에게 이익을 주는 효율성은 설령 그 효율성이 경쟁자들에게 해로울지라도 촉진될 수 있다(Kolasky, 2004). 한편 EU 경쟁정책은 1957년 로마 조약에 토대를 두고 있다. 도입부에서 강조했듯이 최근까지 유럽

경쟁정책의 주요 목표 중 하나는 시장 통합과 단일 유럽시장의 형성이다. 이러한 목표는 유럽시장을 분할하려는 경향이 있는 회사들의 가격 차별 관행에 대한 비난을 이해하는 데 도움이 될 것이다. 이러한 접근은 경제 효율성과 소비자 복지를 극대화하려는 것과 반드시 일치하지는 않는다(Motta, 2004).

에버넷(Evenett, 2005b)에 의해 강조되었듯이, 경쟁법은 오래도록 국가 간에 단일 목적, 즉 소비복지에만 초점을 맞춘 것이 아니라 고용수준, 수입 재분배, 소규모 사업 보호, 공정성과 평등 혹은 정치·경제적 권력의 분산과 같은 다른 목적을 명백히 포함해왔다(Motta, 2004). 위원회들이 산업정책 목표를 추구할 때 충돌이 일어날 가능성이 가장 높다. 세계은행(World Bank)에 따르면 산업정책은 "생산에 토대를 둔 성장을 촉진하기 위해 산업구조를 변경시키려는 정부 노력"으로 규정될 수 있다(Evenett, 2005b).[38] 이러한 맥락에서 국가 대표기업의 성립은 역동적인 효율성 논쟁을 사용하는 몇몇 국가들의 지지를 받았다. 국내 기업들은 세계시장에서 경쟁할 수 있는, 어느 정도 수준의 규모에 도달할 필요가 있다. 국가 대표기업정책은 해외에 있는 국내 기업의 경쟁력을 증진시키는 것으로 볼 수 있다. 이 정책은 결과적으로 정부가 이러한 구조조정을 촉진시키기 위해 경쟁정책을 관대하게 만든다는 주장을 빈번하게 양산한다. 근본적으로 국가 대표기업정책은 정치적 개입과 국가 선호 때문에 경쟁위원회들 간에 논쟁을 증가시키고 있다. 이론적으로 네벤

---

38 산업정책과 수단의 개념은 제대로 규정되어 있지는 않다(Evenett, 2005b). 예를 들어, 일부 사람들은 산업정책이 산업의 구조적 변화를 용이하게 한다는 사실을 강조했다. 산업정책의 수단은 명확하게 규정되지 않았다. 이는 투자 지원, 세금 공제, 수입 보호 등을 포함할 수 있다. 집행위원회는 다른 자료에서 산업정책의 정의와 내용에 관한 시각을 제공한다. 구체적인 사례는 다음 사이트를 참조하라. http://ec.europa.eu/enterprise/enterprise_policy/industry /com_2005/com_2005_474_en.pdf.

과 뢸러(Neven and Röller, 2000)는 시장통합과 더불어 규제자들이 세계시장을 적절한 시장으로 규정하려는 경향이 있기 때문에 서로 충돌하는 결정이 보다 적을 것이라고 지적한다. 규제자들은 합병을 금하거나 인가하는 것을 택할 때 동일한 세계시장 내에서 발생할 수 있는 경쟁적인 효과를 추산한다.[39] 규제자들은 소비자를 보호하는 것이 아니라 국가 산업이익을 추구하기 때문에 일탈을 일으키는 경향이 있다. 근본적으로 국가 대표기업정책은 외국 기업들에 대한 차별적 접근이다. 이 차별적 접근은 실제 경제적 논쟁으로 정당화되지 못한다.[40] 〔국내와 국가 간 합병의 상대적 효과의 비교에 관해서는 베르트랑과 지투나(Bertrand and Zitouna, 2006a)와 베르트랑과 수니가(Bertrand and Zuniga, 2006)를 참조하라. EU 개별 회원국들에 의해 수행되는 산업정책에 관한 토론은 베론(Véron, 2006)을 참조하라.〕

경쟁과 산업정책은 근본적으로는 나뉘지 않는다.[41] 경쟁과 산업정책은 보완적이다. 경쟁정책은 비효율적인 관행을 제재함으로써 국내 기업의 생산성에 긍정적인 효과를 부여했다. 게다가 경쟁정책은 정적인 효율뿐만 아니라 역동적인 효율도 촉진했다. 경쟁정책이 필연적으로 연구개발 활동의 발전을 막는다고 주장하는 것은 다음과 같은 관점에서 잘못된 생각이다.

첫째, 산업 집중화와 혁신 활동 간의 관계는 모호하다. 일부 연구들은 맨스필드(Mansfield, 1968)나 게로스키(Geroski, 1995)처럼 집중화와 혁신 간에 긍정적인 연계가 있다고 결론을 내리지만, 다른 한편에서는 부

---

39 이론적 틀에서, 그리고 지역 외 레짐의 가정 하에서 위원회들이 매우 협소하게 관련 있는 지리적 시장을 규정할 때 갈등은 발생한다.

40 일부 부문에서 (예를 들어 안보적 이유 때문에) 해외 인수가 금지되거나 경쟁위원회에 의해 보다 엄격하게 검토될 수 있다.

41 게다가 경쟁정책으로부터의 면제가 (특히) 국가원조 규제의 면제에 부여될 수 있다.

정적인 연계나 보다 복잡한 뒤집힌 U-관계를 제시하기도 한다(Scherer, 1967, 1980; Aghion et al., 2002). 따라서 실제보다 관대한 경쟁정책이 더욱 혁신적인 활동을 포함한다는 확실한 증거는 없다. 둘째, 에버넷(Evenett, 2005c)이 강조하듯 역동적 효율은 중요한 사법권의 결정에 의해 이미 고려되기 시작했다.

설령 독점금지위원회들이 유사한 목표를 공유할지라도 경제통합에 대한 의견을 달리하기 때문에 논쟁이 일어날 수도 있다. 일반적으로 미국의 위원회들은 시장 기능의 전반적 우월성에 더 중점을 둔다(Niels and ten Kate, 2004). 반면 유럽의 위원회들은 시장 자체 규제 메커니즘에 관해 보다 회의적이라고 볼 수 있다. 이는 집행위원회가 기업의 행위와 지배적 관행을 지휘하는 데 집중하는 이유를 설명해준다. 집행위원회의 경쟁정책 결정은 건전한 경제 분석이 결여되어 있다는 이유로 비판받아왔다. 미국과 비교했을 때 유럽 경제학자들의 역할은 오랫동안 제한적이었다. 수석 경쟁경제학자의 임명은 집행위원회의 경제적 접근에서 새로운 우선순위를 나타낸다. 2004년 수평적 합병과 새로운 합병규제에서처럼 미국과 EU 간 독트린에 대한 실제적인 수렴에는 몇 년간 시간이 걸렸다(Coppi and Walker, 2004; Walker, 2005). 합병에 대한 법률상의 경제학 기준에 관해 EU는 미국이 사용하는 기준(경쟁의 실질적인 약화)에 근접한 기준을 선호하여 부분적으로는 표준적인 지배 기준(지배적인 지위의 창출이나 강화)을 포기했다.

과거 집행위원회의 경쟁 총국은 지배력을 조사하기 위해 시장점유율과 중앙집중화 비율에 토대를 둔 구조적 분석을 사용했다. 그것은 중앙집중화된 시장이 높은 시장지배력과 약한 경쟁을 반영한다는 생각과 관련되어 있다. 그러나 식별된 상품산업의 합병은 설령 그 합병 기업들이 시장에서 주도적인 기업이 아닐지라도 상품의 지역화 범위에 대해 상당히 높은 가격으로 이끌 수 있다. 이러한 합병은 지배적 기준을 사용하기 어려운 몇 가지 경우에만 고발될 수 있다. 2004년 새로운 유럽 합병 지침은 합병에 기인하는 가격 변화의 평가, 이른바 일방적 효과를 불러온다(Walker, 2005). 미국과 EU 간 접근법의 수렴은 합병의 효과를 분석함에 있어 상당히 크게 이루어진다. 새로운 유럽 합병 지침에서 암묵적 담합의 위험은 다음 네 가지 필수 조건들이 동시에 충족될 때만 일어난다. (가격, 품질이나 시장 분할과 같은) 조정이라는 표현에 대한 공동 이해, 기업에 대한 감시 능력, 기업 이탈 시 제재 메커니즘, 조정을 손상시키는 불참 기업들의 낮은 능력(낙인찍히지 않은 기업과 잠재적 참여). 이러한 시각은 현재 미국의 체크리스트 접근에 보다 근접해 있다. 과거 집행위원회는 이러한 일련의 조건이 이를 비록 합병으로 산출되는 효용이득에 덜 중요하게 기여하더라도 이를 고려하지 않았다.

그러나 여전히 미국과 EU 차원의 합병 검토에서 몇 가지 중요한 실질적 차이가 존재한다(Coppi and Walker 2004; Walker 2005). 예를 들어 시장 설계와 시장 규정에 대한 수렴의 표시가 거의 없다는 것이다. EU와 달리 미국은 시장 규정의 개념에서 그 역할이 줄어들었다. 왜냐하면 중앙집중화 기준은 합병 가상 모델보다 덜 중요하기 때문이다. 게다가 미국 시장 규정은 EU보다 더 협소하다. 미국의 분석은 합병 기업에 의해 팔린 상품에서 시작되지만 유럽은 보다 표준적인 산업 세분화를 고려한다. 덧붙여 EU는 공급 측면의 대체 가능성을 고려한다. 그것은 미국 위원회의 사례만은 아니다. 다른 독점금지 분야에서 수직적 구속은 계속해서 논쟁이 되는 영역이었다(Haucaup et al., 2005). 유럽은 보다 의심스럽게 수직적 구속을 다룬다. 소매가격 유지와 같은 몇 가지 관행은 그 자체로 금지될 수 있다. 미국에서 수직적 관행은 합리적으로 평가된다.[42] 이에 대한 질적 효과와 가격과 관련하여 면밀한 검토가 있으며 카르텔과 관련된 경쟁법의 차이도 여전히 존재한다.[43]

레베크(Lévèque, 2005)에 의해 의문시될지라도 이러한 차이들을 고려해보면 EU 집행위원회는 더 엄격한 경쟁정책의 경향을 보일 수 있다. 경쟁정책의 설계, 즉 절차적 · 제도적 틀의 차이는 그 사실을 강조할 수 있다(Akbar, 2002). 사후 제재는 EU에 비해 미국에서 보다 강하게 나타나기 때문에 사전적(事前的)인 감시는 유럽에서 엄격할 가능성이 높다. 유럽에서는 지금까지 민사소송이나 3배수 손해배상, 유죄판결의 가능성이 없었다.[44] 그러므로 유럽의 위원회들은 잠재적인 반경쟁 행위에 대해 보다 조심스럽다. 이는 유럽사법재판소에 결정을 의뢰하는 것이 가능하지만 보통 과도하게 시간이 걸린다는 사실에 의해 강화될 수 있다. 비록 최근 소니/BMG 사건에 대한 결정은 유럽사법재판소가 집행위원회에 의한 승인을 뒤집을 수도 있음을 보여줬다고 할지라도 집행위원회의 결정은 돌이킬 수 없을 것으로 판단된다. 그럼에도 불구하고 미국과 EU의 경쟁정책 효과에 대한 조직적 분석은 아직까지 미비하다.

---

42 그것은 2001년의 버진애틀랜틱/브리티시항공(Virgin/British Airways) 사건에서 실제로 입증될 수 있었다. 닐스와 텐 케이트(Niels and ten Kate, 2004)에 따르면, 미국은 브리티시항공의 무역 제한에 대한 유죄를 선고하지 않았고, 오히려 독점하고자 했다. 버진애틀랜틱은 가격, 산출, 그리고 상품의 질에 미치는 반경쟁 영향을 밝히는 데 실패했다. 또한 약탈적 행위가 있음을 드러내 보이지 못했다. 반대로 EU 집행위원회는 이를 지배적 지위의 남용으로 결론 내렸다. EU는 경쟁에 관한 영향을 평가하지 않고 여행사에 관한 브리티시항공의 인수 계획 자체를 비난했다.

43 정당화(억지, 처벌, 손상에 대한 보상), 제재[금전상의 벌금, 경영자 구금, 손상에 대한 조치, 그리고 회사 경영으로부터 경영자 실권(박탈)]와 감면제도를 통한 제제의 완화(벌금과 구금의 면제), 그리고 인가된 카르텔(면제된 수출 카르텔)이라는 용어로 국가마다 카르텔에 대한 경쟁법의 차이가 있을 수 있다(Schoneveld, 2003).

44 최근의 연설에서 EU 경쟁위원회 위원 네일리 크루스(Neelie Kroes)는 개인과 회사들이 독점금지 행위의 부정적 영향에 대해 보상받을 수 있는 메커니즘의 개발을 주장했다. 이러한 메커니즘은 반경쟁 관행과 싸우는 장치로서 경쟁정책의 일부가 될 수 있다.

아마도 현재 진행 중인 유럽 경쟁법의 개혁으로 그나마 양측 접근법의 차이가 줄어들 것이라 기대할 수 있을 것이다.

반면 부분적으로, 기업들의 더 큰 시장에 대한 판로 접근과 세계화로 자극받은 새로운 경제개발은 새로운 과제를 제시할 수 있다. 네트워크 산업은 산업 집중화의 자연스러운 경향을 경험하고 있다. 왜냐하면 이 산업들은 기반 네트워크에 관한 높은 연구 개발 비용을 요구하기 때문이다. 지배와 수평적 합병을 평가하는 경쟁 도구는 이러한 산업들의 특수성을 고려하도록 조정되어야만 한다.[45] 그러나 지금까지 이러한 새로운 기술 분야를 규제하는 적합한 방식에 대해 경제학자들 간의 명확한 합의가 없었다. 그 결과 국가 간 논쟁은 증가할 가능성이 있다(Röller and Wey, 2002; Evenett et al., 2000). 새로운 경제는 이미 최근의 마이크로소프트 사례에 관한 유럽과 미국 간의 행위 차이에서 드러났듯이, 분명 가까운 미래에 독점금지 문제에 관한 이견의 원인을 제공할 것이다. 게다가 (예를 들어 기준 설정, 상품 호환성, 허가에 관한) 협력으로 얻은 이익은 산업 정책 문제로 인한 충돌을 증폭시킬 수도 있다.

무역과 경쟁정책

수입-징계 가설(import-discipline hypothesis)은 경제 개방이 상품의 수입을 증가시킴으로써 국내 시장에서 경쟁을 증가시킨다는 것을 말한다(Cadot et al., 2000; Evenett et al., 2000). 개방은 시장구조에 경쟁 친화적 효과를 창출한다. 국제 경쟁으로의 노출은 국내 기업들이 반경쟁 행위를 선택하

---

45 소비자들은 사실 네트워크 외부 효과와 보완하는 것이 중요한 역할을 하는, 산업 집중화로 이익을 볼 수 있다. 그러나 소비자들은 비용과 고정화(lock-in) 영향을 변경하는 상황에 의해 해를 입을 수 있다.

는 것을 막았다. 그러므로 무역 개방 및 자유화 정책(즉, 관세와 비관세장벽의 완화)은 엄격한 국내 반독점 규제의 적용을 과거보다 훨씬 덜 중요하게 만들 수 있다.[46] 무역 개방은 희생이 큰 경쟁정책에 대한 상호 보완적인 대체제일 수 있다. 이러한 대체 가설은 국내 기업의 가격-비용 격차율과 수입이 부정적인 관련을 갖는다는 확고한 의견에 의존한다. 해외 경쟁과 국내 시장지배력 간의 역관계는 경험적 조사에 의해 보강되는 듯하다.[47] 정적 환경에서 이론적 모델 역시 무역 자유화와 적극적인 경쟁정책이 복지라는 차원에서 유사한 영향을 미칠 수 있음을 확인시켜준다(Neven and Seabright, 1997).

이러한 대체 논쟁은 특히 작은 개발도상국들, 그리고 개방되었으며 행정적 전문성과 재정적 자원이 결여된 개발도상국들과 관련되어 있을 수 있다. 그 논쟁은 분명 EU에는 덜 적절하다. EU에서 무역 개방은 국내 기업의 관행을 징계하기에 불충분할 수 있다. 더욱이 수입 징계는 무역 외 부문(즉 서비스)까지 연장될 수 없다. 무역 외 부문은 현대 경제에서 필수적인 산업이다. 물론 무역 외 부문에서 신설 부문인 해외직접투자는 수입의 대체로 사용될 수 있다(UNCTAD, 1997). 해외직접투자 레짐(즉, 해외직접투자에 대한 보다 낮은 법적 제한과 해외 소유권 제한의 완화)의 자유화는 서비스산업에서 국내 시장에 대한 논쟁 가능성을 높일 수 있다. 그럼에도 불구하고 강제 메커니즘은 효력의 제한이 있을 수 있다. 왜냐하면 적어도 단기적으로는 고정된 초기 개시비용이 너무 커서 단지 가

---

46 예를 들어 연구 문헌의 철저한 검토의 경우 카도 외(Cadot et al., 2000)를 참조하라.
47 자크맹과 사피르(Jacquemin and Sapir, 1991), 레빈손(Levinshon, 1993), 로버츠와 티부트(Roberts and Tybout, 1997), 혹은 톰슨(Thomson, 2002)을 참조하라. 예를 들어, 자크맹과 사피르는 유럽에서의 이런 영향을 측정했다. 수입의 교조적 영향은 EU 내 수입보다 EU 외 수입에서 보다 더 중요해 보인다. 톰슨은 1970년대에 캐나다에서 보다 복잡한 결과를 얻었다. 무역의 경쟁 친화적 영향에 대한 명확한 증거는 없다.

격 면에서라도 국내 시장에 진입하는 해외 기업을 유인하기 어렵기 때문이다. 게다가 기업들은 다양한 민간전략을 사용하는 해외 경쟁자들로부터 자신을 보호하려 할 수 있다. 배급업자와 제조업자 간의 수직적 배열이나 상품 차별,[48] 다시 말해 국가에 의한 무역 규제는 진입과 관련된 민간장벽으로 대체될 수도 있다. 이러한 경우 무역과 경쟁정책은 대체보다 보완으로 보일 수 있다.

해외 시장의 접근을 제한하는 전략적 민간 수단으로서의 수직적 합의는 코닥(Kodak) 사건과 미국과 일본 경쟁위원회들 간의 갈등 이후 유명해졌다.[49] 수직적 금지는 한정적인 배급자(배급자는 해외 상품을 팔 수 없다)나 제한적인 영토(배급자는 특정한 지리적 영역 밖에서는 팔 수 없다), 배급자로 하여금 해외 상품을 파는 것을 단념시키는 할인 계획 등과 같은 다른 형태를 취할 수 있다(Levinshon, 1996; Nagoaka, 1998). 독점적 거래와 수직적 통합, 거래 거부는 경쟁자의 진입비용을 증가시켜 상품시장(브랜드 간의 경쟁)에서의 경쟁력을 떨어뜨리는 데 사용될 수 있다. 배급 네트워크로의 제한적 접근이나 (예를 들어 내국 신용장을 얻기 위한) 공급자-생산자 연계를 맺어야 하는 장벽은 외국 기업들의 진입을 막을 수 있다. (수평적 수입의 금지를 통한) 영토 제한은 국가(브랜드 내의 경쟁) 간 차별적 가격을 운영하는 데 사용될 수 있다. 이러한 맥락에서 수직적 협정의 관행에 대한 관대한 경쟁정책은 국제무역에 해를 끼칠 수 있다.

수입 강제 가설에 대한 직접적인 논쟁에서 다음과 같은 두 가지 주요

---

48 무역 자유화는 또한 국내 합병을 유인할 수 있다[이 점에 관해서는 벤-이샤이(Ben-Ishai, 2005)를 참조하라].
49 또한 에어버스 사건을 참조하라. 에어버스는 이른바 (예를 들어 해외 공급사에 대한 기준 차별을 통해) 유럽의 공급사와 수직적 협정에 들어갔으며, 비유럽 공급사의 판매를 제약했다고 주장했다.

한 포인트가 나타난다. 첫째, 무역은 국내 경쟁과 상호 간에 영향을 준다. 무역 자유화는 경쟁에 영향을 미치기 때문에 독점금지위원회들에 대해 몇 가지 함의하는 바가 있다. 통상 있는 일이지만, 독점금지 문제에서 적절한 시장에 대해 서술할 때, 해외수출업자와 투자자의 조치들은 독점금지위원회들에 의해 평가되어야 한다.[50] 무역을 제약하는 조치(상품 기준, 정부조달 등)뿐만 아니라 자발적인 수출 제한은 (담합과 같은) 국내 시장에 대한 반경쟁 관행을 촉진할 수 있다. 둘째, 경쟁 규칙이 없다면 무역은 M&A와 카르텔의 경우처럼 수직적 합의와 연계된 반경쟁 행위에 의해 크게 영향을 받을 수 있다.

┃ 목표를 둘러싼 충돌

무역과 경쟁정책은 갈등을 일으킬 수 있다. 예를 들어 수직적 합의는 소비자에게 유익하고 복지를 증진시킬 수 있다. 사실 기업들은 효율성을 증진시키기 위해 수직적 구속을 사용할 수 있다. 가격차별 역시 소비자에게 유익할 수 있는데, 소비자 복지에 초점을 맞춘 독점금지정책은 이러한 관행을 수용할 수도 있지만 무역정책이 무역 흐름과 시장 접근을 방해한다면 이러한 관행은 거부될 것이다.

보호주의와 경쟁정책은 나뉠 수도 있다. 무역정책은 주로 생산자의 이익을 보호하는 반면 경쟁정책은 국내 소비자들을 보호하고자 한다. 반덤핑 조치는 무역과 경쟁정책 간의 충돌에 대한 흥미로운 사례다.[51] 반덤핑 조치는 수출 기업들이 합의된 가격 이하로 팔지 못하게 하거나

---

50 예를 들어 한국 정부는 해외 경쟁을 막기 위한 무역장벽의 수준이 과도했기 때문에 화학 산업의 합병을 막았다. 유사하게 미국은 반경쟁 합병의 사건에서 그들의 생산을 늘리기 위해 해외 기업의 능력에 제한을 둔 쿼터정책을 고려했다.

51 문헌의 검토에 관해서는 닐스(Niels, 2000)를 참조하라.

덤핑 한계에 맞춰 반덤핑 관세를 부과하는 것으로 구성될 수 있다 (Brülhart and Matthews, 2003).[52] 독점금지 규칙에 비춰본다면 반덤핑 규제는 세분화된 시장에서 가격차별 전략을 통제하는 목적이라고 볼 수 있다. 반덤핑 규칙이 해외 기업을 향해 있는 반면 독점금지 규칙이 국내 행위를 다루고 있다면, 그 규칙들은 상호 보완으로 간주될 수도 있다 (Wooton and Zanardi, 2004).[53] 실제로 그 규칙들의 목표는 다른 것으로 드러났다. 왜냐하면 반덤핑 조치는 산업을 보호하고, 매우 빈번하게 정치적 고려에 의해 유인되기 때문이다.

EU는 빈번하게 반덤핑 조치를 취했다. 1991~2001년까지 EU의 반덤핑 사례는 약간 증가하는 추세였다. EU에서 경쟁원칙과 반덤핑 정책 간의 관계는 메슬랭과 리드(Messerlin and Reed, 1995)가 설명했듯이 상당히 취약하다. 부르주아와 메슬랭(Bourgeois and Messerlin, 1998)은 집행위원회에 의해 조사된 반덤핑 사례의 10% 미만이 반경쟁 행위와 연관된다는 것을 제시했다.[54] 반덤핑 과정은 무역에 대한 관세와 비관세장벽의 대체로서 무역정책에서 역할이 늘어나고 있다. 사실 조사의 성공 가능성은 유럽에서 특히 높다(Messerlin and Reed, 1995). 게다가 반덤핑 조치를 적용하는 비용은 대체전략(예를 들어 가격경쟁)과 비교했을 때 낮다. 반덤핑 조치는 외국 기업의 생산비용이나 수출 행위와 관련된 위험을

---

52 EU에서의 제도적 반덤핑 틀에 대해 보다 자세한 서술은 부르주아와 메슬랭(Bourgeois and Messerlin, 1998)을 참조하라.

53 대개 가격차별에 사용되는 약탈적 덤핑과 정상적 덤핑 간의 혼동이 있다. 덤핑은 그 자체로 반경쟁 관행은 아니다. 덤핑은 국제무역의 한 요소다. 경쟁 때문에 국내 가격이 소비자들의 이익에 비해 낮을 수 있다. 해외 기업들은 사실 무역비용 때문에 해외에서 보다 작은 경계를 수용해야만 한다. 약탈적 덤핑은 시장 밖으로 경쟁자를 이끌 수 있고, 그렇게 함으로써 경쟁을 누그러뜨린다. 가격차별이 생산 효용성에서만 비대칭일 때 생기는 것은 아니라는 것을 명심해야 한다.

54 예를 들어 데어도르프와 스턴(Deardorff and Stern, 2004)을 참조하라.

증가시킴으로써 경쟁비용을 올린다(Messerlin, 1995). 따라서 그 조치는 보다 낮은 수준의 국내 경쟁을 낳을 수 있다. 그 조치는 특히 카르텔의 생존을 촉진할 수도 있다.[55] 카르텔은 이따금 신규 진입을 막기 위해 반덤핑 관세와 국가 개입을 추구한다(Levenstein et al., 2004).[56] 예를 들어 페로실리콘을 생산하는 기업들은(그 기업들 중 하나는 노르웨이 기업의 계열사) 신규 진입을 막기 위해 미국과 유럽에서 반덤핑법을 사용하길 원했다.

무역정책 수단으로서의 경쟁법

무역 자유화 과정에서 경쟁정책은 점점 더 중요해지고 있다. 정치적 압력과 로비 행위에 의해 영향을 받은 경쟁정책은 산업 외 국내 이익을 촉진하는 전략적 무역정책으로 사용될 수 있다. 이 정책의 결정을 변화시키려는 기업들의 노력이 소비자들과 비교해 보다 더 조직적이라는 것은 잘 알려진 사실이다. 영국은 미국 종종 해외시장 침투를 촉진하기 위한 무역 수단으로 경쟁정책을 사용하고 있다고 크게 비난했다. 미국의 이러한 행위는 WTO의 무차별 원칙에 반하는 것이고 수출 카르텔은 다른 사례다.

무역 자유화로 국가들은 그들의 국내 복지를 증진하기 위해 무역정책을 사용할 수 없기 때문에 경쟁정책은 국내 복지를 증진시키기 위한 대체 방안으로 사용될 수도 있다. 경쟁정책이 국내 기업들의 시장지배

---

55 WTO 규칙과 일치하는 EU의 불만은 EU 산업, 즉 '불만에 반대하거나 찬성한다고 표현하면서 공동체 산업의 부분에 의해 생산된 동종 상품의 총생산의 50% 이상을 구성하는 집단 산출의 공동체 생산자'(Bourgeois and Messerlin, 1998)에 의해 지지받는다. 이러한 규칙은 담합에 찬성한다.

56 또, 카르텔 회원국들은 일탈한 기업(무역과 통계적 보고와 수입 조사의 사용)을 처벌하거나 진입을 막음으로써 오랫동안 공모를 유지하기 위해 관세장벽이나 비관세장벽(쿼터제)을 사용할 수도 있다. 일례로 중국의 관세보호 구연산 카르텔 회원국들이 정부에 중국의 관세보호를 요청한 것을 들 수 있다(Levenstein et al., 2004).

력을 통제한다고 본다면, 전략적 무역정책은 국내 기업들의 시장지배력을 이용하여 해외 국가들이 가져가는 수익을 전환시키려는 시도라고 이해할 수 있다(Levinshon, 1996). 경쟁정책 관련 영역에서 국가 결정은 국내 생산자의 시장점유율을 끌어올릴 수도 있고 거래 상대국과 관련된 수익을 전환시킬 수도 있다.

이론적 분석 모델에서 호른과 레빈손(Horn and Levinsohn, 2001)은 최적의 산업 집중화를 결정함에 있어서 경쟁정책이 변화할 수도 있음을 검증했다. 무역장벽은 경쟁정책에 영향을 미친다. 열린 시장에서 외국 기업들은 국내 시장으로 제품을 판매할 수 있고, 국내 기업들은 외국으로 수출할 수 있다. 수출시장 점유율을 높이기 위해 몇 가지 조건 하에서 위원회들은 보다 엄격한 경쟁정책을 운영하는(즉, 국내 기업의 수를 늘리는) 방향으로 설득될 수 있다. 때문에 정부의 행위는 대체 가설을 무효로 만들 수 있는 것이다. 리처드슨(Richardson, 1999)은 유사한 이론적 틀에서 동일한 결론을 도출했다.[57]

그러나 이러한 연구자들은 무역과 경쟁정책 간에 명확하고 확고한 관계를 기대하기는 매우 어렵다고 강조한다.[58] 무역 자유화가 근린 궁핍화 경쟁정책을 독려하고 근린 궁핍화 정책이 보다 엄격하거나 보다 관대한 경쟁정책을 유도하는지는 불명확하다는 것이다. 예를 들어 드스테파노와 리스먼(De Stefano and Rysman, 2004)은 다른 틀에서 정부가 국가 대표기업의 출현을 독려하기 위해 보다 관대한 경쟁정책에 편견

---

57 이러한 모델들은 병렬적인 연대나 관행과 관련이 있다. 그 모델들은 수직적 합의와 국내 시장의 어려움을 간과한다.

58 해외 소비자들의 존재는 (어떤 해외 기업도 없다고 가정하며) 집중화의 정도를 높이려는 유인을 제공한다. 이에 담합은 좋다. 해외 경쟁자의 존재로 이제 해외와 국내 경쟁자들 간의 지리적 이동 때문에 그 관계가 모호해진다. 산업 집중화 역시 국내 복지에 영향을 미친다.

을 가질 수 있다는 반대의 결론을 도출했다. 경쟁이 덜한 시장구조는 덜 과중한 세금을 선택하는 다른 나라를 유인하기 때문이다.[59]

지금까지 국제시장에서의 경쟁 문제에 관해 EU의 현재 제도적·정치적 상황을 서술했다. 또한 시장통합으로 야기되는 문제를 다루면서 제기한 문제들에 대해 답을 제공했다. 다음 마지막 절에서는 현재 유럽 경쟁정책의 내외 개혁에 대한 배경에 대항하는 정책 결정자들을 위한 관련 지침 몇 가지를 제공할 것이다.

유럽 경쟁정책에 대한 국제적 도전

유럽 정책의 외부 개혁

시장통합의 심화는 유럽 경쟁정책의 대내외적 개혁을 요구하는 새로운 과제를 야기했다. 유럽 경쟁규칙의 지역 외 적용은 반경쟁 행위의 국가 간 영향을 구제하는 방식이다. 그러나 많은 연구자들이 설명하듯이, 그 방식은 강력한 독점금지위원회들일지라도 다국적 수출 기업들의 전 세계 전략을 통제하는 데 충분하지 않다는 것이 확실하다. 게다가 앞 단락에서 설명했듯이 지역 외 원칙은 종종 국내 주권의 침해로 간주되기 때문에 국제정치의 불안정과 갈등의 원천일 수 있다. 따라서 국민복지의 극대화를 순수하게 추구하는 정책 결정자들이 해로운 보복 조치를 피하고자 한다면 매우 신중해야 한다. 그럼에도 불구하고 지역 외 원칙의 적

---

59 구체적인 사례로는 딕싯(Dixit, 1984) 혹은 보다 최근에 발표된 사기와 일디즈(Saggi and Yildiz, 2006)를 참조하라. 딕싯은 국내 복지가 어떻게 수출관세와 수입보조금뿐만 아니라 국내외 기업의 수와 연관되어 있는지 분석했다.

용 증진으로 인해 발생한 이익이 간과되어서는 안 된다. 해외에서 EU 법을 보다 강력하게 적용할 수 있는 권한이 강화된다면 현재 이루어지고 있는 많은 협상에서 EU의 협상력을 높일 것이고 유럽의 각종 경쟁정책 관련 위원회들의 지위가 보다 강화될 것이다.

협력 방법의 해결책은 언급된 대로 매우 분명하다. 예를 들어 미국과 EU 간의 협력은 지난 10년, 특히 합병 조사 기간 동안 수많은 성공을 낳았다.[60] 그러나 현재 양자 혹은 다자간 협정은 완전히 만족스러워 보이지 않는다. 그 협정들은 국가들의 핵심 이익이 걸려 있는 곳에서 근린 궁핍화 정책과의 충돌을 막을 수 있을 것처럼 보이지 않는다. 독점금지 틀의 차이와 국가 간 불공평한 득실 배분 때문에 정보를 공유하고 소통하는 것이 충분하지 않다. 그 협정들은 복합적 독점금지 조사로부터 다른 비용을 제거하지도 못한다. 따라서 세계 규칙이나 집행력을 가진 세계 감독자가 답일 수도 있다. 하지만 불운하게도 전 세계적 규제라는 생각은 현 시점에서 정치적으로 실현 불가능하게 들린다. 정치적인 지원이 있다 하더라도 최적의 경쟁정책을 설계하는 것은 앞서 설명한 것처럼 무역, 경쟁, 그리고 다른 정책 목표들 간의 모순이 존재할 수 있는 만큼 더 미묘하기 때문에 명확히 합의에 도달하지는 못했다.

앞으로 다음 세 가지 주요 목표는 추구되어야만 한다. 새로운 경제의 부상을 포함한 규칙의 조화, 정보에 대한 비밀교환의 보다 밀접한 협조, 국제적 파급을 낳는 독점금지 사례를 막는 국제 제도와 메커니즘의 창출이다. 이들 세 가지 요소들은 물론 독점적이지 않다. 실제로는 양

---

60 젠코/론호, 엑슨/모빌, 월드컴/MCI, MCI월드컴/스프린트, 비티/AT&T, 에어리퀴드/BOC, AOL/타임워너, 오라클/피플의 사건에서 협력이 밀접하고 효율적이라는 사실을 알 수 있다.

자, 다자협정 외에도 주요한 제도적 제안이 두 가지 존재한다(예를 들어 Bode and Budzinski, 2005). 첫 번째 제안은 WTO의 건설이다. WTO는 이미 독점금지 문제들로 확장될 수도 있는 논쟁 해결 과정을 포함하기 때문에 이러한 옵션을 지지한다. 게다가 도하 선언(Doha Declaration)에서 정부는 독점금지 문제에 관한 협상에 동의했다. 두 번째 제안은 주로 국제협력네트워크를 통한 보다 비공식적 토론을 촉진하는 것이다.

독점금지법에 대한 조화와 수렴의 경쟁 규칙은 보다 밀접하게 조정되었다. 이 경쟁 규칙은 독점금지 목표와 해석에 관련된 갈등을 제거할 것이다(Gerber, 1999; Kudrle, 2005). 앞에서 강조했듯이 조화의 노력은 새로운 경제에 관한 독점금지 차이 때문에 관대해져서는 안 된다. 수렴은 일방적인 개혁이나 (구속력이 있거나 없는) 협력, (없거나 최소인) 공동의 기준 채택에 의해 도달될 수 있는데 여기서는 감면제도 확산의 경우가 그렇다. 빈번한 접촉과 토론, 최선의 관행에 대한 인식은 이러한 가정을 촉진했다. 그러나 완벽한 수렴의 목표는 환상일 수 있기 때문에 보다 더 위험하다(Shenefield, 2004).[61] 실체법에 맞지 않을지라도 이러한 과정은 역전될 수 없는 것이다. 이는 독점금지위원회들과 법원의 구성에 따라 달라질 수 있으므로 독점금지규정의 해석이 달라질 수 있다. 정부위원회들은 법 집행과 강제에서 몇 가지 기준을 갖고 있는데 그 기준은 정부 위원회들이 자신들의 이익을 위해 사용할 수 있는 것이다.[62] 더욱 중요한 것은 여러 상황에 광범위하게 적용되는 경쟁법이 해롭다는 것이 밝혀질 수 있다는 점이다. 법이 실제로 효과적이기 위해서는 지역의

---

61 예를 들어 제니(Jenny, 2003)에 따르면, US-EU 협력은 오로지 실제 독점금지 업무에 관한 협정이 관측되기 때문에 실제로 수렴되도록 하는 것은 매우 명확하지 않다.
62 코닥 사건의 경우 미국 위원회는 기존의 '게이레추(keiretsu)'라는 수직적 통합과 관련된 경쟁 규칙을 적용하지 않는 데 대해 일본을 질책했다.

정치적 · 문화적 · 역사적 환경에 맞춰져야만 한다(Jenny, 2003). 시장구조와 기업 행위 독점금지 분석과 이론은 오랜 기간 동안 변화를 거쳤다. 특히 새로운 기술에 있어 업무 처리 관행은 변화를 요구하며 매우 빠르게 발전할 수 있었다. 기본적으로 협력은 소통, 자문, 그리고 정보 공유를 의미한다(Kudrle, 2005).

외국의 행위와 관련해 독점금지 집행의 효율성은 정보의 이전(移轉)에 매우 의존한다. 예를 들어 정보 공유는 대규모 카르텔의 조사에서 특히 중요하다. 불운하게도 사업 행위의 비밀은 지금까지 실질적인 협력에서 심각한 방해였다.[63] 정보 교환을 촉진하기 위해 기관들은 민간 당사자들로부터 권리 포기를 받아낼 필요가 있었다. 그것은 기업들이 몇몇 위원회들에게 정보를 제공하는 비용을 줄여주었고 반대 결정을 피하면 정보 공유로부터 이득을 볼 수 있게 했다. 그러나 기업들은 정보 누설과 남용의 위험 때문에 빈번한 정보 공유를 주저한다.[64] 그러므로 비밀 사업 정보의 교환을 촉진하기 위해서는 새로운 국제법 틀, 특히 미국이 개입된 국제법 틀이 최우선 과제다. 이것은 2005년 유럽 경쟁위원 네일리 크루스(Neelie Kroes)에 의해 강조되었다. 정보 공유가 허용될 때와 정보 교환이 합법적으로 보호되는 안전한 상황 하에서 진행되는 방식을 명확히 해야 한다는 것이다.[65] 세금과 재정, 안보 분야에서 혹은 형사 문제에서 정보 교환을 복제할 수 있다. 상호 원조 협정은 단

---

63 위원회는 조사하는 동안 정보를 엄격하게 통제하는 지역법 때문에 카르텔 사건에서 정보를 공유하거나 제공하는 데 덜 자유롭다. 예를 들어 미국이나 EU에서 지원자의 허락 없이 제공된 사면 지원자 신원이나 정보는 공개될 수 없다.

64 EU 회사들은 예를 들어 미국의 민간인 민사소송을 두려워한다.

65 카르텔 사건의 기소는 인수합병 통제처럼 미래의 전략적 계획에 대한 정보보다는 기업 활동에 관한, 보다 과거의 정보를 요구한다. 카르텔 사건에서 요구되는 정보는 강도가 약한 비밀이다. 합병 전 조사는 민감한 무역 비밀이나 사업 전망 계획에 관한 자료를 요구할 수 있다.

지 범죄 행위뿐만 아니라 높은 비밀 정보 거래를 허용한다. 미국-호주 협정은 비밀 정보 교환을 촉진시킨 드문 협정 중에 하나다.

실제로 양자협정과 다자협정에 덧붙여 실체법의 수렴과 정보 교환은 국제경쟁네트워크 메커니즘에 의해 독려될 수 있다. 국제경쟁네트워크는 협력을 단순화하고, 자발적 수렴을 촉진하며, 업무 처리 모범 관행 지침을 개발하고자 한다(Haucap et al., 2005).

정보 제한을 극복하기 위해 또 다른 수단이 사용될 수 있다. 긍정적인 상호 존중 원칙에 토대를 둔 국가는 다른 국가의 위원회들에게 사례(事例)를 언급할 수 있다. 조사 대상으로 선정된 행위에 대해서는 보다 직접적으로 조사할 수도 있을 것이다. 왜냐하면 조사를 맡은 국가가 관련된 정보에 대한 접근 권한을 갖고 있어야 하기 때문이다. 긍정적인 상호 존중 원칙에는 다른 이점이 존재한다. 국내 위원회들이 반경쟁 행위를 근절하기 위해 보다 큰 힘을 갖기 때문에 경쟁 집행은 더 효과적일 수 있다. 긍정적인 상호 존중 역시 몇 가지 중복되는 비용을 피하고 반경쟁 행위가 일어난 국가를 조사하는 단독 책임을 부여함으로써 충돌을 줄인다. 지역 내 원칙의 적용을 대체할 수도 있다는 것이다. 그러나 긍정적 상호 존중은 높은 수준의 신뢰에 의존한다. 실질적인 경험으로 볼 때 〔피토프스키(R. Pitofsky)처럼〕 공무원들은 이런 수단에 대해 크게 집중하지 않는 경향이 있다. 그것은 보잉/맥도넬더글러스, 제너럴일렉트릭/하니웰, 마이크로소프트 사례의 주요 충돌에서 드러나듯이 법 혹은 이익이 충돌할 때 아무 가치가 없다(Klodt, 2001). 국내 위원회들은 국내 기업이 국내법은 지키지만 외국법을 지키지 않을 때 그 기업을 고발할 수 없다. 더욱이 상호 존중 조항은 구속력을 가지지 않기 때문에 실제 이익 충돌을 막기에는 불충분하다(Haucap et al., 2005). 이러한 맥락에서 부가된 논리적 단계는 기존 협정에 보다 구속력 있는 요소를 통합하는 방법일 것이다. 그럼에도 불구하고 지금까지 이런 유형의 협정이 잠재적으로 해가 되는 차별을 야기하며 협력협정으로부터 작은 개발도상국들을 배제해왔다는 것을 유념해야 할 것이다.

이와 같은 다른 측면을 다루기 위해 국제관계의 개혁에 대한 실제 초석은 초국가적인 규제의 형태로 세워질 것이다. 이론적으로 세계 독점 금지 감시자는 경제적 외부 효과가 국가 간에 내재화되도록 하고 높은 수준의 세계복지가 이뤄지도록 할 것이다. 불행히도 국가들은 경쟁 문제에서 그들의 주권 일부를 포기할 준비가 되어 있지 않다. 게다가 세계 규칙의 집행은 수립되기 매우 어려운 보상 체계를 요구할 수 있다. 예를 들어 M&A 조사는 M&A의 추계가 갖는 특성 때문에, 국제무역 문제와 달리 독점금지정책에서 보상 전통이 존재하지 않는다(Tay and Willmann, 2005; Evenett, 2001).[66] 그러므로 경쟁 문제에 관한 협상을 계속하기 위해서는 보다 넓은 다국적 틀에서 다뤄져야 했다. 독점금지 분야에서 손해를 본 국가들은 무역이나 환경과 같은 다른 영역에서 유익한 조치에 의해 보상받을 수 있다.

이러한 맥락에서 WTO는 기존의 수단 중에서 가장 적절한 것으로 보일 수 있다. WTO의 경쟁력은 국제 공동체에 의해 잘 알려져 있다. 그 신뢰도와 합법성으로 볼 때 WTO는 최소의 구속력을 가진 경쟁 규칙의 선택과 감시를 촉진할 수 있다. 이는 국가 간 이견과 갈등의 가능성을 줄일 것이다(Bode and Budzinski, 2005). 더욱이 WTO는 이미 오랫

---

66 예를 들어 보상 수단의 교환으로 한 국가에 의해 수용될, 국내 복지를 줄이지만 세계복지를 증진시키는 합병의 묶음은 (시간이 지나든 지나지 않았든) 없다. 각 사건은 별개로 평가된다.

동안 신뢰를 얻어 의존할 수 있는 논쟁 해결 기구를 포함하고 있다. 무역 분쟁을 해결하는 이러한 제도적 메커니즘은 WTO 회원국들에게 신뢰할 만한 위협이 된다. 그러나 이러한 제도적 해결책은 2003년 칸쿤, 2005년 홍콩, 그리고 어렵고 길게 늘어졌던 도하라운드(Doha Round) 토론에서 있었던 WTO 각료회의 실패 이후 가까운 장래에는 실현될 것 같지 않다. 많은 회원국과의 이익 충돌 때문에 협상이 고되기 때문이다. 개발도상국들은 WTO 내에 경쟁 규칙을 포함시키는 것에 대해 매우 회의적이다.[67] 또한 이 분야에 대한 EU의 제안은 한계가 있음을 지적해야 한다. 국제경쟁 규칙을 강화하기 위해, 그리고 국가 간 사례를 감시하기 위해 초국가적 기구를 세우는 것은 아니다. 민간기업은 WTO 분쟁 해결 기구에 대한 불만을 제기할 수 없을 것이다. 이 기관은 단지 국내 경쟁법이 WTO 협정의 핵심 원칙을 따르는지 혹은 국내 위원회가 제소된 사례들을 성의 있게 조사하는지를 점검할 뿐이다. 그러므로 복합적인 검토에서 발생한 비용은 전체적으로 사라지지는 않을 것이다. 보다 중요한 것은 WTO가 여전히 중상주의에 의해 지배되고 있고 여전히 독점금지 규제에 전문가가 결여되어 있다고 비난을 받는다는 점이다(Bode and Budzinski, 2005).[68] WTO 내에서 시장 접근에 관한 문제는 주로 생산자의 이익, 그리고 복지나 효율성에 초점이 맞춰져 있다. 〔클라인(J. Klein)과 같은〕 미국 관리가 강조하듯이 이는 독점금지 책임

---

67 일부 국가는 독점금지 문제를 집행하거나 협상하기에 충분한 경험을 갖추지 않았다고 주장한다(Mehta, 2003). 그 국가들은 그들의 이익이 협상하는 동안 충분히 고려되지 않을 것을 우려한다(Bode and Budzinski, 2005). 그 국가들은 그 협상을 외국의 다국적기업이 자국 시장으로 접근하는 것을 보다 더 허용하는 시도로 본다. 또 다른 일부 국가들은 무차별 원칙이 그들의 산업정책, 특히 국내 대표기업정책을 손상시킨다고 생각한다.
68 주의 깊은 다른 독자들에 의해 지적되듯이, WTO 협상은 무역 분쟁의 해결보다는 중상주의 접근에 의해 지배된다.

을 WTO에 떠맡김으로써 국제 독점금지정책이 보다 더 정치화될 위험이 있다(Hurdle, 2005).

한편 국제경쟁네트워크는 최근에 만들어졌다. 이 기구는 역사가 짧기 때문에 WTO보다 신뢰와 명성이 덜하다고 이야기된다.[69] 게다가 구속력이 없고 자발적 메커니즘에 의존하고 있으며 협력은 주로 동료의 압력과 관련 위원회의 신뢰에 의존한다. 국제경쟁네트워크의 네 가지 합병 관련 권고 관행과 국가의 일치 정도에 관한 경험적 연구를 바탕으로 에버넷과 헤이젠(Evenett and Hijzen, 2006)은 연성법이 국내 합병 레짐의 광범위한 수렴을 이끌어낼 것이라는 점에 의문을 표시했다(Evenett, 2005d). 그들은 많은 위원회들이 정치적 압력과 가용 자원에 대한 제약에 직면해 있음을 직시했다. 더욱이 WTO와 같이 복합적 검토비용이 설령 법으로 수렴될지라도 완전히 줄어들지는 않을 것이다.

그러나 국제경쟁네트워크는 경쟁 문제에 초점을 맞추고 있다는 큰 이점을 갖고 있다. 이 기구의 비공식적이고 유연한 성격 때문에 국가들은 그 안에서 대화에 참여할 가능성이 높다. 이러한 점에서 국제경쟁네트워크는 WTO의 보완으로 유용할 수 있다. 또한 보다 공식적이고 구속력 있는 협정으로 서명 전의 첫 번째 단계가 될 수 있다. 국가들이 독점금지 문제에서 보다 많은 경험을 쌓게 되면 구속력 있는 협정은 보다 쉽게 협상될 수 있는 것이다. 경험상 예상되는 규모와 개혁의 손익 배분은 덜 불확실해 보인다(Hoekman and Saggi, 2005). 그러나 국제경쟁네트워크는 주로 제안을 통해 전문적인 독점금지위원회 간의 업무 처리 모범 관행을 촉진하기 때문에 그 조치를 보완할 필요가 있다. 국제경쟁

---

69 그러나 국제경쟁네트워크의 조치는 협력을 촉진하는 효과적인 역할 때문에 점차 신뢰를 얻고 있다.

네트워크 제안은 OECD 개입과 유용하게 연계될 수 있다. 사실 OECD는 권고의 선택에서 국가 간 토론을 포함한다. 국가 간 협상의 중요성은 정책 결정의 정치적 맥락에서 이해되어서는 안 된다. OECD가 개발도상국들에 덜 중요한 역할을 할당하기 때문에 국제연합무역개발협의회와(UNCTAD)의 연대 조치 또한 선진국과 개발도상국 간의 협력과 대화를 촉진한다.

그러나 WTO가 세계시장 규제자로 복무하면 무역과 경쟁 업무와 관련된 무역 외 부문을 명백히 구별하는 데 효과적일 것이다. WTO는 시장 접근과 진입장벽을 판단하는 데 보다 정당성을 갖지만 경성 국제 카르텔과 M&A 조사를 수행하는 데는 부족하다.

WTO의 대체로서 EU의 다단계 체계가 촉진될 수 있다. 이러한 초국가적 기구는 변호인의 권리를 보장하면서 국제사법재판소와 결부될 수 있다. 이 기구는 EU, 일본, 미국과 같은 국가의 첫 번째 핵심 단계로 구성될 수도 있다. 경제 관계의 강화로 이러한 해결책은 종국에는 정치적으로 실현 가능할 듯하다. 특히 미국 위원회는 지역 외 원칙의 한계를 인식했을 경우 과거에 그랬던 것처럼 비협력비용이 증가할 때보다 더 협력에 동의할 수도 있다. 초국가적 기구의 설계는 집행위원회, 회원국, 그리고 EU 모델의 유럽사법재판소 간의 관계와 유사하다. 권한은 국가 간 효과의 범위에 의존하는 세계 위원회와 국내 사법권 사이에 할당되어야 한다. 이러한 일괄처리 규제는 복합적인 검토비용을 제거하고 합의에 의해 다뤄진 영역 내에서 경쟁정책의 외부 효과를 내재화할 것이다.

이러한 체계는 독점금지 규제로의 세계복지 기준 도입의 유용한 단계일 수 있다. 물론 이러한 독점금지위원회의 결정은 외부 국가들, 특히 개발도상국들에 불리할 수 있다. 그럼에도 불구하고 차별의 문제는 별개로 다뤄진다. 사실, 보다 일반적으로 개발도상국에 대한 경쟁정책의 영향, 특히 가난한 개발도상국들의 빈곤 감소 문제는 논의될 필요가 있다. 즉, 개발도상국으로 하여금 유럽 회사들을 제재하고 고발하는 집행을 위한 비용과 같은 직접비용과, 국내 복지 감소와 같은 간접비용이 발생하더라도, 개발도상국들에 대한 유럽의 원조정책에 맞춰 집행위원회는 정책 결정 시 이 국가들의 이익을 고려해야 한다는 것이다. 더욱이 WTO 협상의 실패 위협으로, 국제 독점금지 문제에 대한 과정이 주로 양자협정의 형로나 지역 무역협정의 경쟁규정으로 편입되고 있기 때문에(Evenett, 2005a) 이러한 협력의 형태는 필연적으로 차별을 수반한다.

유럽 정책의 내부 개혁

앞서 살펴보았듯이, 유럽의 경쟁목표 달성은 외부의 수단에 달려 있다. 역으로 내부 정책은 협력국들과 EU의 경제 관계에 영향을 미치기 때문에 외부에 영향을 미친다. 그러므로 내외부의 정책은 일관되어야 한다.[70] 집행위원회와 EU 회원국들 간의 내부 관계 역시 외부 차원에 맞춰 조정되어야 한다. 국내 기관에 대한 유럽 경쟁정책의 탈집중화로 실체법의 해석이 EU 내에서 달라질 수 있다. 그것은 EU 내, 그리고 EU와 미국 위원회 간 차이에 대한 새로운 이유일 수 있다.[71] 게다가 개혁은 유럽의 국제정책이 보다 일관되고 다른 목표와 조화되기 위한 조건이다.

---

70 예를 들어 감면제도는 동시에 모든 시장에서의 손상에 토대를 둔 기업이 몇 개 시장에서는 면제를 받도록 개선되어야 한다(Schoneveld, 2003). 유럽 정책 결정의 투명성은 독점금지 과정에서 위원회가 유사점과 차이점을 더 잘 이해하도록 하기 때문에 국제적 수준에서 규칙의 수렴을 촉진한다.

71 예를 들어 EU의 감면제도와 국내 기관 간의 관계는 명확해야만 한다(OECD, 2005b). 회사들이 소개할 수 있는 일괄처리 방법은 없다. 일부 회원국들은 감면제도를 갖고 있으며 국가마다 프로그램이 다르다.

앞에서 살펴보았듯이 경쟁과 무역정책은 서로 모순될 수 있다는 것이 밝혀졌다. 수년간의 무역 관계와 공동무역정책은 실제 EU 외교정책의 유일한 수단이었다(Brülhart and Matthews, 2003).

다양한 의견들을 취합해본다면, 브뤼셀의 EU 기구들과 국내 규제기관들이 다양한 분야에서 정책 결정을 할 때, 경쟁정책 이슈들의 중요성을 보다 더 심각하게 인식하도록 만드는 것이 무엇보다도 우선되어야 한다. 다른 정부 정책이 유럽 시장구조에 영향을 주기 때문에 다양한 정책들, 특히 (국가 간 M&A의 예외로) 무역과 해외직접투자 정책은 경쟁위원회의 감독 아래 있지 않다. 또한 일부 기업들과 기관들이 독점금지 입법의 공제로부터 이익을 얻기 때문에 경쟁위원회는 그런 환경에서 경쟁을 보장하기 위해 경쟁법 강화를 초월해야 하는 것이다. 경쟁위원회는 '경쟁 옹호' 개념을 보다 더 발전시켜야만 한다. '경쟁 옹호'는 경쟁위원회가 공정한 경쟁 환경을 만드는 다양한 비강제적 행위들을 말한다. 즉, 다른 정부기관들과의 관계를 통하거나 경쟁의 이익에 대한 대중의 인식을 증가시킴으로써 공정한 경쟁적 환경의 촉진에 기여할 수 있다는 것이다(ICN, 2002). 최근 경쟁 옹호는 (OECD, WTO, 국제경쟁네트워크의) 국제 포럼에서 널리 토론되고 있다. 여기서는 기존의 법·규제와 제안된 법·규제에 관한 보고를 내고 그것을 검토하며, 반경쟁 국가 조치에 대한 조언을 하고 대중과 정책 결정자들을 교육시킨다. 그리고 주로 세미나, 뉴스레터, 미디어 등을 통해 대중과 정책 결정자들이 경쟁 문제를 인식하게 하는 등의 활동을 한다(ICN, 2004; Evenett, 2006c).

다른 국가기구에 의해 경쟁 문제가 소개될 경우는 경쟁 규제와 일치하는 방식으로 다뤄져야 한다. 경쟁위원회는 부문 특화 규제자들 때문에 몇 가지 사례에 직면한다. 재정이나 통신 부문의 규제자들은 감시와 통제에서 상당한 힘을 갖고 있다.[72] 비록 그들의 결정이 주로 기술 전문가들에게 의존한 것일지라도 이 규제자들은 경쟁위원회의 대상과는 다른, 다시 말해 산업정책이라는 이름으로 다른 대상을 선택할 수 있다(Jenny, 2003). 경쟁위원회는 무역과 해외직접투자를 다루는 규제에 관해 의견을 낼 수 있다. EU는 여전히 몇 가지 민감한 부문을 보호하는 강한 장벽을 배치해놓고 있는데(Brülhart and Matthews, 2003), 일례로 서비스 부문의 무역이 여전히 완전 자유화되어 있는 것을 들 수 있다. 반덤핑은 독점금지 문제에서 보다 잘 통제되어야 한다.[73] 경쟁은 일자리 보호나 수출 증진, 국가안보와 같은 다른 대상들보다 우위에 서면 안 된다. 그러나 대상들 간의 거래는 명백하고 투명해야 한다(Bannerman, 2002). 그리고 무역이나 부문 특화 규제자들은 특정 이익집단에 영향을 받을 수 있다. 경쟁 문제 또한 그들의 재분배 영향 때문에 로비스트들의 영향 아래 있을 수 있다. 위원회는 사업공동체의 통제가 보다 엄격하고 실질적인 벌금으로 인해 비판받을 가능성이 높다. 어떤 경우든 경쟁 옹호의 역할은 사업공동체에 의해 주도된 반경쟁 조치에 대응하고 중립화하는 데 중요할 수 있으며, 그 역할은 로비를 좌절시키고 자원 소모와 규제 포착의 위기를 줄이는 것이다.

물론 경쟁 옹호가 만병통치약은 아니지만 중요하고 효과적인 역할을 할 수 있도록 잘 설계될 필요가 있다(ICN, 2004; Evenett 2006c; Clark, 2004). 경쟁 옹호가 비효율적으로 되지 않게 하려면 다른 국가기구에 관한 경

---

72 잠재적 민간제약과 공적 규제를 막기 위해 최근 1995년에 경쟁 총국은 재정과 에너지에 관한 협상을 시작했다.
73 독점금지법은 반덤핑 과정에 포함될 수 있다(Hoekman, 1997). 제안되었듯이, 이중 접근은 채택될 수 있다. 추정된 반덤핑 관행은 우선 독점금지 기준을 사용하면서 판단될 수 있다(Wootong and Zanardi, 2002).

쟁기관의 역할과 범위를 명백히 해야 하고 법으로 성문화해야 한다. 이는 제도 규칙이 다른 기구들과 대화하고 경쟁기관의 관점을 고려해야 한다는 것을 의미한다. 하지만 현재는 그렇지 못한 상황이다. 이러한 맥락에서 경쟁의 역할과 정당성은 특히 다른 사회, 정치 대상과 관련해서 토론될 필요가 있다. 뿐만 아니라 경쟁 옹호 정책은 전적으로 정치적인 영향에서 독립적이어야 하고 마주 대하는 노동자, 소비자, 사업들의 신뢰를 받을 수 있도록 정당하고 적절한 기금을 만들어야 한다(Clark, 2004). 또한 여기에는 많은 실질적인 의문이 존재했다. 어떤 국가 조치가 경쟁 옹호에 의해 다뤄져야 하는가? 가능한 자원은 어느 정도 집행되고 옹호되어야 하는가? 어떻게 과정을 합리화하고 합법적인 과정을 심사하는가?[74] 어떻게 경쟁 옹호의 영향을 측정하고 향상시키는가?[75] 이 모든 의문에도 불구하고 경쟁 옹호는 경쟁정책 집행에 실제로 도움이 되었다.[76] 경쟁을 촉구함으로써 경쟁 옹호는 반경쟁 행위의 가능성을 줄이고 경제적 비효율성을 감소시켰다. 경쟁 규칙의 완전한 집행은 독점금지위원회의 신뢰를 더욱 향상시킬 것이고 그 다음 경쟁 옹호를 강화시킬 것이다. 따라서 지난 몇 년 동안 경쟁 총국은 점차 집행위원회의 다른 부문의 제안을 심사하고 있다(OECD, 2005b).

그러나 집행위원회의 경쟁정책 부문은 경쟁 옹호를 위한 별개 단위

---

74 제안은 입법 기간 동안 많이 있을 수 있다. 경쟁기관의 자원들은 한정되어 있고 오직 중요한 것의 독점금지에 초점이 맞춰져야 한다(Clark, 2004).

75 입법자, 그리고(혹은) 규제자의 영향력을 평가하는 것은 어렵다. 제도적 영향은 나타날 수도 있고 아주 장기적으로만 나타날 수도 있다.

76 경쟁 옹호와 병행하여 현재 OECD는 '평가 도구함'의 개발을 통해 비경쟁 기구에 의한 경쟁 문제의 자기평가를 지지한다(OECD, 2006b). 사실, 경쟁위원회의 불필요한 충고는 다른 기구들로부터 적대적 반응을 수반할 수 있다. 게다가 그 충고는 과도한 경쟁위원회의 자원을 흡수할 수 있다. 그러나 이러한 자기평가의 단계는 효력을 갖도록 공식적인 법으로 만들어져야 한다. 그리고 촉진자, 충고자, 자기평가 도구함의 설계자로서 경쟁위원회의 일부로 적극적인 역할을 요구해야 한다.

를 갖고 있지 않다. 집행위원회의 각 영역 부문은 경쟁 주도의 결과 평가를 포함해서 자체 입법안에 대한 영향 평가를 작성하는 책임을 맡고 있다. 그것은 경쟁 문제에서 더욱 전문적이기 때문에 경쟁 부문의 새로운 법에 대한 경쟁 측면을 평가하는 데 전적인 책임이 부여되는 것이 분명 더 낫다는 것이다. 더욱이 경쟁기관의 의견이나 다른 기구들의 반응을 보다 투명하게 하는 것은 독점금지 결정에 정치적인 개입비용을 증가시킬 것이다.

병렬적이고 보완적인 개혁은 유럽 경쟁기관을 보다 독립적으로 만들 수 있으며, 다음과 같은 요인들은 경쟁정책의 효율성을 막을 수 있다. 불충분한 제도적 · 재정적 독립, 다른 규제자들과의 중복되는 사법권과 불명확한 책임 분담, 법원과 경쟁위원회 간의 복잡한 관계, 불충분한 조사나 집행력, 부적절한 인적 · 재정적 자원이 그것이다. 과거 EU 경쟁위원회의 일부 결정은 몹시 비판받았다. 그 결정은 투명성이 결여되어 있었고 회원국들의 정치적 압력에 의해 영향을 받았다(Sleuwaegen, 1998). OECD에 따르면 현재 이런 결정은 감소된 것으로 나타난다. 반면 다른 계량경제학 연구에서는 유럽 규제가 보호주의로 보이는 경향이 있다(Aktas et al., 2004). 정치적 영향력을 가진 채널은 보다 높은 수준의 행정이 추천하거나 교육하면 직접적으로 발생할 수 있지만 그 역시 간접적일 수 있다. 독립은 구조적이거나 운영상의 문제일 수 있다(Clark, 2004). 구조적 독립이란 (즉, 내각의 일부가 아닌) 개별 기구가 직접 자신의 예산으로 의회에 책임을 지는 것을 의미한다. 운영의 독립은 자유롭게 의견을 제시하고 정부 사업에 참여하는 위원회의 능력, 그리고 경쟁 옹호와도 관련된다.

그럼에도 불구하고 최적의 경쟁기관을 설계하는 것은 복잡한 문제다. 기관의 독립 형태를 규정하는 제도적 합의의 범위가 넓기 때문이다. 이것은 정치적·역사적 맥락에 따라 다양할 것이다. 예를 들어 전체 구조의 독립과 관련된 경우에는 경쟁기구가 몇몇 일부 환경에서 정보 접근과 정부의 정책 결정을 결여할 수 있다. 몇 가지 사례에서 그 기구들은 내각의 책임 하에 있고 정부의 일부를 형성하더라도 경쟁위원회는 독립의 형태에 도달할 수 있음을 보여주는 경향이 있다(OECD, 2003c).

EU 집행위원회 위원들은 정치적으로 정부와 연계되어 있으므로 정치적 간섭의 위험이 지속적으로 존재한다. 유럽 경쟁기구의 독립은 국제적 수준에서 시장에 대한 신뢰와 정당성을 증진시킬 것이다. 그리고 개별적인 이익과 근린 궁핍화 조치의 개입 가능성을 줄임으로써 지역 외 원칙의 적용으로 야기되는 갈등을 줄일 수 있고, 외국 파트너들과 협상하는 동안 독점금지 문제에 대해 건전한 경제 접근을 소개할 수 있다. 이에 유럽 중앙은행의 모델에 토대를 둔 독립기관이 집행위원회로부터 떨어진 형태를 취할 수 있다. 런던이 중심이 된 유럽의약품청(European Medicines Agency)은 외부 기관에 EU의 기능을 할당한 또 다른 사례로(Bannerman, 2002), 경쟁 옹호 특권에 의해 강화될 수 있다. 강화된 독립은 경쟁 부문의 일에서 보다 투명성을 갖고 보조를 맞춰야 한다. 효과적인 내부 제재와 통제 메커니즘은 결정에 영향을 미칠 때 내적 민간 이익을 보호하도록 이행되어야 한다. 중요한 것은 독점금지위원회의 독립에 관한 이러한 논의가 독점금지 문제를 판단하는 역할에 대한 의문에 직접적으로 관계되지 않는다고 말하는 것이다. 이 문제는 독점금지 관행에 형사적 제재가 부과되는 경우 특히 중요해질 것이다. 미국 스타일의 체계에서조차 집행위원회의 경쟁부서는 일반 고발자로서 독립적으로 결정해야만 할 것이다.

결론

경제적 · 기술적 · 산업적 환경의 변화는 유럽 경쟁위원회에 새로운 과제를 부여했다. 세계화의 도래로 경제와 시장의 구조는 많은 변화를 겪었다. 세계화는 경쟁 친화적인 효과를 초래하면서 무역과 해외직접투자를 자극했다. 그러나 국제 M&A와 경성 카르텔의 형태에서 기업들의 행위는 세계화의 이익을 손상시켰다. 경제 자유화 경향과 더불어 시장은 독점금지정책이라는 이름으로 새로운 문제를 제기하면서 중요한 기술적 진보를 이루며 재구성되었다. 이러한 변화와 함께 제도적 경쟁 틀도 급진적으로 변화했는데, 경쟁위원회 수의 급진적 증가는 다국적기업과 독점금지로 비용의 중복과 자원의 낭비를 가져왔다.

지난 몇 년 동안 EU는 주로 중부와 동부 유럽 국가들의 EU 편입과, 새로운 부문의 자유화로 추진되는 거대한 유럽 독점금지 레짐의 현대화 프로그램을 수행해왔다. 시장통합의 점진적 심화는 유럽 경쟁정책의 새로운 내외적 개혁을 요구했다.

유럽 경쟁 규칙의 지역 외 적용이 해외에서 EU 법을 강화시켜 국제무대에서 EU의 협상력을 높여주었다 하더라도 이는 경쟁 행위의 국가간 효과를 구제하는 수단으로는 한계가 있음을 드러냈다. EU는 협력적해결책을 명백히 지지해야만 한다. 그러나 과거의 경험들은 양자협정과 특히 상호 존중의 원칙에 의한 이행이 법이나 이해관계의 심각한 충돌에 직면할 때 아무런 효용이 없음을 보여주었다. 따라서 다음의 세가지 주요 방식이 독려되어야 한다. 독점금지에 대한 의견 차이의 원천인 새로운 기술 산업 맥락에서 국제경쟁네트워크와 OECD의 연대 행동을 통한 지속적인 규칙의 조화, 비밀 정보 교환에서 보다 밀접한 협력, 그리고 세계적 독점금지기구의 설립이 그것이다. EU의 구조처럼 다단계 체계가 도모될 수도 있다. 그리고 정치적·실용적 이유로 이러한 체계는 EU, 일본, 미국과 같은 핵심 국가들 간에 첫 번째 단계로 구성될 수도 있다. 그 다음 국가 간 효과의 폭에 따라 국내 사법권과 세계 위원회 간의 경쟁을 어떻게 할당할지 결정해야 한다. 경쟁을 위한 국제 사법재판소의 창설 또한 논의되어야 한다. 일괄처리 규제는 복합적 검토로 발생하는 비용을 제거하고 합의로써 다뤄지는 영역 내에서 경쟁 정책의 외부 효과를 내재화할 것이다.

이러한 외부 개혁과 더불어 몇 가지 내부 개혁이 요구된다. 다른 EU 정책과 국내 규제에서 경쟁 문제에 우선권이 주어져야 한다. 경쟁위원회는 경쟁 옹호를 보다 더 개발해야만 한다. 이러한 과정을 지원하기 위해 내부 제도 개혁은 다른 EU 부서들이 위원회의 경쟁 부서에 의해 구성된 경쟁 관심을 고려하도록 해야 한다. 병렬적이고 보완적인 개혁이 회원국들의 개입으로부터 독립적인 유럽 경쟁기구를 만들게 할 것이다. EU는 전 세계적으로 경쟁 규칙을 설계하는 책임을 가지고 더 큰 리더십을 가질 것이며, 그것은 다른 경쟁위원회의 사례가 될 것이다. 끝으로 유럽의 위원회가 직면한 새로운 도전은 국제시장의 경쟁정책에 대한 효과에 초점을 맞춘 새로운 연구 어젠다를 제시하는 것임을 명심해야 한다. 경험적이고 이론적인 조사가 명백히 결여되어 있지만 이는 경쟁정책의 설계에서 정책 결정자에게 몇 가지 지침을 제공할 수 있다. 특히 경쟁정책(지배의 남용, 합병, 경성 카르텔)의 다른 부문이 세계화에 의해 다르게 영향을 받는다면 이것이 어떤 함의를 갖는지 조사해보는 것도 흥미로울 것이다.

Chapter 07

국제금융시장정책

글로벌 규제자로서의 유럽

마르코 베히트, 루이스 코레이아 다 실바

경제 블록으로서 EU 27개 회원국(이하 EU27)은 세계 최대 규모의 은행·보험 분야와 지불 시스템을 보유하고 있다(〈표 7.1〉 참조). 또 세계에서 가장 큰 채권시장을 갖고 있다. EU의 파생상품과 주식시장은 미국 시장과 경쟁하거나 융합하기 시작했다. EU27은 잠자는 금융 규제 거인이다. 금융통합이 심화되면서 EU는 세계를 주도하는 금융 서비스 규제자가 될 수 있다.

몇몇 분야에서 이런 일은 벌써 현실이 되고 있다. EU는 자체적으로 통용되는 은행과 회계 분야의 건전성 규제를 국제적 기준으로 홍보하고 있다. 이런 기준은 아시아와 라틴아메리카에서 채택되고 있다. 그러나 아직 미국은 이런 기준을 채택하지 않았으며 이에 따른 규제 중복과 상호 충돌은 글로벌 시장통합의 걸림돌이다.

국제금융 규제와 관련된 공동 접근 방식 개발이 왜 이렇게 어려운지 이해하기 위해 우리는 외부성이 있거나 없는 경우에 따라 경제 분석에

지표	EU	미국	일본
은행 자산	7,628	2,689	461
보험금 총액	1,385	1,189	335
비은행 지불 총액	177,215	47,336	18,129
파생상품	14,287	25,944	자료 없음
주식시장 시가총액	7,082	11,677	5,181
주식 회전율	10,151	17,047	3,227
채권시장 자본 총액	8,638	665	6,551
채권 회전율	7,590	1	5
대출보험	5,692	2,428	189

주: 은행 자산은 보고된 은행의 모든 부문 대비 외부 포지션을 의미한다. 파생상품은 증권업자를 통한(OTC) 거래와
   거래소 거래를 포함한다. 대출보험은 발행자 국적에 따른 모든 부채와 발행자를 포함한다. 미국의 채권시장 자
   료는 뉴욕 증권거래소에 한정한다. 보험금 총액 자료는 2004년 기준.
역주: 파생상품과 주식시장 시가총액의 2009년 기준은 다음과 같다.
   · 파생상품: 93,984.5(EU), 131,506.9(미국)
   · 주식시장 시가총액: 6,029(EU), 11,605(미국), 3,116(일본)
자료: 국제결제은행(BIS), 경제협력개발기구(OECD), 세계거래소연맹(WFE), 데이터스트림(Datastream).

근거한 기준 설정의 단순한 분류법을 제시했다. 주재국뿐만 아니라 출
신국에 대해서도 감독과 법 집행의 필요성을 고려하여 이런 분석을 보
강했다. 또한 이런 분석 틀을 사용하여 현재 통용되는 유럽과 글로벌
차원에서의 규제합의를 분류했다.

금융 규제는 상이한 많은 종류의 '규제'를 포함하기 때문에 복잡하
다. 이런 규제는 그 종류마다 경제적 상충 효과를 지닌다. 우리는 금융
규제를 건전성 규제 기준, 투자자 보호 기준, 기술적 기준, 기관과 시장
참여자의 감독, 법 집행 규제와 보조 규제—예를 들면 범죄와의 투쟁을
목적으로 하는 금융 규제—로 분류했다.

건전성 규제는 미시적 수준의 시장 실패에서 야기되는 거시경제의

위기 예방을 목표로 한다. 이는 극히 중요한 경제적 인프라 보호를 목표로 하는 안전규정에 비교될 수 있다. 여기서 핵심 경제 이슈는 비용과 도덕적 해이다. 투자자 보호 규제는 무지한 투자자들(이른바 '과부와 고아')을 금융 조작과 사기로부터 보호하려 한다. 여기서 핵심 경제 이슈는 보호 수준과 비용 간의 상충관계다.

기술적 기준 설정 규제는 청산이나 결제 또는 지불 체계처럼 상호 연결이 필요할 때 매우 중요하다. 이런 종류의 금융 규제는 휴대전화, 인터넷 혹은 위성통신용 산업표준 설정과 밀접하게 연관되어 있다. 여기서는 네트워크 외부성, 최적의 품질 선택과 자연 독점이 중요 경제 이슈다.

시장 참여자와 서비스 공급자 감독은 금융 서비스 산업에서 보면 고기 포장 공장이나 식당의 현지 검사와 유사하다. 법 집행 규제는 행정법과 국제사법에 기반을 둔 복잡한 법적 문제를 다룬다.

규제경제학은 외부성이 클 경우 조화된 글로벌 규칙 채택이 바람직함을 암시한다. 우리는 일반적으로 산업 분야의 표준 제정에서 얻은 통찰력을 네트워크 외부성에 적용할 수 있다. 임계량이 중요하며 EU가 공통 기준을 채택하면 글로벌 기준이 될 가능성이 있다. 국제적으로 최소한 EU는 타협된 표준을 협상할 만한 좋은 출발점에 있다.

그러나 EU는 회원국 모두에게 적용되는 금융 규제를 채택하지 못하기 때문에 실제로 위에서 언급한 일은 별로 일어나지 않는다. 특히 다음 두 가지 이유 때문에 EU가 공통 규제를 채택하지 못하는데 첫째, EU 회원국 역내 공통 기준 채택에 대해 의견 차이가 크다. 회원국들은 상이한 정책 선호와 상충 효과를 보유한다. 표준 전쟁은 사기업 간에 발생하는 것처럼 국가 간에도 발생할 수 있다. 자국 혹은 비 EU 표준을 채택할 때 경쟁력을 얻는 회원국들이 있다. 둘째, 건전성 규제나 기술적 표준 규제, 투자자 보호 규제가 감독과 분리할 수 없게 될 경우 유럽 차원의 표준 규제는 감독과 법 집행에서 공동 접근 방식을 필요로 한다. 법 집행 권한이 EU 기구에 주어져 있고 회원국들이 이 분야에서 주권을 포기하려 할 때 유럽 차원의 표준 규제가 가능하다.

이런 이유로 EU는 외부성 분석이 암시하는 것보다 덜 조화된 규제를 채택하고, 글로벌 표준 설정에서 금융 시스템의 크기가 시사하는 것보다 더 작은 역할을 수행한다. 이 때문에 몇몇 EU 시장 참여자나 회원국들이 비 EU 기준을 채택하게 되며 규제의 단절이나 충돌, 중복이 발생한다.

외부성이 작을 경우, 경제학자들은 단일한 표준보다 상호 인정이 포함된 지역적 규정을 선호한다. 금융 서비스 분야의 완전한 상호 인정은 주재국에서 거의 아무런 감독이나 법 집행이 필요하지 않은 분야나 상품에만 해당된다. 이런 예외적인 경우, EU는 개별 회원국과 비 EU 국가 간의 양자협약을 통해 대외적으로 잘 대표된다.

대다수의 경우 출신국과 주재국에서의 감독은 실질적이지 않더라도 정치적 이유 때문에 필요하다. 상호 인정은 작용하지 않으며 한 국가의 규제정책은, 특히 법 집행의 경우 치외법권적 결과를 갖는다. EU 역내 증권 규제가 전형적인 예이지만 글로벌 상황에서도 마찬가지다. 규제당국과 미국 법원은 미 거주 투자자들의 돈을 속여 빼앗은 혐의자에 대해 그가 어디에 살든지 조사해 기소하려 할 것이다.

문제를 더 복잡하게 만드는 차원에서 상호 인정이 포함된 규제경쟁은 원칙상 가능하지만 채택되지 않는다. '최하 규정으로의 경쟁'이나 '공평하지 않은 게임의 규칙'을 유발할 수 있기 때문이다. 이럴 때 글로벌 수준에서 최소한의 표준을 정하자고 할 수 있다. 혹은 주재국이

'공평한 규칙'이나 '공익 보호'를 목표로 추가 규정을 요구할 수 있다. 하지만 이럴 때 시장 실패와 보호주의를 구분하기 어렵다.

　모든 금융 규제 분야에서 국제협력을 증진할 수 있는 방법은 자국의 기준이나 미-EU 간에 합의된 기준, 혹은 글로벌 기준을 국제적으로 이행하는 미국과 대화와 협력을 강화하는 것이다.

　이 장은 다음과 같은 구성으로 되어 있다. 이어지는 2절에서는 현행 국제제도의 틀을 개관하고 있다. 3절에서는 건전성 규제, 투자자 보호 규제, 기술적 표준 설정, 시장 참여자와 법 집행 감독을 차례로 다룬다. 마지막 4절에서는 결론이다.

제도적 틀

　　　　　규제당국은 사실상 제품표준을 제정한다. 당국은 금융상품의 구매자와 판매자, 금융시장 운영업자를 결정하고 금융시장과 시장참여자, 그리고 서비스 제공업자의 행동 규칙을 결정하며 규제를 받고 있는 업체와 상품 명단을 보유한다. 또, 당국은 다양한 관련 기업의 영업 활동을 모니터하고 종종(항상은 아님) 공시 문서를 보관하며 이 문서의 내용을 점검하기도 한다. 이 밖에 기업에 지침을 주기도 하며 이들을 감독하고 법 집행 조치를 취하기도 한다. 여기서 알 수 있듯이 이러한 복잡한 여러 요소의 상호 작용 때문에 통합된 국제금융 규정 틀을 만들기가 어렵다.

　규제당국과 정치인들은 금융 시스템이 글로벌 수준에서는 원칙적으로 통합되어 있음을 알고 있다. 이런 상황에 회의적이었던 사람들조차

1997년과 1998년 아시아와 러시아, 브라질에서 발생한 금융위기를 통해 금융 안정과 전염이 국제적인 관심사임을 명확하게 납득하게 되었다. 특히 아시아 금융위기는 무엇보다도 중요했다. 이 위기 이후 거시적 수준의 금융정책에서 금융 안정 협력에 머물렀던 국가 간 협력이 금융 투명성과 회계, 회계감사, 지불과 결제, 기업 지배구조, 시장 통일성과 지불불능의 분야에까지 확대되었다.

이런 새로운 인식은 금융안정포럼(FSF: Financial Stability Forum)의 창설로 이어졌는데 이 포럼은 1999년 4월 워싱턴에서 첫 모임을 가졌다. 현재 금융안전포럼은 11개 회원국[1] 정부부처, 중앙은행과 금융 서비스 규제당국 대표자와 유럽중앙은행(ECB: European Central Bank) 그리고 국제기구와 위원회 관계자들이 참여하고 있다.[2] 금융안전포럼은 스위스 바젤에 소재한 국제결제은행(BIS)에 사무국이 있지만 다른 곳에서 정기적으로 회합한다.

아시아 금융위기 이후 금융 안정과 규제에 관한 글로벌 인식은 금융안전포럼이 발간한 12개의 기준에 명시되어 있다(〈표 7.2〉). 이 표준은 제도적 인프라와 시장 인프라, 금융 규제·감독뿐만 아니라 기존의 거시경제정책과 데이터 투명성 등을 다루고 있다. 기준 설정 기관은 국제금융 규제에서 잘 알려진 주역들이다. IMF가 예상대로 거시 기준을 맡고 있고 세계은행은 지불불능 관련 기준을 설정한다. OECD는 기업 지

---

1 호주, 캐나다, 프랑스, 독일, 홍콩 특별자치구, 이탈리아, 일본, 네덜란드, 싱가포르, 영국, 미국, 스위스 등 12개국이다. 〔역주: 2009년 3월 중국과 인도 등 신흥경제국을 회원국으로 받아들여 현재 23개국이 회원국이다. 2009년 3월 신규 회원국은 한국, 아르헨티나, 브릭스 국가(브라질, 러시아, 인도, 중국), 인도네시아, 멕시코, 사우디아라비아, 남아프리카공화국, 터키다.〕

2 국제통화기금(IMF), 세계은행(World Bank), 국제결제은행(BIS), 경제협력개발기구(OECD), 바젤은행감독위원회(BCBS), 국제회계기준위원회(IASB), 국제보험감독관협의회(IAIS), 국제증권감독기구(IOSCO), 지급결제제도위원회(CPSS), 글로벌금융시스템위원회(CFGS).

| 〈표 7.2〉 금융안정포럼의 규제 기준

분야	기준	기준 설정 기구
거시경제정책과 데이터 투명성		
통화 · 금융 정책 투명성	금융 · 재정 정책상의 투명성에 관한 굿 프랙티스 코드(Code of Good Practices)	IMF
재정정책 투명성	재정 투명성에 관한 굿 프랙티스	IMF
데이터 확산	특별 데이터 제공 기준(SDDS)/일반 데이터 제공기준(GDDS)[*]	IMF
제도적 인프라와 시장 인프라		
지급불능	보류 중[**]	세계은행
기업 지배구조	기업 지배구조 원칙	OECD
회계	국제회계기준[***]	국제회계기준위원회[****]
회계감사	국제회계감사기준	국제회계사연맹[****]
지급과 결제	시스템상 중요한 지급 체계에 관한 핵심 원칙 증권결제 체제에 관한 권고안	지급결제제도위원회 국제증권감독기구
시장 완전성	자금세탁방지기구의 40개 권고 사항 테러분자 자금 조달 관련 9개 특별 권고	자금세탁방지 금융대책기구
금융 규제와 감독		
은행 감독	효율적 은행 감독을 위한 핵심 원칙	바젤은행감독위원회
증권 감독	증권 규제의 목적과 원칙	국제증권감독기구
보험 감독	보험 핵심 원칙	국제보험감독협의회

[*] 국제자본시장을 이용하는 국가들은 보다 엄격한 특별 데이터 제공 기준(SDDS)에, 다른 국가들은 일반 데이터 제공 기준(GDDS)에 가입이 권고된다.
[**] 세계은행은 지급불능 레짐(규정)과 관련해 일련의 원칙과 지침을 확립하기 위한 광범위한 노력을 조정 중이다. 국제무역법에 관한 유엔위원회(UN Commission on International Trade Law)는 1997년 국경을 넘는 지급불능에 관한 모범법을 채택했고 이것의 실행 촉진을 도울 것이다.
[***] 관련된 국제회계기준을 현재 국제보험감독관협의회와 국제증권감독기구가 검토 중이다.
[****] 국제회계기준위원회와 국제회계사연맹은 민간 부문의 단체라는 점에서 다른 기구와 다르다.
자료: http://www.fsforum.org.

배구조, 국제회계기준위원회(IASB: International Accounting Standards Board)는 회계, 국제회계사연맹(IFAC: International Federation of Accountants)은 회계감사를 맡고 있다. 지급결제제도위원회(CPSS: Committee on Payment and Settlement System)는 지급과 결제, 국제증권감독기구(IOSCO: International Organisation of Securities Commissions)와 지급결제제도위원회는 시장 성실성을 공동으로 담당한다. 바젤은행감독위원회(BCBS: Basel Committee on Banking Supervision)가 은행 감독을, 국제증권감독기구는 증권 감독을, 국제보험감독관협의회(IAIS: International Association of Insurance Supervisors)가 보험 감독을 맡고 있다.

다양한 기구의 거버넌스 구조는 매우 다르다(〈표 7.3〉 참조). 국제보험감독관협의회와 국제증권감독기구 같은 기구는 100개국 이상의 공공 규제당국을 회원으로 보유하고 있다. 반면에 바젤은행감독위원회는 캐나다와 홍콩, 일본, 싱가포르, 미국, EU 회원국 등 13개 국가가 가입해 있다. 지급결제제도위원회는 캐나다, 홍콩, 일본, 싱가포르, 미국, EU 회원국 등 14개국이 회원이다. 국제회계기준위원회와 국제회계사연맹은 이와는 전혀 다르다. 국제회계사연맹은 전문기구로 120개국의 160개 회원 기구가 가입되어 있다. 국제회계기준위원회는 IASC(International Accounting Standards Committee)가 지명한 14개 회원을 보유하고 있다. 이들은 주로 유럽과 북미, 호주 등의 민간 부문 단체들이다.

국제적인 기준 설정과 EU 회원국 수준에서 실행을 포함한 EU의 금융통합 노력과 규제 간의 상호 작용은 복잡하며 각각의 금융안정포럼 기준에 따라 약간씩 다르다(〈그림 7.1〉 참조). 예를 들어 금융 부문의 경우 바젤은행감독위원회는 아무런 공식적인 권한이 없다. 이 위원회가 발표하는 기준은 법적 구속력이 없으며 위원회에 가입한 회원국들이 반

국가	G8	G10	FSF	BCBS	IASB[*]	IAIS	IOSCO	CPSS	CGFS
오스트리아						O	O		
벨기에		O		O		O	O	O	O
불가리아						O	O		
키프로스						O	O		
체코						O	O		
덴마크						O	O		
에스토니아						O	O		
핀란드						O			
프랑스	O	O	O	O	O	O	O	O	O
독일	O	O	O	O	O	O	O	O	O
그리스						O	O		
헝가리						O	O		
아일랜드						O	O		
이탈리아	O	O	O	O		O	O	O	O
라트비아						O	O		
리투아니아						O	O		
룩셈부르크				O		O	O		
몰타						O	O		
네덜란드		O	O	O	O	O	O	O	O
폴란드					O	O	O		
포르투갈						O	O		
루마니아						O	O		
슬로바키아						O	O		
슬로베니아						O	O		
스페인				O	O	O	O		
스웨덴		O		O		O	O	O	O
영국	O	O	O	O	O	O	O	O	O
EU 집행위원회									
유럽중앙은행			O						
오스트레일리아			O		O	O	O		
브라질					O	O	O		
캐나다	O	O	O	O	O	O	O	O	O
홍콩			O			O	O		
인도					O	O	O		
일본	O		O	O	O	O	O		
중국					O	O	O		
러시아	O					O	O		
싱가포르			O			O	O		
남아프리카공화국					O	O	O		
스위스		O	O	O	O	O	O	O	O
미국	O	O	O	O	O	O	O	O	O

* 개인이 대표로 참가하는 민간 분야의 기구로 여기서는 이사진 국적을 의미한다.

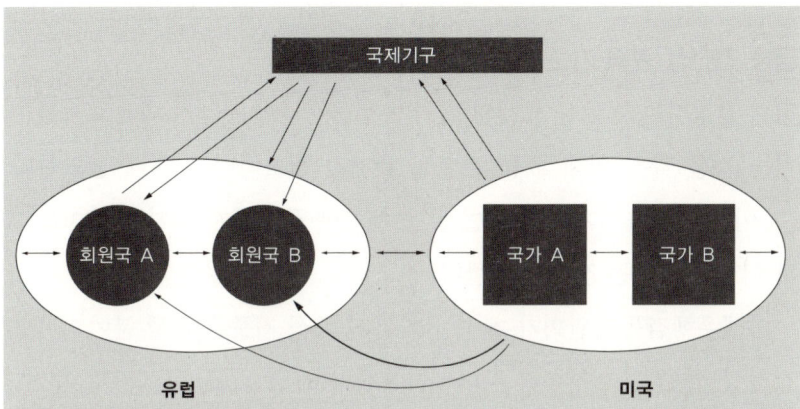

위 그림은 EU와 미국에만 한정할 경우 상이한 규제정책 결정 수준 간의 복잡한 상호 작용을 설명하고 있다. 국제기구는 바젤은행감독위원회나 〈표 7.3〉에 있는 다른 기구도 될 수 있다. 표준은 국제적 수준에서 협상되며 EU에서는 직접적으로 회원국에, 미국에서는 연방정부에 '이전'된다. 또한 표준은 EU 수준으로도 이전되며 EU 회원국 간 회원국 전체에 표준을 적용하기 위한 협상이 시작된다. 이럴 경우 개별 회원국이 표준을 채택할 때보다 시간이 훨씬 더 걸릴 수 있다. 미국의 경우도 표준을 채택하면 복잡하다. 미 행정부와 의회, 미 법원과 다른 당사자도 이 과정에 관여할 수 있기 때문이다. 한편 상호 인정 협상은 미 정부와 EU의 각 회원국, 그리고 EU 수준에서 이루어진다. 이런 협상은 EU 내 협상에 직접적인 영향을 미친다. 예를 들면 EU 한 회원국이 다른 회원국을 배제한 채 미국과 양자협정을 체결해 이득을 얻을 수 있다면 이렇게 행동할 것이기 때문에 이 협상은 중요하다.

드시 의무적으로 채택하는 것은 아니다. EU에서 바젤은행감독위원회의 실행은 주로 EU 지침의 형식을 띠고 있지만, 많은 EU 회원국들은 EU 차원에서 지침 채택이 합의될 때까지 기다리지 않는다. 대신 국제기준을 즉각 시행한다.

규제의 종류도 중요하다. 이어 우리는 금융 건전성 규제, 투자자 보호, 기술적인 기준 제정과 시장 참여자의 감독과 실행을 차례대로 분석할 것이다.

규제의 종류

금융 건전성 규제 기준

정책 결정자들은 금융 체제의 위기가 실물경제에 부정적 파급효과를 미치는 것을 막기 위해 금융 건전성 규제가 필요하다는 점에 동의한다. 또, 이들은 금융위기가 글로벌 금융 체제에 급속하게 퍼지는 도미노 효과 위험도 있다는 점에 동의한다.

바젤은행감독위원회가 제정한 자본 충족성 기준은 은행 분야의 주요 건전성 규제다.[3] 바젤 I 혹은 바젤자본협약(Basel Capital Accord)은 1988년 수립되었으며 은행을 보유한 거의 모든 회원국들이 이 규정을 채택했다. 바젤 II는 1999년 제안된 개정안이다. 국제금융업계 및 규제당국과의 오랜 협의 후에 2004년 6월에 최종 기준이 발표되었다. 그러나 아직 모든 OECD 회원국들이 바젤 II를 채택한 것은 아니다.

바젤 II 기준은 국제기준 개발에서 두 가지 근본적인 문제점을 잘 설명해주고 있다. 첫째, 필요한 기준이 국가와 분야별로 다를 수 있다. 바젤 II 협의 과정 중에 소규모 은행들은 기준이 너무 과도하다고 불평했다. 둘째, 바젤은행감독위원회 같은 국제위원회가 제안한 기준을 모든 국가들이 자동적으로 채택하는 것은 아니다. 바젤은행감독위원회는 회원국에게조차 제안된 기준 채택을 강요할 수 없다.

세계 각국에서 바젤 II 기준 이행의 어려움에도 불구하고 금융 건전성 기준 설정에 관해서는 걱정할 것이 거의 없다. 유럽의 은행과 보험회사, 회원국과 규제당국들은, EU27 회원국들에게는 하나의 금융 건전

---

3 보험회사에 상응하는 건전성 규정은 '지급 가능성 I' 과 '지급 가능성 II' 라고 불린다.

성 규정이 필요하다는 점과, 그런 규정은 국제적 수준에서 설정되어야 하며 개별 회원국에게 이행을 강제할 필요가 없다는 점에 폭넓게 동의하고 있다. EU의 규모는, 국제적으로 제안된 금융 건전성 규제가 글로벌 표준으로 제정되어야 한다는 점을 설득하는 데 도움이 된다. 기준 제정이 어려운 것이 아니라 제정된 기준의 감독과 법 집행이 어렵다. 이에 대해서는 다음 절에서 상세히 다룰 것이다.

기술적 표준

청산과 결제, 그리고 지급체계처럼 상호 연동성이 필요할 때 기술적 표준 제정 규제가 매우 중요하다. 여기서 중요한 경제 이슈는 네트워크 외부성과 최적의 품질 선택, 그리고 자연 독점이다. 표준설정은 정치적이다. 유권자들이 상이한 품질 선호도를 가질 수 있으며 경쟁 네트워크 업체들이 정치적 연줄을 사용해 표준 전쟁에서 이기려 할 수 있기 때문이다.

문제는 품질과 사용자 선호도의 관점에서 '올바른' 표준을 선택하는 것이다(Farrell and Saloner, 1985; Katz and Shapiro, 1985; Besen and Farrell, 1994; Liebowitz and Margolis, 1996). 네트워크 외부성으로 초래된 잠금효과[4]와 경로 의존성이 보다 더 적절한 이슈다(Arthur, 1989, 1990; David, 1985; Liebowitz and Margolis, 1990, 1995). 일단 한 국가가 특정한 기술적 표준을 채택했고 이를 많은 사람들이 사용한다면 규제당국에 이를 포기하라고 설득하기가 매우 어렵다.

표준 제정을 시장에 맡긴다면 열등한 혹은 부적합한 표준이 선택될 수 있다. 표준 제정은 협상 게임의 결과로, 보수에 따라 이 게임은 죄수

---

4 역주: 기술을 전환할 때 고비용이 든다는 의미.

의 딜레마나 '성 대결 게임'의 변형이 된다(Katz and Shapiro, 1994). 동일한 기술적 표준을 보유하는 것이 세계적으로 바람직하겠지만 이것은 협상 게임의 균형점이 아니다. '성 대결 게임'에서 두 명의 게임 참가자들, 즉 국가들은 하나의 표준을 선호하지만 각 국가들이 선호하는 표준을 보유하고 있다. 협상 과정은 대개 흥미롭지만 합의를 보장해주지는 않는다.

위에 제기된 논점을 설명하기 위해 상장된 주식과 채권의 식별번호 같은 단순한 기술적 표준을 생각해보자. 정보기술(IT) 체계가 주식을 식별할 때 이 번호를 사용하기 때문에 이 번호는 기술적 표준이다. 이 번호를 사용하는 데이터 판매자와 투자자의 수가 많으면 많을수록 판매자와 투자자에게 이 번호가 더 유리하기 때문에 네트워크 외부성이 분명히 있다. 여러 개 번호가 경쟁하고 있다면 시장은 아마도 한 번호가 주도적인 표준이 되도록 '기울어질 수 있다'. 한 업체가 이 표준을 소유하고 있다면 이 회사가 시장지배력을 보유해 번호 사용에 요금을 부과할 수 있다.[5] 이 회사가 분명하게 어느 특정 국가에 기반을 두고 정치적 영향력을 보유하고 있다면 상황은 복잡해진다.

규범적 측면에서 볼 때 응당 있어야 할 일은 명확하다. 주식 식별번호는 국제적으로 공개된 하나의 표준으로 부여되어야 한다. 여기서 누구의 표준인지가 어려운 질문인데, 이때는 바로 이미 설치된 기반이 중요하다. 유럽이 27개 회원국별로 상이한 번호 종류보다 하나의 번호 종류를 가지고 있다면 미국이나 다른 대국보다 더 유리한 협상 위치를 갖게 된다.[6]

---

5 우편번호에도 동일한 분석이 적용된다. 영국 체신부는 자국 내 전자우편번호 데이터베이스에 상당한 요금을 부과한다.

6 미국은 단일한 우편번호 체계를 갖고 있지만 EU는 그렇지 않다. 대부분의 웹페이지는 미국의 우편번호 체계를 따르는 주소등록 체계를 갖는다. 이처럼 설치된 기반이 중요하다.

현실에서 유럽은 금융 서비스 분야에서 동일한 기술표준에 거의 합의하지 못하고 있다. 그 이유는 회원국들이 자국의 표준을 버리고 EU 표준을 선호하는 데 주저하기 때문인데, 예를 들면 유럽 각국에 단 하나의 우편번호 체계를 도입하라고 설득하기가 매우 어렵다. 기득권 문제도 있다. 한 회원국에 이미 설치된 큰 기반과 함께 네트워크 외부성 때문에 시장지배력을 보유한 업체는 경쟁당국의 감시를 피하는 경향이 있다. 회원국과 업체들은 이런 특권적인 지위 포기를 매우 꺼려한다.

국제회계기준은 두드러진 예외다. EU는 국제적인 회계기준을 제정하는 국제기구 설립 운동을 전개했다. EU는 또 예외적으로 모든 EU 역내 상장회사들에게 국제적 표준 채택을 의무화했다. 마지막으로 EU는 다른 국가들에도 다자적 표준을 채택하라고 설득하는 데 성공했다. 이렇게 합의된 국제적 회계기준은 매우 규모가 커서 미국 크기의 나라조차 이 기준 채택을 거부하기가 어려울 것이다.

상당한 잠재력이 있는 두 번째 분야는 지불 기준이다. 은행지불 체계 개발에서 발생하는 네트워크 외부성이 꽤 크다. 은행지불 체계는 자금 이체를 제공하기 때문에 은행지불 체계 네트워크의 가치는 돈을 보내며 받는 당사자들의 수에 달려 있다. 이처럼 네트워크 효과가 크기 때문에 유럽과 국제적 수준에서 단 하나의 은행지불 체계를 갖는 것이 효과적이다.

2002년 단일 유럽지불지역(SEPA: Single European Payment Area)과 유럽지불협의회(EPC: European Payment Council)[7]의 설립으로 유럽 내 은행지불 체계의 개발은 중요한 이슈였다.

---

7 역주: 유럽 내 금융기관과 금융기관협회가 회원으로 참여한 기구.

이런 이니셔티브는 원래 신용이체와 계좌 내 공과금 대리납부, 그리고 카드거래 등 세 종류의 서비스에 대해 유럽 내 각 국가 간의 은행지불 체계 통합에 초점을 두었다. 유럽중앙은행이 고위급 수준에서 필요한 내용과 시한을 결정한 후 EU 집행위원회(European Commission)가 단일 유럽지불지역 이니셔티브를 주도했다. 유럽지불협의회는 단일 유럽지불지역의 발전을 모니터하기 위해 설립되었다. 2004년 이후 유럽지불협의회는 은행지불 체계 프레임워크를 개발했고 신용이체와 계좌 내 공과금 대리납부에 대한 매뉴얼을 출판했다. 또, 카드와 현금이체 프레임워크도 개발했다.

단일 유럽지불지역 내에서 실행된 기준의 측면에서 유럽지불협의회는 국제금융산업(UNIFI: Universal Financial Industry) 메시지 표준인 ISO 20022를 실행하기로 결정했다. 유럽지불협의회는 또 국제금융결제망(SWIFT: Society for Worldwide Interbank Financial Telecommunication)에 단일 유럽지불지역 신용이체와 계좌 내 공과금 대리납부 메시지 개발을 위탁했다. 메시지 개발은 ISO 기준에 따라 계속된다. 이 프레임워크 내에서 국제금융결제망은 ISO 20022 관련 등록 당국이며 ISO 20022 개발에 영향을 미치는 ISO 위원회에 활발하게 참여하고 있다.

국제금융결제망은 1973년 15개국의 239개 은행들이 설립했는데, 이는 벨기에 법에 따라 설립된 유한책임협동조합이다. 비록 현행 SWIFT FIN[8]메시지의 66.6%가 유럽에서 이루어지지만 198개국의 7,400개 금융기관이 이를 이용하고 있다. 국제금융결제망 감독은 G10 국가 간 중앙은행들의 특별협약에 의해 이루어진다. G10 중앙은행들은 국제금융

---

8 역주: 금융결제전망의 핵심 저장과 포워딩 메시징 서비스다.

결제망이 있는 벨기에 중앙은행(NBB: National Bank of Belgium)을 국제금융결제망 주 감독기관으로 지정했다. 물론 G10 중앙은행도 벨기에 중앙은행을 지원해준다. 국제결제은행의 지급결제제도위원회는 국제금융결제망의 감독 체제에 대해 브리핑을 받고 있으며 벨기에 중앙은행의 감독 활동 시 중점을 둘 분야에 지침을 줄 수 있다.

EU 집행위원회와 유럽중앙은행, 그리고 가장 중요한 유럽지불협의회 등 단일 유럽지불지역를 이루는 세 기관이 이 문제에 대해 회원국 내부, 그리고 국제적인 권한을 보유하고 있다. 그러나 표준에 관해서는 유럽지불협의회가 국제적인 ISO 표준을 선택했다. 물론 주로 국제금융결제망이 이 표준을 개발했다.

단일 유럽지불지역은 국제표준과 부합하는 대규모 설치 기반을 가지고 있어 임계점을 만들고 있다. 또한 EU에서 비금융기관도 이 표준을 사용할 수 있다는 데 합의해 이 시스템은 매우 경쟁력이 있다. 단일 유럽지불지역이 성공적이라면 다른 나라들도 이를 채택할 것이다. 그렇게 되면 사용자들이 상당한 비용을 절감할 수 있는, 진정으로 국제적인 지급 체계를 만들 수 있을 것이다.

투자자 보호 기준

투자자 보호 기준은 건전성 규제와 밀접하게 연관되어 있다. 몇몇 경제학자들은 건전성 규제를 투자자 보호로 가장 잘 이해할 수 있다고 주장해왔다(Dewatripont and Tirole, 1993). 은행예금 가입자들과 보험증권 소지자들은 널리 분산되어 있어 은행이나 보험회사에 집단행동을 취하기가 어려울 수 있다. 설령 이들이 집단행동을 취한다고 결정해도 투표권을 가지고 있지 않아 어려울 수 있으며 법원에 호소하는 길만이 유일한 방법일 수 있다. 이런 문제를 해결하기 위해 규제당국은 분산된 투자자들을 대신하여 조치를 취해준다. 널리 분산된 주주를 보유한 상장 공기업과 분산된 투자자를 가진 투자회사 등과 같은 다른 금융 서비스 분야에도 동일한 논리가 적용된다.

그러나 투자자 보호는 금융 건전성 규제보다 분석적이고 정책 관점에서 더 복잡하다. 금융 건전성 규제에서 한 나라의 은행이나 보험 분야의 붕괴는 그 나라 실물경제에 부정적 파급효과(외부성)를 미치며 다른 나라에도 부정적 파급효과를 미치기(전염) 때문에 많은 사람들이 공감하고 있다. 따라서 국제적인 금융 건전성 규제 표준의 필요성에 대한 일반적인 합의가 있지만 투자자 보호 규정은 그렇지 않다.

각각의 경우에 필요한 투자자 보호 수준에 대한 합의가 부족하다. 각 국마다 상이한 시장구조 때문에 필요한 투자자 보호 기준 형식에 대해 이견이 있을 수 있다. 주식시장에서 이런 예를 찾아볼 수 있다. 엔론(Enron), 월드컴(Worldcom), 파르말라트(Parmalat) 같은 미국과 유럽에서 발생한 기업 지배구조 스캔들 이후 미 의회는 미국 내 상장된 회사 가운데 주주 분산이 많이 된 기업의 투자자 보호를 강화하는 법을 비준했다. 유럽과 다른 지역에서는 미국이 투자자 보호 기준에서 너무 앞서 나가 새로운 투자자 보호 조치에 드는 비용이 이득보다 크다는 공감대가 형성되어 있다. 유럽인들은, 대부분 유럽에서 거래되는 주식은 기관투자가들이 소유하고 있기 때문에 투자자들이 좀 더 정교화되어 있다고 주장하기를 좋아한다. 기관투자가들이 충분한 계약상의 권리를 보유하고 있다면 스스로를 지킬 수 있다는 논리다. 미 규제당국은 미국 내 대다수의 주식은 아직도 일반 가계가 소유하고 있어 투자자 보호 규정을 강화해야 한다고 응수한다. 또 다른 사례는 헤지펀드 규정이다.

350

헤지펀드는 정교한 기관투자가들과 직접 계약하기 때문에 규제를 받을 필요가 없다는 주장이 많이 나온다. 그러나 규제당국은 헤지펀드와 계약을 한 기관투자자들이 이를 다시 재가공해 일반투자가들에게 판매하기 때문에 규제가 필요하다고 응수한다.

바젤 II에서 이해했듯이 적합한 기준의 레벨에 대한 이견은 금융 건전성 규제에서도 흔하다. 투자자 보호의 경우 문제를 복잡하게 만드는 또 하나의 고려 사항이 있다. 기술표준과 마찬가지로, 규제당국에 공동의 보호 기준을 채택하게 하는 강력한 외부성이 있다. 정보 공개가 가장 두드러진 예다.

법 집행

집행과 감독은 국제 금융 규제에서 가장 어려운 문제를 야기한다.[9] 공적·사적 집행이 있으며 행정 절차나 법원을 통해 이루어진다. 행정 절차를 통한 공적 집행은 집행력을 부여받은 규제당국이 담당한다. 예를 들면 미 증권거래위원회(SEC: Securities and Exchange Commission)는 수사를 개시하고 증인을 소환하며 자산을 동결할 권한을 보유하고 있다. 공적 집행은 검사나 규제당국이 제소하는 형태를 띠기도 한다. 유사하게 개인이 원고가 되어 공공기관에 불만을 제기하거나 법원에 제소할 수도 있다.

증권 규제 집행과 관련한 국제적 비교에서 미국은 평균보다 훨씬 높은 통계를 보여주고 있다. 2000~2002년 증권거래위원회와 주(州)증권위원회, 법무부와 증권거래인협회, 뉴욕증권거래소는 연간 평균 5,103건

---

9 법 집행 관련 개관에 대해서는 폴린스키와 샤벨(Polinsky and Shavell, 2006) 참조.

에 18억 6,400만 달러의 벌금과 2,146건의 업무 정지, 추방, 견책, 1만 3,509건의 투옥과 집행유예를 선고했다(Jackson, 2005, 〈표 3〉). 개인 간의 제소는 2,214건으로 모두 20억 2,700만 달러의 벌금형이 선고되었다(Jackson, 2005). 인구나 국내총생산을 감안하고 고려하더라도 그 어떤 유럽 국가도 증권 산업에서 이 정도 수준의 법 집행을 단행하지는 않는다. 미국에서의 과도한 법 집행 수준의 경제적 결과와 그 바람직함의 여부는 토론의 여지가 있으며 최근 고위급 보고서의 주제이기도 했다[〈폴슨 보고서〉와 〈블룸버그 보고서〉; Coffee(2007)]. 국제적 규제정책의 맥락에서 국가와 지역에 따라 법 집행 수준의 차이는 중요한 정치적 문제를 야기했으며 유럽연합과 미국, 그리고 다른 국가 간의 알력을 초래했다. 교과서 상에서 금융 건전성 규제와 투자자 보호 기준은 수렴할 수 있겠지만 법 집행 수준과 이에 대한 태도는 그렇지 않다. 이런 기준을 수렴하지 않기 때문에 미 증권당국의 법 집행 행위는 다른 나라에도 치외법권적 영향을 미친다. 또 이런 이유 때문에 국제적 맥락에서 각국들은 주재국 감독과 법 집행이 없는 출신국의 금융 감독 수용을 꺼려한다.

최근의 예로 회계기준과 회계감사가 있다. 국제적 회계기준이 채택된다 하더라도 각 나라에서 검증되고 실행되어야 한다. 특히 미국에서는 엔론 스캔들 이후, 새로운 미 상장기업회계감독원(PCAOB: US Public Company Accounting Oversight Board)에 등록하지 않고 정밀 검증을 받지 않은 회계를 받아들이려 하지 않는다.[10] 미 상장기업회계감독원은 다른 규제당국과 기꺼이 일하려 하겠지만 필요하다면 자신의 지침 집행을 모니터하고 규칙을 집행하기 위해 검사관을 파견할 권리를 유보

---

10 미 상장기업회계감독원 홈페이지는 감독을 받는 기업의 등록과 기준, 규칙, 감독, 그리고 법 집행 간의 업무 분담을 분명하게 설명하고 있어 매우 시사적이다.

하고 있다. 주로 정치적 이유 때문에 이런 태도를 취한다. 미 정치인들은 미국 투자자들을 보호하려는 규제조치의 감독과 집행을 비(非)미국인 관리들의 손에 넘긴다는 것이 매우 어려울 것이다. EU의 경우 누구의 손에 이런 권한을 줄지도 명확하지 않다. 미 상장기업회계감독원은 EU 집행위원회와 폭넓은 토론을 했지만 대부분 보호 기준과 법 집행 규칙에 치중되어 있었다. 회계기준의 실제 집행과 감독 권한은 아직도 개별 EU 회원국이 보유하고 있다. EU 당국은 법 집행의 적절성을 보장할 수 없기 때문에 개별 회원국과 미 규제당국 간의 양자합의가 합리적이다.

EU 내에서조차 법 집행 문제에 대한 분명한 해결책이 없다. EU 내 몇 개 회원국에 걸쳐 활동 중인 기업들은 다수의 규제당국에 등록해야 한다. 감독과 법 집행은 주재국뿐만 아니라 모국에서도 이루어진다. 마찬가지로 동일한 논리가 적용된다. A국의 정치인들은 자국 투자자들에게 공동의 EU 기준이 B 회원국의 규제당국에 의해 적극적으로 집행될 것이라고 말하기가 매우 어렵다.

극단적인 경우

앞에서 EU는 경제 규모의 측면에서 글로벌 규제자가 될 가능성이 있지만 공동 기준 채택에 어려움이 있고 감독과 집행을 회원국에게 의존하기 때문에 이런 가능성이 제한받는다는 사실을 알았다. 여기서는 이 점을 설명하기 위해 추가로 두 가지 예를 들 것이다. 첫 번째 경우는 어떤 조건에서 EU의 한 회원국이 대외적으로

EU를 잘 대표하는가다. 두 번째는 우리가 지금까지 알아본 금융 규제 4가지 요소가 관련되었을 때 국제적으로 바람직한 규제 합의가 거의 어렵다는 점이다.

첫 번째는 EU 회원국 전체에서 판매가 가능한 유럽 뮤추얼펀드(UCITS: Undertakings for Collective Investment in Transferable Securities)를 분석한다. 뮤추얼펀드는 각 회원국 규정 조화가 투자상품의 전적인 상호 인정을 가져와 모든 회원국에서 최소한의 규정만 준수하면 상품 판매가 가능하다. EU 내에서 유럽 뮤추얼펀드 '시장 리더'인 룩셈부르크와 아일랜드가 이 문제에서 EU를 대외적으로 대표한다. 유럽 뮤추얼펀드는 주재국에서 감독과 집행이 거의 필요하지 않기 때문에 EU가 대외적으로 이 문제를 대표할 수 있다.

두 번째는 우리가 알아본 금융 규제 4가지 요소가 모두 관여된 청산과 결제다. 기술적 표준의 외부성 효과가 크지만, 투자자 보호 기준과 출신국 대 주재국 감독과 법 집행에 대한 합의가 필요하다. 게다가 기술적 표준 설정과 연관된 복잡한 경쟁정책의 문제가 있다. 현재는 EU 내에서, 그리고 국제적 수준에서 청산과 결제 규정에 대한 아무런 합의도 없다.

유럽 뮤추얼펀드

이 뮤추얼펀드는 자산관리 산업에서 소매투자자들을 위한 금융중개 수단으로 많이 사용되며 많은 사람들이 다양한 금융상품에 투자하는 데 유용한 수단임이 판명되었다. 세계 각국에 투자 필요성과 규제당국의 관심을 반영해 다양한 종류의 뮤추얼펀드가 있다.

유럽 뮤추얼펀드는 EU 내에서 특별히 고안된 투자상품으로 1985년 EU 단일시장 형성 과정에서 처음으로 정교해졌다. 어느 한 회원국에 등록하고 허가를 받는 이 펀드는 EU 내 어떤 회원국에서라도 통보만 하면 개인투자자에게 상품 판매가 가능한 '단일허가증'의 이득을 보고 있다. 그러나 유럽 뮤추얼펀드의 규제 틀은 1985년 이후 몇 차례 수정 되었다. 최근 UCITS III 지침에서 이 점을 알 수 있다.

단일허가증과 단일시장 외에도 유럽 뮤추얼펀드는 투자자 보호의 혜택을 입고 있다. 더 엄격한 투자 제한과 자기자본율, 정보 공개 규정과 자산 보호, 그리고 펀드 감독 등에서 투자자 보호가 앞서 있다.

유럽 뮤추얼펀드시장은 다른 금융 체계에 비해 상대적으로 외부성 효과가 거의 없다. 상당한 규모의 네트워크 효과도 없다. 비록 룩셈부르크와 아일랜드 같은 시장은 상당한 유럽 뮤추얼펀드 시장점유율을 차지하고 있지만 네트워크 효과 때문에 시장점유율이 높은 것은 아니다. 유럽 뮤추얼펀드가 이 두 국가에 많은 소재지를 두고 있는 것은 이 두 나라의 입지 특성과 이들의 펀드관리 산업이 갖는 특징 때문이다.

다른 금융 체계에 비해 유럽 뮤추얼펀드는 고정비용 혹은 매몰비용이 낮다. 유럽 뮤추얼펀드 운영에는 다양한 정보통신 시스템에 대한 투자가 필요하지만 주로 거래를 가능하게 하기 위한 다른 네트워크와의 접속이 대다수다. 유럽 뮤추얼펀드를 마케팅할 때 가장 많은 매몰비용이 발생한다.

대다수의 유럽 뮤추얼펀드시장은 동일한 국가에 등록되어 제공되는 국내 펀드로 이루어져 있다. '왕복(round trips) 펀드'—A국에서 운영되지만 B국에 등록되어 소재지를 두고 있고, 다시 A국에 상품을 판매하는—를 제외한 펀드의 수를 보면 2003년의 경우 유럽 뮤추얼펀드시장의 16.1%만이 다른 나라에서도 운영되는 월경펀드(cross-border)다. 그러나 월경펀드의 비율은 2002년에 13.2%에서 2003년 16.1%로 증가하고 있다. 월경펀드의 대다수는 룩셈부르크와 아일랜드에 소재지를 두고 있다.

〈표 7.4〉는 유럽 유럽 뮤추얼펀드시장의 구성과 국제적 비교를 보여준다. 이 표는 또 유럽과 국제적 시장에서 유럽 뮤추얼펀드의 소재지를 알려주고 있다. 유럽 뮤추얼펀드시장의 70%를 룩셈부르크(27.5%), 프랑스(22.4%), 영국(10.0%), 아일랜드(8.9%)가 차지하고 있다. 미국과 함께 이들 4개국은 전 세계 유럽 뮤추얼펀드 시장의 71.6%를 점유하고 있다. 〈표 7.4〉는 GDP 대비 관리 중인 자산 비율과 전 세계 GDP 대비 유럽 뮤추얼펀드 전체 시장에서의 점유율을 보여준다. 이 표를 보면 전 세계 유럽 뮤추얼펀드시장에서 룩셈부르크와 아일랜드는 GDP보다 훨씬 높은 비율의 시장점유율을 차지하고 있음을 알 수 있다.

〈표 7.5〉를 보면 프랑스와 영국 내 유럽 뮤추얼펀드시장은 대개 국내펀드이지만 룩셈부르크와 아일랜드는 EU 회원국 전체 시장을 상대하는 펀드임을 알 수 있다. 이 표에는 또 다른 국가에 소재지를 둔 외국 펀드의 점유율을 보여준다. 이 외국 펀드들은 벨기에와 독일, 이탈리아에서 상당한 시장점유율을 기록하고 있다. 〈표 7.5〉를 보면 펀드들이 소재지를 두고 있는 나라를 알 수 있다. 유럽 전역에서 룩셈부르크가 외국 유럽 뮤추얼펀드의 주 소재지이며 다음이 아일랜드다.

룩셈부르크에 소재지를 둔 유럽 뮤추얼펀드는 미국과 일본을 포함해 150개국에서 판매된다. 아일랜드에 소재한 유럽 뮤추얼펀드는 미국을 포함해 60개국에서 판매된다. 이들 국가들은 룩셈부르크와 아일랜드의 투자자 보호 기준과 법 집행을 신뢰한다. 그러나 미국의 경우 이런 펀드가 '미국인(미국에 기반을 둔 투자자들)'을 대상으로 사기를 쳤다는 혐의가 있으면 펀드 발행자에 대한 사적 혹은 공적 법 집행을 실행할 수 있다. 이 때문에 대부분의 유럽 뮤추얼펀드 설명서는 이 펀드가 미국 투

국가	UCITS 자산관리	유럽시장 점유율(%)	국제시장 점유율(%)	UCITS 대 GDP 비율	UCITS 대 GDP 비율
오스트리아	113.1	2.0	0.7	460.41	0.96
벨기에	115.4	2.1	0.7	385.99	0.81
체코	5.1	0.1	0.0	50.53	0.11
덴마크	66.8	1.2	0.4	319.75	0.67
핀란드	43.5	0.8	0.3	275.83	0.58
프랑스	1,244.4	22.4	7.5	727.29	1.52
독일	273.0	4.9	1.6	121.54	0.25
그리스	27.2	0.5	0.2	149.73	0.31
헝가리	5.6	0.1	0.0	64.05	0.13
아일랜드	492.1	8.9	3.0	3,046.46	6.36
이탈리아	372.9	6.7	2.3	262.55	0.55
리히텐슈타인	13.4	0.2	0.1	자료 없음	자료 없음
룩셈부르크	1,526.1	27.5	9.2	51,924.44	108.34
네덜란드	82.2	1.5	0.5	162.29	0.34
노르웨이	35.9	0.6	0.2	150.74	0.31
폴란드	17.3	0.3	0.1	70.77	0.15
포르투갈	26.6	0.5	0.2	179.99	0.38
슬로바키아	2.8	0.1	0.0	73.99	0.15
스페인	278.4	5.0	1.7	307.13	0.64
스웨덴	123.1	2.2	0.7	426.37	0.89
스위스	118.9	2.1	0.7	402.01	0.84
터키	17.8	0.3	0.1	61.13	0.13
영국	557.7	10.0	3.4	310.93	0.65
EFAMA 회원국	5,559.2	100.0	33.6	479.26	1.00
미국	8,024.4		48.5		
일본	463.3		2.8		
캐나다	430.2		2.6		
홍콩	446.7		2.7		
오스트레일리아	744.5		4.5		
브라질	479.8		2.9		
기타	397.1		2.4		
국제 총계	16,545.3		100.0		

주: 모든 유럽 펀드, 자산관리협회(EFAMA) 회원국 포함.
자료: EFAMA, 'Quarterly Statistical Release No. 26', Sept 2006, 'International Statistical Release 2006: Q1', IMF, World Economic Outlook Database, September 2006.

〈표 7.5〉 유럽 뮤추얼펀드 유럽시장 현황 - 기업 수(2004년)

소재지	통보국(Country of notification)																	총계
	오스트리아	벨기에	덴마크	핀란드	프랑스	독일	그리스	아일랜드	이탈리아	룩셈부르크	네덜란드	노르웨이	포르투갈	스페인	스웨덴	체코	영국	
오스트리아						129			16							1		146
벨기에	10		1	4	81	15			32	83	86	1		1	1	52		367
덴마크						33				12		21				31	21	118
핀란드															2			2
프랑스	39	21				65		11	9	22	14		2	10		49	2	244
독일	347	43			21		7		19	83	16		11	7	16	126	16	721
그리스																		
아일랜드	491	139	82	176	266	607	52		284	165	282	139	44	361	251	355	500	4274
이탈리아																		
룩셈부르크	1844	1017	159	747	1696	2564	440	463	1659		1281	636	439	1491	1114	1914	1263	19091
네덜란드	2	12			6	12			1	4				1		6	6	50
노르웨이				41											13	7		61
포르투갈																		
스페인													1					1
스웨덴					24							24		1				49
체코	40	29	1	3	33	47				40	4				9		4	136
영국	54	29	1		33	51		21	9	30	32	22	18	20		15		374
총계	2854	1262	227	997	2103	3591	499	550	2030	440	1741	822	515	1891	1429	2626	1913	26030

주: 국내 펀드, 왕복 펀드, 한 국가에서만 판매되는 펀드를 제외한 펀드의 등록과 소재지에 따른 현황.
자료: PriceWaterhouseCoopers, Pan-European UCITS Distribution, 2004.

자자에게 제공되지 않는다는 분명한 구절을 담고 있다. 즉 법 집행 차원에서 미국과의 상호 인정은 제한되어 있다.[11]

청산과 결제

청산은 넓게 보면 거래에 합의하고 이런 거래를 결제하는 과정에서 발생하는 모든 기능을 포함한다. 청산은 일반적으로 중앙계약 당사자(CCPs: Central Counterparties)로 활동하는 청산소(clearing house)에 의해 수행된다. 중앙계약 당사자의 주요 기능은 거래의 당사자 간에 법적 중재자 역할을 수행하는 것이다. 즉, 판매자에게는 구매자로, 구매자에게는 판매자로 기능하는데 법에서는 이를 '채무의 갱신'이라고 부른다. 중앙계약 당사자 구조에서 지명된 청산 담당자는 다른 측면의 원 거래와 관련해 원래 거래 상대방이 떠맡는 파산 리스크를 떠안게 된다(종종 거래당사자는 청산 담당자다). 이는 증권거래시장에서 효과적인 리스크 관리 형태로 총 거래비용을 줄이고 시장유동성을 증가시킨다.

결제 이전에 거래 실수익을 올리는 방식으로 많은 중앙계약 당사자가 거래비용을 줄이는 추가적인 방법도 있다. 일정한 거래량에 필요한 실수익 이후의 결제가 적기 때문에 결제 과정의 참여자들에게 직접적인 거래비용을 줄일 뿐 아니라 유동성 제한도 완화시키고 IT와 운영 투자비용을 관리하는 데 도움을 준다. 몇몇 경우에는 의무적으로 필요한 자본 금액도 줄일 수 있다.

결제는 판매자가 증권을 구매자에게 이양하고 구매자가 판매자에게 돈을 보내는 거래 과정의 마지막 단계다. 중앙예탁원(CSD: Central

---

11 다른 종류의 증권 발행자, 예를 들면 상장기업의 증권거래에서도 상황은 비슷하다.

Securities Depository)은 중앙예탁원 내 판매자 계좌에 있는 증권을 중앙예탁원 내 구매자 계좌로 옮겨 증권거래 결제를 시행한다. 이에 따르는 구매자로부터 판매자로의 자금 이체는 대개 중앙예탁원 외부에서 지정된 결제은행이나 혹은 중앙은행을 통해 이루어진다. 그러나 중앙예탁원은 지불 지시와 확인을 보내고 받는 데 중요한 역할을 한다. 이런 거래의 최종 확인이 중앙예탁원의 핵심 기능이다.

중앙계약당사자와 중앙예탁원으로의 접근은 일반적으로 청산 담당자와 보관자 등 기관에게만 제공되는 것에 주목해야 한다. 중앙계약 당사자와 중앙예탁원에 접근할 수 없거나 접근을 원하지 않는 소매(개인)투자자와 기관은 다른 중개인을 직접 이용하기 때문에 다층의 중개인 구조가 형성된다. 이에 따라 청산과 결제 과정의 전반적인 효율성은 모든 층에서의 운영 효율성에 달려 있다. 이 과정에는 중앙계약 당사자와 "중앙예탁원, 청산 담당자와 보관자를 포함한다.

청산과 결제 기능은 상당한 네트워크 효과가 있다는 점이 특징이며 금융 체제의 안정을 확보하는 데 중요한 역할을 한다. 전반적으로 증권시장과 파생상품시장에서의 거래 후 활동은 네트워크 외부성이 상당하다는 점과 관련되어 있다. 그러나 이런 외부성이 발생하는 방식은 상이한 거래 후 기능 간에 차이가 있다. 증권거래 청산의 경우 한 중앙계약 당사자를 통해 주어진 증권과 자산 종류의 거래 수가 늘어나면 실수익을 올릴 수 있는 가능성을 높여주고 리스크 관리 서비스의 효율성을 높여준다. 이 때문에 네트워크 효과가 발생한다.

실수익을 올릴 수 있는 이유는 동일한 중앙계약 당사자에 의해 청산되는 거래가 많으면 많을수록 효율성을 올릴 수 있는 가능성이 더 커지기 때문이다. 대개 개별 증권이나 자산 종류에서 실수익을 거둘 수 있다.

즉, 이런 규모의 경제는 주식과 주식 내에서, 혹은 동일한 자산 종류 내에서 가능하다. 돈 거래 측면에서 보면 규모의 경제가 더 크다. 돈 거래의 실수익은 대개 주식투자와 자산거래 간에 발생한다. 주식거래의 측면에서 보면 단 하나의 중앙계약 당사자에 의해 청산되는 하나의 증권사로 거래하는 것이 최적의 해결책이다. 이렇게 하면 사후 실수익 정산이 필요한 결제 거래 수를 최소로 줄일 수 있다. 돈 거래 측면에서 볼 때 모든 증권거래를 동일한 중앙계약 당사자가 청산하게 하는 것이 최적의 해결책이다. 이럴 경우 결제 과정에 필요한 돈의 액수를 최소로 할 수 있다.

리스크 관리의 경제는 참여자의 수와 청산량을 늘린다. 이럴 경우 중앙계약 당사자가 떠안게 되는 대체비용 리스크를 다양화할 수 있다. 중앙계약 당사자 내 참여자 수와 활동이 늘어나면 낮은 의무 담보와 파산 펀드로 동일한 리스크 보호를 달성할 수 있으며 청산 운영에 드는 총 비용을 줄일 수 있다.

두 중앙예탁원 계좌를 포함하는 결제보다 동일한 중앙예탁원 계좌 내 결제가 비용이 덜 들기 때문에 주식 결제에서 네트워크 효과가 발생한다. 따라서 주어진 중앙예탁원 내에서 주식을 결제하는 시장 참여자들의 수를 늘리면 중앙예탁원의 비용 효율성이 늘어난다.

원활하게 기능하는 청산과 결제 시스템은 효율적이며 끊임없는 거래활동 서비스를 제공하고, 거래 상대방의 리스크를 완화시킬 뿐 아니라 전염 가능성을 줄인다. 이렇게 되면 금융시장의 안정성을 보장할 수 있다.

중앙계약 당사자는 금융시장에서 양자적 거래 상대방의 리스크를 제거하지만 전염 경로로도 기능할 수 있다. 이 맥락에서 시스템 리스크는 넓은 범위의 시장거래 활동이 붕괴되는 것이며, 이때 중앙계약 당사자는 전염 경로 역할을 한다. 중앙계약 당사자가 제대로 기능하지 못하는 극단적인 경우 광범위한 시장의 거래 활동이 중지되며 다량의 자산결제가 이루어지지 못하게 된다. 중앙계약 당사자의 기능 정지가 이루어지지 않더라도 한 시장에서의 과도한, 혹은 예상 밖의 증거금 담보 요구(Margin Call: 원래 증거금 담보보다 가격이 변동해 담보가 늘어나는 것을 의미)는 시장 참여자들에게 다른 시장에서 자산을 매각하도록 압력을 넣을 수 있고, 이 시장에서 가격 인하를 초래한다.

상이한 중앙계약 당사자가 채택한 관례—회원 자격 요건과 증거금 담보 요구, 추가적인 파산 방지 요구 사항—는 금융시장의 금융 충격에 저항하는 능력에 영향을 미친다. 금융 충격은 거대 시장 참여자의 파산이나 특정 종류의 자산가격이 심각하게 변동하는 것을 말한다.

유럽시장의 통합은 금융 시스템의 안정성을 확보하는 데 거래 후의 서비스 중요성을 잠재적으로 증가시킨다. 특히 청산과 결제 인프라를 더 공고하게 하고 상호 연계하면 각 국가에 영향을 미치는 금융시장 전염 가능성을 잠재적으로 늘린다. 예를 들면 중앙계약 당사자 통합과 관련, 중앙계약 당사자 간 연계망을 확립하면 중앙계약 당사자 간 연계 리스크를 초래하게 될 것이다. 즉, 한 중앙계약 당사자의 파산은 관련 중앙계약 당사자의 금융 손실을 초래할 수 있다. 이런 여러 시장에 걸쳐 일어나는 리스크의 본질은 규제와 운영 절차, 그리고 다른 인프라 연결망 간의 합의에 달려 있다.

EU 내 주식청산과 결제는 역사적으로 회원국 차원에서 발전했으며 회원국 간의 활동은 제한적이었다. EU 내 회원국에서 거대한 네트워크 외부성과 규모의 경제를 이용하는 청산과 결제 서비스 제공자들은 공고화 과정을 거쳤다. 이런 과정을 통해 국내 독점 서비스 제공업자가 출현했다. 이런 인프라 중 일부는 청산이나 결제 가운데 한 기능만을 수행하는가 하면, 수직적으로 조직되어 청산과 결제·거래 서비스를 동시에 제공하기도 한다.

EU 회원국 내 청산과 결제 서비스는 일반적으로 효율적이라고 인정되지만 회원국 간 수준에서는 상당히 비효율적인 체계로 남아 있다. 조반니그룹(The Giovanni Group)은 2001년 EU 내 거래 후 시장을 평가하는 보고서에서 EU 회원국 간의 효율적인 활동을 방해하는 15개 장벽('조반니 장벽')을 제시했다.

- 상이한 정보통신 플랫폼과 인터페이스
- 청산이나 결제 위치의 제한
- 회원국 간 상이한 기업 활동을 다루는 규칙
- 일일 결제 가용성과 시한의 상이성
- 제한된 원격 접속
- 회원국 간 결제 기간의 상이함
- 운영 시간과 결제 시한의 상이함
- 회원국 간 상이한 주식 발급 업무
- 주식(예탁) 위치에 대한 제한
- 주요 딜러와 시장 조성자 활동에 대한 제한
- 외국인 중개업체에 불리한 원천징수세
- 결제 시스템에 통합된 징세 기능
- 회원국 간 상이한 주식의 법적 처리
- 회원국 간 상이한 양자 간 실거래 수익의 법적 처리
- 여러 법조문 조항 간 충돌 시 불균등한 적용

이런 장벽이 제시된 후 EU 집행위원회는 장벽을 제거하기 위한 다양한 실체적인 이니셔티브를 제안했다. 유럽증권감독위원회(CESR: Committee on European Securities Regulators)와 유럽증권예탁원협회(ECSDA: European Central Securities Depositories Association), 그리고 다른 당사자들이 함께 이 작업을 하고 있다.

유럽의회(European Parliament)는 2003년 1월 결의에서 EU 내 청산과 결제 처리가 효율적이지도 않고 안전하지도 않음을 인정했다. 이후 EU 집행위원회는 EU 내 증권시장에서 '조반니 장벽'을 제거하고 회원국 간 거래 환경을 개선하는 다양한 실제적인 조치들을 이행해왔다.

규제/감독 틀

유럽 주식시장에서 청산과 결제 산업은 공동 규제와 감독 틀이 없다는 점이 특징이다. 각 회원국의 규제당국은 투자자 보호와 금융시장 안정의 관점에서 청산과 결제 산업의 안전을 보호할 책임이 있다. 회원국 간 활동 측면에서 보면 감독당국은 회원국 간 거래가 자국 내에서 적용되는 투자자 보호와 안정의 필수 요건을 충족시키도록 해야 한다.

EU 집행위원회와 다양한 이해당사자들은 공동 규제와 감독 틀의 부재를 잠재적인 우려 사항으로 인식했다. 회원국 간 통용되는 공동 틀이 없을 경우 청산과 결제 인프라 간에 효율적인 회원국 간 연계를 확립하기가 더 어렵다. 공동 틀의 부재로 발생하는 잠재적인 문제를 완화하기 위해 유럽중앙은행 체제(ESCB: European System of Central Banks)[12]와 유럽증권감독위원회는 실무 그룹(ESCB/CESR Working Group)을 조직해 EU

---

12 역주: 단일통화 유로를 채택한 회원국 중앙은행의 모임을 총칭하는 용어.

청산과 결제 서비스 제공자들에게 공통으로 적용되는 공동 기준을 제정하려 했다.

유럽중앙은행 체제/유럽증권감독위원회 실무 그룹은 2004년 〈EU 내 주식 청산과 거래 기준(Standards for securities clearing and settlement in the European Union)〉이라는 보고서를 발표했다. 이 보고서는 지급결제제도위원회와 국제증권감독기구가 발표한 주식 결제 시스템 권고사항을 EU 환경에 적응시키는 문제에 초점을 맞추었다.

그런데 이런 권고 사항은 의무적으로 이행할 필요가 없으며 각국의 법을 대체하지 않기 때문에 각국 담당 기관의 이행에 영향을 미칠 뿐이다. 비록 이런 기준은 EU 법의 지위를 가지고 있지 않지만 관계된 규제당국과 감독당국은 각각의 정책 권한 내에서 기준 이행을 감독하도록 되어 있다.

유럽중앙은행 체제/유럽증권감독위원회 실무 그룹이 사용한 결제 관련 권고 사항 이외에 지급결제제도위원회와 국제증권감독기구는 최근에 청산 관련 권고 사항을 제시했다. 이 보고서는 중앙계약 당사자의 리스크 관리를 위한 포괄적인 기준 제시를 목표로 하고 있다. 이럴 경우 중앙계약 당사자의 내부 절차 고안에 필요한 토대를 제공할 수 있다. 이런 기준은 중앙계약 당사자와 각 회원국 관계당국을 대상으로 한다. 관할권 내의 중앙계약 당사자가 권고 사항을 이행했고 필요하면 이행계획을 마련하기 위해 중앙계약 당사자와 관계당국에 평가기준을 제시한다. 이 기준은 자발적이며 각국의 법을 대체하지 않는다.

함의

　　　　　　금융 서비스 분야에서 EU 기구의 법 집행 능력
이 제한되어 있는 한 EU는 회원국에 의존해야 한다. EU 내 감독과 집
행 기준이 다를 경우 EU의 국제 협상자들에게 계속해서 상당한 알력을
초래할 것이다. EU의 금융시장 통합 바람과 비회원국들과의 양자적 감
독과 집행 관련 협약의 필요성은 분명히 모순된다.

　기술 관련 표준 제정은 유럽이 중요한 리더십 역할을 수행할 수 있는
매우 유망한 국제협력의 분야임을 이번 분석을 통해 알 수 있다. 이 경
우 임계점이 중요하며 EU 회원국들이 합의를 이룰 수 있다면 EU는 다
른 협상 대상국들과 합의를 하지 못할 때 주도할 수 있는 규모다. 그러
나 회원국 간의 합의는 어렵다.

　다른 대부분의 분야에서는 주재국에서 감독과 집행 기능을 수행할 필
요가 있다. 건전성 감독과 투자자 보호 기준을 글로벌 수준에서 조화시
킬 수 있다고 하더라도 집행 기능은 전형적으로 각국이 담당한다. 규제
는 기준과 규칙, 감독, 집행으로 이루어진 하나의 꾸러미다. 규칙이 동일
하더라도 꾸러미 전체가 동일하지는 않다. 이런 점은 국제금융기구에
비용을 초래하며 경쟁을 저해하고 금융시장의 분절화와 외교적 갈등을
유발한다. 글로벌 집행기구가 없을 경우 '선도 규제자'의 개념이 유망
하며 이는 유럽 차원뿐만 아니라 국제적 차원에서도 적용될 수 있다.

　주재국의 감독이 거의 필요하지 않은 유럽 뮤추얼펀드와 다른 금융
서비스는 예외다. 현행 규정이 잘 운영되고 있으며, 예를 들면 상품안
내서 분야에서 단일시장이 완성될 경우 이런 규정은 더 잘 운영될 것이
다. 모순적으로 상호 인정이 가능하려면 어느 정도의 조화가 필요하다.

이 경우에도 국제적 수준에서의 상호 인정 범위는 주재국에서 소송을 통한 법 집행 때문에 제한되어 있다. 국제공법뿐만 아니라 국제사법에서도 추가적인 법적 협약이 필요하다.

국제기구에서 유럽의 대표성은 몇몇 예외를 제외하고 일관성과 틀이 부족한 것이 현실이다. 국제기구에서 유럽의 대표성에 관한 근본적인 토론이 필요할 것이다. 이 책의 5장에서 IMF 회원에 관한 논의는 시사하는 바가 크다.

EU가 금융 서비스에서 글로벌 규제 제정자가 될 수 있는 잠재성은 EU 내부의 규제가 앞으로 어떻게 전개될 것인가에 달려있다. EU 공동의 접근 방식이 없어도 국제적 관점에서는 문제가 되지 않는 몇몇 경우가 있다. 규제와 이것이 미치는 외부적 영향력이 회원국 재량에 맡겨져 있는 경우가 그렇다. 우리가 이번 장에서 살펴본 사례 가운데 유럽 뮤추얼펀드가 가장 두드러진 예다. 그러나 유럽 뮤추얼펀드의 경우에도 상호 인정을 위해 최소한의 EU 공동 기준이 필요했다.

외부성 효과가 있고 EU가 임계점을 이룰 수 있을 때 EU의 건전성 감독 규제와 투자자 보호, 기술표준이 국제적으로 영향력을 미칠 수 있다. EU는 각 회원국 간의 의견 불일치와 상이한 이해관계를 극복할 때만 국제적인 영향력 행사를 할 수 있다. 이는 주요 회원국, 특히 독일과 프랑스, 영국의 입장에 상당 부분 달려 있다. EU가 중요한 역할을 수행할 수 있는 잠재성은 일본과, 그리고 장차 중국과 인도 등 주요 경제국의 태도에도 달려 있다. 일본과 EU27의 경제력을 합하면 OECD의 다른 회원국의 경제력 전체보다 더 크다. 그러나 일본은 최소한 공개적으로는 글로벌 금융기준 제정에서 소심했다. 중국과 인도는 최소한 1인당 GDP 기준에서 보면 대부분의 국제표준 제정 기구에서 과소 대표되어 있다.

EU가 감독과 법 집행에서 주요한 국제적 역할을 수행하려면 '공동체 이익 우선'과 같은 접근방식을 개발해 EU 전체 차원의 금융기관과 시장감독 정책 권한을 경쟁정책의 경우와 마찬가지로 EU 기구로 이양해야 한다 미 증권거래위원회가 그렇듯, 이런 EU 차원의 감독기관은 다른 감독기관과 협력협정을 체결할 수 있을 것이다.

이주정책

역내 및 역외 이주의 연계

헤르베르트 브뤼커, 야코프 폰 바이츠체커*

일반적으로 한 국가 내에서 자국민들은 국제검문소 등의 통제를 받지 않고 어디든지 자유롭게 이동할 수 있다. 2014년이 되면 EU 국민들은 EU가 마치 하나의 국가인 것처럼 EU 내 27개국을 자유롭게 이동할 수 있게 될 것이다. 그러나 이러한 이동의 자유가 주변국들을 포함해 전 세계적으로까지 확대될 계획은 아직까지는 없다. 즉, 전 세계의 국민들은 이주를 함에 있어 앞으로도 계속 어느 정도의 통제와 제약을 받게 될 것으로 보인다.

　EU 시민이 아닌 전 세계 시민들은(이하 '제3국 국적자'들이라고 칭한다) EU 내 회원국들의 다양하며 제한적인 이주정책의 영향을 받기 마련이다. 그러나 회원국마다 각기 다양하며 더 나아가 구속적이기까지 한 이주정책들이 과연 의미가 있는 것일까. 오늘날 EU 국민들이 통제에서

---

* 연구에 도움을 준 알렉산드르 야니아크(Alexandre Janiak)에게 사의를 표한다.

벗어나 자유롭고 통합된 이주정책의 혜택을 누리고 있는 것과 같이 제 3국 국적자들에게도 이러한 제도적 혜택을 주는 것은 어떨까?

이는 단순히 학문적 차원의 문제가 아니다. EU는 2010년까지[1] 공동 이주정책 수립을 계획하고 있으며 이 문제는 이미 EU 내의 중요한 정치적 의제로 다루어지고 있다. 따라서 이제는 제3국 국적자들을 위한 이주정책을 재검토할 때가 왔다. 통일된 이주정책이 가져오는 이점과 비체계적인 이주정책이 야기하는 비용이 점점 더 명확해지고 있으며 그 배경에는 다음의 두 가지 이유가 있다.

첫째, 유럽 국가들의 이주정책들에 영향을 미치고 있다. EU로 입국하기 위해 목숨까지 걸며 위험하고 무모한 항해를 시도하는 수십만 아프리카인들의 이야기는 이제 인도주의의 비극으로 여겨지고 있다. 하지만 이들은 전체 이주인구의 극히 일부분에 지나지 않는다. 전 세계적으로 과거보다 더 많은 사람들이 정보에 대한 접근성이 늘고 이주를 위한 재정을 갖게 되면서 경제적 이주를 선택하고 있다. 전 세계 빈곤 인구의 상당 부분이 EU의 문턱에 거주하고 있으며 근접성(Proximity)이라는 요인은 이주를 결심하는 데 매우 중요한 영향을 미친다. 현재 EU는 급격한 노령화가 진행되고 있는 반면 EU 주변국들에는 주요 이주 연령대인 20~35세의 젊은 층이 지속적으로 증가하고 있다.

과거에는 '지중해라는 장벽'[2]이 유럽의 이주정책 수립에 암묵적인 영향을 미쳤지만 향후에 유럽은 좀 더 직접적이고 명확한 기준을 바탕으로 정책 결정을 내릴 필요가 있다. 멕시코 등 주변국으로부터의 불법

---

[1] 2004년 11월 5일 유럽 정상회의, 의장국 결정〔2005~2010년까지 이주정책에 관한 EU의 실행 프로그램과 헤이그(Hague) 프로그램 포함〕.

[2] 세바스찬 말라비(Sebastian Mallaby),〈워싱턴 포스트(Washington Post)〉, 30 April 2007, p. A15.

이민자 유입이 매우 높았던 미국의 경험이 EU에서도 충분히 재현될 수 있음을 명심해야 한다.

통합된 EU 공동이주정책의 혜택이 더욱더 명확해진 두 번째 이유는 역내에서 이주와 관련된 여러 장벽들이 많이 허물어졌기 때문이다. 따라서 자연적으로 EU 국가들 간에는 이주정책을 조정해야 할 필요성이 증대되었다. 실례로, 셍겐 조약(Schengen Agreement)으로 국경 간 검문이 사라진 지역에서는 제3국 국적자들도 EU 시민들처럼 국경을 자유롭게 넘나들 수 있다. 역외 국경 통제의 경우, 더 강압적인 제도를 위한 정책 조정의 필요성으로 이어질 수도 있다. 그러나 이주정책에 대한 정책 조정에 실패할 경우 이는 더 지나치게 통제가 심한 이주정책으로 이어질 수 있다는 점이 자주 간과되는 것 같다. 예를 들어 불법이주 노동자들에 대한 우호적인 처우가 하강곡선을 그릴 위험이 존재한다. 만약 EU 역내 국경이 개방될 경우, 각국에서 불법체류 노동자들을 홀대함으로써 주변 EU국으로 보내버리려 할 수 있다. 이렇게 되면 불법체류자에 대한 처우가 관대한 국가들은 자국이 수용할 수 있는 범위보다 더 많은 불법이민자를 떠안게 될 것이다.

EU 각국은 이렇듯 이주정책의 조정과 통합의 필요성을 인식하고 지난 수년간 더 많은 의사결정 권한을 지닌 EU 기구들로 채비했다. 그러나 통합된 단일 공동이주정책을 수립한다는 것은 강한 제도적 의무감이나 강제성만으로는 불가능하다. 우선 확고한 개념적 근거가 뚜렷해야 하며 이 부분은 아직도 개선의 여지가 남아 있다. 옳은 이주가 무엇인지에 대한 정치적·과학적 논쟁이 계속되고 있다. 또한 27개국의 다양성을 충족시키기 위해 어느 정도까지의 차별화된 이주정책이 수립되어야 하는지에 대해서도 의견이 분분하다. 이러한 이유 때문에 이주정책의 어떤 부분들이 EU 차원에서 통합될 수 있는지, 그리고 왜 통합되어야 하는지에 대한 의견 일치가 힘든 것이다.

이 장에서는 공동 EU 이주정책을 위한 개념적 기초에 관해 고찰해보고자 한다. 이를 위한 출발점은 자유무역 및 자유로운 자본의 이동으로 잘 알려진 것과 같은 자유이주의 경제적 측면에 관한 것이다. 경제적 이주를 통해 사람들은 현재 생산성이 떨어지는 거주 지역을 떠나 더 높은 생산성을 가진 지역으로 이동한다. 이렇게 되면 전 세계적으로 경제생산이 증가하게 된다. 더욱이 경제적 이주는 경제적 기회와 출생지의 연결 고리를 끊음으로써 전 세계적으로 기회의 균등을 도모한다.

경제역사학자들은 19세기의 비교적 자유로운 이주가 전 세계의 소득 수렴에 무역보다 더 많이 기여했다고 주장하며, 자유로운 이주를 지지해왔다. 향후를 생각하면 비록 오늘날에는 전 세계적으로 지리적인 생산성 차이가 극명하지만, 더 자유로운 이주가 보장이 될 때 결과적으로 전 세계적인 경제생산성이 더욱 증가할 것이다. 이러한 생산성 격차는 특히 열악한 제도나 열악한 지리적 위치와 연관성이 있다. 물론 자유무역, 자유투자 및 관대한 개발원조는 이러한 차이를 해결하는 데 어느 정도 도움이 된다. 하지만 전 세계 수백만 명의 사람들에게 이주는 가장 근접한 미래에 인간다운 삶을 살 수 있게 해주는 최선의 선택이 될 수 있다는 점은 확실하다.

더 자유로운 이동을 지지하는 견해에 따르면 자유이주로부터 얻을 수 있는 엄청난 혜택 때문에 자유이주는 사람들에게 거부할 수 없는 매력적인 제안[3]으로 다가올 것이다. 이러한 주장에 따르면, 어떤 분배의

---

3 이에 관한 논의는 레그레인(Legrain, 2007) 참조.

역효과도 이주에서 오는 혜택의 재분배로 보상될 수 있다는 것이다. 그러나 EU 내 유권자들은 자유이주가 가져다주는 혜택에 대해 약간의 의구심을 갖고 있다. 최근 〈파이낸셜타임스/해리스(FT/Harris)〉가 실시한 이주 관련 여론조사에 따르면[4] 프랑스의 응답자 40%와 기타 국가(영국, 이탈리아, 스페인, 독일)의 응답자 60%가 자국의 이민자 수가 너무 많다고 대답했으며 자국의 이민정책으로 이민자들의 합법적 입국이 더 수월해졌다고 응답했다. 앞서 이주의 혜택을 언급했음에도 불구하고 더 통제적인 이민정책을 원하는 사람들이 많은 이유는 무엇일까?

물론 통합에 대한 실패 가능성이나 여러 유럽 국가 내의 하위 소수민족의 증가에 대한 우려의 목소리도 존재한다. 최근의 테러리스트 공격이나 이슬람교도 이민자들이 연루된 사건들로 이슬람 이민자들 사이에 이슬람 근본주의가 성행하지 않을까 하는 우려의 목소리도 높다. 외국인 혐오증과 같은 사회적 분위기가 조성되고 내국인이 외국인 이민자들과 개인적으로 부정적인 경험을 겪기라도 하면 이러한 혐오증이 급속도로 퍼지고 일반화되는 경향이 있다. 그러나 이민에 대한 여론의 부정적 반응은 이주의 확장이 얼마나 엄청난 결과를 가져올 것인지 현재로서는 예측할 수 없기 때문에 생겨난 불안감 때문일 것이다. 고용과 임금에 미칠 영향, 국가 예산과 복지제도 및 지자체, 공공기관에 미칠 영향, 그리고 장기적으로 이주자를 수용하는 국가의 정체성 위협 여부 등에 대한 불안감 말이다.

이러한 불확실성으로 인해 이주정책을 대하는 우리의 태도는 더 신중하고 조심스러워질 수밖에 없게 된다. 결과적으로 오늘날 대부분 유

---

4 조지 파커와 지미 번스(George Parker and Jimmy Burns), 〈파이낸셜타임스〉, 20 October 2006.

럽 국민들이 선호하는 이주정책은 통제적이고 제한적인 방식이다. 하지만 합법이주를 제한함으로써 초청이민 또는 인도적 차원의 이주 등 비경제적 이주가 주를 이루게 되었다. 기존의 이주노동자 프로그램과 이전 식민지 국가들로부터 유입되는 이민자들 때문에 이미 대부분의 EU 국가 이민자들은 상대적으로 저숙련 노동 계층이며 특히 초청이민 대상자들일 경우 저숙련 노동자가 더 많다는 편견이 생기게 되었다.

더욱이 비공식(또는 지하) 경제에서는 고숙련 직업군보다 저숙련 직업군의 직업 체제가 더 잘 정비되어 있다. 그래서 미국과 점차 증가하는 유럽 국가들에서 보듯 저숙련 경제적 이민자들의 불법유입이 증가하고 있는 것이다. 반면, 고숙련 노동자들은 불법이주를 할 가능성이 매우 낮다. 일단 지하경제에서 이들에게 적합한 직업을 찾기가 어려우며 고숙련 노동자에게는 이미 더 좋은 합법적인 대안이 존재하기 때문이다. 캐나다 또는 오스트레일리아와 같은 전통적인 이민 수용 국가들은 고숙련 이민자들을 환대하며 이들의 입국을 허용하고 있다.

결과적으로 EU의 경제적 이민자들에 대한 법적 제약은 매우 중립적이고 더 나아가서는 고숙련 이민자들을 선호하는 것처럼 보이지만, 실제로는 저숙련 이주를 장려하고 있는 것이다. 이러한 저숙련 이주인력에 대한 편견은 유럽의 이주정책을 더 억압적이고 제한적으로 만들 위험이 존재한다. 이러한 편견 때문에 수용국(host country) 자유이주의 경제적 이점을 설득시키는 것은 정치적으로 매우 어렵다. 결과적으로 이주정책들은 더 제약적으로 변하고, 이주민의 기술 수준에 대한 편견은 심화됨과 동시에 이주자에 대한 우호적 처우를 강조하는 정치적인 목소리도 줄어들게 된다.

고숙련 이민자들을 EU로 유치하기 위한 통합된 제도적 기반은 경제

뿐만 아니라 정치적 이득을 가져다줄 것이라 생각된다. 동시에 저숙련 노동자, 더 나아가 중급 기술노동자를 위한 다양한 이주정책들은 국가 간 이질성의 이유로 정당화될 수도 있다고 생각한다. 그러나 모든 제3국 국적자들이 자유로운 EU 내 이동권을 갖게 된다면 다양한 정책들을 모두 유지하는 것도 어렵기 때문에 EU 내 이동권을 저숙련 노동자들에게까지 급속히 확대 적용하는 것에 대해서는 신중해야 한다는 입장이다.

마지막으로 불법이민자 규제와 관련해 EU 내 통일된 정책이 필요하다고 생각한다. 사실상 현재 불법이민자들은 셍겐 조약 지역 내에서는 자유롭게 이동할 수 있는 권리가 있다. 따라서 EU 국가들은 이들 불법이민자들의 처우 개선을 위한 인센티브를 인위적으로 줄이거나 인도적이거나 안보 또는 경제적 이유로 규제를 하는 방향으로 선회했을 수도 있다. 이러한 정책적 조정 문제를 해결하기 위해 더욱더 통합된 규제제도를 마련하고 더불어 규제 대상인 이민자들이 유럽 복지 체제로 편입되는 것을 늦추는 방법이 고려되어야 한다.

이러한 공동이주정책 수립의 기본 원칙들은 EU로 유입되는 이민자들의 기술 수준의 적절한 조화를 도모하고, 전반적으로 합법적 이주의 개방 증가에 기여할 것이다. 시뮬레이션을 통해 알아본 결과, 전반적으로 이주에 대한 개방 확대는 EU 국가뿐 아니라 개도국들에도 혜택을 가져다줄 수 있을 것으로 나타났다.

2절에서는 EU의 이주 거버넌스에 대한 개괄적인 설명과 함께 이러한 주장의 근거를 제시하고자 하며 EU 전역의 다양한 이민자 집단에 대해 설명하고자 한다. 이 연구의 초점은 EU 외부, 즉 역외로부터의 이주에 맞춰질 것이다. 그러나 EU 내의 EU 시민들 또는 제3국 국적자들의 이주 또한 어느 정도 심도 있게 다루고 있다. EU 내의 이주는 외부로부터의 이주가 한 EU 국가로만 집중화되는 것을 부분적으로 보완할 수 있기 때문이다. EU 국가마다 상이하고 다양한 역외 이주정책을 논의하기 위해서는 이러한 이주의 보완이 어느 정도까지 가능한지 이해하는 것이 중요하다.

그리고 3절에서 이주라는 개념이 이민자의 기술 수준의 차이에 따라 송출국(source country)과 수용국에 다양한 영향을 미친다는 주장을 전개하고 이것이 이주정책에 미칠 수 있는 영향을 살펴보고자 한다. 특히, 이주가 송출국과 수용국의 임금, 실업 및 공공재정에 미치는 영향을 알아보기 위해 모의실험을 진행함으로써 이민자의 기술 수준이 이주에 미치는 영향을 파악하고자 한다. 시뮬레이션 결과 고숙련 이주는 수용국에 나름대로의 긍정적인 영향을 미쳤다. 반면 저숙련 이주의 영향은 덜 긍정적이며, 수용국들의 다양한 제도적 특성만큼이나 그 결과는 일정하지 않았다. 동시에 개발송출국에 미치는 이주의 영향은 특히 이민자가 본국으로 보내는 송금으로 인해 일반적으로 긍정적이었다. 그렇지만 이는 고숙련 이주보다는 저숙련 이주에 더 긍정적으로 작용하였음을 알 수 있다. 마지막으로 4절에서는 실험 결과를 바탕으로 정책적 결론을 다루고자 한다.

이주 현상 유지

오늘날 EU의 이주정책은 두 가지 방식으로 이루어진다. EU 역내 이주는 EU 차원에서 이미 통합된 정책 하에 이루어지고 있으며 2014년까지는 EU 내 27개국에서의 자유로운 이동이 가능해질 것이다. 그에 반해서 역외로부터의 이주정책은 회원국 내에서 개별적으로 담당하고 있기 때문에 아직 통합 단계는 아니라고 볼 수 있다.

이 부분에서는 EU 역내 및 외부로부터의 이주정책제도에 대해 살펴보고자 한다. 다음 단계로 이주 통계를 바탕으로 현재 EU 역내 및 역외로부터의 이주 규모와 구조를 살펴볼 것이며, 이를 통해 현 이주정책이 EU에 미치는 영향에 대해 이해를 도모하고자 한다.

이주제도 및 거버넌스

전통적으로 외부 국경을 통제하고 출입국 대상을 결정하는 것은 국가주권의 핵심 요소였다. 이러한 맥락에서 EU 시민들이 국경 간 검문을 받지 않고 자유롭게 이동하며 제약 없이 EU 전역을 이동할 수 있게 하는 것은 유럽연합 창시자들의 담대한 비전이었다. 이러한 비전이 그 실현을 앞두고 있다. 이는 두 가지 근간을 바탕으로 하는데 EU 노동자의 자유이동과 셍겐 조약이 그것이다. 반면 EU 외부로부터의 유입과 EU 역내에서의 제3국 국적자들의 이동과 관련된 국가 차원의 정책들은 매우 다양하며 최근에 들어서야 이 분야의 정책적 통일성과 조정 노력이 강화되었다.

EU 노동자의 자유이동

EU 역내 노동자들의 자유이동은 1957년 로마 조약(Treaty of Rome) 체결 당시부터 EU의 기본 원칙이었다. 수십 년간 다양한 지침들과 법원의 판결을 통해 이러한 자유이동권은 더욱 강화되었으며 이는 오늘날 EU

시민권에 대한 법적 정의의 핵심으로 여겨진다.[5] 지난 수년간 EU 노동자들의 자유이동 범위는 더욱더 확대되어 비활동 EU 시민의 이동권까지 포함하게 되었다. 특히, '유럽연합 시민과 그 가족이 유럽연합 내에서 (2004) 자유롭게 이동하고 거주할 수 있는 권리'에 대한 지침(38/EC)을 통해 경제적으로 활동하거나 또는 활동하지 않는 시민 모두를 포함한 EU 시민들의 자유로운 이동은 오랜 기간을 거쳐 정착되었다. 이 지침의 주요 조항을 보면, 체류 후 5년이 지나면 경제적으로 활동하지 않는 EU 시민일지라도 거주하고 있는 EU 국가의 모든 복지 혜택을 누릴 수 있다.[6] EU에 가입한 국가의 국민들은 EU 시민이 되며, 결과적으로 EU 내의 어느 국가에서든 자유롭게 이동하고 체류하며 일할 수 있는 권리가 주어진다. EU에 가입하는 국가의 경제 수준이 평균 이하로 월등히 낮을 경우에는 가입 초기에 엄청난 이주 흐름을 야기할 수 있다. 2004년과 2007년의 EU 확장 당시, 기존 EU 회원국들은 동유럽에서 대량 이주 붐이 일 것이라 전망했다. 이러한 우려를 잠식시키기 위해 신규 회원국으로부터 발생하는 노동이주를 일시적으로 관리하기 위한 소위 '2+3+2(two-plus-three-plus-two)' 룰이 발효되었다. 이 조약은 기존 회원국들이 동유럽의 신규 국가로부터 자국으로의 자유로운 노동이주를 최대 총 7년까지 연장할 수 있다[7]는 내용을 골자로 한다. 2년이 지나면 규제를 검토하고, 그 후 또 3년 후에는 규제 철폐 필요성을 검토하기 위해 다시 한 번 검토 과정을 거친다. 마지막으로 2년 동안 세 번째 연장을 할 수 있는데 이는 매

---

5 노동자의 자유로운 이동은 매우 유인적인 것이어서 스위스와 같은 유럽자유무역연합 (EFTA) 국가들도 참여하고 있다.

6 EU지침(Directive) 2004/38/EC, 16조 1항.

7 신회원국들에게도 구회원국들에 대한 제재 부여권(the right to impose restrictions)이 주어지지만, 이와 같은 상호 제재의 대부분은 상징적 의미를 갖는다.

우 심각한 국내 노동시장의 불균형이 존재할 때에만 허용된다.

독일과 오스트리아는 동유럽과의 지리적 근접성을 이유로 이러한 규제 철폐를 꺼리고 있다. 하지만 기존 회원국들의 이러한 규제에 대한 입장 차이에도 불구하고 규제는 곧 철폐되어야 한다. 2004년 EU에 가입한 동유럽 국가 8개국(체코, 에스토니아, 라트비아, 리투아니아, 헝가리, 폴란드, 슬로바키아 및 슬로베니아)을 대상으로 한 모든 규제가 늦어도 2011년까지는 사라질 것으로 전망된다. 이 장의 초점이 EU 역외로부터의 이주로 인한 도전 과제인 만큼 계속해서 2014년에서야 실현될 EU 노동자들의 EU 내 이동에 대해서 알아보도록 하겠다.

셴겐 조약

1985년 프랑스, 독일, 베네룩스 3국은 셴겐 조약에 서명함으로써 이 국가들이 근접한 국경의 검문을 폐지하기로 했다. 향후에 야기될 수 있는 이주 문제를 해결하기 위해 (그리고 제3국 국민들까지 포함하여) 셴겐 조약은 EU 외부 국경 검문의 통합, 서명국 간의 정책협력 및 셴겐 지역을 위한 공동 셴겐비자 발급 등의 추가 조항을 포함하고 있다.

2001년에는 영국과 아일랜드를 제외한 모든 EU 15개 국가가 셴겐 조약에 서명을 하고 이를 이행했다. 2010년까지 거의 모든 EU 신규 국가들이 (그리고 아이슬란드, 노르웨이, 스위스, 리히텐슈타인 등 모든 EFTA 국가들이) 해당 조약을 완전히 이행할 예정이다. 따라서 모든 국경에서의 검문 없는 이동은 EU 27개국 전체에 걸쳐 급속도로 현실화되고 있다.[8]

---

8 영국과 아일랜드는 셴겐의 예외국임에도 불구하고, 1922년 아일랜드의 독립 이후 그들의 유일한 경계 지대에서의 공식적 국경 통제는 없었다.

제3국 국적자들의 이주

경제적 이민자로서 제3국 국민들이 합법적으로 EU에 입국하는 것은 대부분 각국 회원국의 책임 하에 있다. 각 회원국의 입국 규제는 매우 다양하다. 고숙련 외국인 이민자들을 위한 입국정책이 국가마다 다양하다는 것은 여러 국가들의 입국정책에 공통점이 많이 없다는 것을 보여준다.

실제로 모든 EU 국가들은 고숙련 제3국 국적자들을 위한 자국 내부의 이주정책을 갖고 있다. 그중의 반 정도는 연구원, 예술가, 기업 간 파견자 등과 같은 전문 분야로, 이들을 구분하여 이주정책을 적용한다. 몇몇 국가들은 국가마다 상이하게 나타나는 최저월급제를 기준으로 하거나 학위나 경력과 같은 기술 수준 정도를 기준으로 하는 보다 광범위한 분류 체계를 적용한다. 그리고 어떤 국가들은 이 두 가지 방식 모두를 사용한다. 적어도 네 개의 회원국들은 고숙련 노동자들을 다양하게 분류하고 있으며 이들 각각의 분류별로 입국 및 체류 조건을 다르게 적용한다. 영국에서는 일자리 제공이나 고용계약서를 요구하지 않지만 영국을 제외한 기타 모든 국가들은 이를 요구한다. 어떤 국가에서는 고용주가 현지인을 찾을 수 없어 제3국 국민을 고용한다는 것을 입증해 보여야 하며 어떤 국가에서는 이러한 의무 요건이 전혀 없다. 또한 어떤 국가들은 고숙련 이민자들을 임시적으로 또는 적어도 초기에만 수용하며 어떤 국가에서는 영구고용한다.

그러나 이렇게 다양한 제도에도 한 가지 공통점이 존재한다. 그것은 바로 이러한 제도들은 매우 구속적이고 제한적이어서 이를 통해 유입되는 이주인구는 전체 이주인구의 극히 일부분에 지나지 않는다는 사실이다.

회원국들은 또한 제3국 이민자에 대한 신분 변화와 관련된 사항들을 비교적 자율적으로 결정할 수 있다. 특히 불법이민자들에 대한 규제와 임시 노동허가증 연장, 임시 노동허가에서 영구 노동허가로의 전환 등에 관한 정책수립도 각 회원국에서 담당한다. 그러나 이주노동자의 신분 전환과 관련된 EU 차원의 법도 존재한다. 그중 아마도 가장 중요한 조항은 합법이민자들이 해당 국가 내에서 5년 이상 체류할 경우 영주권을 받을 수 있다는 점이다.[9] 마지막으로 EU 국가들은 귀화정책에 관해서도 자체적인 정책을 수립한다.

하지만 이러한 이민자의 신분이 한 국가에서 이미 형성되었다면 어느 정도까지 다른 EU 국가로 이전될 수 있을까? EU 내의 이민자 신분의 변화에 대한 요약은 〈그림 8.1〉을 보면 알 수 있다.

셍겐 지역 내에서 불법이민자들은 한 국가에서 다른 국가로 쉽게 이주할 수 있지만 이주한 지역에서 역시 불법이민자의 신분으로 남게 된다. 이렇듯 예외적 의미에서 그들의 신분은 완전한 이전이 가능하다. 반면 합법적인 노동허가증을 갖고 있는 제3국 국적자들은 EU 내에서 노동허가를 이전하는 것이 일반적으로 불가능하다. 그들의 체류중과 노동허가증은 오직 발급된 국가 내에서만 유효하기 때문이다. 이 때문에 이들이 합법적 신분을 포기하고 다른 EU 국가에서 불법체류자 신분으로 일하고 싶어 하지 않는 한 이들의 EU 내 이동은 극히 제한적일 수밖에 없다.

그러나 이들은 합법적 체류 기간이 만료되는 시기에 불가피하게 이러한 선택을 해야 할 수도 있다. 그렇지만 본질적으로 이러한 시나리오

---

9 영국, 아일랜드, 덴마크는 이 규정에서 예외를 인정받았다.

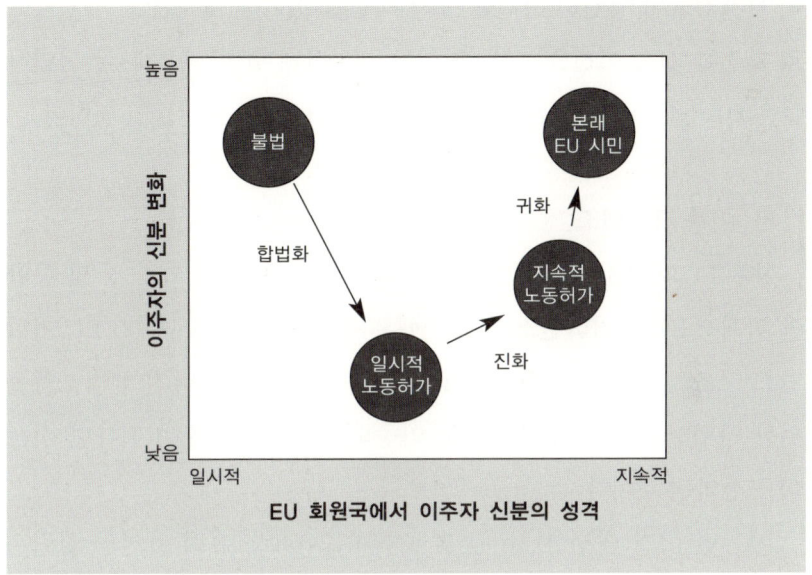

는 불법체류자들이 이미 셴겐 지역 내에서 신분 전환의 혜택을 받고 있다는 점을 볼 때 충분히 가능하다.

반면 영구 노동허가증을 지닌 제3국 국적자들을 위해 신분 전환과 관련된 중요한 제도적 기반이 마련되었다. 2003/109/EC 지침에 따르면 제3국 국적자들은 영주권을 획득했을 경우 EU 국가 내에서 자유롭게 이주할 수 있으며 신분 전환이 자유롭다. 그러나 이는 EU 신규 가입국의 노동자들에 대한 자유이동 규제가 완전히 풀리는 2014년이 지나서야 유효하다. 이에 대한 법적인 이유는 가령 2014년까지 이동의 규제를 받고 있는 루마니아의 EU 시민보다 제3국 국적자에게 더 많은 이동권을 주지 않기 위함이다. 2014년이 지나도 EU 회원국들은 노동시장의 불균형을 이유로 장기체류증을 소지한 제3국 노동자들의 이주를 계속 규제할 수 있다. 아마도 향후 수십 년간 이 분야에서 아직 미해결된 문제점들이 법원의 판결을 통해 해결될 것이라 예측된다. 마지막으로 완전한 신분 이전을 누릴 수 있는 유일하게 합법적인 제3국 이민자들은(EU 시민이 아닌 그들의 가족도 포함해서) 귀화한 EU 시민들일 것이다.

EU 이주 거버넌스

향후 EU의 제3국 국적자에 대한 다양한 이주정책들의 조정 및 통합을 위해서 EU의 거버넌스 구조는 매우 중요하다. 최근 수년간 EU 거버넌스 구조들은 크게 강화되었으며, 만약 교착상태에 빠진 헌법조약을 위한 타협안으로써 이주에 대한 가중다수결 투표가 유지된다면 이는 더욱 강화될 것이다.

1993년 이전 내부 사법(이주를 포함한) 분야에서 유럽 차원의 협력은 EU 집행위원회(European Commission) 및 조약과는 별개로 정부 간 차원에서 다루어졌다. 1993년 내부 사법정책 분야가 공식적으로 마스트리흐트 조약(Maastricht treaty)의 이른바 '세 번째 기둥'에 포함되어 실제로 계속적으로 정부 간 차원에서 다루어지게 되었다. 특히 세 번째 기둥의 미약한 체제 하에서의 이 분야 발전에 대한 불만족으로 1997년 암스테르담 조약(Amsterdam Treaty)은 국경 통제 및 이주정책을 일반적인 공동체 절차에 따른 의사결정 과정을 따르도록 했다(5년의 전환기 이후). 암스테르담 조약은 또한 셍겐 조약을 EU 체제 내로 통합시켰다. 그러나 아일랜드와 영국은 셍겐 조약을 선택적으로 채택할 수 있는 권한을 유지한 반면, 덴마크는 정부 간 협상을 기반으로 셍겐 조약에 지속적으로 참여하면서 암스테르담 조약의 대부분에서는 옵트아웃(opt out)했다.

1999년 유럽 정상회의는 암스테르담 조약 하의 초기 5년 동안 자유,

안보 및 사법 분야에서 현업 가이드라인을 제시하기 위해 핀란드 탐페레(Tampere)에 모였다. 탐페레 프로그램은 공동의 EU 이주정책 개발을 요구했다. 또한 EU 내에서 장기체류 중인 합법적 제3국 국적자들에게는 EU 국민들과 같은 이동권을 부여해야 한다고 주장했고, 이는 앞서 언급한 2003/109/EC 지침의 초석이 되었다.

2005년부터 2010년까지의 헤이그 프로그램은 여러 면에서 탐페레 프로그램의 연장으로서 2010년까지 공동이주정책의 수립을 목표로 하고 있다. 현 실행 프로그램의 일환으로 EU 집행위원회는 고숙련 노동자의 수용, 유급 훈련생 및 기업 간 파견자 등을 포함하는 이주정책 분야 5개 지침안을 제안하고자 한다.

아직 발효 전인 헌법조약에 따르면 니스 조약(Treaty of Nice)의 일환으로 일부분만 수정되었던 국경검문 및 이주정책에 대한 결정에 있어 만장일치적 요건은 가중다수결로 완전히 대체하는 것이었다. 더불어 EU 집행위원회는 이 분야에서 단일결정권을 부여받았다. 이러한 효율화되고 간소화된 정책 결정 절차로 인해 EU 이주정책의 조화와 조율은 수월해질 것이며 이는 헌법조약을 위한 적합한 종합부양책이 될 수 있을 것이다.

이주 통계 및 추세

이 부분에서는 EU 회원국들의 전반적인 이주 동향을 살펴본다. 그 후 이주 통계를 다양한 부류로 분류하고 각각의 중요도를 비교분석한다. 또한 EU의 주요 주변국들로부터 유입 가능한 이주에 대해 살펴보기로 한다.

EU 회원국들의 단순한 이주 유형

이주의 가장 중요한 정량적 측정 방법은 이민자들의 유입을 살펴보는 것이다. 이를 통해서 EU 회원국들의 이주 경험은 〈그림 8.2〉에서 보듯이 여섯 개 부류로 나뉠 수 있다. 이민자 인구가 높은 국가들은 (전체 인구의 10% 이상이 이주인구) 순 이주인력 유입에 따라 다시 세 가지 부류로 나뉜다. 역동적(dynamic) 이주국들(스페인, 아일랜드, 키프로스, 그리고 룩셈부르크)은 이민자 수가 급속히 늘고 있으며 연간 1,000명당 8명꼴로 증가하고 있다. 전통적(classical) 이주국들은(오스트리아, 벨기에, 스웨덴, 독일, 프랑스 및 네덜란드) 연간 1,000명당 2명꼴로 이민자가 증가하고 있다. 하지만 상속(legacy) 이주국들은(에스토니아, 라트비아) 구소련 시대에 대량의 이주 유입이 있었으나 현재는 그 증가 속도가 감소해 연간 1,000명당 1명꼴로 이민자를 받아들이고 있다.

EU 국가 중 이주인구가 전체 인구의 10% 미만인 국가들도 세 그룹으로 나눌 수 있다. 신흥(emerging) 이주국들은(포르투갈, 그리스, 몰타섬, 영국, 덴마크, 이탈리아) 연간 1,000명 중 3명의 (순)이민자가, 그리고 (루마니아, 불가리아, 리투아니아, 폴란드 등) 송출국(source country)들에서는 연간 1,000명 중 1명 정도가 이주한다. 그 외 EU 국가들에서는 뚜렷한 이주 유입이 일어나지 않고 있으며 외국 출생 인구가 전체의 10% 미만으로 대략 연간 1,000명당 1명 정도의 순 이주율을 보인다.

다음으로 우리는 파견국과 기술 수준별로 이주를 분류하고자 한다. 자료의 부족으로 우리는 해외 출생과 해외 시민 간 이주에 대한 정의를 확장하여 사용할 것이다. 귀화에 대한 다양한 접근과 본국으로 귀환하는 해외 출생 이민자 수의 차로 인한 격차는 상당히 크다. 또한 우리가 제시하는 통계는 근거 연도가 다양하기 때문에 최근 이민자가 급격하

386

<그림 8.2> 2005년 EU 27개국의 순수 이주 유입에 따른 이주제도 분류

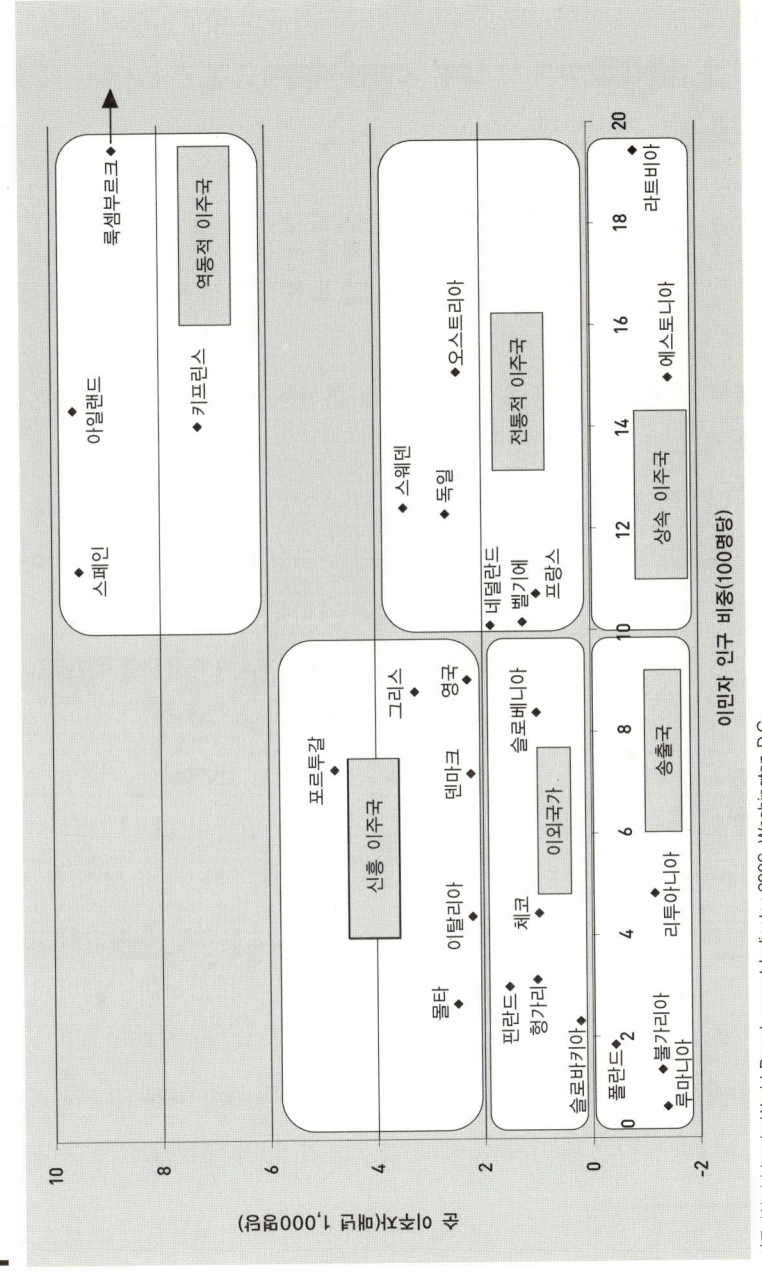

자료: World bank, World Development Indicator 2006, Washington D.C.
Belgian stock of foreign born – Institut National de Statistique(Registre National).

게 늘고 있는 신흥 또는 역동적 이주국가들의 이주인구와 관련하여 상당한 편차를 보일 수도 있다. 이러한 제약에도 불구하고 이주의 분류는 많은 점을 시사한다.

송출국에 따른 이주 분석

EU 15개국에서의 외국인 인구는 〈표 8.1〉에서 요약되듯이 EU 15개국 전체 인구의 6% 정도를 구성하고 있다. 이를 통해 우리는 송출 지역별로 외국 시민권자 수를 단순하게 분석해볼 수 있다. 대략적으로 EU 15개국 외국 시민권자의 3분의 1은 EU 27개국으로부터 온다.[10] 그 외 이민자의 3분의 1은 EU 주변국에서 유입되는데 여기에 포함되는 지역은 발칸반도, 터키, 지중해와 동유럽 부근의 EU 주변국 및 러시아가 있다. 나머지 3분의 1은 세계의 나머지 지역에서 온다.

이를 통해 우리는 예전부터 다양한 지역에서 EU 15개국으로 이주하는 경향이 있음을 알 수 있다. EU 27개국과 EU 주변국 각각은 인구가 약 5억 명에 미치지 못한다. 이들 지역이 EU 15개국에 거주하는 외국인 인구에 기여하는 비중이 상당하고 이 국민들이 EU 15개국에 이주하려는 경향도 상당히 크다. 대체적으로 이는 두 가지 원인에 기인한다. 일단 EU 역내 이주는 법적인 장벽이 없긴 하지만 생각만큼 높지 않으며 이는 특히 소득 차이가 미미하기 때문이기도 하다. 두 번째, 법적 통제가 있음에도 불구하고 EU 주변국으로부터의 이주비율은 상당하며 이는 특히 지리적인 근접성과 엄청난 소득 격차 때문이다.

EU를 제외한 나머지 전 세계 인구는 약 50억 명을 조금 웃돈다. 따라

---

10 역주: 27개 회원국으로 확대된 EU의 신규 회원국으로부터 과거 EU 15개 회원국으로의 이주를 의미한다.

〈표 8.1〉 **이민자 출생 지역별로 본 EU 15개국의 외국 시민권자(2005년 또는 이용 가능한 최근 연도)**

현지국가	EU 27개국	EU 15개국	NMS 12개국	(인접) 지역*	세계	총계
총 인구 중 해외 거주자가 차지하는 비율(%)						
오스트리아	2.6	1.6	1.1	5.6	1.2	9.4
벨기에	5.6	5.5	0.1	2.1	0.9	8.6
덴마크	1.3	1.1	0.2	1.2	2.5	4.9
핀란드	0.7	0.4	0.3	0.7	0.7	2.1
프랑스	2.0	1.9	0.1	2.2	0.9	5.1
독일	2.7	2.0	0.7	4.0	2.1	8.8
그리스	1.4	0.5	0.9	4.9	1.8	8.1
아일랜드	1.8	1.8	자료 없음	자료 없음	4.4	6.2
이탈리아	0.8	0.2	0.6	1.9	1.4	4.1
룩셈부르크	36.3	33.2	3.1	자료 없음	2.7	39.0
네덜란드	1.4	1.3	0.1	1.4	1.5	4.3
포르투갈	0.6	0.6	0.0	0.0	1.6	2.3
스페인	2.5	1.5	10	1.5	3.9	7.8
스웨덴	2.4	2.1	0.3	0.8	2.2	5.3
영국	1.8	1.6	0.2	0.2	3.1	5.0
EU15	2.0	1.6	0.5	2.1	2.1	6.2

* 발칸 국가들, 터키, 지중해와 동유럽의 EU 주변 국가들, 러시아.
자료: Eurostat, European Labour Force Survey 자료를 저자가 정리.

서 이들 지역에서 EU로 이주하려는 경향은 EU 주변국에서 이주하려는 성향의 10분의 1 정도에 불과하다. 이러한 수치를 통해 이주에서 거리가 매우 중요하다는 사실을 알 수 있을 것이다. 물론 EU 주변국과 EU 외 기타 지역 간의 구별은 계속해서 변하고 있다. 따라서 EU로의 이주 증가에는 두 가지 중요한 시나리오가 존재한다. 첫째, 주변국 국적자들의 EU로의 이주가 합법화되고 사실상의 장벽이 낮아지는 것이다. 두 번째는 현재 EU 밖의 기타 지역(rest of the world)에 속한 국가들이 유럽으로의 자국민 이주를 증가시켜 거의 우리 입장에서는 EU 주변국과 같아지는 것이다. 특히, 이는 사하라 이남 지역의 아프리카 국가들이나 중동에서 일어날 수 있다.

물론, 숙지해야 할 점은 EU 15개국으로의 이주에 관한 이와 같은 단순한 그림이 데이터를 국가 차원으로 세분함에 따른 회원국들 간의 다양한 상황에서 비롯된 결과라는 것이다. 예를 들어 영국의 외국인 집단 대부분은 EU 외의 기타 지역에서 이주해오며, 특히 과거의 식민지 관계였던 국가에서 온 이민자들이 많다. 독일에서는 이전 임시노동자 프로그램을 이유로 특히 EU 근접 주변국에서 오는 이민자의 수가 많다. 벨기에에서는 EU 15개국에서 온 외국 시민들이 거의 대부분인데 그 부분적인 이유는 브뤼셀이 유럽의 행정수도이기 때문이다.

이러한 통계치를 통해 잘 나타나지 않는 이주의 또 다른 중요한 단면은 바로 불법이민이다. 명백한 이유들로 정확한 통계 확보는 어렵지만 400~800만 불법체류자들이 현재 EU 27개국에 거주하고 있는 것으로 추정되며 연간 적어도 50만 명이 이주하는 것으로 나타났다.[11] 아래 근접성과 소득 차에 관한 부분에서 상세히 다루었듯이 EU 주변국들로부터 증가하는 이주 압력은 더 많은 불법이주와 체류를 초래할 것이라는 주장이 설득력 있어 보인다.

기술 수준에 따른 이주 분석

유럽의 주요 이주 국가들과 북미 및 오스트레일리아를 비교한 〈표

---

11 다양한 추정치에 관한 보다 심화된 논의는 듀벨(Duvell, 2006) 참조.

8.2〉에서 보듯이, 우리의 주장을 뒷받침해줄 수 있는 또 다른 자료는 기술 수준별로 이주 추세를 분석해보는 것이다. 이를 통해 우리는 오스트레일리아와 캐나다 같은 전형적인 이주 수용국가들에 유럽의 전통적인 이주 수용국가인 프랑스와 독일보다 더 많은 외국 태생의 이주인구가 있음을 알 수 있으며 또한 외국 태생의 고등교육을 받은 이민자가 훨씬 더 많음을 알 수 있다. 특기할 만한 점은 오스트레일리아와 캐나다의 경우 자국민의 기술이 더욱더 숙련되었지만 그럼에도 불구하고 프랑스와 독일보다 더 많은 고숙련 이주노동자들을 유치하고 있다는 점이다.

때로 유럽은 육체 노동인구는 부족한 반면 이미 고숙련된 현지인들은 충분히 보유하고 있어 고숙련 이민자를 유치하지 않는다는 주장도 있다. 하지만 오스트레일리아와 캐나다에서 요구하는 기술 수준의 정도가 유럽보다 실제로 그렇게 높은 것일까?

고숙련 이민자의 수가 이민정책에 크게 영향을 받는다는 것은 설득

〈표 8.2〉 이주와 기술 수준에 대한 국제적 비교

국가	인구 중 해외에서 태어난 비중 (%, 15세 이상)	고등교육 비중(%)		인구 중 고기술 해외 출생자 비중 (%, 15세 이상)
		현지인	외국 출생	
영국	8.3	20.1	34.8	2.9
프랑스	10.0	16.9	18.1	1.8
네덜란드	10.1	19.5	17.6	1.8
미국	12.3	26.9	25.9	3.2
독일	12.5	19.5	15.5	1.9
캐나다	19.3	31.5	38.0	7.3
오스트레일리아	23.0	38.6	42.9	9.9

자료: Dumont and Lemaître(2004).

력 있어 보인다. 오스트레일리아나 캐나다는 점수제(points system)를 통해 숙련된 이민자들의 유입을 장려함으로써 경제적 이주를 체계화한다. 반면 프랑스와 독일은 매우 제약적인 이주정책을 가지고 있어서 앞서 언급한 바와 같이 저숙련 이민자에 대한 편견을 보인다.

이러한 해석은 이주정책이 얼마 전부터 고숙련 이민자에게 매우 유리하게 돌아갔던 영국에 고숙련 이민자 비율이 많은 것을 통해 더욱 뒷받침된다. 더욱이 국제 언어인 영어가 영미권 국가들이 고숙련 이민자들을 유인하는 자산임은 분명하다. 하지만 명확하지 않은 점은 왜 프랑스와 독일이 이러한 불리한 조건에도 불구하고 영미권 국가들보다 고숙련 이민자를 유치하기 위한 노력을 하지 않느냐는 점이다.

최근 몇 년간 이민의 기술 조화와 정치적 어려움 간의 상관관계를 살펴보자. 〈표 8.2〉를 보면 독일, 네덜란드, 프랑스에서 고등교육을 받은 해외 출생 인구의 숫자가 특히 낮음을 알 수 있다. 이 국가들은 최근 몇 년간 이주에 대한 정치적 공방이 매우 뜨거웠던 국가들이다. 반면, 캐나다와 오스트레일리아에는 자국 전체 인구수에 비해 고숙련 및 저숙련 이주노동자가 별 정치적 어려움 없이 상당히 많이 유입되고 있다. 미국과 영국은 이 중간 단계의 예로 적합할 것이다. 이민자 기술 수준의 조화가 경제적인 혜택을 가져오고 더 나아가 수용국 내에서의 이주에 대한 정치적인 수용으로 이어진다는 점은 다음 부분에서도 살펴볼 이주의 영향에 관한 일반균형실험(general equilibrium simulation)을 통해 뒷받침된다.

역내 이주 및 확대

〈표 8.1〉에서 보듯 EU 역내 이주의 정도는 매우 미미하다. 그중 한 가

지 이유는 EU 내에 이주와 관련된 수많은 작은 법적 걸림돌이 존재하기 때문이다. 예를 들어 EU 회원국 간 사회보장 혜택의 권리가 이동 가능해지면, 그들 간 각기 다른 사회보장과 복지제도 때문에 자칫 복잡한 골칫거리가 발생할 수도 있다. 동시에 EU 15개국 내의 소득 격차가 매우 적기 때문에 EU 역내 이주가 활발하게 일어나지 않고 있다는 주장도 있다. EU 15개 국가와 신규 가입 국가 간의 경우에서처럼 EU 내 국가 간의 소득 격차가 심할수록 더 많은 이주가 발생함을 알 수 있다(〈표 8.3〉을 참조하라).

동유럽 신규 국가로부터 변화하는 역내 이민의 형태를 통해, 우리는 EU 전체에 걸친 전환기의 선택적인 적용과 특히 독일이 제한적인 방식을 취하고 있는 점이 인구이동의 상당 부분을 영국과 아일랜드로 우회시킨 것을 알 수 있다. 흥미로운 점은 여기에 북유럽 국가들은 해당되지 않는다는 것이다. 스웨덴이 비록 자국의 노동시장을 완전 개방했고 덴마크는 어느 정도 개방했지만 이 두 국가로의 순수 이주인력 유입은 약 6,000명 정도로 특히 EU 확대 이후 2년 동안 매우 미미한 수준이었다. 언어와 혹은 노동시장제도의 다양성이 동유럽에서 서유럽으로의 이주 흐름의 방향을 전환시키는 데 중요한 역할을 했을지도 모른다.

놀라운 점은 지난 수년 동안 불가리아와 루마니아는 2007년 전까지는 EU 회원국이 아니었음에도 불구하고 이들 국가에서 EU15로 많은 이주가 일어났다는 점이다. 스페인은 이들 국가와의 양자협정을 통해 2000~2005년까지 불가리아와 루마니아의 이주인력 36만 명을 받아들였다. 불가리아와 루마니아에서 온 외국인 거주자가 이탈리아에서도 많은 증가를 보였지만 스페인보다는 적었다. 이를 통해 우리는 이주 흐름의 전환을 볼 수 있다. 독일은 1990년대 초 동유럽 이주인력의 주요

<표 8.3> EU 15개국에 거주하는 8개 신규 회원국가 출신 거주자 수(2000~2006년)

(단위: 천 명)

현지국가	2000	2002	2003	2004	2005	2006
오스트리아[i]	60.4	44.6	41.0	53.7	80.5	78.9
벨기에[i]	9.3	12.2	9.5	15.6	25.6	59.9
덴마크[ii]	8.7	10.0	10.2	10.5	11.3	13.3
핀란드[iii]	12.9	14.8	15.8	16.5	18.3	17.8
프랑스[i]	37.8	44.9	35.1	43.0	46.8	29.6
독일[iv]	416.5	453.1	466.4	480.7	438.8[x]	481.7[x]
그리스[i]	13.8	14.9	16.4	15.2	20.6	20.1
아일랜드[v]	6.4	8.6	49.1	54.1	58.5	58.5
이탈리아[vi]	34.4	41.5	42.2	55.6	67.8	79.8
룩셈부르크[i]	1.1	1.2	1.1	1.1	0.7	0.7
네덜란드[vii]	9.4	11.2	12.2	13.1	17.9	23.2
포르투갈[viii]	0.4	0.7	0.6	0.7	0.8	0.3
스페인[i]	10.6	30.0	41.5	46.7	61.8	74.3
스웨덴[ix]	23.0	22.9	21.4	21.1	23.3	26.9
영국[x]	52.7	62.0	78.6	81.4	180.8	328.6
EU 15	697.3	772.3	841.1	909.0	1,053.4	1,293.5

주: i) Eurostat Labour Force Survey 2006. ii) Statistics Denmark (population statistics). iii) Statistics Finland (population statistics), 2006: Eurostat LFS. iv) Statistisches Bundesamt (population statistics), all data refer to 12/31 of previous year. 2006 and 2005 not comparable to previous years due to data revision. v) 2002: population census; 2005: LFS, other values estimated. vi) 2004~2006: ISTAT (population statistics); 2000~2003: Council of Europe, recent demographic developments in Europe. vii) Statistics Netherlands (population statistics). viii) 2000~2002: Eurostat Labour Force Survey; 2003~2006: estimates and extrapolations. ix) Statistics Sweden (population statistics), 31.12. x) Eurostat Labour Force Survey 2006; national LFS data report for 2005 240,000 and for 2006 365,000 citizens from the NMS-8. Statistical break (data revision).
자료: National population statistics and Eurostat Labour Force Survey 2006.

목적지였지만 지난 10년간 독일에 온 동유럽 이주인력은 26만 명에서 13만 명으로 감소했다.

이러한 이주 흐름의 전환은 결과적으로 두 가지 정책 결정에 영향을 미쳤다. 첫째, 신규 8개국의 이주인력에 자국의 노동시장을 개방했던 국가들도 2007년 EU에 가입하는 루마니아와 불가리아에까지 역내 자유이동권을 확대하는 것은 꺼렸다. 동유럽 국가로부터 많은 이주인력의 유입을 우려한 아일랜드와 영국은 아예 이들 국가에 대해 문을 닫아 버렸다. 둘째, 몇몇 EU 15개국에서는 2006년 5월 초기 2년 동안의 과도기적 협약(transitional arrangement)의 유효기간이 만료되면[12] 신규 8개국의 노동자들에게 자국의 노동시장을 개방하기로 결정했다. 이러한 정책의 근본적인 이유는 후발 주자들(예를 들어 앞선 국가들을 따라 노동시장을 개방하는 국가)이 상대적으로 적은 수의 이민자만을 받아들이기 때문이다. 역내 이주 패턴이 상대적으로 오랫동안 안정적이었음을 감안할 때 (부분적으로는 네트워크 효과, 언어장벽 등으로 인해) 이러한 예측은 충분히 현실적이다.

비록 2014년까지 전체 EU 27개국에서 완전한 노동인력의 이동을 가능케 하기 위한 주요 의사결정들이 내려졌지만 최근에 있었던 EU 확대는 역사적 의미 그 이상을 지닌다. 이는 이주정책 조정의 실패를 단적으로 보여준다. 그나마 고학력의 문화적으로 유사한 동유럽 신규 8개국으로부터의 이주가 이와 같이 논란의 대상이 된다면 EU에 근접한 빈국들로부터 유입되는 이주인력에 대한 논란은 더욱더 뜨거울 것이다.

---

[12] 핀란드, 그리스, 이탈리아, 포르투갈 및 스페인은 노동시장의 완전 개방을 이루었지만, 그 외 몇몇 국가들은 쿼터 증가와 부문별 장벽 제거를 이루었다(벨기에, 룩셈부르크, 네덜란드).

동-서 이주에 대한 잠재적 예측은 틀린 것이었나?

신규 8개 회원국으로부터 영국과 아일랜드로 이주하는 인력이 너무 많아 EU 확대 전 예상했던 이주인력의 규모가 과소평가되었던 것이 아니냐는 논란이 일고 있다. 당시 예측치는 설명변수로 1960년 및 1970년대 유럽에서 일어난 남-북 이주에 대한 외삽법에 근거했으며 신규 회원국의 여론조사 및 설문 또는 계량경제학적인 예측치, 그중에서도 국가 간 소득 수준의 차이와 노동시장 조건에 근거했다. 자유 이동권이 모든 EU 회원국에 동시에 적용될 것이라는 반사실적 가정 하에, 이들 연구의 대부분은 장기적으로 신규 8개국으로부터의 이주는 전체 인구의 3~5%가 될 것이라고 예측했으며 단기적으로 연간 300,000~400,000명의 이주인력 유입이 있을 것이라 예측했다(Boeri and Brücker, 2001; Alvarez-Plata et al., 2003; Krieger, 2003; Layard et al., 1992; Bauer and Zimmermann, 1999). 물론 더 높거나(Sinn et al., 2001) 혹은 낮은 통계 예측(Fertig, 2001; Fertig and Schmidt, 2001; Dustmann et al., 2003)을 나타내는 자료들도 존재한다.[*]

따라서 비록 동유럽으로의 확대 이후 초기 2년 동안에는 통계 예측의 옳고 그름을 확인할 상황이 못 되었지만 확대된 역내에서의 동-서 이주인력 규모는 예측된 이주 규모와 비슷하게 떨어진다. 그러나 영국과 아일랜드에 거주하는 외국인 수의 순수증가는 확대 이

---

[*] 이러한 연구의 상세한 평가와 다양한 추정 기술에 대한 실행 테스트는 브뤼커와 실리베르스토프(Brücker and Siliverstovs, 2006) 참조.

전에 이미 예측치를 훨씬 넘었다(연간 10,000~20,000명. Dustmann et al., 2003; Alvarez-Plata et al., 2003). 이러한 예측치들은 EU 회원국들이 동시에 그들의 노동시장을 개방한다는 반사실적인 가설을 기반으로 하고 있다는 점 또한 특기할 만하다. 이와 같은 반사실적 가정 하에서 예측된 것보다 확대 이전에 이미 다른 국가들에 앞서 노동시장을 개방한 국가들이 더 큰 이주 유인을 가질 것이라는 점은 이미 예상되었다(예를 들면 Alvarez-Plata et al., 2003 참조). 그러나 역사적으로 선례를 찾을 수 없을 뿐만 아니라 심지어 오늘날에도 이러한 이주 규모를 정량화하는 것은 거의 불가능하기 때문에 이러한 이민 흐름의 전환 효과에 대한 정량적(quantitative) 예측은 전무했다. 총체적으로 볼 때 아직도 신규 회원국으로부터의 이주인력의 규모를 예측하는 데 있어 여러 불확실성이 존재한다.

이주의 주 원인인 근접성 및 소득 차이

EU 주변의 빈국들에서 근접성 때문에 이주하는 것은 대량의 멕시코인들이 미국으로 이주하는 것과 비교될 수 있는데 이는 향후 EU에 매우 중요한 이슈가 될 것이다. 현재 미국에는 1,200만 명의 멕시코 이민자들이 거주하고 있으며 이중 60%는 불법체류자들이다. 연간 40만 명이 넘는 멕시코인들이 미국으로 불법이주를 하는 것으로 추정되고 있다. 이러한 양상의 두 가지 주요 원인으로는 지리적 근접성과, 멕시코와 미국의 현저한 소득 차이를 들 수 있다. 위에서 살펴본 바와 같이 EU에는 약 400~800만의 불법이주 노동자가 거주하며 연간 50만 명이 EU로 유

〈그림 8.3〉 EU15 및 미국의 주변국과의 소득 격차

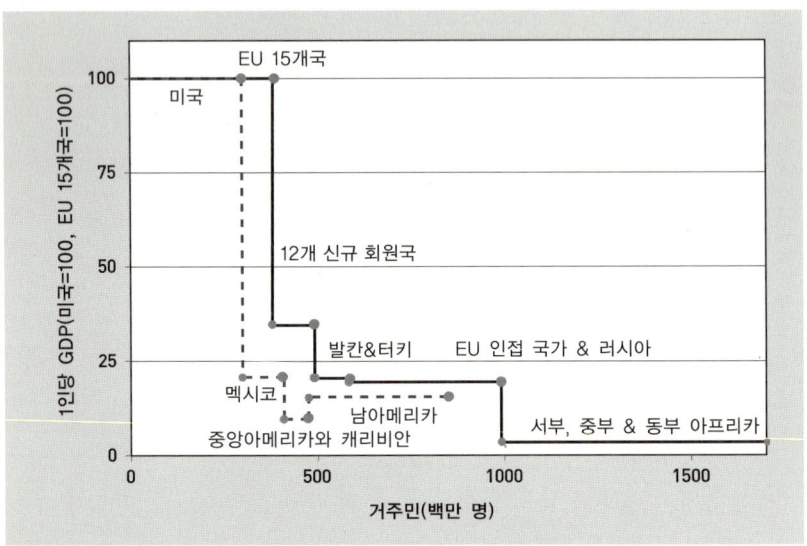

주: 현재 환율과 구매력평가지수의 비가중평균이 1인당 GDP 비교를 위해 사용됨.
자료: IMF 2005.

입되고 있다.

　미국-멕시코 상황과의 유사점 분석을 위해 〈그림 8.3〉을 살펴볼 필요가 있다. 이 표는 EU 15개국과 그 주변국, 그리고 미국과 그 주변국간의 소득 차이를 도표화한 것으로서 현재 환율과 구매력평가지수의 평균으로 계산된 종합적 변환율(Synthetic Conversion Rate)을 사용하여 비교했다. 이러한 생소한 변환율이 사용된 이유는 이주 결정이 부분적으로 구매력평가지수를 비교하여 이루어지는 경우가 있으며 부분적으로는 송금이나 해외에서 저축한 돈을 본국으로 가져오는 등 환율을 비교함으로써 선택되기 때문이다.

　〈그림 8.3〉을 보면 미국과 멕시코의 소득 격차가 엄청나다는 것을 알 수 있다. 이는 EU 15개국과 2004년 및 2007년 EU에 새로 가입한

12개 회원국과의 차이보다도 훨씬 더 크다.

그러나 미국-멕시코의 대략 5인자(a factor of five)의 격차는 EU 15개국과 지중해 및 동유럽의 EU 가입 및 주변국의 격차와 비슷하다. 하지만 멕시코는 인구가 1억 명밖에 되지 않으며 이는 미국 인구의 3분의 1 정도에 불과하다. 반면 EU 가입 국가, 주변국, 러시아를 다 합치면 인구가 5억 명이 된다. 이는 EU 27개국 전체 인구에 상응한다. 이런 측면에서 볼 때 EU 주변국으로부터의 이주는 EU에서 멕시코가 미국에 주는 도전 과제의 세 배에 달한다고 할 수 있다. 더 나아가 미국과 중남미, 그리고 EU 15개국과 서부·중앙·동부 아프리카를 비교해볼 때 EU로의 이주 가능성은 상대적으로 더 높아 보인다.

그러나 〈그림 8.3〉은 미국과 멕시코의 예와 같이 실제로 국경을 공유할 때 이주의 압력이 더 증가하는 주요 효과에 대해서는 보여주지 못한다. 하지만 이와 관련해서도 EU 역내에서는 이주에 대한 노출 정도는 각기 다르다. 특히, 이웃 국가인 스페인과 모로코 사이의 이주 노출도는 매우 높다. 하지만 EU 내의 몇몇 다른 국가들은 이웃 국가와의 소득 격차가 미미한 곳도 많다. 〈표 8.4〉는 EU 27개국의 이주 노출에 대한 분류를 보여준다. 이는 근접한 가장 빈곤한 국가와의 소득 격차와 1인당 GDP를 바탕으로 분석되었다.

영국과 덴마크는 소득 수준이 높지만 가난한 국가와 근접하지 않기 때문에 이들 국가는 이민 노출도가 낮은 국가(less exposed immigration countries)로 분류될 수 있다. 이들 국가가 부국이라 이민자들의 관심을 끌 수 있겠지만 주변국으로부터 오는 이주에 대한 압력을 크게 느끼지는 못한다. 스페인, 핀란드, 독일은 높은 GDP를 자랑하지만 상대적으로 가난한 인접국들로 둘러싸인 경우라 이민 노출도가 높은 국가들이다. 오스트리아와 독일이 신규 EU 회원국 시민들에게 노동시장 개방을 꺼리는 것은 이렇듯 이민 노출에 대한 두려움 때문이다. 그러나 영국과 아일랜드의 이주 흐름 전환의 경험에 비추어볼 때 방패로 자국을 보호하는 국가들도 만약 이민 노출도가 높은 국가들이 이주인력 수용을 거부할 경우 많은 이민자를 떠안을 가능성도 있다. 이러한 상황은 EU 지역 내에서의 항공료가 매우 저렴하기 때문에 충분히 가능한 시나리오다.

그 다음 살펴볼 사례는 폴란드나 루마니아 등의 가난한 국가들이 우크라이나와 몰도바처럼 더 빈곤한 국가와 국경을 두고 있는 경우다. 이 국가들은 앞으로 이주를 하거나 이주인력을 수용해야 할 국가들로서 이주의 두 가지 유형을 동시에 모두 감당해야 할 것이다. 이 국가들은 아마도 인기 있는 경유국이 될 것이다. 마지막으로 평균소득에 미달하지만 아예 주변에 빈국이 없는 국가들이 존재한다. 이들 국가에서 이주 압력을 예측하는 것은 보다 어렵다.

〈그림 8.4〉를 보면 EU 내에서 주변국들과의 소득 격차가 심한 경우는 이미 EU에서 예외로 간주되고 있으며(사각형으로 표기됨) 주로 독일과 오스트리아가 그렇다. 반면 EU 외부 국가와의 소득 격차가 큰 경우도 (다이아몬드로 표기됨) 많다. 이를 통해서 우리는 제3국 국적자들을 위한 공동이주정책의 수립이 중요함을 알 수 있다. 향후의 주요 이주 흐름은 이 부분에 집중될 것이며 제3국 국적자들의 이주는 신규 회원국 국민들의 이주인구를 능가할 것이다. 만약 적절한 대응이 이루어지지 않는다면 이러한 이주 압력은 대규모 불법이주인력의 유입으로 이어질 수 있으며 수용국 국민들의 이주인력에 대한 적대심을 증가시킬 수 있다. 이 불법이민자들 때문에 셍겐 지역에서도 정책을 조정하고 통일해야

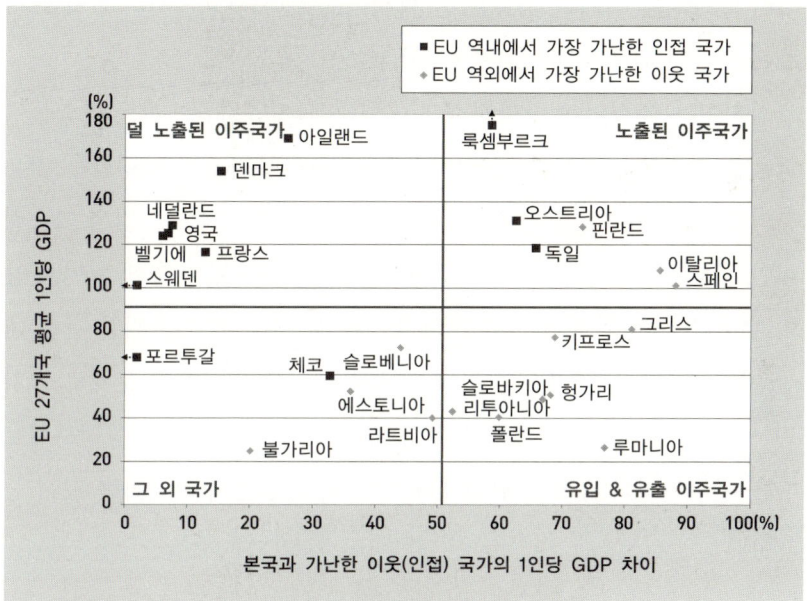

주: 1. 현재 환율과 구매력평가지수의 비가중평균이 1인당 GDP 비교를 위해 사용됨.
　　 2. 해상 100킬로미터 미만의 거리에 있는 지역을 주변국으로 다룸.
자료: IMF 2005.

하는 필요성이 더욱 증대될 것이다.

　요약하자면 EU에 있어 중요한 이주의 동력은 근접성과 소득 격차가 확실한 듯하다. 이러한 요인들은 향후 유럽에서 인구변화보다 더 중요한 사안이며 실제로 매우 중요한 요인으로 자주 언급되기도 한다. 계량경제적 조사를 통해 살펴보면 베이비붐 세대의 출현은 다양한 연령대의 임금 수준에 어느 정도의 영향을 미쳤지만[13] 이는 전 세계의 소득 격차와 비교해볼 때 매우 미미한 수준이었다. 따라서 우리는 베이비버스

---

13 Macunovich(1998) 참조.

트(Baby Bust) 현상도 당연히 임금에 영향을 줄 것이라 예측했다. 그러나 다시 말하지만 이러한 영향은 전 세계적으로 나타나는 기존의 임금 격차에 비하면 매우 미미한 수준이다.

심지어는 유럽의 인구학적 위기(노령화)가 이민자들에게는 방해물로 작용할 수 있다. 유럽의 여러 지방에서 이미 목격했듯 노령화는 젊은 층의 도시로의 이탈을 가속화시키고 있다. 그리고 적어도 젊은 고숙련 이민자들에게 개혁도 되지 않은 연금제도를 통해 젊은 층에 노인 부양의 부담을 더 부과하려는 유럽 국가들은 더 이상 이주를 위한 관심 대상 지역이 아닐 수 있다. 이런 측면에서 유럽은 인구학적 문제로 야기된 시급한 개혁들을 회피하기 위한 수단으로 이주 유입을 장려하기보다는 이주인력의 유치를 위해 인구학적 위기를 먼저 타개하는 것이 중요하다.

승자와 패자: 이주 영향의 시뮬레이션

이주정책은 이주의 실제적이고 예측된 득과 실을 바탕으로 정해진다. 이는 특히 이민자의 인적 자본 자질의 영향을 받는다. 이 부분에서는 기술 수준별 이주의 경제적 혜택과 비용에 대해 두 단계로 살펴본다. 첫째, 우리는 이 문제와 관련된 기본적인 개념적 근간을 제시한다. 둘째, 우리는 간단한 일반균형모델을 사용하여 수용국, 송출국, 그리고 이민자 자신에게 이주가 미치는 경제적 영향을 시뮬레이션해본다. 특히 EU 국가 간의 제도적 차이가 어떻게 이주에 관한 이질적 선호(heterogeneous preference)로 이어질 수 있는지를 살펴본다.

기술 유형별 이주 영향 분석

이주가 미치는 영향을 분석하기 위해서는 세 가지 입장, 즉 수용국, 송출국, 그리고 이민자 자신의 측면으로 구분해 살펴볼 필요가 있다.

수용국 측면

전형적으로 이주는 수용국의 경제적 생산(economic output)을 증가시킨다. 따라서 이주는 GDP 성장의 원인으로 작용한다. 그러나 이렇게 증가된 생산의 일부분만이 현지 노동자나 현지 기업주들에게 돌아갈 뿐이다. 증가된 경제적 생산의 대부분은 이민자 자신에게 돌아간다. 또 다른 일부분은 현지 자본을 소유하고 있는 외국인 기업주에게 돌아갈 것이다. 이것을 모두 제외한 나머지만이 현지 노동자나 현지 자본가들에게 돌아가는 것이다. 이주는 수용국의 비슷한 기술 수준을 지닌 현지 노동자들에게는 임금 및 고용 측면에서 부정적인 영향을 미칠 가능성이 높다. 반면, 만약 현지 노동자의 숙련기술이 이주노동자의 기술과 전혀 다르거나 상호 보완적인 성격을 띤다면 그 영향은 오히려 긍정적일 것이다.

기존의 경험적 연구를 보면 이민이 임금 및 고용에 미치는 영향은 비교적 미미하며 많은 연구에서 전혀 영향을 미치지 않는다고 밝히고 있다(Longhi et al., 2005, 2006). 보르하스(Borjas, 2003)는 전체 인구 1%의 이주인력 유입은 노동시장의 관점에서 이민자와 현지 노동자가 같을 때 현지 노동자들의 임금을 0.3%에서 0.4%로 낮춘다고 주장했다. 하지만 노동시장 관점에서 이주노동자와 현지 노동자가 동등하다는 것은 과연 어떤 시점을 의미하는 것일까? 이 문제에 대한 해답을 찾기 위해 오타비아노(Ottaviano)와 페리(Peri, 2006)는 노동시장에서 저숙련 노동자 그룹일 경우에만 현지 노동자와 이주노동자를 유사 대체노동인력으로 간주한다는 점을 찾아냈다. 그에 반해 노동시장에서의 중간 또는 고숙련 노동자와 현지인들의 기술은 대체적으로 다르기 때문에 서로의 고용과 임금에 거의 타격을 주지 않는다고 한다. 다시 말해 고숙련 이주가 임금 및 고용에 미치는 영향은 상대적으로 문제가 덜 된다는 것이다. 그러나 경험적 연구가 저숙련 이민과 관련된 소득 분배에 대한 우려를 완전히 잠식시키지는 못했다. 저숙련 이주인력을 위한 유럽의 노동시장이 고숙련 이주인력을 위한 시장보다 일반적으로 유연성이 떨어지기 때문에 저숙련 인력 이주민의 부정적인 영향이 더 심화될 수 있는 것이다.

　부유한 수용국의 재정 및 사회 정책은 부유층에서 서민층으로, 경제적 활동 인구에서 비활동 인구와 특히 연금 수령자들에게로 소득 재분배를 하려는 경향을 보인다. 따라서 고숙련 이주인력이 재정에 미치는 영향은 저숙련 이주인력보다 현저히 긍정적으로 나타난다. 하지만 이민자들은 대부분 이주할 때 젊은 성인층이 주를 이루기 때문에 비교적 저숙련의 이민자라 하더라도 순수 재정적 영향 측면에서 볼 때는 긍정적으로 작용할 수 있다. 예를 들어 보닌(Bonin, 2002)의 연구를 보면 평균적으로 이민자는 일생에 걸쳐 독일의 재정에 긍정적인 영향을 미친 것으로 나타났다. 그러나 루덴버그 외(Roodenburg et al., 2003)의 네덜란드에 대한 유사한 연구에서는 이주가 공공재정에 부정적인 영향을 미친 것으로 드러났다. 전반적으로 유럽이 거대한 복지국가임을 생각해볼 때 유럽이 미국보다 저숙련 이주인력 대량 유입에 있어서 재정적으로 더 취약할 것이라 예측할 수 있다. 이는 궁극적으로 미국에 비해 유럽이 저숙련 이주인력에 국경을 덜 개방하게 만들 수도 있다.

궁극적으로 수용국의 임금, 고용 및 공공재정에 이주가 미치는 영향은 저숙련 이주인력의 경우에는 불명확한 반면, 고숙련 이주인력의 경우에는 긍정적이라 할 수 있다.

송출국 측면

생산 요인이 해외로 빠져나간다는 관점에서 보면 이주는 송출국의 경제적 생산의 감소를 가져올 것이다. 그런 면에서 국외이주는 송출국의 GDP 성장을 감소시킬 수 있다. 그러나 이렇게 감소한 경제적 생산은 이민자들이 해외에서 벌어들인 돈을 본국으로 보내오는 송금으로 충당되거나 또한 일부는 현지 또는 외국 자본가들에 의해 충당될 수 있다.

저숙련 노동자의 이민 또는 육체노동자의 국외 유출로 송출국에 저숙련 노동자들이 더 귀해지면서 송출국 내 저숙련 노동자의 임금과 고용을 증가시키는 경향이 있다. 반면, 고숙련 인력의 수는 상대적으로 증가하기 때문에 그들의 임금은 더 감소할 것이다. 이 모든 것을 종합해볼 때 얻을 수 있는 효과는 불균형의 감소다. 고숙련 인력의 이민 또는 '두뇌 유출'은 고숙련 노동자의 임금을 높이고 저숙련 노동자의 임금을 감소시키면서 송출국의 불균형을 증가시킨다. 임금 불균형은 바람직하지 않다는 점에서 볼 때 어느 선까지는 고숙련 인력의 국외이주보다 저숙련 노동인력의 국외이주가 필요한 것으로 판단된다. 더욱이 두뇌 유출은 송출국의 혁신 잠재력을 앗아가기 때문에 송출국 경제의 성장 잠재력에 부정적인 영향을 미친다.

그러나 두뇌 유출이 송출국에 완전히 부정적인 것만은 아니다. 국외이주는 교육 면에서 많은 혜택을 얻을 수 있으며 그로써 사교육 혜택을 높이는 계기가 된다. 또한 만약 이민자들이 본국으로 돌아오게 되면 그들이 해외에서 축적한 지식과 저축은 송출국의 발전에 큰 원동력이 될 수 있다. 따라서 적당한 선의 두뇌 유출은 바이네 외(Beine et al., 2003)가 주장했듯이 송출국에 혜택을 가져다줄 수 있다.

마지막으로 송출국에서의 현지인과 이민자 사이의 개인적인 네트워킹을 생각해볼 수 있다. 이민자들은 본국에 있는 가족에 대한 이타적 감정에 상당한 규모의 송금을 보내서 그들을 돕고자 한다(이 규모는 개발 원조 금액을 훨씬 웃돈다). 하지만 이타주의(배려)라는 것은 다른 방향에서 발현될 수도 있다. 빈국의 많은 부모들은 그들이 돈을 전혀 송금 받지 못하더라도 그 자녀들이 해외에서 더 나은 삶을 살길 바랄 것이다. 이런 부분은 자주 간과되는 면이 있는데 이는 실제로 시사하는 바가 크다. 이와 같은 이타적인 이유들로 많은 송출국들이 고숙련 국외이민자들에게 그들의 교육지원금에 대해 다시 환원을 요구하거나 국외이주에 대한 재정적인 통제를 가하려고 하지 않는 것이다.

이민자의 측면

이민자들은 이주를 통해 더 나은 삶을 살고자 이주를 결심한다. 기대치가 과장되었거나 순전히 운이 좋지 않아서 실망을 하는 사람들도 있지만 대부분의 이민자들은 이주 과정에서 승자라고 여길 수 있다.

〈그림 8.5〉에서는 지금까지의 주장에 대한 요약을 보여주고 있다. 수용국 입장에서 고숙련 이민자들은 표의 '+'가 보여주듯 수용국 현지인들에게 긍정적인 영향을 미칠 것이다. 하지만 같은 경우 저숙련 이민자들의 경우에는 표의 '?'가 보여주듯 불명확하다. 그에 반해 저숙련 이민자들의 국외이주는 표의 '+'가 보여주듯 송출국의 현지인들에게

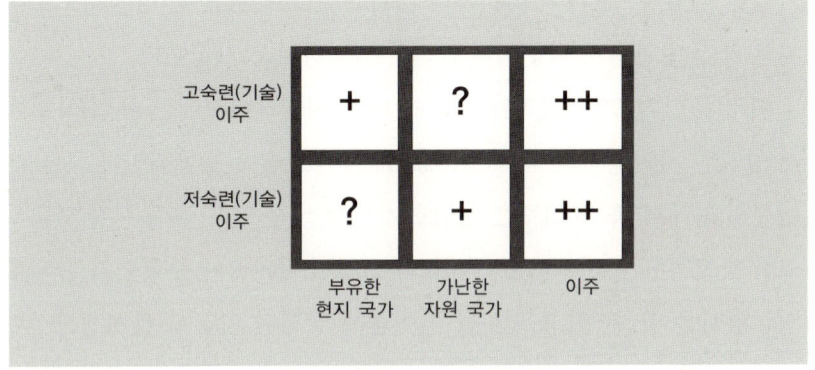

긍정적인 영향을 미치는 반면 고숙련 이민자들의 국외이주가 송출국에 미치는 영향은 '?'가 보여주듯 애매모호하다. 마지막으로 그림의 '++'가 보여주듯, 저숙련과 고숙련 이주노동자 모두 이주로부터의 잠재적 승자가 될 수 있다.

이주 효과 시뮬레이션

지금까지는 이 장의 기본 골자에 대해 설명했다. 여기서는 이주가 수용국 및 송출국의 경제적 생산, 임금, 고용 및 공공 재정에 미치는 영향을 시뮬레이션해보기로 한다. 이를 위해 보에리와 브뤼커(Boeri and Brücker, 2005)[14]의 연구를 바탕으로 한 일반균형모델(general equilibrium model)이 사용되었다. 각 국가는(하나의 수용국 및 하나의 송출국) 숙련노동자, 비숙련노동자, 그리고 물리적 자본을 활용해 고정대체탄력성(CES) 생산함수를 바탕으로 재화를 생산한다. 실험의 틀은 비교정태분석

---

14 유사한 모형으로는 러바인(Levine, 1999), 바우어와 치머만(Bauer and Zimmermann, 1977) 참조.

(comparative static)이다. 그러나 우리는 자본 조정과 관련하여 두 가지 가정을 세웠다. 단기적으로 물리적 자본이 고정된 반면 장기적으로는 자본 조정이 완벽히 이루어져 금리가 일정하다고 가정했다.

여러 문헌적 연구 결과와는 달리 이번 시뮬레이션에는 유럽 차원에서 중요한 사안인 임금 경직성(wage rigidity) 모델이 포함되었다. 시뮬레이션의 틀에서 볼 때 이주는 실업으로 이어질 수 있다. 노동시장 모듈은 교섭권 모형(right to manage model), 즉 노동조합과 고용주협회가 단체로 임금협상을 할 수 있고 회사들이 이렇게 결정된 임금이 한계생산성과 일치할 때까지 노동자를 고용하는 모델을 바탕으로 한다. 임금협상에 있어서 노사 측은 이를 잘 알고 있다. 이러한 맥락에서 이주의 유입과 유출이 비록 불균형적일지라도 임금은 맞춰 조정되어간다. 결론적으로 이주는 동일한 기술 수준의 이민자들에게는 감소하는 임금, 늘어나는 실업의 형태로 작용한다. 임금과 실업률 간 준탄력성(semi- elasticity)은 기존의 경험적 연구에서 가져왔다(Blanchflower and Oswald, 1995 참조).

편의를 위해 우리는 각각의 노동 공급이 일정하다고 가정한다. 여러 문헌적 연구를 바탕으로 우리는 동일한 기술 수준의 현지인 및 외국인 노동자를 완벽한 상호 대체인력이라고 가정했다. 또 다른 가정, 특히 동일한 기술 수준의 이주노동자는 현지 노동자의 완전한 대체(심지어는 그냥 보완자)가 될 수 없다는 가정은 이주가 현지인의 고용 및 임금에 미치는 영향을 완화할 수도 있다(Ottaviano and Peri, 2006). 이런 맥락에서 이민의 실제적인 영향은 수용국의 현지인들에게 유리하게 작용할 수 있다.

우리의 모델은 저숙련 노동자의 실업률이 고숙련 노동자의 실업률보다 높다고 가정한다. 결과적으로 고숙련 인력에 대해서는 실업률 계산에서 더 탄력적인 임금률이 사용되었다. 게다가 이 모델에서는 같은 노동 부문에 종사하는 이주노동자의 실업 위험이 현지 노동자보다 두 배가 높다고 가정한다. 이는 현재 EU 15개국 평균 상황과 일치한다.

또한 우리의 모델은 실업 혜택 및 급여가 존재한다는 가정 하에 이주가 복지국가에 미치는 영향을 측정한다. 실업수당은 저숙련 및 고숙련 노동자에게 같은 비율의 비례세율(proportional tax)을 부과함으로써 그 재정을 충원한다. 우선 우리는 수용국에서 실업자의 순수 대체율이 60%라고 가정하고, 송출국은 30%라고 가정한다. 이는 EU 내 국가와 대표적인 송출국들의 평균 비율과 대부분 일치한다.

이러한 모델의 변수는 EU 15개국의 경제 상황과 터키, 발칸반도 국가들, 북아프리카 및 동유럽 등 유럽 이주인력의 송출국 평균을 조합하여 선정되었다. 연구 모델의 변수와 기술적인 세부 사항은 브뤼커 및 폰 바이츠제커(von Weizsäcker, 2007)의 연구에 잘 나타나 있다.

종합적으로 반(半)경직성 노동시장을 가정할 때 이주는 현지인의 소득에 세 가지 방법으로 영향을 미칠 수 있다. 첫째는 세전 임금과 금리 변환에 의해, 둘째는 실업 위험의 변화에 의해, 셋째는 실업수당 조성을 위한 조세비율의 변동에 의해서다.

스킬믹스(skill-mix)에 의한 이주 영향 시뮬레이션

이 모델을 사용하여 우리는 수용국 및 송출국 전체 인구의 1%에 이주가 미치는 영향에 대해 살펴볼 것이다. 벤치마킹 대상으로 유연성 있는 노동시장과 고정자본을 갖는 교과서적인 예를 선정했다. 이 경우에서 수용국 및 송출국의 총 GDP가 0.33% 정도 증가했다. 하지만 여기에는 소득 분배와 관련된 중요한 사실이 있다. 수용국의 자본지주들의 소득이 0.3% 이상 증가한 반면 송출국은 0.46%까지 감소한 것이다. 이주 후 블루칼라 노동자의 순이익은 수용국가에서는 0.1~0.9% 감소했으며, 이민자 스킬믹스의 조화가 낮은 경우에 그 감소는 더 심했다. 화이트칼라 사무직에 미치는 영향은 고숙련 현지인들의 저숙련 이민자들에 대한 선호에 따라 긍정적 또는 부정적이 될 수도 있다. 노동 측면에서 보면 송출국에 가는 혜택이 더 많다. 하지만 가장 큰 승자는 바로 이민자 자신들이다. 이들의 소득은 230~300% 정도 증가한 것으로 나타났다(첨부된 〈표 8. A〉 참조).

다음으로 우리는 임금 경직성(wage ridigities)의 상황을 고려해본다. 이 경우, 전체 인구의 이민자가 1%가 되면 수용국의 실업률이 0.1~0.2%포인트 정도 증가한다. 동시에 송출국에서의 실업률은 0.1~0.25%포인트 감소한다. 초반에 송출국이 수용국보다 실업률이 높다고 가정했기에 역내 전체 실업률은 감소하기 마련이다. 총 GDP 증가는 일단 노동이민자의 일부분이 경제적인 활동을 하지 않고 있기 때문에 유연적인 노동시장보다는 다소 미미하다. 이러한 임금 경직성이 존재하면 수용국 현지인들은 그들 총소득의 0.05~0.08% 감소를 경험한다. 반면, 송출국 현지인들의 소득은 증가한다. 다양한 노동 유형 간의 이익과 손실의 규모와 분배는 이주인구의 기술 수준의 조화(skill mix)에 달려 있다.

고정된 물리적 자본이라는 가정은 예측하지 못한 이주 쇼크가 발생했을 때 단기적인 이주의 조정을 설명하기에 적합할 것이다. 이주의 장기적인 영향은 예를 들어 만약 자본이 국제적 자본의 이동이나 내수 자본 축적으로 조정될 때보다 유익하다. 이주인력의 유입과 동시에 해외 자본의 유입에 대한 시뮬레이션을 통해 우리는 수용국의 GDP가 0.8~1.0% 증가하며 송출국 및 수용국의 총 GDP가 0.6% 증가함을 알 수 있다. 이는 고정자본이라는 가정일 때보다 두 배나 많은 GDP 증가였다.

다시 말해, 국외 이주인력의 기술 수준과 함께 송출국의 이주로 인한 혜택이 줄고 자국으로 유입된 인력이 충분한 기술을 갖고 있다면 수용국의 현지 인력이 승자가 되는 것이다. 하지만 예측할 수 있듯이 자본 조정이 일어나면 이민이 임금에 가져오는 효과는 줄어들게 된다.

송금

이제까지 이민자들의 소득이 엄청나게 증대했어도 이주가 송출국의 현지인들에게 미치는 영향은 불명확했다. 이민으로 인한 혜택과 손실의 분배는 송금을 다루게 되면 또 달라진다. 이민자들이 본국으로 보내는 송금의 효과를 분석하기 위해 우리는 이민자들이 소득의 10%를 본국의 친지들에게 보낸다고 가정했다. 또한 저숙련 이주노동자들은 저숙련 계층의 가족에게, 고숙련 이주노동자는 고숙련 계층 가족에게 송금한다고 가정했다. 이러한 단순 가정을 통해 우리는 소득 분배에 있어서 송금이 미치는 영향을 실험해보고자 했다(첨부된 〈표 8.B〉 참조).

송금을 받으면 송출국 현지인들의 소득은 확연히 증가한다. 현지 인구의 1%를 분석한 결과 소득이 0.2~0.4% 증가했다. 송금에 있어서는 저숙련 노동자 및 고숙련 노동자 모두 승자가 되는 것이다. 이주노동자가 모두 기술숙련자 아니면 비숙련자라는 극단적인 가정을 하면 경제적 혜택은 없게 된다. 따라서 송출국에 남아 있는 가족들은 전혀 송금을 받지 못함과 동시에 생산을 보완할 수 있는 인력들의 국외 유출로 인해 어려움을 겪게 된다.

그러나 송금의 소득 분배적 장점과 관련된 이러한 고무적인 연구 결과에도 불구하고 송금이라는 것이 숙련·비숙련 노동자 계층 내에서 소득 불균형을 더 심화시킨다는 사실을 잊어서는 안 된다. 왜냐하면 모두 다 송금을 할 수 있는 친지나 가족이 있는 것은 아니기 때문이다. 더욱이 송금이 고숙련 이주로 인한 재정 손실을 보완해준다고 볼 수는 없는데, 그 이유는 송금에 세금을 부과하기가 어렵기 때문이다.

세금 및 이전 지급

지금까지 우리는 이주라는 것이 승자와 패자 모두를 낳을 수 있다는 것을 알게 되었다. 그 다음으로 자연적으로 제기될 수 있는 질문은 모두가 이주의 승자가 되려면 송금 규모가 어느 정도여야 하는가다. 보완적인 이전제도를 체계화하기 위해서는 세 가지 그룹(송출국의 현지인, 수용국의 현지인, 이민자) 내에서 재분배하는 것만으로는 충분하지 않을 수 있다. 대신, 그룹 내에서가 아닌 그룹 간의 재분배가 필요할 수도 있다. 가령 수용국에서 현지인에 대한 보상 차원에서 이민자에게 특별세를, 또는 송출국에 대한 보상 차원에서 이민자에게 바그와티(Bhagwati) 조세를 부과하는 방법이다(Bhagwati and Dellafar, 1973).

윈윈(win-win) 상황을 만들 수 있는 재분배의 규모를 측정하기 위해서 두 가지 경우를 고려한다. 첫째, 이민자의 소득과 다른 그룹의 소득을 어떠한 비용 없이 재분배할 수 있는 완벽한 조세 이전 제도가 존재한다고 가정한다. 둘째, 조세 이전 지급(tax transfer payment)의 25%가 행정 비용이나 경제적 왜곡으로 인해 유실되는 것과 같은 재분배를 위한 비용이 발생한다고 가정한다. 점차 증가하는 이동성에 기반한 세수를 거두어들이는 게 어려워지고 있기 때문에 이주는 이러한 '밑 빠진 독(leaky bucket)'에 물 붓는 현상을 더 악화시킬 수 있다.

조세 이전 요구 사항을 파악하기 위해서 우리는 어떠한 그룹의 초과 이윤에 대해 세금을 부과할 것인지 가정해야 했다. 왜냐하면 이주의 승자에는 여러 그룹이 존재하기 때문이다. 일단 수용국 및 송출국의 전체 현지 인구 내의 초과이윤이 재분배된다고 가정하고 이 세원이 고갈되고 패자만 남으면 그때 이민자에게 세금을 부과한다고 가정한다. 물론 실현 가능성은 매우 낮지만 이를 벤치마킹하고자 한다(첨부된 〈표 8.C〉 참조).

반(半)경직된 임금과 고정자본이라는 단기적인 시나리오에서는 수용국의 보상 차원에서 이민자들에게 소득세를 부과하는 비율이 엄청날 것이다. 저숙련 노동자들은 수용국의 현지인들에게 자신의 소득의 22%를 이전해서 그들의 손실을 메워야 하는 반면, 고숙련 노동자들은 완벽한 세금 이전 제도가 존재한다는 가정 하에 자신들의 소득 7%를 세금으로 내야 한다. 만약에 이전되는 세금의 25%가 유실되고 있다고 가정하면 이들이 내는 세금은 각각 26%와 8%까지 증가할 것이다.

그러나 만약에 물리적 자본이 이주의 유·출입에 따라 변화한다고 가정하면 소득 재분배에 대한 필요성이 확연히 줄어든다. 저숙련 노동자들은 수용국의 현지 인구에게 본인 소득의 14%를 이전해야 하지만 고숙련 노동자의 경우에는 수용국 인구를 위해 잉여소득을 생성해주기 때문에 세금을 낼 필요가 없게 될 것이다.

나아가 우리의 시뮬레이션에 따르면, 윈윈 상황을 만들기 위해 이민자의 소득을 특히 수용국의 현지 인구에게 재분배하는 것이 필요하다. 이미 많은 유럽 국가들에서 조세 이전 제도가 이렇게 진행되고 있는지도 모른다. 앞서 언급한 바와 같이 보닌(Bonin, 2002)의 연구 결과에 따르면 이주는 독일에서 엄청난 재정적 이득을 가져다준다고 한다. 비록 이주노동자들이 일반 노동자들보다 적은 세금을 내고 실업이나 복지제도의 혜택을 더 많이 받아도 그들은 부과 방식의 연금제도에서 엄청난 이득을 가져다준다.

이질적인 수용국들

이제껏 우리는 EU가 하나의 동질적인 지역이라고 간주하고 모델을 제시했다. 그러나 실제로 들여다보면 유럽 국가들은 경제적 특성, 노동시장의 유연성 및 복지제도에서 엄청난 차이를 보이고 있다. 게다가 이민자의 노동시장으로의 통합 절차가 EU 전역에 걸쳐 다르게 나타남을 볼 수 있다. 결과적으로 이주 효과도 다르게 나타날 것이다. 이는 유럽 이주정책 수립에 시사하는 바가 크다. 즉, 이주의 효과가 더 이질적일수록 유럽 이주정책을 통합시키는 것은 더 어려워진다.

따라서 이러한 이질성이 가져오는 효과를 우리의 시뮬레이션 모델을 통해 분석하고자 한다. 우리는 5가지 연관적 측면에서 국가 간의 차이를 살펴본다: (i) 수용국 및 송출국 간의 GDP 격차 (ii) 노동시장의 유연성 정도 (iii) 실업률 (iv) 이주인구의 실업 위험도 및 (v) 실업 개인의 대

〈표 8.4〉 이주의 범위와 기술 수준 구성에 관한 국제적 비교

	1인당 GDP[i]	실업률[ii]	이주의 실업위험[iii]	순 대체 비율[iv]
룩셈부르크	2.4	4.5	4.0	85.0
영국	1.1	4.8	1.8	45.0
프랑스	1.0	9.6	2.1	73.0
독일	1.0	9.5	1.7	61.0
이탈리아	1.0	7.7	1.6	54.0
그리스	0.8	10.5	1.2	48.0
EU15	**1.0**	**7.1**	**2.2**	**61.0**

i) Index: EU15 = 1.
ii) Unemployment rate in % (ILO-Norm).
iii) Unemployment rate in the foreign labour force divided by the total unemployment rate.
iv) Replacement rate in intial phase of unemployment for single earner household with 100% of average income in 2004.
자료: World Development Indicators 2006, Eurostat, OECD 자료를 저자가 정리.

체율. 〈표 8.4〉는 이러한 측면에서 국가별 차이점을 나타낸다.

이렇게 여러 국가 매개변수를 사용하여 우리는 장기적으로 EU 15개국에서 나타난 이주효과의 차이점을 시뮬레이션해보았다. (예를 들어 이주 유입에 따른 자본의 변화 등)

내용의 간단한 이해를 위해 마련된 〈그림 8.6〉은 EU 15개국에서 가장 극단적인 두 가지 사례(룩셈부르크 및 그리스)와 EU 국가 중 가장 큰 네개 국가에 대한 결과만을 보여준다. 실험의 결과를 보면 고숙련 노동자의 이주 영향은 수용국에게 있어 일반적으로 긍정적이지만 저숙련 이주의 영향은 그렇지 않음을 알 수 있다. 그러나 더불어 실험을 통해 우리는 고숙련 이주보다 저숙련 이주의 영향과 관련하여 국가 간의 차이가 더 큰 것을 알 수 있다.

| 〈그림 8.6〉 EU 국가 현지 인력이 이주의 혜택을 받게 되는 시기는?

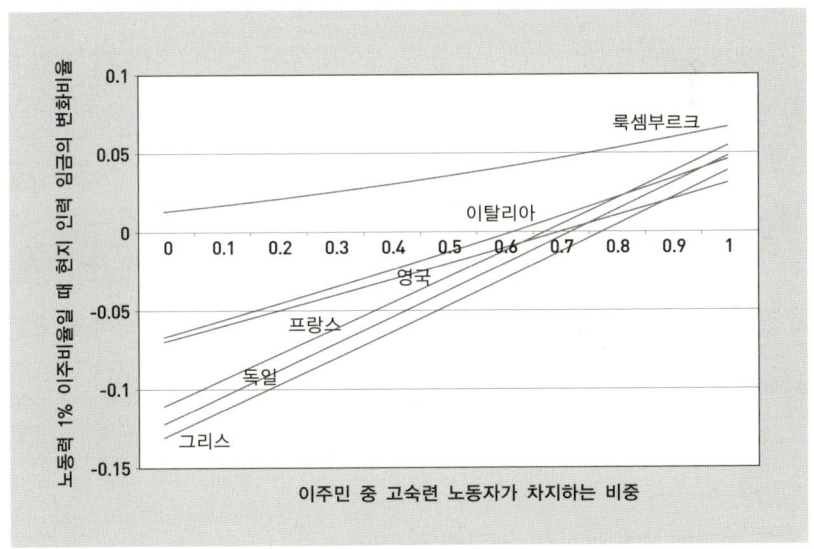

정책적 제안

앞의 실험에서 회원국 간 이주 선호도의 이질성은 고숙련 이주보다는 저숙련 이주에서 더 두드러지게 나타났다. 다양한 복지제도와 노동시장에 미치는 영향이 고숙련보다는 저숙련 이주와 관련해서 더 높게 나타난 것이다.

나아가 두 번째 부분에서는 이주 결정에 있어 근접성이 갖는 중요도를 다루었다. 송출국과의 근접성이 국가마다 다르기 때문에 이주정책에 또 다른 이질성이 추가되는 것이다.

동시에 제3국 국적자들이 EU 내 자유로운 이동권이 보장된다고 하면 EU 회원국 간의 전이현상(spill over effects)이 더 두드러질 것이다. 이러한 관찰은 EU 시민들이 노동을 위해 역내 이동을 잘 하지 않는다는 점에 의해 더 강화되며, 따라서 EU 시민들의 이동의 증가를 통해서는 제3국 국적자들의 이동 제한을 부분적으로밖에 상쇄하지 못할 것이다. 〈그림 8.7〉은 다양한 이민자 분류별 전이현상의 효과와 선호의 이질성을 나타낸다.

EU 맥락 내에서 볼 때 전이현상이 낮고 선호도의 이질성이 높은 정책 이슈들은 회원국들에 분산되어야 한다. 이는 EU 역내 이동성이 없는 저숙련 이민자의 경우에 해당될 것이다. 반면 전이현상이 크고 선호도의 이질성이 낮은 경우에는 EU 전체 차원의 통일된 해결책이 요구된다. 이는 EU 역내 이동이 가능한 고숙련 이주 사례에 해당된다.

정치적으로 가장 중요하고 도전적인 경우는 선호도의 이질성이 크고 전이현상도 큰 경우다. 원칙적으로는 고도화된 혜택(수당) 제도를 고안해서 전이현상에 대처할 수 있게 협력하는 것도 가능하다. 하지만 실제적으로는 매우 불가능하며 결국 딜레마가 남게 된다. 즉, 선호도의 이질성이 명확함에도 불구하고 통합으로 가든지 아니면 전이현상에도 불구하고 분산화를 시켜야 하는지의 기로에 서게 된다. 우리의 논리에 따르면 EU 역내 이동성이 보장될 때 저숙련 이민자와 특히 불법이민자의 경우 이러한 정책적 딜레마가 생겨날 것이다.

기술 수준 정도에 따른 EU 내 이동의 차별화

제3국 국적자들이 EU 내에서 어떻게 이동할 수 있는지에 대한 결정 그 자체가 EU 차원의 정책적 선택이라는 점에 유념해야 한다. 현 EU 정책은 〈그림 8.1〉에서 보듯이 U자형 곡선을 그리고 있다. 불법이주 노

〈그림 8.7〉 이주에 대한 선호 이질성과 전이 효과

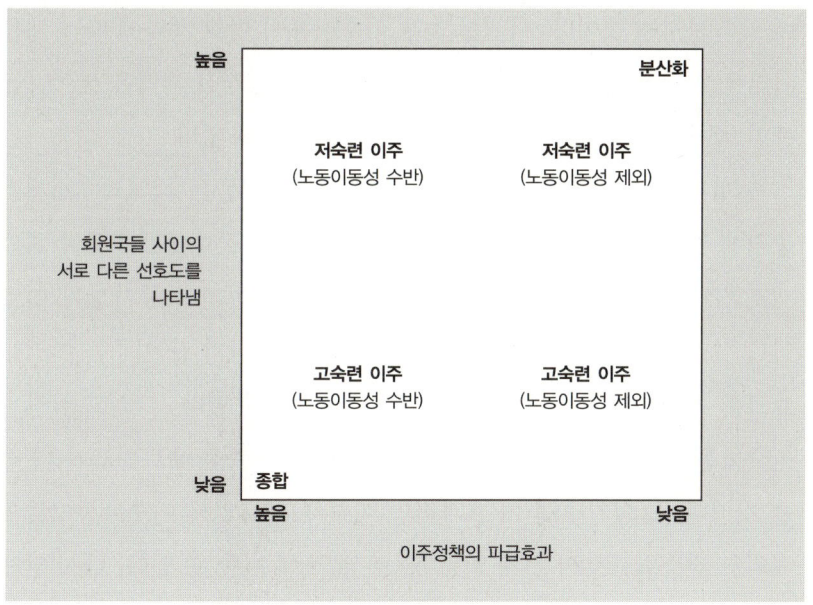

주: 괄호 안은 EU 내 이동 상태를 의미, 두꺼운 글씨는 이주민의 숙련도를 나타낸다.

동자들이 솅겐지역에서는 완전한 신분 변경을 하는 것이 가능하다. 합법적으로 단기간 체류하는 제3국 국적자들은 EU 내에서 신분 변경의 혜택을 전혀 받지 못한다. 장기체류자들은 신분의 부분적 변경이 가능하다. 또한 귀화한 시민들은 노동을 위한 자유로운 이동이 가능하며 게다가 완전히 전환 가능한 신분을 지니게 된다.

특수하지만 중요한 사항인 불법이민 문제를 차치하더라도, EU 내 이동권을 부여하는 것은 이민자의 합법적인 체류 기간을 늘릴 수 있는 기능을 한다. 원칙적으로 이는 타당하다. 단기적으로 볼 때 이주의 전이 현상은 이동성을 제약하면 감소하기 마련이다. 따라서 규제 회피(regulatory arbitrage)를 위한 여지가 부족하며, 국가의 이주정책 결정의 효과는 보다 내부화된다. 시간이 지남에 따라 이민자들은 EU 내에서 다른 곳으로 이동하려는 이들에게 더 많은 비용을 부과하려는 수용국에 익숙해지는 것이다. 사실상 높은 이주비용이 법적 제약에 따라 체류 기간을 단축한다. 따라서 역내 이동으로 인한 경제적 혜택은 늘어나는 반면 국가 정책 간의 전이 현상은 제한적일 수밖에 없다.

특히 제3국 국적자들의 EU 내의 자유로운 이동은 지역적·경제적 충격에 적응할 수 있는 효과적인 방법이다. 예를 들어 EU 회원국 내의 제조공장이 폐쇄되었다고 가정해보자. 만약에 현지 노동시장이 이로 인해 실직한 노동자들을 모두 흡수할 수 없다면 국가 간 이주는 이러한 쇼크를 최소화할 수 있는 좋은 완충장치가 될 수 있다. 그리고 공장의 이주노동자들은 현지 노동자들보다 현지에서 구축한 네트워크가 더 적을 것이다. 그렇기 때문에 효과적인 이주제도로 인해 이주노동자들이 해외로 진출함으로써 현지 노동자들은 본국에 머물 수 있다. 다시 말해서 제3국 국민들에게도 EU 내 이동권이 보장되어야 한다는 경제적인

418

근거는 더욱 더 크다. 왜냐하면 EU 시민들의 낮은 이주율이 말해주듯 많은 EU 국민들이 해외로 이주하는 것을 꺼리기 때문이다.

하지만 EU 내 이동성에 대한 제약 완화를 위해서는 신중해야 한다. 〈그림 8.7〉에서 보듯이 저숙련 제3국 국적자들의 EU 내 자유이동을 보장해주면 유럽 차원의 정책 조정 문제가 더욱 어려워질 수 있다. 반면 고숙련 이민자들과 관련해서는 선호도의 이질성이 낮기 때문에 고숙련 노동자들에 대한 EU 내 이동성의 제약을 약화하는 것은 더욱 쉬워질 것이다. 동시에 EU 내 이동성으로 인한 효율성 증대는 고숙련 이주노동자들에게 특히 중요할 수 있다. 고도로 전문화된 인적 자본을 위한 얇은 시장(thin market)[15]에 수요와 공급의 일치가 향상되면 EU 경제 전체에 상당한 효과를 가져올 수 있다.

이러한 관점에서 EU 내 이동 규제에 대한 완화는 이민자의 기술 수준에 따라 차별화되어야 한다고 제안하는 바다. 고숙련 이주 노동자는 체류가 합법일 경우 완전한 EU 내 이동권을 부여받는 반면, 저숙련 노동자의 경우는 우선 현재 5년의 대기 기간이 그대로 유지되어야 한다.

블루카드 제도 제안

고숙련 이민자에 대한 규정과 제3국 국적자들의 EU 내 자유로운 이동 보장이 정책적 조화를 이룬다면 EU 이주정책은 매우 매력적인 정책이 될 것이다. 이는 EU 전반에 걸쳐 '블루카드(Blue Card)'를 도입하면서 시행될 수 있다. 블루카드는 고숙련 이주노동자들에게 현행 5년이라는 대기 기간 없이 EU 전역의 국가에서 노동을 할 수 있는 권리를 부

---

15 역주: 어떤 증권에 대한 매도나 매수 호가가 적은 시장. 얇은 시장은 유동성 저하를 야기하고, 따라서 가격과는 상관없이 그 증권에 대한 대규모 매매를 어렵게 만든다.

여하는 것이다. 미국 그린카드(Green Card)의 유럽식 형태인 블루카드는 잠재적 이민자의 교육, 연령 또는 언어능력을 감안한 다양한 특성을 포함한 통합된 점수제를 통해 발급될 것이다.

블루카드제도는 고용에 대한 선택의 폭을 넓히기 때문에 국가적 차원의 이주정책보다 EU에 고숙련 노동자들을 유치하는 데 더 큰 도움이 될 것이다.

만약에 첫 직장 제안이 오스트리아의 비엔나였다면 두 번째 구직은 EU 전역을 대상으로 하기가 가능하기 때문에 오스트리아에서의 첫 구직 제안을 흔쾌히 받아들일 수 있다. 게다가 블루카드제도를 통해 입국한 고숙련 이주노동자별로 EU가 얻게 되는 경제적 이익은 더 증가할 것이다. 왜냐하면 EU의 경제적 요구 사항을 충족시킬 수 있는 인재들을 확보할 수 있기 때문이다.

하지만 블루카드제도를 통해 EU 개별 회원국에 분배되는 고숙련 노동자의 순 증가는 어느 정도일까? 소규모 회원국들은 자국의 제도보다 EU 차원의 제도를 선택함으로써 얻게 되는 혜택이 클 것이기 때문에 가장 많은 혜택을 볼 것이다.

그러나 대규모 회원국들 또한 미국, 캐나다, 오스트레일리아 등과 같은 이민 유치경쟁국들처럼 많은 고숙련 이주노동자를 유치할 수 있기 때문에 혜택을 볼 것이다. EU 집행위원회는 2007년 9월 고숙련 노동자 이주를 위한 지침 초안을 준비 중에 있다. 이 기회는 인재 유치를 위한 글로벌 경쟁에 더욱 효과적으로 참여하기 위해 이용되어야 한다. 또한 블루카드제도는 개발 측면에서도 중요성을 지닌다. 개도국에서 오는 고숙련 이주노동자에게 바로 영주권을 부여함으로써 두뇌 순환이 장려되기 때문이다. 블루카드는 본국에 돌아가고자 하는 고숙련 이주

노동자의 보험증서와 같은 역할을 할 것이다. 만약에 본국에서 위험부담이 큰 경력 프로젝트가 잘되지 않더라도 그들은 유럽에 언제든지 돌아올 수 있는 것이다.

기술 배합 및 불법이주

고숙련 노동자의 국외이주 또는 두뇌 유출은 송금과 인적 자원에 대한 더 많은 투자로 송출국에 크게 부정적인 영향을 미치지는 않는다. 그러나 한 가지 확실한 것은 저숙련 노동자의 국외이주로 인한 개발적 측면에서 이 영향은 고숙련 노동자의 국외이민보다 낮다는 사실이다.

특히 교육 부문에서의 개발원조가 늘어나면서 송출국과 수용국 간 이해의 조화를 도모할 수 있는 기술 수준의 배합을 통한 이주가 바람직하다. 이러한 맥락에서 때로는 개도국에서 오는 저숙련 이주노동자들을 위한 임시 노동허가증 제도를 도입하자는 제안도 있다.[16]

하지만 이러한 제도가 도입되면 행정적으로 상당한 노력이 필요할 것이다. 왜냐하면 임시 이주라는 것은 언젠가 영구 이주로 전환될 수 있기 때문이다. 그리고 이러한 임시적 제도가 도입되어 시행된다 하더라도 많은 문제점이 따를 수 있다. 특히 이러한 임시 이민자들이 신규 이민자들로 대체될 때마다 교육, 훈련 및 기본적 사회적응 훈련에 다시 예산을 투입해야 한다. 결국 이러한 제도를 통해서 불법이민을 줄일 수 있다는 희망은 찾아볼 수 없다. EU 주변국에서 오는 전체 이주 노동자의 수가 전체 불법이민자의 수와 예측된 임시 이민자의 수를 합한 것보다 많다. 따라서 임시 이주제도를 도입해도 불법체류자 문제는 크게 해

---

16 프리쳇(Pritchett, 2006), 세계은행(2007), EU 집행위원회(2007a) 참조.

결되지 못할 것이다.

또한 개도국에서 오는 저숙련 임시 이주노동자들을 위해서 행정적으로 도전적인 제도들을 도입하면서, 동시에 불법체류자들의 유입을 제한하기 위해 많은 예산을 투자한다는 것은 매우 역설적으로 들린다. 일단은 불법이민의 문제를 완화하기 위해 증가된 저숙련 노동이민자들의 유입과 관련된 정치적 차원의 방법을 활용하는 것이 나을 것이다.

하지만 불법이주에 대해 EU 차원의 좋은 해결책을 찾는 것은 쉬운 일이 아니다. 우리는 앞서 셍겐 지역에 불법 노동이민자의 전이 현상이 엄청나다는 사실을 알았다. 회원국들 간 선호도의 이질성도 비교적 높은 것으로 나타났다. 게다가 불법이주의 흐름은 향후 몇 년간 증가할 것이기 때문에 정책 조정의 문제는 더욱 심각해질 것이다. 불법이주를 주도하는 내재적 경제 요인들이 너무도 강력하기 때문에 웬만한 방법으로는 이를 저지할 수 없다. 국경 검문 및 예산 증가, 인신매매 퇴치를 위한 배가된 노력, 그리고 경유 국가와의 보다 긴밀한 협조로 인해 어느 정도 불법이주의 증가를 막을 수는 있겠지만 그 이상은 아마도 힘들 것이다.

회원국 간 선호도의 이질성은 경제적 및 비경제적 이유로 인해 합법이주보다 불법이주와 관련하여 더 크게 나타날 것이다. 불법 현상들에 대해 용인하는 부식 효과에 대한 우려도 어떤 회원국에서는 다른 회원국에서보다 더 심각하게 나타날 것이다. 불법이민자들의 단속에 있어 인권적 중요도를 해석하는 것도 회원국마다 각기 다를 것이다. 마지막으로, 불법이주로부터 얻는 경제적 효과도 회원국마다 상이할 것이다. 예를 들어 조세 왜곡이 심한 국가가 고숙련 여성이 가계 일을 돌볼 수 있도록 많은 혜택을 주면 이러한 국가는 조세 왜곡이 적은 국가들보다 불법이주에서 얻는 경제적 이익이 더 클 것이다. 왜냐하면 조세 왜곡이 심한 국가의 경우 불법이주가 공식 노동시장으로 고숙련 이주노동 인력(여성)의 공급을 확연히 증가시킬 것이기 때문이다.

국가 간 매우 이질적인 선호도 때문에 불법이주를 위한 통합된 접근 방식은 당분간은 어려울 것으로 보인다. 하지만 정책적인 조정을 위한 노력은 가능할 것이다.

일단 불법이민자들의 처우에 대한 더욱더 엄격한 기준이 적용되어야 한다. 현재 역내 국경이 완전히 개방되었기 때문에 불법이주에 대한 열악한 처우로 이들을 주변국으로 몰아내려는 회원국이 있을 수도 있다. 불법체류자에 대한 처우가 좋은 국가들도 결국에는 감당할 수 있는 것보다 더 많은 불법체류자를 떠안게 된다. 그렇기 때문에 불법체류자에 대한 우호적인 처우에 좀 더 엄격한 기준을 적용하는 것이 문제 해결에 도움을 줄 것이다.

두 번째, 시의적절한 규제의 장점을 인식하고 규제 방식에 대한 기본적인 틀을 정의해야 할 것이다. 특히 우리는 한 국가에서 규제를 받고 있는 불법이민자들은 다른 EU 국가로의 신분 이전이 불가능하기 때문에 그 국가에 남아 있을 것이라는 점을 간과한다. 이 이민자들은 현지 네트워크를 형성하고 현지 언어를 배운다. 이렇게 되면 규제된 이민자들의 효율적인 이동비용이 엄청나게 늘어나게 된다. 그런 면에서 불법체류자를 규제하는 국가는 어떤 면에서 이들을 가두어 두는 것이며, 더불어 전이 현상을 감소시킨다. 이러한 효과는 최근 스페인의 대량 규제 논의에서 간과되었다. 프랑스는 이러한 규제를 받는 불법이민자들이 스페인에서 장기체류증을 받기 위해 5년간 머물다가 프랑스로 이주할 것이라는 우려를 표명했다. 그러나 앞서 설명한 가둬두기 효과 때문에 이러한 움직임이 크게 발생하지는 않을 것이다. 이는 특히 스페인이 불법이민자들에 대해 매력적인 조건을 제공하지 못한다는 이유로 얼마나 많은 불법이민자들이 스페인에서 프랑스로 이동할 수 있을 것인가라는 사실을 통해 알 수 있다.

더 능동적인 규제정책은 향후 통합 문제를 완화시킬 수 있다. 유럽 사회들은 오랜 기간 동안 그들의 임시 노동자들이 사회적응을 위한 투자가 필요한 이민자라는 점을 인식해왔다. 오늘날 우리가 불법이주인력과 관련해서 비슷한 실수를 범할 수 있는 위험이 있다. 규제제도는 언어능력과 비슷한 적응 성과를 기초로 불법이민자들에게 규제를 가함으로써 그들의 사회통합을 장려할 수 있다.

이렇게 제시된 불법이주에 관한 정책 방향의 단점은 잠재적 이민자들이 불법이주에 더 관심을 갖게 될 수 있다는 점이다. 즉, 정책 집행 수준의 정도별 차이에도 불구하고 이러한 정책으로 불법이민자의 유입이 다소 증가할 것이다. 이러한 이유 때문에 우리는 고숙련 이주인력 제도의 성공을 통해 증가될 저숙련 이주 문제를 제한된 정치적 여력으로 해결해나가는 불법이주에 대한 정치 개혁이 필요하다고 본다.

결론적으로 이 장에서 제안된 정책 제안들은 EU로 유입되는 이민자의 기술 수준 배합을 향상시킬 수 있으며 동시에 불법이주 문제를 어느 정도 진정시킬 수 있을 것이다. 개도국들도 이러한 제안들이 가져올 이주 확대를 통해 혜택을 얻게 될 것이다.

이주민 중에서 고숙련 노동자의 비율		고정자본						자본 조정		
		유연한 노동시장			중간적 고정 노동시장(반경직)					
		0.3	0.5	0.7	0.3	0.5	0.7	0.3	0.5	0.7
1% 노동력의 이주 시 비율 변화										
총 GDP	수용국	0.53	0.56	0.59	0.42	0.46	0.50	0.82	0.90	0.98
	송출국	-0.75	-0.84	-0.94	-0.60	-0.71	-0.82	-0.88	-1.05	-1.21
	총 지역	0.30	0.31	0.32	0.25	0.27	0.29	0.54	0.58	0.62
총수입 현지인	수용국	0.00	0.00	0.00	-0.09	-0.07	-0.06	-0.04	-0.02	0.00
	송출국	0.00	0.00	0.00	0.14	0.12	0.10	0.09	0.05	0.02
	총 지역	0.00	0.00	0.00	-0.05	-0.04	-0.03	-0.02	-0.01	0.00
육체노동자	수용국	-0.68	-0.39	-0.09	-0.70	-0.43	-0.17	-0.43	-0.15	0.14
	송출국	0.14	-0.08	-0.29	0.31	0.06	-0.19	0.11	-0.17	-0.46
	총 지역	-0.42	-0.29	-0.16	-0.39	-0.28	-0.17	-0.27	-0.16	-0.04
비육체 노동자	수용국	0.02	-0.15	-0.32	-0.15	-0.27	-0.40	0.12	0.02	-0.08
	송출국	0.14	0.48	0.82	0.32	0.64	0.97	0.12	0.41	0.70
	총 지역	0.04	-0.06	-0.15	-0.08	-0.15	-0.21	0.12	0.07	0.03
자본수취인	수용국	0.30	0.32	0.34	0.24	0.26	0.29	0.00	0.00	0.00
	송출국	-0.43	-0.48	-0.54	-0.34	-0.40	-0.47	0.00	0.00	0.00
	총 지역	0.22	0.23	0.24	0.18	0.19	0.21	0.00	0.00	0.00
이주민의 소득		219.86	201.88	186.85	248.04	228.72	212.59	249.08	229.80	213.70
1% 노동력의 이주 시 비율 변화										
실업률	수용국	–	–	–	0.20	0.16	0.12	0.12	0.08	0.03
	송출국	–	–	–	-0.15	-0.09	-0.02	-0.09	-0.01	0.06
	총 지역	–	–	–	-0.04	-0.03	-0.02	-0.05	-0.03	-0.02
육체노동자	수용국	–	–	–	0.41	0.25	0.09	0.30	0.13	-0.04
	송출국	–	–	–	-0.16	-0.04	0.08	-0.09	0.04	0.18
	총 지역	–	–	–	-0.03	0.01	0.05	-0.02	0.02	0.06
비육체 노동자	수용국	–	–	–	0.03	0.09	0.15	-0.03	0.03	0.08
	송출국	–	–	–	-0.14	-0.29	-0.43	-0.10	-0.24	-0.38
	총 지역	–	–	–	-0.05	-0.07	-0.09	-0.07	-0.10	-0.12

| 〈표 8.B〉 송금액의 영향 |

| | 반경직 노동시장과 자본 조정 | | | | | |
	송금 제외			소득(임금)의 10%를 송금 시		
이주민 중에서 고숙련 노동자의 비율	0.3	0.5	0.7	0.3	0.5	0.7
송출국 현지인의 임금	0.09	0.05	0.02	0.34	0.33	0.31
육체노동자	0.11	−0.17	−0.46	0.51	0.11	−0.29
비육체노동자	0.12	0.41	0.70	0.42	0.91	1.40
이주민 소득	249.08	229.80	213.70	214.18	196.82	182.33

| 〈표 8.C〉 현지인 소득에 변화가 없을 때 세금 이전 요구 |

	완전 세금 이전 시스템			25% 유출		
이주민 중에서 고숙련 노동자의 비율	0.3	0.5	0.7	0.3	0.5	0.7
세금 이전 요구 이민자(수용국)	−16.87	−13.61	−10.62	−21.09	−17.01	−13.28
이민자(송출국)	5.43	4.35	3.35	6.79	5.44	4.19
육체노동자 수용국	0.68	0.43	0.17	0.85	0.53	0.21
송출국	−0.31	−0.06	0.19	−0.39	−0.08	0.24
비육체노동자 수용국	0.15	0.27	0.40	0.18	0.34	0.50
송출국	−0.31	−0.63	−0.95	−0.39	−0.79	−1.19
자본수취인 수용국	−0.24	−0.26	−0.29	−0.30	−0.33	−0.36
송출국	0.34	0.40	0.47	0.43	0.51	0.59
GDP에서 후속되는 비율	0.00	0.00	0.00	0.06	0.06	0.06
이민자(수용국)	−7.66	−4.06	−0.76	−9.57	−5.07	−0.95
이민자(송출국)	3.30	1.97	0.74	4.12	2.46	0.93
육체노동자 수용국	0.43	0.15	−0.14	0.54	0.18	−0.17
송출국	−0.11	0.17	0.46	−0.14	0.22	0.58
비육체노동자 수용국	−0.12	−0.02	0.08	−0.15	−0.02	0.10
송출국	−0.12	−0.41	−0.70	−0.15	−0.51	−0.88
자본수취인 수용국	0.00	0.00	0.00	0.00	0.00	0.00
송출국	0.00	0.00	0.00	0.00	0.00	0.00
GDP에서 후속되는 비율	0.00	0.00	0.00	0.03	0.01	0.01

대외에너지정책

오래된 두려움과 새로운 딜레마

코비 반 데르 린데

에너지는 국가와 EU의 정책의제로 급부상했다. 그에 따라 경쟁력 있는 저탄소 유럽경제를 만드는 장기적인 정책목표에 EU 회원국들이 착수할 수 있도록 공동 에너지 틀을 만드는 방안이 현재 논의되고 있다. 이러한 정책목표를 위해 EU 집행위원회(European Commission)는 에너지 정책을 위한 합리적인 가격, 공급 안보, 그리고 환경의 지속 가능성과 같은 우선순위들을 EU 수준에서 선도해왔다. EU는 이미 역내 에너지 시장에서 이를 수행할 수 있는 역량을 갖추었으며 이 역량은 합리적인 가격을 획득하기 위한 주요 정책수단으로 사용되어왔다. 또한 EU는 기후변화정책에 대한 책임을 지고 있으므로 이산화탄소 배출 수준에 대해서도 책임지고 있다. 그러나 아직까지도 공급 안보와 국가의 에너지 구성은 각 회원국들의 법적 권한 영역으로 남겨져 있다. 그래서 EU 집행위원회는 현재 공급 안보를 EU의 공동 에너지 틀 안에 포함시키자고 제안하고 있다. 이로 인해 제3의 생산국들과의 에너지 외교에서 EU는

'한목소리 내기'를 할 수 있게 되겠지만 과연 회원국들이 협력할 것인지가 관건이다.

지금까지 제시된 제안들은 결코 새로운 제안들이 아니다. EU 정책 수립의 초기 시절인 1960년대와 1970년대, 그리고 1980년대 초에 EU 집행위원회는 회원국들의 에너지 안보 정책을 통합시키려는 시도를 했으나 별다른 성과가 없었다. 그 이유는 각 회원국들의 국익이 통합 과정에서 방해가 되었기 때문이다. 이러한 상황의 첫 돌파구는 EU의 에너지시장 개방화였다. 1980년대 말부터 구매자들의 시장이었던 국제에너지시장 상황은 EU 회원국들의 에너지시장을 개선하면 풍부한 국제석유와 천연가스 공급, 그리고 EU 시장의 더욱 효율적인 제도적 혜택을 받을 수 있다고 회원국들에게 확신시켜주는 데 기여했다. 그러나 그 당시 에너지 안보는 시장에서 해결할 수 있는 문제가 아니라서 논쟁거리가 되지 못했으며 고려되지도 않았다.

에너지시장의 개방화가 진행되는 동안 세기가 바뀌면서 시장이 판매자들의 시장으로 전환되자 EU의 회원국들은 에너지 안보 문제를 재고하게 되었다. 석유와 천연가스의 수입의존도가 증가하고 EU 회원국들과 다른 '신뢰할 수 있는' 생산국들의 에너지 생산이 감소하자 기후변화 의제는 오래된 두려움을 상기시켰다. 그리고 이는 결과적으로 회원국들에게 새로운 딜레마를 안겨주었다.

EU는 에너지 안보 문제로 에너지와 기후변화 문제에 대한 절박감을 점점 더 크게 느끼고 있었던 터였다. 그 이유는 기후변화정책으로 이미 예기되었던 천연가스로의 에너지 전환이 소수의 수출국들로부터 수입되는 천연가스에 대한 의존도를 높여왔기 때문이었다. 민영화된 경제적 이익들 위주로 국제관계가 주도되는 세계에서, 급속도로 진행된 글로벌화는 이러한 수입의존도를 사실상 문제로 간주되지 않게끔 만들었다. 그러나 2001년 이후 출현한 새로운 국제정치 관계에서는 어디에서나 에너지자원이 공급되었던 상황이 에너지자원 경쟁 상황으로 대체되었고, 이로 인해 에너지 생산국들이 다시 전략적 국가 선수로 등장하자 에너지 안보가 문제되기 시작했다.

저탄소경제로의 전환은 기후변화 문제와 에너지 안보 문제에 의해 이행되었다. 화석연료 사용을 줄이려는 에너지 구성의 다양화는 이산화탄소의 배출량을 줄이면서 석유와 천연가스 수출국들에 대한 구조적 의존도도 줄일 것이다. 그러나 에너지 구성의 다양화 전략은 오직 장기적인 해결책만을 제공할 뿐인데도 즉각적으로 해결해야 하는 문제에 응용되면서 중·단기적인 에너지 안보 문제를 해결해야 하는 회원국들의 압박감을 해소시키지 못했다. 2007년 3월 8~9일에 EU 이사회(European Council)의 의장국이 내린 결론은 이러한 딜레마를 반영하면서 에너지 구성의 다양화 전략에 대한 제도와 이행에 대해 이제 막 논의를 시작했다.

이 장에서는 EU의 에너지정책 수립에 관한 분석과 중·단기적으로 EU 회원국들이 직면한 에너지 안보 딜레마에 관한 논의를 시도했다. 이 장의 주요 쟁점은 국제 에너지시장에서 정부 개입이 가중되는 동시에, EU 집행위원회의 제안에 담긴 주요 요점들인 공급 안보와 지속 가능한 에너지 시스템을 시장 환경 속에서 어떻게 달성할 수 있는가다.

최근 들어 더욱 현저하게 나타나고 있는 정부의 개입 수준과 국제 에너지 부문의 시장 모델 간의 잘못된 조화가 소비국들과 생산국들의 수요 정책수단 구축과 공급 안보에 영향을 미치고 있다는 주장이 제기되고 있다. 논의의 여지는 있겠지만, 국제 석유와 천연가스 부문의 시장이 구매자들의 시장에서 판매자들의 시장으로 전환된 것은 생산국들의 자원 민족주의를 다시 불타오르게 했을 뿐 아니라, 에너지자원을 확보하려고 시도하는 몇몇 소비국들에게 다자주의적 에너지 관계보다는 쌍무적 에너지 관계를 더 선호하게 만들었다. 이러한 쌍무주의의 좋은 예로 아프리카와 다른 지역에서 수행된 중국의 에너지 외교를 들 수 있다. EU의 몇몇 회원국들은 노드스트림(Nordstream) 가스관 프로젝트 역시 독일의 쌍무주의적 에너지 외교의 한 예라고 보고 있다. 이 노드스트림 가스관 프로젝트가 대외에너지 관계에 대한 EU의 '한목소리 내기'를 장려하는 현 제안의 발단 원인인 것은 의심할 여지가 없다. 그러나 이 장에서는 EU 회원국들 간의 불균형한 수입의존도, 특정 에너지 구성에 대한 회원국들의 선호도, 국제시장에서 회원국들의 경쟁력 수준과 대외관계와 안보의 차이가 기후변화 문제에서 EU 회원국들의 '한목소리 내기'를 더 어렵게 만든다는 것을 논의하고자 한다.

이 장의 1절에서는 유럽의 에너지에 관한 몇 가지 사실들과 도표들을 보여줄 것이다. 2절에서는 EU의 과거와 현재의 에너지정책에 대해 논의할 것이다. EU 회원국들의 전략적 에너지 이득들이 국가 수준에서 최적으로 이루어질 것인지, 초국가(EU) 수준에서 최적으로 이루어질 것인지의 문제는 이미 제기되었다. 3절에서는 국제 에너지시장의 최근 진전 상황과 EU의 현 대내외 에너지정책 제안들을 평가하기 위해 디딤돌 같은 역할을 해줄 석유와 천연가스의 가치사슬경영을 살펴볼 것이다. 4절은 결론이다.

몇 가지 사실과 도표

아직도 화석연료에 대한 EU의 에너지 경제 의
존도는 매우 크다. 2004년도에는 주요 에너지 구성에서 화석연료가
80%를 차지했고 (〈그림 9.1〉 참조. 석탄이 18%, 석유가 38%, 천연가스가 24%를
차지하고 있음) 동시에 전기 발전은 석탄, 석유, 천연가스, 이 세 연료에
54%를 의존했다(European Commission, 2007b).

2004년도 주요 에너지 구성에서는 원자력이 14%를, 재생 가능한 에
너지가 6%를 차지하는 동안, 전기 발전에서는 원자력과 재생 가능한 에
너지가 각각 31%와 14% 정도를 차지했다. 그래도 2004년도에는 EU의

▌〈그림 9.1〉 **EU25, 총 기초에너지 공급(기본 시나리오)**

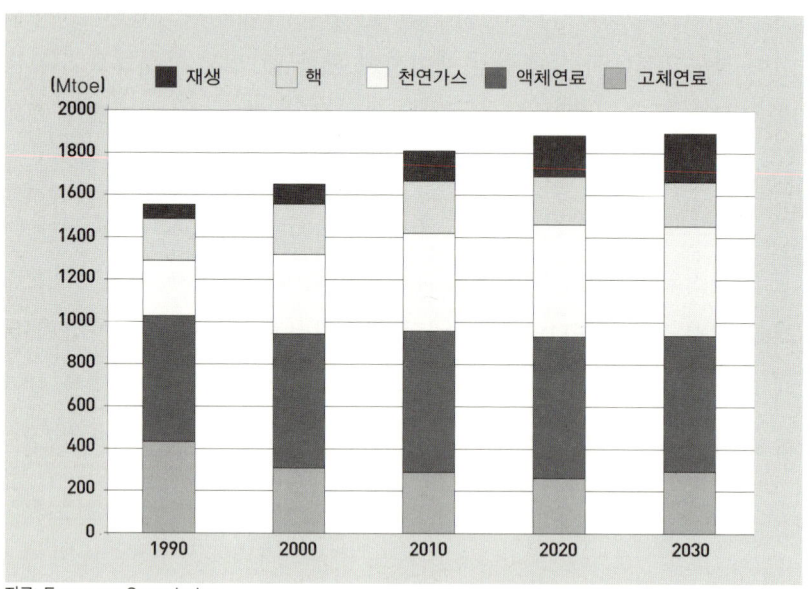

자료: European Commission.

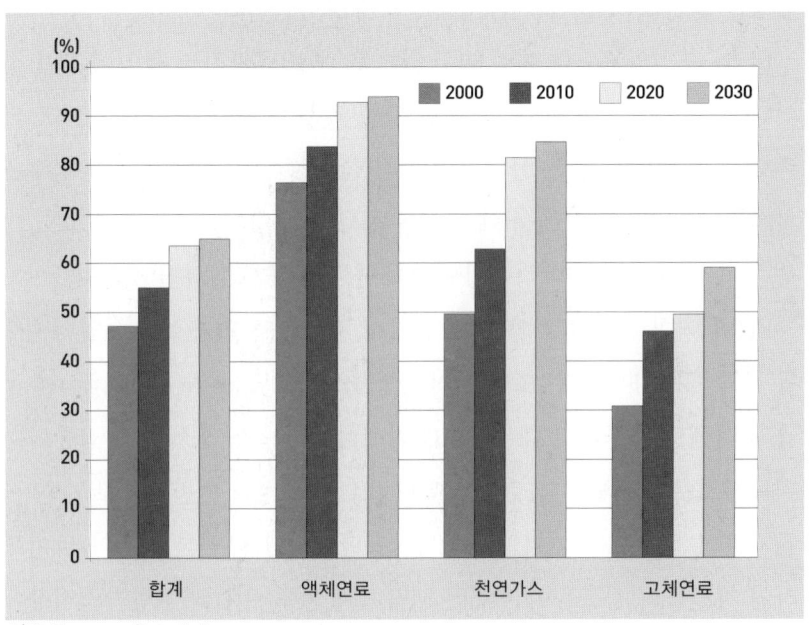

자료: European Commission.

주요 에너지 구성에서(석탄 54%, 가스 37%, 석유 18%) EU의 역내 생산력이 크게 기여했다. 그러나 이 기여도는 앞으로 수십 년 안에 줄어들 것이다. 물론 지금 보여준 수치들은 최근 재생 가능한 에너지에 활기를 불어넣기 위해 완성된 추가적인 수치들을 포함하지 않고 기본 시나리오에만 근거하고 있다. 하지만 앞에서 제시된 노력에도 불구하고 화석연료에 대한 EU의 에너지 구성 의존도는 2020년 이후로도 여전히 클 것이다. 이러한 점이 부분적으로 고려되어 에너지와 기후에 대한 새로운 전략 속에 청정연료에 관한 안건도 포함하게 된 것이다. 그러나 대수층과 오래된 유전, 그리고 가스전에 이산화탄소를 가둬두는 기술개발은 아직도 먼 미래의 이야기다. 일반적으로 EU 집행위원회와 EU 각료이사회가 구축한 에너지와 기후 부문이 결합된 전략은 위에서 언급한 기술처럼 엄청난 발전을 이룬 기술과 가격 절감에 바탕을 두고 있다.

EU의 수입의존도는 이미 높고 앞으로 2030년까지는 계속 증가할 것이다(〈도표 9.2〉 참조). 대부분 교통 부문에서 발생한 석유 수입은 그 의존도가 이미 매우 높은 상태이며 또한 OECD 국가들의 풍부하지 않은 자원들마저 감소하는 상황에서 석유에 대한 수입의존도는 앞으로도 더욱 높아질 뿐만 아니라 석유자원에 대한 집중화가 심화될 것이다.

EU의 역내 공급 감소와 수요 증가의 결합은 천연가스의 수입의존도를 급속히 증가시켰다. 또한 액화천연가스(LNG: liquified natural gas)의 공급 증대에도 불구하고 대부분 EU 회원국들의 천연가스 수입 집중화는 지속적으로 심화될 것으로 예상된다. EU 회원국들 전반적으로 자원 공급자들의 집중도는 이미 비교적 높은 편이지만 당연히 러시아 파이프라인 자원들의 점유율이 우세한 서북쪽과 동쪽 유럽의 천연가스시장에 더 집중되어 있다. 더구나 러시아 파이프라인의 천연가스와 액화천연가스 사이의 중재 라인으로 러시아 파이프라인이 서유럽 회원국들을 놔두고 독일, 오스트리아, 스위스 시장 대부분을 포함하는 먼 북쪽과 동쪽으로 이동할 것 같지는 않다. 따라서 액화천연가스 개발은 구조적 수입의존도를 아주 조금만 해소해줄 것이다.

EU는 비교적 적은 수의 화석연료 공급자들로부터 에너지를 수입하는데 특히 천연가스와 석유 부문에 있어서는 더욱 두드러진 상황이다(〈그림 9.3〉과 〈그림 9.4〉 참조). 또한 몇몇 국가들은 석유, 석탄, 천연가스, 세 화석연료 모두를 공급하는 중요한 공급자들이다(〈그림 9.5〉 참조). 예를 들어, 2004년도 EU 석탄 수입의 8%, 천연가스 수입의 29%, 석유 수입의 26%를 러시아가 공급하는 동안 천연가스 수입의 13%와 석유 수입의

3%를 알제리가 공급했다. 노르웨이는 천연가스 수입의 17%와 석유수입의 13%를, 중요한 석유 공급자인 사우디아라비아는 9%를 공급했으며 남아프리카공화국 역시 석탄 부문에서 중요한 공급자였다. 대체로, 석탄 수입량이 증대될 계획이었음에도 불구하고 석탄 수입은 공급 안보와 관련해서는 문젯거리로 간주되지 않는다. 그 이유는 EU 회원국들의 풍부한 역내 자원과 더 많은 수의 다양한 공급자들, 그리고 많은 수출국들의 국가 정책 때문이다.

최종 수출 공급국들은 소수인 데다가 이들 대부분이 단기 또는 장기간 동안 경제적으로 또는 정치적으로 불안정한 상황에 처해 있다. 그런데도 불구하고 이들에게 집중되어 있는 공급 안보와 기후변화 측면에서 바라본 전망, 그리고 EU의 현 에너지 구성 때문에 EU와 회원국들의

〈그림 9.3〉 EU27의 석유 공급 지역(2004년)

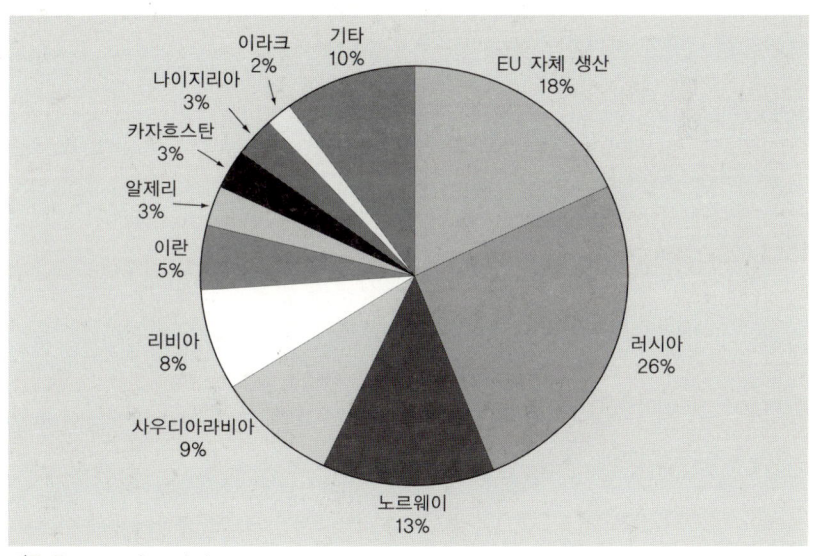

자료: European Commission.

〈그림 9.4〉 **EU27의 천연가스 공급 지역(2004년)**

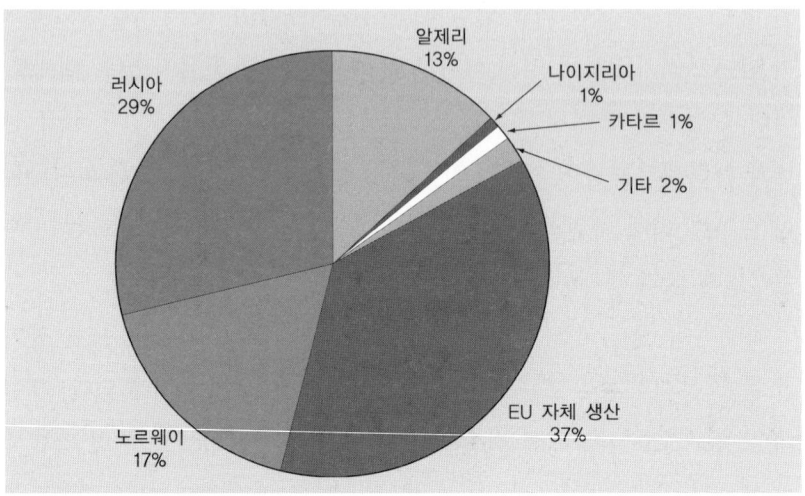

자료: European Commission.

〈그림 9.5〉 **EU27의 석탄 공급 지역(2004년)**

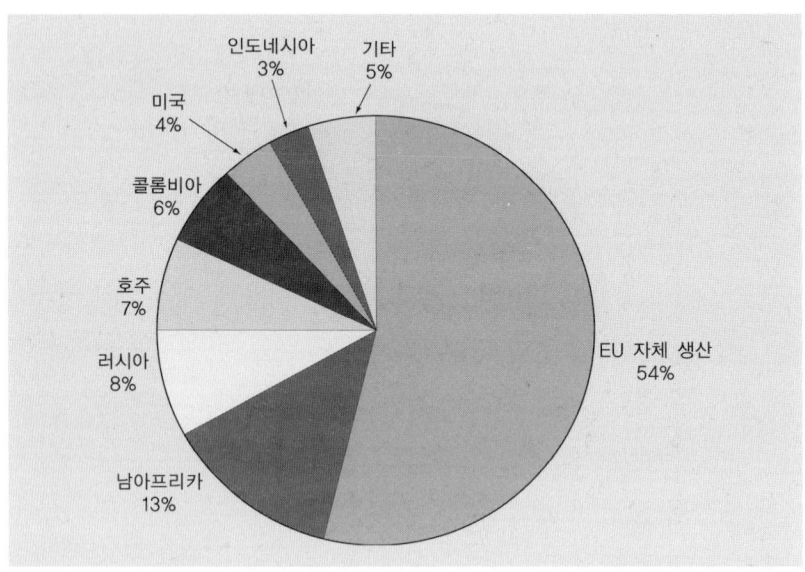

자료: European Commission.

에너지 경제 부문에 제시되었던 구조적 변화들을 가져오게 되었다. 이러한 변화의 예로, 러시아는 국내 개발에 대한 불확실성과 지역적·지리적 경쟁의 결합, 이 두 요소들에 의해 지난 몇 년 동안 EU와의 관계가 시들해져 있었다. 그러자 몇몇 EU 회원국들은 러시아·우크라이나 분쟁을 계기로 러시아의 화석연료에 대한 큰 의존도로부터 선회하려는 변화를 보였고 여기서 에너지가 주된 역할을 했다. 그러나 러시아에서 수입하는 자원들은 다른 유통이나 연료들로 대체하기에는 너무 어려울 뿐만 아니라 많은 비용이 들 것이다. 그렇기 때문에 더욱 지속 가능한 에너지 체제를 달성하기 위한 장기적인 추진은 꼭 기후변화 때문만이 아니라 구조적인 정치적·경제적 의존도 면에서도 이루어져야 한다. 하지만 이것이 에너지 안보에 관한 중·단기적인 문제의 원인이 될 수도 있다. 게다가 생산국들이 화석연료에 투자해 중·단기적으로 충분한 공급량을 제공하는 것을 내켜 하지 않을 수도 있다. 따라서 EU 전략이 직면한 어려움은 EU 이해관계자들의 글로벌 경쟁력이 어떤 식으로든 방해받지 않는 한에서 새로운 공익을 달성해야만 한다는 것이다. 여러 요소들 중에서도 특히 국제 화석연료 에너지의 가격, 이산화탄소 비용, 그리고 에너지 부문의 기구가 이 정책의 목표들을 달성시키는 데 중요한 역할을 할 것이다.

EU의 에너지정책

새로운 이니셔티브를 향한 질주

최근 신흥경제의 수요 증가, 가치사슬의 모든 부분들에 대한 투자 부족,

석유와 천연가스의 새로운 유통가격 상승, 자원과 시장에 대한 접근성, 에너지(또는 자원) 민족주의 정서의 재발, 기후변화에 대한 절박감 등이 늘어나면서, 그리고 부분적으로는 에너지와 관련된 정치적 위험의 프리미엄 때문에 국제시장의 에너지 가격 상승 수준은 전 세계와 유로지역 내 에너지 논쟁을 격렬하게 만들었다.

2005년도부터는 에너지정책 문제에서 EU 회원국들 간 긴밀한 협력이 필요하다는 견해가 어느 정도 진전되기 시작했다. 회원국들 간 급증된 에너지 무역 흐름과 제3국 자원에 대한 수입의존도 증가로 인해 환경의제 외에 운송 안보와 공급 안보 또한 문제로 부각되었다. 그 이유는 생산국 정부에 의해 다시 불거진 국가 이득을 배경으로 하여 시장의 힘만으로도 EU 회원국들에게 충분한 공급 안보를 제공할 수 있다는 아이디어가 공공연하게 의심받기 시작한 데 있다. 생산국 정부들은 유럽과 같은 소비국들의 에너지 구성에 더욱 지속 가능한 자원들을 포함하는, 강화된 전이계획들과 투자 필요조건들을 배경으로 수요 안보의 문제를 일으켰다.

더욱이, 당초 EU의 에너지시장 개방화가 석유에 관한 국제에너지기구(IEA: International Energy Agency)의 메커니즘과 같은 위기정책 메커니즘이 제대로 수반되지 않자 정책 방향에 대한 의구심은 더욱 커져갔다. 동시에, 역내 시장에서의 개방화 실행 자체는 단순히 무역장벽을 없애고 자연 독점을 규제하는 것보다도 훨씬 더 많은 조정이 필요했다. 공급 안보 정책의 조정 또한 더욱 어려울 것으로 판명되었다. 이는 특히 천연가스 부문에서 명확히 나타난다. 역내 사회 기반 시설과 무역이 EU 회원국들과 제3국 간의 장기적 무역 및 외교 관계에 의존해왔기 때문이다. 또한 1973년 석유 파동과 같은 구조적 위기의 부재 여파로 EU

회원국들은 그들의 장기적인 쌍무적 에너지 관계를 브뤼셀로부터 운영되는 에너지 관계와 맞바꾸고 싶어 하지 않는다. 그 이유는 브뤼셀로부터 운영되는 에너지 관계들은 각 회원국들의 안보에 반드시 득이 되지는 않기 때문이다. 더불어 국가 대표기업들(national champions)의 입장과 에너지 부문의 미래 기구 구조에 관한 개방화 의제는 불안감을 점점 고조시켰다. 대체적으로 이러한 불확실성들은 불안정한 투자 환경 조성으로 이어진다.

2005년 가을에 EU의 햄프턴 궁전에서 있었던 EU 각료이사회 회담에서 발표된 논문은, EU 회원국들이 역내 에너지시장에 관한 몇 가지 미해결 문제들의 해결과 환경을 고려하면서 이 해결 과정을 어떻게 진행할 것인지 검토를 요구했다. 이 논의는 현재 에너지정책 논의의 시발점이 되었으며, 또한 이 회담에서 EU 집행위원회에 녹서(Green Paper)를 준비하도록 요구하여 2006년 3월에 녹서가 발간되었다. EU 집행위원회가 녹서를 준비하는 동안, 2006년 1월에 일어난 러시아-우크라이나 가스파동은 대외에너지 관계에 대한 고찰 역시 추가시켜야 한다는 절박감을 고조시켰다. 2006년 EU 집행위원회의 녹서인 '지속 가능하고 경쟁력이 있는 보장된 에너지를 위한 유럽 정책'과 EU 집행위원회의 경쟁 총국의 부문 조사는 '에너지 패키지(energy package)'로도 불리는 2007 전략적 에너지 검토(SER, 2007)로, 에너지에 대한 논의들을 이끌어가며 디딤돌과 같은 역할을 했다.

2007년 1월 10일에는 EU 집행위원회가 〈유럽을 위한 에너지정책(An Energy Policy for Europe)〉(European Commission, 2007c)을 발간했다. 이 에너지 패키지로 EU 집행위원회는 회원국들이 미래의 에너지 안보와 환경적으로 건전한 에너지 시스템에 대한 삼중 위험에 대처하고 동시에 역내 에너지시장을 어떻게 실현하고 완성할 것인지 집행위원회의 견해를 수용하도록 요구했다. 이런 제안들은 EU 대내외 에너지정책 수립을 위해 에너지 부문의 많은 권한들을 포함시키고 있다. 2007년 3월 8~9일 EU 의장국 결론으로 우리는 법적 권한 문제들이 아직도 해결되지 않았으며 EU 집행위원회는 계속해서 훨씬 더 많이 진화된 접근법을 선택할 것이라는 사실을 알게 되었다.

EU의 시장 모델은 아직 확정되지 않았다. 그 이유는 각 정책입안자와 정치인, 규제자, 학자, 기업, 그리고 다른 기구들이 각자의 입장만을 고려해 자기가 선호하는 시장구조 또는 시장 모델, 공급 안보, 환경정책 방안과 지불해야 할 가격들이 이 체제와 들어맞아야 하기 때문이다. 더 중요한 점은 EU 회원국들이 제도 불균형에서 비롯되는 공급 안보 리스크와, 각 회원국마다 서로 다른 에너지 구성 선호도를 어떻게 해결할 것인지에 대한 확신을 아직도 갖고 있지 않다는 점이다.

국가 시장 모델에 대한 지령을 국가마다 달리 해석하여 견해 차이가 벌어졌다. 예를 들어 EU 회원국들과 다른 이해관계자들 중에서 가치사슬을 분리하자는 제안자들과 가치사슬을 더 통합하자는 제안자들 간에 선호도가 달랐고, 국가 대표기업들을 선호하는 부류와 선호하지 않는 부류 간에도 선호도가 다양했다. EU 토론에서는 가치사슬을 일정 수준으로 통합하자는 제안자들이 자주 비경쟁적인 행동을 한다고 비난받음으로써 경쟁 모델들, 예를 들어 시장을 위해 수직계열화한 회사들의 장점들을 부인했다.

통합이나 분리 수준은 유럽의 에너지 부문 효율성과 신뢰성에서 특별히 중요할 수도 있다. 특히 시장에서 해외 자원 의존도가 집중되거나 자원 민족주의로 어려움을 겪는 것과 관련해 기업 부문의 구매력이 유럽시장의 유통을 확보하는 데 어느 정도 도움을 줄 수 있다. 이 모델은 해외 자원과 시장을 놓고 경쟁하는 대기업들과 함께 EU의 규제와 규범 내에서 실현 가능하다. 또한 몇몇 회원국들은 점점 파편화돼가는 시장 구조보다는 이러한 모델을 선호한다.

더불어 선호하는 시장구조에 대한 논의는 전형적으로 장기적인 주기를 가진 산업에서 장·단기적인 이득을 모두 잡으려는 욕망을 반영한 것이다. 이는 이런 고된 논쟁의 결과나 장기적인 비용을 제3국들에 떠넘기려는 명백한 시도로서, 대외에너지 관계가 채택되는 방법에도 영향을 미친다. 결국 소비국과 생산국 둘 다 지대추구 행위에 구속되어 있는 것이다. 그러나 생산국들은 이처럼 소비국들이 공급 안보에 따른 장기 비용을 떠넘기려는 과정을 알고 있기 때문에 생산과 운송 투자에 대한 이윤을 확보하려는 전략들로 맞대응한다. 전방수직계열화와 공급자 협력은 구매자시장에서의 개발 차원에서 선택권으로 남겨져 있는데, 이것은 비용과 에너지 무역의 이득이 불균형을 이루는 것을 의미한다.

EU의 에너지정책에 대한 다년간에 걸친 논의들을 이해하기 위해서는 회원국들의 국익을 이해하는 것이 중요하다. 그러나 더욱 중요한 것은 (국제) 에너지 부문의 기구 안에서 EU 회원국들의 역할 또한 이해하는 것이다. 에너지만큼은 국가(또는 정부)가 종종 소유자로서, 또 규제자로서 항상 개입해왔다. 에너지 부문의 규제는 공정한 경쟁의 장, 효율성, 확실한 시장구조, 그리고 구매자들을 위한 최저 가격을 만드는 측면뿐만 아니라 국가안보 측면에서도 매우 중요하다. 에너지 부문은 높은 경제지대로 회사들과 정부를 끌어들인다(van der Linde, 2000). 에너지는 생산자(생산국), 운송 및 소비 국가들의 세금 수입원에서 주요한 공헌자다. 이 이유만으로도 정부는 에너지 부문에 대한 개입을 앞으로도 지속할 것이다. 에너지정책 개발로 넘어가기 전에, 회원국들의 정치적·사회적 구성에서 정부(국가)의 역할과 기업의 역할을 분석해야 한다.

국가 대 시장

에너지에서 국가와 시장을 쉽게 분리할 수는 없다. 에너지는 국가의 핵심적인 역할에 가깝기 때문이다. 에너지는 국가들의 경쟁 위상과 산업과 복지를 결정할, 우리 경제에서 매우 중대하고 기본적인 투입(input)일 뿐만 아니라 법과 질서, 국제, 해외 선취특권과 같은 국가안보의 결정적 요소이기도 하다. 규제 방법이나 소유권으로 발생한 시장의 불완전성을 줄이기 위해 시장에 개입하는 사례로 자연독점을 극복하기 위한 개입을 들 수 있다. 이는 국가안보를 이유로 이행되는 국가 개입, 예를 들어 군사 목적과 대개는 지정학적·지리경제학적 부각을 활성화시키기 위한 에너지 공급 확보와는 엄연히 차이가 있다. 이런 기능들은 종종 결합될 수도 있는데 공급 중단이라는 정치적 위험 없이 충분한 에너지자원들이 구매자시장으로 공급될 수 있기 때문이다. 그렇지만 지정학적·지리경제학적 긴장감이 고조되거나 에너지자원 지역들이 불안정하다고 간주되는 상황에서 소비국 정부들은 국가적 안보 의무를 느껴 자원 확보를 위해 개입할 수밖에 없을 것이다.

자원이 풍부한 국가들조차도, 국가안보라는 의무감 때문에 이들의 정부는 에너지 부문을 책임질 필요를 느낀다. 예를 들어 러시아에서는 올리가르히(Oligarch)들이 그들의 축적된 부로 정부와 국가의 통일성에 도전장을 내민다고(몇몇 엘리트들이 보기에는) 여겨질 때, 이들은 러시아 국익에 대한 위험으로 인식된다. 러시아 정부는 유코스 사태(Yukos affair)에서 석유 부문에 대한 정부 개입 이후로 가스프롬(Gazprom)을 구조조정하면서, 경제에 대한 올리가르히 제1세대의 지배력을 지속적으로 줄이고 그 자리에 더 충실히 국익에 기여할 경영자들을 앉혔다(Finon and Locatelli, 2007; Stern, 2005). 더욱이, 최근에 중동 국가들과 카스피 해 지역, 그리고 러시아에 의해 증명되었듯이 풍부한 에너지자원들은 국가의 지정학적 중요성을 활성화시킬 수 있다. 이러한 이유로 각국 정부들은 쉽사리 공급 안보를 시장에 맡겨두지는 않을 것이다.

중앙집권적으로 계획된 경제의 한계에 이른 1980년대 후반 이후에는 글로벌 시장 주도의 경제 체제에 대한 낙관론이 압도적이었다. 냉전 종결 무렵에는 자유무역과 자본의 자유이동으로 예전의 비(非)통합국가들이 세계경제 시장 체제에 포함될 것으로 기대되었고, 무역과 관세에 관한 일반협정(GATT)의 후속 기구인 WTO의 등장으로 글로벌 통합에 대한 기대는 더욱 증폭되었다. 국제관계가 수월해지고 그 결과 정치색이 없어진 세상에서는 경제 접근법이나 시장 접근법 또한 (국제) 에너지 부문을 조직하는 데 효율적인 모델을 제공할 수 있다. EU의 특정한 역내 역학과 관련해 유럽의 에너지 부문을 개방시키려는 시도는 폭넓은 국제정치적·경제적 과정의 한 부분이다. 그러나 최근 에너지에 대한 지정학적 분쟁들은 국제관계에서 에너지의 경제적 사용이 억제되어 왔으며 공급 안보 위험도가 증가되었음을 암시한다.

국가에서 필요하거나 원하는 안보 유형을 달성하고자 할 때 시장이 실패에 가까워지거나 어느 정도 실패하게 되면 대개 에너지는 국가의 정치적·전략적 기능의 일부가 된다. 이때 정부는 활발한 역할을 수행할 수 있는데, 그 기능의 정도를 다르게 하여 시장 참여자들이 국가안보를 제공하도록 세부 조정을 한다. 예를 들어 국가는 국내 기업들과 친한 생산국들과의 거래를 조장할 수 있으며, 반대로 생산국은 자기 회사들을 위해 친한 소비국들의 시장으로 진출할 수도 있다. 또한 국가는 국내 기업들이 투자에서 경쟁 우위에 서도록 보조금을 지원할 수도 있으며 도로, 전화, 기술, 군사장비에 걸쳐 상당한 부가수당을 자원이 풍부한 국가들에게 제공할 수도 있다. 그리고 다른 국가에게 특혜적·정치적·경제적 대우를 제공해줄 수도 있으며 인권 문제나 다른 정치적 결점에도 불구하고 국제사회에서의 다른 국가 개입을 조장할 수도 있다. 이렇듯 국가는 경제적·정치적·전략적 방법을 전반적으로 사용할 수 있기 때문에, 생산국과 소비국 양쪽의 에너지정책은 국경을 넘어 다른 이해관계자들의 경제와 정치 전략적 이득이 균형을 이루게 해준다. 시장 지향 사회에서 이와 같은 현실은 종종 잊혀지거나 적어도 공공연하게 알려져 있지 않다.

또한 에너지는 고도의 경제지대 산업으로, 정부는 세금 또는 소유권을 통해 성공적으로 지대를 확보해왔다. 그리고 에너지 부문의 시장 참여자들은 국내와 해외에서의 장기 투자를 확보하기 위해 정부가 필요하다. 이러한 이유로 에너지 산업은 정치적 모델일 뿐만 아니라 회원국들의 사회경제적 모델에서도 중요한 부분을 차지하고 있다(Finon and Locatelli, 2007).

에너지정책 수립에 대한 경제적 접근은 국가안보에서는 설명되지 않는 중요한 문제들을 다룰 것이고, 왜 EU 에너지 이해관계를 에너지정책 수립에 삽입하기를 꺼려하는지 설명할 것이다. 에너지정책 수립에 대한 경제적 접근법은 에너지(그리고 참여자들)와 국가 간의 전략적 공생관계에 있으며 EU는 이 접근법이 실행될 수 있도록 회원국들을 반드시 설득해야만 한다. 그러나 EU가 에너지에 대한 모든 필요한 능력들을 갖추었다 하더라도 해외와 안보정책 영역에서 경쟁력의 부재, 그리고 강력한 국가기관들의 불참은 EU가 하나의 국가로 기능하는 것을 방해한다. EU는 단순히 하나의 국가로써 수행하도록 설계된 것이 아니라 오히려 기관들과 함께 경협사업을 함으로써 무역장벽을 없애고 생산요소들의 자유로운 유통을 달성하도록 되어 있다. 따라서 얼마만큼의 주권과 어떤 권력들을 EU 수준으로 격상시킬 수 있는가(또는 격상시켜야 하는가), 그리고 국가안보에 대한 통제를 포기하지 않고도 회원국들에게 EU의 정책가치를 최적화시키기 위해 어떤 정책들이 사용될 수 있는가 하는 것이 문제다.

공동에너지정책의 당위성

경제통합의 최종 단계인 경제통화동맹(Economic and Monetary Union) 이행과 함께 회원국들의 정책 수립 영역으로 남겨진 에너지 부문을 EU 공동정책 수준으로 포함시키는 것은 매우 논리적이다. 에너지 부문은 국가정책이 압도한 부문들 중 하나다. 특히 천연가스와 전기 부문들은 공익사업들이라서 대부분이 지방당국들에 의해 운영된다. 에너지 부문 내 다른 기구에 의한 효율성들은 개별 회원국뿐만 아니라 EU에서도 실현이 가능했다. 이러한 노력에는 천연가스와 전기 부문도 일조했는데, 이 시기에는 많은 공익기업이나 (예전의) 자연독점 부문들에서의 정부 개입이 통제 기능으로 빠지면서 EU 전역으로 경쟁이 도입되었다. 역내 에너지시장 이행 과정은 1990년대에 본격적으로 시작되었다. 이 시기에는 에너지자원이 유럽과 세계시장에서 충분히 공급될 수 있어서 공급안보에 대한 위험이 낮다고 생각되었다.

역내 시장을 개방하려는 이행 과정 초기에 회원국들은 제일 먼저 그들의 국내 부문에 대한 구조조정을 실행함으로써 스스로 EU 경쟁에 대비

했다. 회원국마다 구조조정된 부문에서 정부가 만든 접근법들과 대안들은 크게 달랐다. 영국이 공익사업을 제일 먼저 민영화했고 얼마 지나지 않아 시장이 개방되면서 대부분의 다른 국가들은 정확히 영국의 구조조정 과정과 반대되는 방향으로 진행되었다. 프랑스는 이 구조조정 부문이 이미 대기업 둘을 중심으로 집중화되어 있었고, 다른 회원국들은 우선적으로 더 큰 정체(entity)를 꾸려서 규모와 범위의 경제를 조성해야만 했다. 시장구조와 기업의 규모가 우선이었고 그 다음은 국내 시장 요구를 대상으로 한 조정이었다. 게다가, 이 부문을 어떻게 최적으로 만들 것인지에 대한 선택 안에서 유럽시장이 중요한 역할을 했지만 구조조정 과정의 일부와 회원국들의 정치적·사회경제적 모델 일부분은 여전히 국가의 선택으로 남아 있었다. 예를 들어 독일에서는 에너지 부문의 구조조정 노력에 국가의 통일이 일조하기도 했다. 옛 동독 자산들은 서독의 자산에 합쳐졌고 강력한 유럽의 위상을 위해 신규 기업들이 준비되었다. 국가의 선택은 이렇게 오늘날 시장 설계에 대한 논의에서 중요한 역할을 했다.

그리고 EU 차원에서 모방을 통해 시장 모델을 추진하기 위한 회원국들 간의 경쟁은 당연한 것이다. 최근 영국 주최 토의에서는, EU 회원국들이 이 시장 모델을 따른다면 에너지 부문과 이 부문의 규제자가 경쟁 정보와 경험 면에서 다른 회원국들보다 우위를 얻게 된다는 이야기가 등장했다. 하지만 당연히 규모가 큰 회원국들의 경우, 특히 국내 시장 참여자들에게 인기가 없는 수단이고 투표자들이 더 많은 변화를 받아들이고자 하지 않을 때, 시장 모델의 특정 변화에 저항한다. 게다가 변화에 대한 욕구는 적절한 수익과 비용 사이의 균형에 달려 있다.

그러나 2007 전략적 에너지 리뷰는 경쟁과 지속 가능성 및 안보 사이의 균형이 중요하다고 제시한 사실을 제외하고는, 어떻게 이 균형을 맞출 것인지 뚜렷하게 보여주지 못했다. EU 이사회가 2020년까지 이산화탄소량을 20% 줄이고 재생 가능한 에너지로부터 에너지 생산을 20% 할당하기로 한 20-20-20목표를 포용한 사실은 정치적 방향을 반영하지만 이 경우 실행 사항과 유통비용이라는 문제가 따른다. 정확히 어떤 거래들이 역내 시장, 환경정책들과 대외에너지 관계의 접근법들 사이에 존재하는지 보여주는 데 필요한 분석이 불충분하게 제시되었기 때문이다.

예를 들어 높은 가격은 에너지 절약과 청정연료의 도입을 도와주지만 구매자들의 단기적 이득에는 도움이 되지 않는다. 시장에서 많은 부분을 공급하는 거대 에너지 공급자들과의 안정되고 강력한 관계는 공급 안보에 도움이 될 수도 있지만 자원의 다양성과 시장에서의 경쟁에 제한을 줄 수 있다. 회원국들은 혼자서 역내 시장 접근을 하면 다른 정책 부문의 결과를 확보하지 못할 것이라고 인식하고 있다.

시장은 부족한 자원에 대한 조정 메커니즘이지만 스스로 더 많은 지속 가능한 연료기지로의 변화, 또는 위기정책을 실행하거나 장기적 공급 안보로써 다른 공익들을 제공해줄 수는 없다(Helm, 2006). 투자와 소비 사이의 긴 지체, 에너지 시스템에서의 특정 거래들과 자본상품 수명은 소비상품을 위한 시장과 다른 시장의 기구를 만들고 발전을 촉진한다(Helm, 2005a). 시장과 정부 개입 사이의 상호 작용은 이런 역동성들을 반영해야 한다.

EU 에너지정책은 이런 정책들 중에서 반드시 긍정적인 거래들을 추구해야지, 역내 시장 점유율의 관점만으로 접근해서는 안 된다. 경쟁정책이 모든 것을 처리해주는 단 하나의 해결책으로 충분하지 않듯이 전략적 에너지 리뷰는 다른 해결책들을 제공하지 않는다(Helm, 2005b; Henningsen, 2006). 최근 제안들은 역내 에너지정책과 대외정책 수립에 필요한 기본적인 의지로 정책 균형에 대한 혜택과 비용을 측정하려는 의지, 국제시장에서의 발전들에 따라 정책의 채택을 고려할 필요성, 그리고 경쟁 모델들이 더 많이 있다는 것을 받아들이려는 충분한 인식을 반영하지 않았다. 더불어 시장들 스스로 진화되도록 에너지 부문 개발과 정책을 일치시키려는 시도를 정책입안자들도 해야 한다는 인식 역시 충분히 반영되지 않았다. 정책입안의 비용과 이익 측정은 예전에는 장기적인 계약상 합의에 도달하는 데 영향을 주지 않았으나(예를 들어 소비국의 이득 면에서), 오히려 이 측정은 전략적 천연가스 비축을 유지하는 의무에 대한 비용과는 차이가 난다. 다른 융통성 있는 선택 안으로는 예를 들어 이중점화 능력(dual-firing capacity) 실행을 들 수 있는데, 이 선택 안은 공급 안보 정책으로는 고려되었지만 위기관리정책의 부분으로는 고려되지 않았다.

모든 것은 시장과 정부 수단들을 적절히 구성하여 시장과 공급 안보와 같은 공익 문제 간 균형을 최적화하고 다른 지역정책 구성을 필요로 하는 부수물들을 가져오는 데 있다. 최근 연구에 따르면 시장 환경에서 공급 안보 측정량을 정하기 위한 시도가 있었다(de Jong et al., 2006). 이런 접근법과 논의는 복잡한 에너지 문제를 다루기 위한 시작에 불과하지만, 분명한 것은 EU의 에너지제도들에서의 연동의존도들, 다양한 정책 선택권들의 비용과 혜택, 그리고 EU 회원국 수준에서 미치는 영향을 더욱 완전히 이해하는 것이야말로 균형 잡힌 거래를 이루는 데 크게 도움을 줄 것이다.

1990년대부터 역내 에너지시장 이행 과정은 공급 안보 정책의 조정이 필요한 회원국들 간에 상호 의존을 촉진시켜왔다.[1] 국가 간 에너지 무역 증가와 네트워크의 더 강력한 연결장치는 시스템이 실패할 경우 새로운 약점들을 만들 수밖에 없다. 최근 독일에서 발생한 전력 공급 중단 사태는 대부분의 유럽시장을 통해 매우 빠르게 확산되었다. 그러므로 의정서의 시스템 운영자들 간 운영상 기술 협력과 빠른 경고 시스템이 시스템 어딘가에서 전력고장의 영향을 줄이는 데 도움이 될 수 있다. 더 큰 시스템에서 제한적으로 연결된 전력발전소로 비용이 축적되는 동안, 더 많은 상호 접속으로 자원들이 더욱 쉽게 다른 회원국들의 시장에 진입함으로써 국가 시장들 간의 비용 차이를 줄일 수 있는 것이다.

이산화탄소 배출 축소와 관련된 교토 의정서(Kyoto Protocol)의 목표들은 회원국들이 협력해야 하는 또 다른 주요 원인이다. 대체로 에너지 정책들의 조정이나 조화는 재생 가능 에너지들과 관련해서는 논리적이다. 그 이유는 이 산업들이 개발 초기 단계에 있기 때문이다.[2] 유럽에서 원자력 핵 부문이 발족되기 전에 마무리된 유럽원자력에너지공동체조약(Euratom Treaty)처럼, 내재되어 있던 약간의 관심과 공평한 경쟁의 장을 만들고자 하는 바람과 더불어 공동 틀에 대한 동의는 비교적 쉬운 편이다. 지속 가능한 새로운 에너지산업들이 회원국들의 사회경제적 구조 안에 아직 내재되어 있지는 않으나, 이에 대한 기회의 창은 의안이 진행되기 시작하면서 빠르게 닫힐 것이다. 그러나 EU 수준에서의

---

1 운송 안보는 근본적으로 공급 안보와 다르다. 운송 안보는 기술적 · 물리적으로 매일 적절한 가격으로 방해받지 않고 에너지 수요를 충족시키는 능력이다. 충분한 인프라와 생산설비가 가능해야 하고 투자 실패는 피해야 한다. 또한 기업은 고객에게 에너지 자원을 운송할 만큼 건실해야 한다. 공급 안보는 충분한 공급이 수요를 만족시킬 만큼 가능하다는 장기적 확실성을 말한다. 공급 안보는 공급 실패에 따른 경제적 · 지정학적 리스크를 말한다. 이 두 개념은 EU 집행위원회의 보고서 〈유럽을 위한 에너지정책〉에서 혼용되고 있다.
2 회원국이 에너지 믹스에서 국가의 권한을 계속 유지하고자 하기 때문에 이산화탄소 배출 감축 정책에서 원자력을 포함할 경우 정책을 통합하기가 어려울 것이다.

정책입안에 대해 이를 현존하는 정책들에 대한 위협으로 여기는 정부와 회사를 통해 보아서는 안 된다. 회원국들과 주요 주주들 사이에 공평한 경쟁의 장을 만드는 데 있어 저탄소경제 달성을 추진하고자 하는 절박감 때문에 EU 수준에서의 정책들은 매력적이다.

공급 안보에 대한 조정은 더욱 힘이 드는데, 이는 특히 천연가스가 고려되었을 때 더욱 그렇다. 천연가스는 적용된 인프라 구조에 의존하며 천연가스 무역은 생산국과 소비국 사이의 장기적인 산업과 외교적 관계들의 한 부분이다. 석유 부문에서 석유수출기구(OPEC) 국가들에 의한 석유자산 상층부의 민족주의는 이미 에너지 관계의 주요한 구조 조정을 강요했으므로, 국제에너지기구에서 조정된 석유파동정책을 위한 길이 열린 것이다. 그러나 국제 천연가스 산업에서 이런 위기가 실현되지 않자 회원국들은 자신들의 장기적인 쌍무적 에너지 관계를 브뤼셀이 운영하는 관계로 대체되는 것을 더욱 내켜 하지 않았으며, 특히 관계를 변화시키기 위한 압력을 받을 때는 그 반발이 더 심화되었다. 한 예로 러시아와의 경우를 들 수 있다. EU 확대는 최근 들어 몇몇 회원국들이 원하는 것보다 더 심각하게 러시아와의 독단적인 관계로 몰아가고 있다. 피논과 로카텔리(Finon and Locatelli, 2007, p. 28)는 시장 모델과 천연가스 공급 안보에 대한 EU 회원국들과 EU 집행위원회 간의 논쟁 요소를 다음과 같이 강조하여 말했다.

…… 그러나 만약 주요 천연가스회사들이 단기 경쟁 원리란 이름으로 약해진다면, 더 많은 수입 사업들을 다루기 위한 그들의 교섭력과 재정 능력은 줄어들 것이다. 이것은 어떤 값을 치르더라도 경쟁을 조장하는 공동체의 목표와 장기적 공급 안보를 확보하는 목표 사이의 근본적인 갈등이다. 한편에

서는 시장원리라는 이름으로 천연가스회사 자산들을 분산시키고 싶어 하고 다른 한편에서는 단일 유럽 협상력을 만들려는 분명한 논리가 있다. 그러나 회원국들은, 정부 목표와 같은 대열에 들어서면서 국내 구매자들이 더욱 쉽게 그 목표를 달성할 수 있음에도 불구하고 어떻게 그런 기관의 선택들이 그들의 국가적 천연가스 공급을 향상시킬 수 있는지 궁금해한다.

공동에너지정책이 탄생하려면 회원국들은 가장 먼저 합리적 가격, 공급 안보, 환경의 지속 가능성이라는 성과를 이루기 위해 회원국 수준에서의 정책입안보다는 EU 수준에서의 에너지정책이 더욱 효과적이라는 사실을 확신해야 한다. 부상하는 자원 민족주의와 자원을 둘러싼 기타 소비국들의 더욱 강렬해진 경쟁에도 불구하고, 대외에너지정책을 한데 묶으려는 것과 관련된 논쟁은 세계적으로 큰 소비자시장을 대표하는 EU의 위치에 더 많은 마찰을 가중시킬 것이다. EU가 국제 에너지 관계에 변화를 주려면 협상에서 반드시 무언가를 제시해야 한다. 문제는 제3국의 회사들에게는 EU 시장으로의 진출이 이미 상호 개방적으로 열려있다는 사실이다. 따라서 EU로의 시장 진출은 자원에 대한 접근 문제를 협상하기 위한 시장지배력 도구로 사용될 수 없다. 게다가, EU는 더 이상 석유와 천연가스를 위해 역동적으로 성장하는 소비자시장을 대표하지 않는다. 이러한 대표성 문제는 EU가 지속 가능한 에너지, 이산화탄소 방출 감소, 에너지 효율을 달성하기 위해 노력하지 않을 때 더욱 불거진다. 석유와 천연가스 생산자들에게 EU 시장의 중요성은 동적인 다른 시장들에 비해 약해졌다. 세계 에너지 수요에서 다른 소비국들의 지분이 늘어나면 EU의 중요성은 지속적으로 약해질 것이다.

EU의 시장지배력은 그들의 에너지 구성에서 탄소 구성을 줄이려는 노력의 미덕에 의해 존재한다. 이러한 미덕이 실현되도록 준비하는 기간을 고려하고, 석유와 천연가스를 더 비싼 연료들로 바꾸는 데 드는 초기 발생 비용을 기꺼이 지출하려는 태도는 외교에서 힘의 위상을 만든다. 하지만 저탄소경제는 생산국들에게는 직접적인 위협이 되어 그들의 전통적인 시장과 경쟁하는 새로운 연료들과 새로운 회사들에 시장점유율을 점차 빼앗기게 된다. 또한 많은 생산국들 역시 석유와 천연가스 수출 소득에 의지하고 있으므로 저탄소경제에 위협을 느낀다. 공급과 수요 안보에 대한 격렬한 논쟁은 국가안보와 장기적 · 지정학적, 그리고 글로벌 경제적 풍경에 관한 것이다.

국가 권한을 유지하는 이유

미래의 지정학적 글로벌 경제 지배를 위한 전쟁은 국제 에너지시장에서 부분적으로 퇴출되어 있는 상태다. 회원국과 EU 양쪽 수준에서의 에너지정책은 새로운 에너지 시스템과 새로운 연료들에 대한 지속적인 시각과 함께 고려해야 한다. 그리고 석유와 천연가스로부터 멀어지기 위한 단기적 · 중기적 상황의 창출을 반드시 포함하거나 이러한 전환을 피해야 한다. EU 회원국들은 그들의 안정적인 에너지 관계들을 EU 수준에서의 더 불확실한 관계들과 교환하고 싶어 하지 않기 때문에 에너지정책 면에서 다른 장기적 의제를 활성화하고 있다. EU 회원국들은 저탄소경제가 구체화되지 않는 한 수입된 석유와 천연가스(그리고 석탄)에 대한 의존도가 매우 클 것이라는 것을 깨달았다. 동시에 공급자들 역시 그들의 전통적인 시장 성숙도와 상관없이 그 시장에 관여하게 되는데, 이는 에너지 수출로부터 얻는 소득을 안정화시키기 위해서다. 유럽, 일본, 그리고 미국 시장들은 새로운 소비 국가들로 하루 만에 교체될 수는 없다.

저탄소전략과 경쟁시장구조에 기반을 둔 EU의 국제정치적·경제적 영향력이 힘을 얻으려면 EU가 석유와 천연가스 안보 문제들에 대해 한목소리를 낼 것인지, 아니면 지정학적·국내 정치적·사회경제적 이유들로 이 안보 문제들이 EU 권한과 분리되어 두 가지로 나뉜 접근법을 추구할 것인지 결정해야 한다. 이는 EU 회원국들에게 매우 중요하다. 후자를 선택한다면 국익들의 이해관계가 깊은 EU 회원국들의 영역 안에 에너지정책 입안의 요소들이 남겨질 것이고, EU는 에너지 문제들과 관련해 불완전한 능력을 가지게 될 것이다.

권한

EU의 에너지 경쟁력은 불완전하며 특히 공급 안보 정책에서는 더욱 불완전하다. 게다가 국내 자원들과 에너지 구성에 대한 관리 또한 EU 회원국들의 영역 안에서 무너지고 있다. 실제로, 에너지에 관한 EU의 능력은 크게 EU 시장과 경쟁력에 기반을 두고 있다. 유럽통합 프로젝트 50년 동안 에너지는 항상 각 회원국들의 국가정책 입안의 영역에 머물도록 운영되었다. 〈에너지 공급 안보를 위한 유럽의 전략(Towards a European Strategy for the Security of Energy Supply)〉이라는 집행위원회의 녹서는 이미 2000년도에 다음과 같은 결론을 내렸다. "EU는 반드시 에너지 운영에 대해 책임을 잘 져야 한다. 우리는 지난 30년 동안 유럽 경제에서 다양한 위기들이 끊임없이 일어났음에도 불구하고 에너지자원에 대한 선택에 대해 진정한 논의가 없었으며, 또한 공급 안보에 관한 에너지정책을 오히려 하지 못하게 만들었다는 사실을 알아야 한다." (European Commission, 2000b, p. 3). 2006년 3월 녹서는 에너지정책을 EU 수준으로 격상시키기 위해 다시 시도했다. 당시 녹서를(European

Commission, 2006e) 논의한 이후 유럽의 정상들이 요구한 '유럽을 위한 에너지정책'은 적어도 국가 에너지정책들이 일관되어야 한다고 제의했으나 회원국들은 이 정책들이 권한 문제로 옮겨가는 것을 내켜 하지 않았다. 회담의 결말에서 오스트리아 EU 의장국 성명(Austrian EU presidency' statement)에 따르면 유럽을 위한 에너지정책은 현 EU 권한을 제한하는 범위에서 실현되어야 한다고 말했다. 더불어 오스트리아 의장국은[3] 원자력을 포함한 에너지 구성의 선택과 같은 중요한 전략적 결정에 대한 국가주권은 회원국 수준에서 보존될 것이라고 강조했다. 이것으로 EU 회원국들은 연료 구성에 개입할 수 있는 권한을 유지하고 싶어 했고 회원국들만의 고갈정책을 채택할 수 있는 그들의 권한 또한 분명히 원했다. 하지만 이것은 공동 에너지시장 틀에 대한 실질적이고 개방된 토론의 부재라는 결과를 낳았다. 이런 토론은 유럽과 회원국 수준에서의 현재와 미래의 딜레마를 이해하기 위한 선행 조건이며 그 다음에는 시장, 안보와 환경 사이, 그리고 국가와 초국가적 수준 사이의 거래를 위해 정책입안자들에게 반드시 투입(input)되어야 한다. EU 이사회의 유보에도 불구하고 EU 집행위원회는 특히 대외에너지정책과 전략적 고찰(European Commission, 2007c)에서 석유와 천연가스 파동 메커니즘들에 대한 EU의 권한들을 늘리려는 제안을 또다시 내놓았다.

에너지정책에 대한 주권 문제는 유럽통합사에서 반복적으로 제기되어왔다.[4] 1994년 EU 지침은 회원국들이 국가안보라는 이유로 제3

---

3 Presidency conclusions 23-24 March 2006, 7775/1/06/ Rev 1.
4 예를 들어 소위 '생산 기능 부문 지침(upstream directive)' (94/22/EC, OJ L 164, 30 June 1994, pp. 3~8)에서 회원국의 주권 문제가 다루어졌다. 이 지침에서 회원국 영토 내 하이드로카본 자원에 대한 주권이 확인되며 회원국은 자신의 고갈정책을 결정할 수 있도록 허용되어 있다.

국 또는 제3국 국민들에게 EU 회원국에서 석유 산업의 상류 부문 경영 접근 거부를 할 수 있는 권한을 주었다. 게다가 EU 회원국들의 주된 에너지 구성은 사실상 각기 달랐으며 전기 부문 원료에서 선호되는 에너지 구성 또한 차이가 컸다. 더욱이 수입의존도 측면에서 회원국들 간에 완고한 구조적 차이점들이 존재해 공급 안보 문제에 대한 다른 해결책들을 모색해야 했다. 다양화되어가는 에너지 시스템들은 EU 수준에서의 에너지 담론에 있어 더욱 미묘하고 복잡한 문제들을 만들었고 이 문제들은 EU 확대 이후 다른 대외정책의 접근법에 의해 더욱 복잡해지기만 했다. 그러면 회원국들은 새로운 대내외 도전이라는 맥락에서 어떻게 에너지정책을 설계하려고 의도할 것인가? 그리고 어떻게 이것이 EU 위원회의 최근 제안에 나와 있는 전략적 고찰과 관련될 수 있는가?

공동에너지정책을 향한 유럽의 긴 여정

유럽에너지정책에서 협의된 유럽 에너지 논의와 시도들은 긴 역사를 가지고 있다(Lefeber and van der Linde, 1987, 1988). 1956년 메시나(Messina) 회담에서 유럽경제공동체(EEC: The European Economic Community) 창설 단계에서 기존 6개 회원국들을 대표해 나온 협상자들은 로마 조약(Treaty of Rome)의 초안이 지닌 엄청난 결함을 발견했다. 1956년 수에즈 위기(Suez crisis)로 석유 수입에 대한 창설 회원국들의 의존도가 증대되고 있음이 밝혀졌다. 석유와 천연가스 어느 것 하나도 로마 조약에서 자세하게 다루어지지 않고 유럽원자력공동체조약과 현존하는 유럽석탄철강조약 (European Coal and Steel Community Treaty)과 같은, 석유와 천연가스를 다루거나 진행 중인 별도의 조약도 없었다. 어쩌면 미래 기술에 대해 너무 확신을 가져서였는지 모르나, 유럽경제공동체의 창립자들은 유럽경제공동체가 석탄을 기반으로 한 경제를 원자력 경제로 급격히 발전시킬 것이라고 믿었다. 그들은 석유와 천연가스 둘 다 유럽의 연료 구성에서 중요해질 것이라고 상상해본 적이 없었다. 또한 미래에 다양한 지속 가능한 에너지들이 에너지 부류에 들어갈 것이라고는 상상도 못했으며 각 에너지들의 가치사슬 경영과 국제적 특색들이 에너지정책에 의해 설명되어야 한다는 것 또한 예견하지 못했다.

그러나 스파크 위원회(Spaak Committee)가 유럽 경제에서 앞으로 석유가 중요해질 것이라고 말했을 때는 아직 조약 조항에서 다루지 못한 이 에너지자원 부분을 포함시키기에는 조약 협상들이 너무 많이 진척되어 있었다. 그래서 로마 조약의 비준이 끝나고 발효되기 시작했을 때 이 상황을 개선하기 위한 협상들을 시작하기로 결정했다. 그러나 6개 회원국들은 그들의 에너지 부문 구성과 이득에서 발생하는 큰 차이를 결코 극복해낼 수 없었다. 경제에 있어 석탄 부문의 중요성은 독일에서는 컸지만 그에 비해 작고 비효율적인 석탄 부문들을 가지고 있는 프랑스, 이탈리아, 네덜란드의 선택은 1950년대 후반에 석유를 기반으로 한 경제로 빠르게 이동하는 것이었다. 그 결과 이들은 유럽의 에너지정책으로 일관되게 옮겨갈 수 없었다. 네덜란드의 천연가스 발견과 이 자원을 기반으로 한 1960년대 천연가스시장의 발전은 EU 회원국들이 에너지정책 문제에서 더욱 멀어지게 만들었고 그때부터 문제는 계속되었다.

정부 간 위기관리에 대한 선호

프랑스를 제외한 EU 회원국들은 1974년에 국제에너지기구의 국제에너지프로그램(IEP: International Energy Programme)에 가입하고 이 새로운 기구를 통해 그들의 석유파동정책을 이행하기로 결정함으로써 공동 대외에너지정책의 필요성이 없어졌다. 1974년 11월 국제에너지프로그램 가입 결정은 공동에너지정책을 채택한 1974년 12월에 있었던 EU 이사회 회담에 앞서 이루어졌으며, EU 회원국들은 에너지 영역에서의 정부 내 정책입안에 비해 정부 간 정책입안에 대한 선호도를 표명했다.[5] 그래서 공동에너지정책은 1974년 몇몇에 의해 예상되었듯이 전혀 진척되지 못했으며 1984년 EU 집행위원회는 이 정책을 더 이상 추구하지 않는다고 발표했다.

1980년대에는 정부가 스스로 경제 내 자기 역할을 고찰하기 시작했다. 두 번째 석유 가격파동 이후 1980년대 초반의 불경기로 당시 많은 EU 회원국들의 국가재정이 어려웠다. 정부는 경제수요관리정책의 한계에 부딪혀 공공지출을 삭감했는데, 이는 국제무역과 투자 정황에서 신규 진입자들과 효율적으로 경쟁하기 위해 회복되어야만 하는 투자를 배제시키는 것을 의미했다. 개방화와 민영화는 곤경에 처했던 정부에 새로운 바람이 되었고 정부의 수요관리정책은 더욱더 시장을 기반으로 한 경제 모델, 더 정확하게 말하자면 규제를 기반으로 한 경제로 기울기 시작했다. 그 이유는 정부가 이 상황에서 절대 빠져 나오지 못했기 때문이다.

시장 지향적인 경제에서는 소유자와 공급자로서의 정부 역할이 규제를 통해 가치사슬에서의 자연독점 또는 자연독점 부문들을 포함한 시장을 규정하고 경영하는 정부에 의해 바뀌어야만 했다. 경제에서 정부의 역할을 다시 정의하는 과정과 회원국들 간에 속도와 범위가 아직도

---

5 동일한 EU 이사회 회담에서 9개 회원국들은 또한 유로-아랍 회담(Euro-Arab Dialogue)에 참여하기로 결정했다. 이는 프랑스에 의해 강력히 촉구되었다.

평탄하지 않은 이유는, 경제의 재발명이 그다지 유럽적이지는 않지만 국정 진행이 유럽의 영향을 우세하게 받았기 때문이다.

　EU는 국정 성과물들에서 결정적 요소가 되도록 설계되었지만 종종 국정 진행의 수단으로밖에 사용되지 못했다. 영국의 마가렛 대처(Margaret Thatcher), 프랑스의 프랑수아 미테랑(François Mitterand), 그리고 독일의 헬무트 콜(Helmut Kohl)과 같은 정상들이 시장 모델의 깃발 아래 모여 이행에 대한 상세한 내용을 다루게 되었을 때, 불가피하게 거대한 이데올로기적 차이점이 정확하게 어떻게 이 역내 시장에 규정되고 작용할 것인지에 대한 경고가 있어야 했다.

　그럼에도 불구하고 1986년 9월 16일 결의안에서[6] EU 이사회는 공급 안보 개선, 비용절감과 경쟁을 향상시키려는 시각, 장벽 없이 통합된 역내 에너지시장이 EU와 회원국들의 에너지정책 목표임을 확인했다. OPEC의 높은 석유가격 기간 이후 1980년대 중반에는 에너지가격이 급속히 하락하고 또한 석유를 멀리하기 위한 에너지 다양화가 EU 회원국들의 에너지 구성에서 보이기 시작했다. 다음 단계는 당시 12개 회원국들 간의 에너지 무역을 개방시키는 것이었는데, 이것이 성사되어야 에너지 구성에서 새로운 다양성의 혜택을 얻을 수 있고 공급 안보에 도움이 될 수 있었다. 천연가스의 거대 유통은 이탈리아, 프랑스, 독일에 의해 소비에트연방에서 확보되었고 프랑스는 대규모 원자력발전소를 지었다. 더욱이 영국, 노르웨이, 네덜란드는 상당 규모의 천연가스를 유럽에게 공급해주었으며 북해 또한 충분한 양의 원유를 생산함으로써 새로운 시장 상황에서 OPEC의 가격 결정에 대한 영향력을 제한했다. 일

---

6 〈오피셜저널(Official Journal)〉, C241, 25 September 1986, p. 1 참조.

반적으로 당시 공급 안보 위험은 석유 부문에서 우세했다. 석유 공급자들의 다양화와 더불어 천연가스, 석탄, 원자력으로의 다양화는 1970년대 석유에 대한 전략적 의존도 문제에 대한 성공적인 해결책으로 간주되었다.

그러나 회원국 간의 조직적 구조, 그리고 천연가스, 석탄, 석유, 전기와 같은 다양한 에너지 부문들 간의 조직적 구조가 크게 다르기 때문에 회원국 간 에너지 무역을 개방시키는 것과 어느 정도의 조직적 일관성을 지닌 역내 시장을 만드는 것 사이의 간극은 매우 컸다. 에너지회사들의 규모와 범위만 달랐던 것이 아니라 국유 구조 또한 달랐다. 몇몇 국가에서는 지역 또는 시 당국이 지역의 천연가스와 전기 회사들을 소유하고 중앙정부는 다른 부문을 소유했다.

에너지 무역을 개방하는 데 필요한 것은 회원국 간 장벽을 없애는 것만이 아니었다. 국가 부문의 구조조정도 어느 정도 필요했고, 석유 무역은 논쟁의 여지가 있겠지만 이미 개방된 상태였다. 특히 작고 지역적으로 조직된 천연가스와 전기 회사들을 소유한 EU 회원국들은 새로운 더 큰 독립체들이 국가 간 무역에 참여하고 규모와 범위의 경제로부터 혜택을 받을 수 있도록 허용해줄 수 있는 자국의 에너지 부문을 어느 정도 재결합할 필요가 있다는 것을 알게 되었다. 이 재결합은 국가 수준에서 압도적으로 일어났다. 동시에 천연가스 수입은 네덜란드, 노르웨이, 러시아, 알제리 같은 천연가스 수출국들과 큰 장기 계약을 마무리 짓기 위해 이미 상당한 규모의 회사들, 또는 작은 독립체들 간의 긴밀한 협력을 필요로 했다.

역내 시장의 초기 개념은 에너지 구매자들의 시장에서 초래된 것이 분명하다. 이 초기 개념은 선견지명이 있게도, 원하던 구조적 변화들을 위한 호의적인 조건들을 만들어냈다. 당시 국내 석유와 천연가스 생산 수준은 상당했고 전기 생산에서는 사용 가능한 예비 용량이 있었다. 풍부한 자원이 공급될 수 있는 상황에서 무역장벽을 없애고 자국 내 또는 회원국들 간 경쟁을 보장함으로써 에너지 산업들이 더욱 효율화될 수 있다고 쉽게 생각할 수 있다. 그러나 가치사슬의 중·하류 부문에서의 경쟁으로 효율적인 가격 수준을 구매자들에게 제공하기 위해서는 충분한 공급이 필수 조건이다.

이런 맥락에서 장기 계약들과 목적지 지정 조항들을 파기하려는 요구가 일어났는데 그 이유는 소비국들이 장기적인 운송 안보와 공급 안보, 또는 투자 위험에 대해 지불할 필요가 없었기 때문이다. 그러나 반대로 판매자시장에서는 특히 국내 공급이 동시에 줄어들었을 때 충분한 공급을 더 이상 확보할 수 없었고, 안보와 투자 위험에 의해 가격이 결정되는 상황이 또다시 발생하면 부족한 자원 경쟁으로 가격이 더 오를 수도 있었다. 정치적으로 생각하면 지금 공식에는 역내 시장의 중요한 전제조건이 빠져 있다. 석유처럼 천연가스시장 또한 판매자들의 시장으로 바뀌자 천연가스 생산국들은 확실치 않은 수출 능력에 투자하는 것을 조심스럽게 기피하는 것 같았다. 경쟁은 현재 가치사슬의 중·하류 부문에서 가치사슬의 상류 부문으로 이동해왔으며, 소비자들의 경쟁에서 시장으로 충분한 공급을 확보하는 경쟁으로 바뀌어왔다. 이런 시장에서 공급자들은 다시 자신들의 공급이 중요해지길 바랐다. 이러한 현상은 특히 특정 소비국들이 장기적인 공급을 확보하기 위해 애쓸 때 더욱 두드러졌는데, 이에 따라 공급자들 간의 경쟁을 붙이는 것은 더욱더 어려워졌다.

매장량에 대한 소유권 또한 중요하다. 그 이유는 국가 고갈 정책들,

투자들, 수요와 공급 개발들이 EU 시장의 수요와 반드시 맞지 않을 수도 있기 때문이다. 전 세계의 석유와 천연가스 매장량 대부분은 개발을 위해 국영 석유회사 및 천연가스회사들이 비축해놓은 것이고 그중 3분의 1 정도만이 해외직접투자(FDI)를 위한 것이다. 현재 EU와 외부 공급자들 간 논쟁은 소비자의 지갑과 가격에 대한 프리미엄 때문에 실수요자 세금들이 경쟁하는 경제지대를 누가 잡을 수 것인가에 관한 것이다. 구매자들의 시장에서는 일반적으로 소비국들이 세금들과 현존하는 부과금과 저비용 이득을 통해 이러한 지대를 잡지만 판매자들의 시장에서는 일반적으로 생산국들이 이런 지대의 큰 몫을 잡는다.

공급 국가들은 비용이 많이 드는 과잉 공급에는 관심이 없으므로 장기적인 계약 또는 소비자시장으로 수직합병을 할 수 있는 능력 중 하나를 통해 상품의 시장 진출, 수요 안보를 확보하고 싶어 한다. 많은 석유생산국과 천연가스회사들에 대해 (부분적으로) 국가가 가지고 있는 소유권, 그리고 해외 정부들이 그들의 소유권을 이용해 더 많은 국익을 창출하려는 아이디어는 공평한 경쟁의 장과 시장을 개방하려는 아이디어와 반대된다. (부분적) 국영기업들에 의한 인수합병에 대한 반대는 해외 정치 압력을 두려워하는 것으로 설명될 수 있다. EU 집행위원회의 〈EU 이사회의 사무총장/고위대표 보고서(SG/High Representative for the European Council)〉(European Commission, 2006f)는 그들이 두려워하는 것을 다음과 같이 규명했다. "불안정한 지역과 공급자에 대한 수입의존도 증가는 심각한 위험을 보여주고 있다. 다수의 주요 공급자들과 소비자들은 에너지를 정치적 지렛대로 사용해오고 있다. 다른 위험들로는 똑같은 시장규정을 따르지도 않고 EU 내에서 똑같은 경쟁적 압력을 받지도 않는 대외 참여자들이 EU 역내 시장에 미치는 영향들을 포함한다."

비록 직접적인 용어들로 자세하게 표현하지는 않았지만 이 인용문은 2006년 초에 있었던 가스 위기 이후 러시아에 대한 토론을 요약한 것이다. 러시아에 대한 불신은 최근 벨라루스와의 석탄과 천연가스 논쟁에 의해 더욱 심각해졌다. 이로 인해 EU와 러시아 사이의 새로운 파트너십과 협력 협정에서 긍정적인 토론 결과를 이끌어내기가 더욱 어려워졌다. 이러한 시각에서, 가격과 거래량에 대한 위험을 분담하는 EU 회원국 정부에 의해 보증된 상류 부문 공급자들과 EU의 중·하류 부문의 회사들 사이의 장기적인 천연가스 계약들이 EU와 러시아 사이에 잠재된 정치적 팔씨름을 하는 가운데 갑작스럽게 끌리는 대안이 되었다.

역내 에너지시장을 향한 진일보

아이러니하게도 1980년대 후반과 1990년대의 에너지가격 감소로 정부는 에너지 산업을 구조조정하여 경쟁력을 향상시킴으로써 정부 비용을 줄여야 하는 새로운 압력을 받게 되었다. 석유는 그때까지 교통과 화학산업에서 우세하게 사용되었고, 천연가스는 새로운 발전소에서 경쟁적이면서도 청정에너지를 공급하는 연료로서 석탄과 교체되고 있었다. 독일에서는 정부가 석탄 산업이 어느 정도 시장점유율을 유지하도록 계속 보호했고, 영국에서는 천연가스 산업의 성장을 경제 영역에서 석탄산업의 정치적 영향력을 무너뜨리기 위해 사용했다(Helm, 2003). 투입연료를 선택하는 자유권이 수반되면서 영국의 전기 부문이 민영화되었을 때 상업과 환경의 논쟁 모두가 영국 내 석탄을 단계적으로 철폐하는 데 이용되었다. 구식이 되어버린 석탄 산업은 매우 빠르게 천연가스에 시장점유율을 내주었고 이 현상은 북해에서 대규모로 진행 중이었다. 비록 전기 부문의 다른 기구에 의한 이런 효율 획득이 얼마나 되는지,

그리고 얼마나 많이 천연가스로 전환했어야 하는지는 뚜렷하지 않지만, 영국의 전기 부문에서는 효율 획득이 컸다. 큰 국영 원자력발전소가 있는 프랑스에서는 에너지 부문의 구조조정이 그다지 긴급한 문제가 아니었다. 해리스버그(Harrisburg)에서, 그리고 나중에는 체르노빌(Chernobyl)의 사고 이후 원자력 산업을 신속히 시장에 배치시키려는 시도는 줄어들었고 석유 산업만이 구조조정을 거치고 민영화되었다. 이탈리아는 시장점유율 63%를 보유한 국영석유회사(ENI)를 민영화했고 스페인 역시 자국의 석유 산업을 민영화했다. 독일은 에너지 구조조정을 국가적 접근으로 진행했는데 에너지와 산업 정책을 버팀목으로 삼았다. 그 결과 에온루르가스(Eon Ruhrgas), RWE, 바텐팔(Vattenfall)은 예전에 매우 국지화되어 있던 전기시장에서 우세한 회사로 부상했다. RWE와 에온루르가스 둘 다 독일과 유럽 천연가스시장에서 인수를 통해 우세한 위치를 진척시켰다. 이후 국가적 확대가 소진되자 전기회사들은 유럽 확대에 탑승했다.

유럽 전기회사들이 동유럽을 포함한 중ㆍ하류 부문의 천연가스시장에서 그들의 이득을 확대하는 동안, 다수 회사들 또한 유럽과 해외의 하류 부문으로 이동해 자사의 공급에서 어느 정도 이익을 창출했다. 유럽의 천연가스와 전기시장에서의 합병은 여전히 진행 중이다. 에너지 합병에 종종 큰 복합에너지회사들이 관련되기도 했는데, 그 결과 독점적 시장 모델을 형성했고, 천연가스와 전기 시장에서의 경쟁을 촉진시키기 위한 EU 집행위원회의 노력들은 아직 EU 대내외 에너지정책의 필요성에 대한 공통 비전에 수렴되지 못했다. 독일, 프랑스, 네덜란드, 이탈리아 회사들은 그들의 정부로부터 장기간 천연가스 공급을 가스프롬 사와의 가치사슬을 따라 파트너십 계약을 통해 확보해왔다. 소수 독점적이고 수직통합적인 시장구조가 이를 더욱 뒷받침해주고 있을 때 노르웨이는 노르스크하이드로(Norske Hydro oil and gas)와 스탯오일(Statoil)을 합병시켰다. 최근 전략적 고찰에 따르면, EU 집행위원회는 경쟁을 촉진시키기 위한 가치사슬의 중·하류 부문의 수평분산에 아직도 초점을 맞추고 있다.

회사들과 몇몇 EU 회원국 정부들은 앞으로의 경쟁에서 제3국의 공급 확보에 초점을 맞추기로 이미 결정했다. 정부들은 공급 안보에 대해 새로운 초점과 수직적이고 수평적인 양쪽의 통합을 통해 회사들의 공급 다양성과 더 많은 유럽시장점유율 획득으로 위험을 분산시켜야 한다는 점에서는 의견이 모아지는 듯했다. 노드스트림(Nordstream)과 블루스트림(Bluestream II) 두 프로젝트가 보여주듯이, 자원 공급과 이 공급을 조장하는 인프라 구조 모두를 위한 사업 간 거래를 확보하기 위해 정부 간 관계가 활용되었다. 이 거래에서 필요했던 정부의 활발한 역할은 시장만이 충분한 에너지 공급을 제공한다는 1990년대의 논리에서 나타난 이상과는 큰 차이가 있었다.

에너지 부문은 정부와 시장이 지속적으로 만나는 전형적인 예다. 예를 들어 파이프라인 허가 문제, 생산량, LNG 터미널, 에너지 구성 영향, 그리고 제3국 회사들과 정부 간의 복잡한 천연가스 무역협상을 들 수 있다. 시장과 정부의 운영 범위는 엄격히 정의되어 있지 않지만 이를 압도하는 정치적·경제적 상황들에 따라 예전에 정부가 지배했던, 그리고 지금은 반대로 시장이 도입된 곳의 동적인 관계 안에서 기능한다. 따라서 시장과 정부의 운영 범위는 경계가 뚜렷하지 않고 확인이나 조정이 계속되어야 하며, 동시에 안정되고 예견 가능한 투자환경이 지속되어야 한다.

새로운 국제적 맥락에서의 유럽 에너지

패러다임의 변화

우리가 보아왔듯이, 현재 유럽의 에너지 논쟁은 에너지시장 개방화의 과정으로 이끌었던 1990년대의 토론들과는 다른 배경에서 이루어져야 한다.

1990년대 에너지시장은 자원이 충분히 공급되었으며, 소비에트연방의 붕괴와 OPEC 경제의 약화와 함께 해외직접투자를 통해 석유와 천연가스의 상·하류 부문 시장을 다시 새로 연결하려는 기회에 대한 낙관론이 지배했다. 글로벌화는 에너지 부문에서 정부 개입을 줄이고 국제적 경쟁시장구조를 진전시키는 데 도움을 줄 것이다. 하지만 열정의 정도가 변화하면서 회원국들은 이런 배경과 반대로 역내 에너지시장을 끌어안았다.

유럽의 석유 부문 민영화는 대부분 1990년대에 끝났다. BP, 토탈(Total), 국영석유회사(ENI)와 같은 거대 국제 석유회사들의 채권 다수가 1980년대 후반부와 1990년대에 팔려나갔다. EU의 에너지시장 개방화는 아직 석유 산업에 초점을 맞추지 않고 있다. 송유관과 정유소의 접근은 정책 논의에서 단 한 번도 쟁점이 되지 않았는데, 그 이유는 (비록 운송 수단 다수의 비용 구조가 투입장벽 자세를 취하고 있다는 논의의 여지가 있지만) 석유(상품) 운송은 천연가스와 전기의 경우처럼 한 가지 방법에 의존하지 않아 운송에 대한 의존도가 낮았기 때문이다. 다수의 미국 석유회사 합병, 뒤이은 유럽의 정유 설비 판매와 유통망은 생산국 석유회사를 포함한 신규 진입자들에게 시장 진출을 허용했다.

EU에서의 국가 간 석유와 석유상품 무역은 문제가 아니었다. 석유 산업은 전통적으로 수많은 국가에서 회사 활동과 함께 국제적으로 수지통합을 해온 산업이었다. OPEC 국가들의 거대한 비축 자산들이 대거 국유화된 후, 국제무역에서의 원유는 전통적인 장기적 계약들과 회사 상호 간 원유 유통을 교체시켰다. 수지통합을 수행한 석유회사들 간의 석유제품 무역은 1980년대 석유 정제 능력과 석유화학제품들이 개혁되면서 점점 경쟁적으로 변해갔고, 회사들은 또 다른 이익 중심으로 가치사슬의 별개 부분들을 더 운영하기 시작했다.

1984년부터 원유를 둘러싼 국제경쟁은 시장을 관리하려는 OPEC의 노력에도 불구하고 매우 치열해졌다. 석유가격은 국제적으로 조정되었고 국제 석유와 석유제품 시장은 매우 유동적이었다. 해외의 상류 부문 활동에서 후방통합은 효율적이고 안전한 공급을 제공하고 자원을 확보한다고 환영받았다. 유럽 석유회사의 수직통합은 EU와 다른 소비국들에게 유용한 것으로 보였다. 더욱이 EU와 회원국 정부는 러시아, 카스피 해 지역, 중동과 다른 생산국들의 상류 부문을 해외직접투자에 개방하려는 노력을 지지했다. 동시에 새로운 정유와 송유관 수용력을 위한 시장은 초기에는 과잉 생산 능력으로 한계를 보였고, 그 후에는 미개발지역 석유화학단지를 위한 면허와 허가 절차들의 불편함으로 인해 한계가 있었다. 또한 제3국 회사들은 원칙적으로 인수합병을 통해 하류 부문의 시장으로만 진출할 수 있었다. 이러한 운영은 1980년대에 베네수엘라, 쿠웨이트, 사우디아라비아의 국영기업들과 다소 독립된 정유사들을 통해 제한적으로 일어났다. 이러한 국영기업들은 아직 미국시장에 압도적으로 초점을 맞춘 한정된 전방수직통합 전략만을 추구했다.

석유와 천연가스 간 차이점에도 불구하고, 석유 가치사슬과 특히 자신의 석유 이득을 관리하는 회사 방식의 발전에서 발견되는 흥미로운 통찰들은 천연가스 가치사슬을 이해하는 데 도움이 된다. 최근 석유와 천연가스 시장에서의 전방통합과 관련하여 일부 생산국에 대한 관심이 다시 시작되었다. 거대 투자 위험을 관리하면서 이 투자로부터 이득을 확보하려는 시도에 있어 생산국과 국영기업들은 주요 소비자시장 진출에 관심이 있었다.

석유 산업에서는 전통시장의 성숙도가 확대되어가는 신흥경제 시장과 비교하여 전방통합의 진전을 덜 매력적인 것으로 만들었다. 또한 국영석유회사들에 의한 미국과 유럽시장으로의 전방통합 과정은 석유가격이 낮았던 1990년대 수준에 머물렀고, 몇몇 정부들은 자국 내 회사가 국내 [비(非)석유: non-oil] 투자를 늘려 낮은 정부소득세와 지출에 대한 벌충이 필요했다. 1985~1999년까지 생산국들의 궁핍한 정부예산은 또한 개별 국제석유회사들이 국영석유회사들과의 공동사업을 통해 석유자원의 접근이 점점 회복될 것이라는 기대를 이끌었다. 1990년대 이란과 쿠웨이트의 근해 개발은 해외직접투자에 개방되었으며 베네수엘라의 우고 차베스(Hugo Chavez)가 대통령이 될 때까지는 비슷한 조치가 취해졌다. 원유시장이 점점 좁아지고 있었던 1999년 이후 이 조치는 없어졌고 국영기업들은 다시 한 번 인도와 중국 같은 국가들과의 장기계약을 매듭지으면서 해외 진출을 진행 중이다. 그들의 초점은 공급안전정책의 토대를 강화하기 위해, 미개발 지역에서의 개발이 가능하고 최대 수출국 국영기업들에 의한 투자가 열려 있는 새로운 아시아시장 진출을 꾀하는 데 있다. 동시에 아시아 국가 기업들 또한 생산국 상류부문 개발을 위한 진출을 활발히 추진하고 있다.

생산국들의 전략과 특정 소비국들의 장기적인 계약 성사와 국영기업의 전·후방통합 전략의 근본적인 이유는 거대 투자비용에서 찾아볼 수 있다. 따라서 공급과 수요 안보에 대한 문제들은 개별 국제석유회사들이 투자로 초래되는 소유권 문제를 해결하지 않은 채 다뤄진 것이다. 동시에 새로운 석유 부문에서 거대한 국제석유회사들의 투자 기회가 줄어들면서, 주로 상류 부문 영업이 많이 차지하던 석유의 수익성에 대한 그들의 미래 전망들만 줄어든 것이 아니라 EU 회원국들과 같은 소비국들의 공급을 보호하는 그들의 역할도 줄어들었다. 그들은 수직통합한 국가의 회사들 때문에 점차 하류 부문 시장에서의 경쟁에 맞설 것이다. 석유와 관련된 운송 부문의 의존도는 해결되기가 어려워 정부에 점점 압력을 가할 것이고, 이번에는 에너지와 자동차와 트럭 회사들이 석유상품에 대한 의존도를 줄이도록 떠밀 것이다.

천연가스 산업에서는 장기간 의무인수계약들이 위험 분산 역할을 하고 생산국과 소비국 사이의 이득을 충족시켜주었으나, 천연가스 에너지시장이 개방되자 소비당국은 이 계약들을 의문시하기 시작했다. 국제석유회사들이 이런 새로운 LNG 프로젝트를 개발할 것이라는 전망과 결합하여, 최근 몇 년 동안 LNG의 빠른 확대는 국영기업들과의 공동 사업에서 새롭고 다양한 천연가스가 시장에 유통될 것이고, 파이프라인 유통 조건이 점점 새로운 공급 현실로 조정될 것이라는 믿음을 자극했다. 1990년대 후반에 있었던 다소의 거대 LNG 프로젝트 개발은 소비자시장에서의 계약을 기초로 하지 않은 채 이러한 낙관론을 충족시켰다. 그러나 LNG 프로젝트 모듈 방식과 그들의 제한된 규모를 거대 수출 파이프라인 및 위축된 천연가스 시장 출현과 비교해 LNG가 공급 안보를 위협하지 않고 급속도로 장기간 공급계약들을 파기할 수 있다는 낙관론은 꺾였다. 소비국들에서의 LNG 터미널이 제3자의 접근(TPA: the

Third Party Access) 제도 부류에 든다는 사실은 LNG 공급자들이 가치사슬의 다양한 부문들로 연결되는 것을 어렵게 만들었다. 새로운 LNG 프로젝트를 개발한 공급자들은 소비국들이 그들의 상류 부문 개발에 필요한 가스화 공정 수요량을 제공하지 못할 수도 있다고 걱정하기 시작했다. 미국에서는 하크베리(Hackberry)의 결정이 천연가스를 시장으로 가져오고 싶어 하는 투자자들을 위해 이런 장애를 없앴다. 그리고 EU의 면제 방안들은 첫 번째 프로젝트가 진행되도록 도와주었다.

그럼에도 불구하고 EU는 LNG가 천연가스시장 개방화 또는 공급 안보 문제에 대한 만병통치약이 된다고 기대할 수 없었다. 수입된 파이프라인 가스에 대한 의존도는 계속 커질 것이다.[7] 천연가스에 대한 장기적인 계약에 대한 불확실성과 LNG로부터의 잠재적 경쟁은 전통적 파이프라인 가스 공급자인 러시아의 가스프롬과 알제리의 소나트락(Sonatrach)이 자신들의 시장점유율을 유지하기 위해 EU로의 수직적 통합을 좀 더 들여다보도록 자극했다. 이 옵션은 석유 부문에서 시도되고 검증된 전략이었다. 2006년 2월, 가스프롬이 영국의 센트리카(Centrica)를 매입하는 데 관심이 있다는 소문을 둘러싼 정치적 소란이 일었다. 이는 EU와 러시아 관계, 또 다소의 소비국과 생산국들 사이의 커져가는 불신에 효과를 발휘했다. 노르웨이에서는 파이프라인과 LNG 옵션, 그리고 시장에서의 석유가 더 높은 가격을 야기할 때 천연가스를 석유 영역에 투입시키는 것을 통해 석유와 천연가스 수출비용 사이에서 내부 중재를 창출함으로써 천연가스와 석유 수출 옵션들을 최대화시키기 위한 개발이 진행 중이다. 이것은 국가에 더 많은 수요 안보를 제공하

---

7 엑손모빌(ExxonMobil) 사, 2005, 에너지 아웃룩(Energy Outlook).

고 영국과 유럽대륙에 사로잡힌 생산자의 위치를 줄이도록 설계되어 있다. 노르스크하이드로의 천연가스 자산을 스탯오일로 합병함으로써 최근 석유와 천연가스의 자산 집합은 이 전략이 장기적인 측면에서 자신들의 석유와 천연가스 자산을 최적화시킨다고 깨닫도록 도와줄 것이다. 에너지 안보 의제가 두드러졌던 상트페테르부르크(St Petersburg)에서의 G8 회담 때처럼 공급 안보와 수요 안보 이득이 갈린 적이 없었다. 에너지에 대한 회담 결정에 사용된 용어를 보면 국가 간 합의를 반영한 듯했으나 현실에서는 용어가 교묘하게 개별 해석될 수 있는 여지를 남겼다.

그러므로 세기 전환기에서 예상된 국제경쟁적인 시장구조가 구체화되지 않을 것이라는 사실이 분명해졌다. 1980년대 중반부터 압도했던 구매자시장은 생산국에서 해외직접투자와 국내 투자 양쪽의 투자 수준이, 증가하는 수요와 함께 움직이지 않자 소비자시장으로 전환되었다. 낮은 에너지비용, 생산국 투자 환경에 대한 불확실성, 그리고 인도와 중국 같은 신흥경제에서 쇄도하는 수요는 국제 에너지시장에서의 과잉 생산 능력을 빠르게 줄였다. 그 결과 에너지 가격은 오르기 시작했고 생산국 정부들은 이런 환경에서 자국의 이익을 촉진시키기 위해 글로벌화를 발판으로 한 에너지정책들을 수용하는 데 애쓰지 않았다.

더 높은 석유와 천연가스 가격, 부족한 자원들을 위한 다른 소비국들과의 경쟁, 지정학적 환경 변화, 생산국에서의 신흥 자원 민족주의(예를 들어 자원이 풍부한 중동 지역에서의 불안정 지속), 2010년부터 OPEC 비회원국들의 예견된 생산 감소, OPEC에 대한 보다 큰 의존도에서 비롯된 결과와 EU의 석유 및 천연가스 수입의존도(CIEP, 2004; Hoogeveen and Perlot, 2005; van der Linde, 2005)의 증가로, 유럽에서는 에너지 관리 의제에 대한 절박감이 고조되었다. 공급 안전에 대한 2000년 EU 녹서와 그 후의 결론들은 회원국들을 위해 이미 앞서 행해진 많은 도전들을 발굴했다. 역내 시장, 공급 안보, 환경과 관련해 통합된 방법에 대해, 그리고 높아진 기대들과 이 세 정책 범위 안에서 다루어야 할 방법의 모순들에 대해 어떤 녹서로라도 응답해야 했다. 필요한 권한과 함께 구축되어야 하는 공동 에너지제도를 만들기 싫어하는 EU 회원국들이 이를 극복할 수 있도록, 한층 더 깊이 있는 에너지 토론에 대한 제안은 그 다음에서야 시도되었다. 이러한 토론은 역내 시장 설계에 대한 논의만을 포함하는 것이 아니라 에너지의 가치사슬, 기관, 다양한 에너지자원 간 역동성과 수요와 공급관리 간 상호 작용에 대한 철저한 분석이 포함되어야 한다. 제3국으로부터의 에너지 수입 증가(International Energy Agency, 2005)와 함께 EU와 회원국 에너지정책은 점점 EU를 위한, 비 EU의 주요 에너지공급 확보에 관한 대외 관계들을 필요로 할 것이다. EU 대외정책에 아직도 일반적으로 행해지는 대외에너지정책 구성의 부족과 결함들은 EU 집행위원회의 최근 에너지정책 주도권에 대해 부가적인 도전을 취할 것이다(AER/AIV, 2006). 이런 문제들은 러시아 자원에 많이 의존하는 동유럽 국가들의 가입과 함께 2004년과 2007년 EU 확대가 잇따르면서 다루기가 어려워졌다.

동시에 제3국들은 또한 EU의 발전과 자신의 이득을 관리하는 능력에 대해 고민할 이유가 생겼다. 한편으로는 천연가스 생산국들이 EU 시장에서 사로잡힌 공급자로서의 위치를 줄이고 다른 한편으로는 EU 시장에서의 수직통합에 대한 새로운 전략들인데, 이는 EU 정책들이 그들에게 준 영향을 비껴나가기 위함이다(van der Linde et al., 2006).

제3국 생산자들은 현재 정치적 · 전략적 중요성을 주로 자국의 에너지자원에서 얻기 때문에, 가치사슬 관리에서 더욱 우세한 역할을 하려는 야망을 방해하는 소비국들의 에너지정책 수단에 특히 민감하다. 동시에 소비국들은 공급 안보 위험이 증가하는 상류 부문의 조직 변화에 민감하다. 제3국 생산자들이 더 많은 해외직접투자를 요구하는 이유는, 가치사슬이 효율적인 에너지산업을 통해 경쟁 상황을 만든다는 그들의 믿음에만 기반을 둔 것이 아니라 정치적 연합 없이 공급자들의 선호도에서 유래된 것이기도 하다. 현실에서는 국제정치적·경제적 시스템, 그리고 그 시스템에 있는 게임 규칙들이 예전에 생각했던 것보다 덜 정해져 있다(van der Linde, 2005). 더욱 불확실한 국제관계 상황에 놓여 있는 주요 생산국들이 조정 메커니즘으로 곧 시장을 완전히 수용할 것인지에 대해서는 확실하지 않지만, 경제 개혁을 위해 더욱 정치적으로 통제를 시도했던 시절을 선호할 수도 있다. 석유 부문의 개방화와 함께 러시아에서의 정치적 경험은 에너지 부문에서의 시장 개혁에 반대하는 반발과 더 많은 통제를 하려는 중앙정부의 바람에 의해 도출된 것이다. 그런 점에서 제안된 전략적 파트너십은 다음 해 이런 다른 접근들을 연결해주는 대화의 기회를 제공했다. 가치사슬 운영에서 가끔은 이익과 반대되는 인식과 신뢰를 쌓아가는 일은 EU의 대외에너지정책 입안에서 반드시 중요한 요소가 되어야 한다. 'EU 주변국들의 넓은 네트워크 구축, 유럽 에너지정책에서 유래된 공통된 규칙 또는 원칙에 의해 행동'하려는 바람에 신뢰가 부족해지면 '상호 이익'으로 가지 않으려는 제3국에 대한 규제와 시장구조 모델을 강요하는 방법으로 보일 수도 있다.

EU의 석유 및 천연가스 생산 감소와 제3국에 대한 에너지 공급의존도 확대로, 대·내외 에너지정책과 일치하는 새로운 접근법이 필요하다(AER, 2005). 단순히 현존하는 경쟁정책인 역내 에너지정책 때문에 대외에너지정책에 대한 빗장을 걸어 잠그면 현재의 불일치들을 극복하지 못하거나 반대로 위험이 불일치를 심화시킬 것이다. 조직과 규제 면에서 가장 중요한 상류 부문 정책들, 그리고 가치사슬의 상류 부문과 하류 부문의 연결이 설명되지 않는 동안 역내 EU 에너지정책(Internal EU energy policy)은 지금까지 주로 가치사슬의 중류와 하류 부문에 적용되는 에너지의 효율적 분배, 전환과 판매를 조장하는 것에 대해서만 고려해왔다. 회원국들의 주장으로 상류 부문 정책들은 회원국 수준에서 회피되거나 또는 국제시장 발전에 맡겨졌다. 다시 말하자면, 거대 국제석유회사들은 시장 공급에 의존한다는 것이다. 그런 국제석유회사들은 점차 새로운 매장량에 접근하기가 어렵게 되었고 만약 성공한다 해도 이 문제를 해결하려면 예전보다 더욱 비싼 비용을 지불해야 할 것이다. 불행히도 이런 문제는 2006년 녹서나 2007년 전략적 고찰에서도 언급되지 않았으며, 제안된 정책 접근법에서 중요한 불일치 문제를 설명하지 못했다.

글로벌화와 에너지 안보에 대한 국가적 접근

2006년 가을에 일본 정부는 공급 안보 정책에서 국제석유회사들의 역할 변화에 대한 우려를 처음으로 표현했다. 그 결과 일본 정부는 일본 에너지회사들, 또는 일본 에너지공사가 세계 어디서든 상류 부문 개발에서의 점유율을 획득하도록 장려했는데 이 전략은 중국과 인도 회사들의 전략과 비슷하다. 이 회사들은 상류 부문에 투자하고 국내 시장으로 진출하는 것과 더불어 생산국 정부가 활발히 지원하는 폭넓은 투자 패키지를 제공한다. 따라서 이 소비국 정부들은 석유와 천연가스에 대한 개인과 국가 양쪽의 접근을 용이하게 하기 위한 정부 간 쌍무계약에 참여했다. 일부 회사들을 위한 더욱 세부적인 지원은 지난 2세기 동안 진행되었던 글로벌화의 일부인 상류 부문 개발에 접근할 수 있도록 국제석유회사들에 대한 OECD 소비국가 정부들의 더욱 일반적인 지원으로 바뀌었다.

EU는 공급 안보 전략에서도 진전이 있었다. 가장 두드러진 예는 노드스트림 송유관 프로젝트의 독일 개입을 들 수 있다. 이 프로젝트는 가치사슬을 따라 제휴회사의 영업 전방과 후방 통합을 포함한다. 이 개발은 EU 회원국들의 미래 공급 안보 정책에서 국제석유회사의 역할에 심각하게 도전하는 것이다. 프랑스와 이탈리아 정부는 최근 비슷한 방향으로 이동했고 러시아 천연가스에 대한 장기 공급계약을 종결지었다. 네덜란드도 곧 여기에 뒤따를 것으로 예상된다. 천연가스, 운송 등에 회사와 포함된 모든 계약들은 국가의 국내 시장에 뿌리를 내렸고, 정부는 그들의 국내 지점 제휴회사들의 이득을 대표해 협상하고 있다. 국제석유회사들을 포함시키려는 노력은 실패했는데, 그 이유는 이것이 생산국 회사들이 시장 접근을 추구함으로써 얻는 이득과 배치되기 때문이다. 직접적으로 상류 부문 경쟁자들을 포함하는 것은 아무런 전략적 감각을 만들어내지 못했다.

유럽 정부들은 국제 석유와 천연가스 시장 원칙만으로 공급 안보를 제공하려는 그들의 의존도를 의심하기 시작했지만 아직도 이를 공개적으로 인정하지 않는다. 그러나 최근 쌍무적 거래들은 글로벌화 또는 자유시장 접근으로 이런 공익을 전달하는 데 실패할 경우를 대비한 방지책임이 틀림없다. 이는 특히 천연가스시장에서는 더욱 확실한 사실이지만, 국제 석유시장의 쌍무주의는 공급 안보를 수요 안보에 맞추기 위해 사용되고 있다.

게다가 국제에너지기구 프로젝트들로부터 우리는 OECD 에너지 공급이 감소될 것으로 예상되고, 에너지자원들이 해외직접투자를 통해 개발될 수는 있으나 다른 어떤 곳에서도 이것이 보상될 것이라고는 예상할 수 없다는 사실을 배웠다. 그 대신 석유와 천연가스 공급은 점점 국제시장에서 국가 석유 및 천연가스 회사들에 의해 제공되고 있다. 이들이 에너지자원에서 주권을 주장하는 것은 문제이지만, 이들은 점점 전방 수직통합을 통해 또한 가치사슬 경영을 주장한다. 이것이 천연가스 부문과 제일 많이 연계되어 있으나 국제석유회사들 또한 이를 활용하기 시작했다. 그러므로 이런 새로운 맥락에서 역내 및 대외 에너지정책들을 고찰하는 것이 중요하다.

경쟁과 시장구조

지난 몇 년간 EU 에너지정책 입안에서 '위기'의 한 부분, 또는 위기로서 경쟁적인 에너지시장들이 낮은 가격뿐만 아니라 에너지를 위한 매력적인 시장을 제공함으로써 공급 안보 또한 제공한다는 믿음이 나타났다. 개방화의 결과 가격이 감소하기보다 상승한다는 사실은 보통 개방화와 경쟁의 미비함에 대한 증거다. 상호 접속의 수용력 또는 깊은 분산에 대한 논의는 이런 경향에 근거를 두고 있다. 그러나 전기를 생산하는 다양한 비용과 전기가격이 소수의 생산자 수준에서 결정된다는 사실은 전기가격 상승을 더욱 잘 설명해준다. 새로운 전력발전소에서 전기를 생산하는 비용은 현존하는 발전소와 비교해도 높다. 사업자들은 이산화탄소 비용에도 불구하고 더 오래되고 비용이 덜 드는 발전소에 대해 많은 지분을 가지고 있지만, 새로운 경쟁은 반드시 천연가스에 기반을 둔 고비용 공급자들로부터 나와야 한다. 천연가스를 기반으로 전력을 생산하는 EU의 경우, 실수요를 공급하는 소수의 공급자들에 의해 전기 가격이 결정된다. 그러므로 천연가스의 더 비싼 가격들은 원자력, 석탄, 혼합생산의 생산자들에게 크게 이득이 되는데, 그 이유는 천연가스가격이 전기가격을 결정하기 때문이다. 헤닝센(Henningsen, 2006)에 의하면 개방화 자체는 전기의 가격 형성에서 생산비용이 점점 분리되는 현실을 제대로 설명하지 못한다.

중요한 정책 문제로 다시 출현한 공급 안보는 환경에 대한 우려의 확대와 함께, 에너지정책의 초점을 이런 공익들에 맞췄다. 국가의 전략 산업에 대한 관심과 더불어 현실에서는 이런 공익을 시장 혼자서 해결할 수 없다. 그래서 국가 사업자들의 이득을 없애려는 EU 집행위원회의 노력과, 이를 지지하는 열의는 다소 사그라졌다. 지금 보이는 거래는 폭넓은 의미에서 EU 회원국들이 그들의 공급 안보 정책을 자유롭게 추구하게 하는 한 EU 집행위원회가 저탄소경제의 장기 목표를 추구할 수 있을 것이다. 전략적 에너지 고찰상의 일부 제안들은 EU 회원국들의 선호도와 일치하지 않았다. 예를 들어 프랑스는 운송과 분배의 분리를 강조하는 것에 강력히 반대했지만, (대개 인정하는 바와 같이) 독일은 얼마간 미묘한 답변을 취했다. 이것은 독립 시스템 운영자들과 함께 일하기 위한 제안서에서 해결책을 발견할 수 있다. 또한 비축 시설들을 분리시키기 위한 제안이 어떤 종류의(계절별 또는 비 계절별) 비축을 뜻하는지 정확한 여부를 밝히지 않고 있다. 따라서 이 비축 시설들에 대한 재규제 접근법은 국내에서 생산된 천연가스를 (장기적으로) 저장하기 위해 설비시설을 지은 회사들의 환영을 받지 못할 것이다. 게다가, 이러한 제안들은 가스프롬과 독일, 프랑스, 이탈리아의 복잡하고 장기적인 합

476

의 결과와 반대된다.

규제자들이 충분한 독립성을 갖추지 못했고 가끔은 사업자들의 이득과 너무 가까운 것처럼 보인다는 EU 집행위원회의 결론은 시장의 관점에서 보면 맞는 이야기다. EU 집행위원회의 전기와 천연가스의 가치사슬 조직을 실현 가능한 최소 단위로 분산시키는 과정은 지대를 고갈시키고 가치사슬의 모든 단계에서 이득을 관리하기 위한 것이기 때문에, 현재 국제 에너지시장의 맥락에서 볼 때 오로지 에너지정책으로 경쟁정책을 사용하는 것은 오류를 낳는다. 경쟁정책이 초래하는 단기적 접근은 공급을 확보함으로써 공익을 제공하지만, 오늘날 새로운 국제적 혼란 속에서 몇몇 큰 회원국들이 환경을 보호하기 위해 내세운 새로운 장기적 전략들과 배치된다. 비록 모든 정부가 세금을 통해 에너지 지대를 잡는 것에 관심을 갖고 있고 또 성공적으로 잡아왔지만, 만일 에너지회사들이 더 이상 고위험 투자들과 저위험 투자들을 혼합해서 투자할 수 없다면 운송과 비축에 대한 순수익 경영으로 에너지회사들이 투자하기 위한 인센티브가 줄어들 것이다. 이런 위험들은 보통 가치사슬을 따라 균형이 잡힌다.

제3국의 상류 부문과 운송 부문이 EU가 규정하는 통제 범위에 들지 않는다는 사실이 EU 집행위원회의 접근법이 지닌 근본적인 결함이다. 최근 몇 년 동안 세계 에너지시장은 그들의 가격으로 적용되면서 지대는 가치사슬 내에서 이동이 가능하다. 제3국 생산자들과 그들의 회사들은 지금 가치사슬의 중·하류 부문에 사로잡혀 있는 상태로부터 너무 많은 지대를 저지하기 위한 전략에 초점을 두고 있다. 생산자, 운송자, 소비자 정부들은 지대추구 행위에 개입되어 얼마간 EU 수준에서의 불편한 논쟁을 이끌어왔고, 이는 어쩌면 최근 강력해진 국가의 접근법에 대해 추가적인 자극제가 되었을 수도 있다. 다방면에서의 상업적 원금 회수와 사업 간 거래의 활성화를 위한 정부 간 합의의 복잡한 시스템은, 중단되었던 공급 안보 정책의 접근법과 충돌하고 있다. 이 전략적 에너지 고찰에 대한 EU 집행위원회의 제안들이 2007년 2월 에너지 이사회 회담과 2007년 3월 EU 이사회 회담의 내부 토론에서 다시 다루어져서 다행이다.

석유와 천연가스의 가치사슬

역내 에너지시장을 만드는 여정의 출발 지점은, 지역 공공 유통회사들이 대부분의 회원국들에서 조직한 천연가스와 전기의 최종소비자 시장이다. 비교적 작은 공공 유통회사들을 규제의 출발 지점으로 본다면, 천연가스 가치사슬(가치사슬들이 EU의 사법심사 권한 영역에 있는 한, 즉 해외 생산, 회원국 내 생산 및 고갈정책에 대한 주권)은 다른 화석연료시장에서 일반적으로 행해지는 것과는 완전히 다르다.

　석유 가치사슬은 스스로 크게 규제하고 있다. 위험, 투자와 경쟁은 국제적·수직적·수평적 통합과 가치사슬이 따르는 인수합병을 통해 관리된다. 천연가스가 다른 화석연료들처럼 취급되지 않는 이유는, 특히 국제석유회사들이 천연가스 역시 그들의 핵심 사업으로 인식하여 사업 모델을 석유 산업에서의 경험에 기반하여 개발했기 때문이다. 하지만 국제 천연가스시장의 발전으로 이 이유를 이해하기는 점점 힘들어졌다. 전력 부문과 천연가스 부문 사이의 차이점 역시 시장기구 관점에서 보면 흥미롭다.

　전기 생산은 시장에 제공된다기보다는 비교적 지역적으로 이루어진다. 그리고 천연가스, 석유, 원자력, 생물원료와 석탄을 투입연료로 사

478

용할 수 있다. 일부 발전소들은 이중점화능력을 가지고 있다. 천연가스를 제외한 투입연료시장은 크게 규제되지 않으며, 적어도 역내 에너지시장 체제의 일부는 아니다. 투입은 전력시장의 진출을 위해 경쟁이 이루어질 수 있다. 이 경쟁은 가격, 이산화탄소 방출량, 투자비용과 생산의 유연성에 달려 있는데 발전소가 어느 시장 부문을 제공하는지에 따라 그 경쟁이 달라진다. 소수의 인터커넥션(interconnection)과 함께 전력망들은 지금도 대부분 내무(national affair)다. EU 회원국들의 국경을 넘어 전기무역이 허용되고 그 효율성을 높이려면 이런 인터커넥션은 반드시 확대되어야 한다. 전기에 대한 특별 규제(special regulatory treatment of electricity)의 차이점은 전력은 비축되지 못하므로 다른 가치사슬 경영이 필요하며, 다른 주요 연료들에 비해 장거리까지 운송될 수 없다는 것이다.

지난 30년 동안 전력 부문의 조직 '개혁'은 지역(가끔은 특정 도시와 회사들)을 큰 국가 네트워크에 연결했고 현재 점점 국가 간 네트워크로 통합하여 규모와 범위의 경제를 사로잡았다. 제3자의 접근 지역 밖에서의 전력 생산과 국가 네트워크를 위해 소비자들이 시장으로 연결해주었다. 이 경우 최종소비자들을 출발점으로 하는 것이 효율성을 높였다.

천연가스는 점점 EU 밖에서 생산되었고 천연가스의 가치사슬은 비록 석유시장 개발 초기 단계에서 석유 가치사슬과 비슷한 점이 많았다. 최근 천연가스는 LNG의 중요성이 확대되면서 국제시장으로 진출 중이다. 가격은 점점 국제 수준에서 결정된다. 비록 생산자들이 무역 항로의 길이와 비용에 여전히 민감하지만 최근 가격은 어떤 공급자로부터든 LNG를 세계 어디든 공급할 수 있게 되었다. 이러한 민감성이 존재하는 이유는 LNG 열차를 설비하는 비용이 아직도 석유를 운송하는 유조선 무역에 비해 비싸기 때문이다. 석유 무역의 유연성은 부분적으로 석유 유조선의 사용 가능성과 널리 퍼져 있는 석유 가공 능력이 있기 때문이다. 어떤 유조선이라도 높은 가격을 만들기 위해 모든 시장에서 다양화될 수 있다.

석유 부문에서는 가치사슬을 크게 보면 수직통합회사의 부문으로 전망, 생산 및 운송 과정, 그리고 세계의 많은 나라들에 석유 생산품을 분배함으로써 석유 가치사슬에서 그들의 위험을 관리한다. 국제 석유 부문은 경쟁적이지만 EU에서의 석유 생산과 수출 운송을 가공으로부터 분리하려는 의도는 정확히 없다. 투자자의 위험에도 원유는 가공 전과 후에 거래되며, 또한 정재소는 EU 집행위원회의 면제권을 물어보지 않아도 설비할 수 있다. 더욱이 국제석유회사들은 EU 시장으로의 석유 유통을 확보하는 데 도움을 주는 중요한 시장 참여자일 뿐 아니라 석유 시장과 관련된 위험을 다루는 전문가들로 고려되고 있다. 실제 국제석유회사의 노력을 지지하는 것과 관련하여 이 회사들의 비축 접근은 대외에너지 관계에서 중요한 문제다.

석유와 비교하면 천연가스는 아직 비교적 어린 국제시장이고 LNG는 매우 어린 파생물이다. 천연가스 운송은 융통성이 매우 없었지만 천연가스 지역에서 지역시장으로의 파이프라인 루트에 크게 의존했다. 최근에 들어서야 LNG는 경쟁적인 가격에서 천연가스를 해외로 운송할 수 있는 가능성과 함께 자원의 유연성을 갖추게 되었다. 그러나 LNG 터미널 능력은 아직 개발 중이다. 미래에는 더욱 많은 선적과 인수 기지를 사용하게 될 때 인수 기지 전후의 무역이 현재보다 더 넓은 규모로 일어날 것이다. 문제는 국제시장이나 규제를 통해 어떻게 이 능력들을 최대로 구체화하느냐는 것이다. 예를 들어 최근 EU 집행위원회는 LNG 터미널 전력을 제3자 접근 체제가 멈춘 파이프라인 네트워크의 부문으로 취급하고 있다. EU 집행위원회는 수출 파이프라인과 인수기지가 정치적·경제적 이유들 때문에 자본 집약적 프로젝트로 투자자들을 이끌기 위해 이런 제3자 접근으로부터 최대한 면제되고 있다는 것을 이미 알고 있다. 2007년 보고서에 따른 제안이 명백하고 투명한 기준으로 발전되었음에도 불구하고, EU 집행위원회는 면제권 정책을 지속하면서도 한편으로는 지역 계획 허가로 어느 투자자라도 인수기지 설비를 할 수 있는 일반적인 규칙을 적용하지 않고 있다. 이는 정부와 EU 집행위원회가 LNG 터미널에 대한 시장 운영을 위해 자신들의 선택권을 열어두는 것으로 보인다. 정부와 EU 집행위원회가 국제 천연가스시장 개발에서 자신들의 결정과 충분히 일치하도록 갖추었는지에 대한 문제와는 별도로, 면제는 정부와 EU 집행위원회가 특정 주주들의 이득을 위해 로비하는 것에 영향을 받을 수 있다. 이러한 비교적 작은 문제를 해결하기 위해 EU 집행위원회는 긍정적인 투자 환경을 만들려는 의지를 보여줄 수 있었고 하크베리 결정에서의 미국 권한처럼 제3자의 접근이 LNG 터미널에 적용되지 않는다고 발표할 수도 있었다. 더욱이 이러한 신호는 공동과 해외의 개인 주주들에게도 중요했을 수 있으며 EU 시장에 진출한 제3국 수출국들의 걱정을 다소 없앨 수도 있었다.

EU의 경계와 대외 관계

에너지정책 입안은 점점 대외정책 문제들을 포함시켰다. 러시아와의 전략적 파트너십은 카스피 해, 벨라루스와 우크라이나에 대한 접근과 관련된 대외정책에 대한 단호한 생각 없이는 고려될 수 없다. 또한 체결까지는 아직도 멀었지만 EU 가입에 대한 터키와의 대화 또한 러시아의 대외정책에 영향을 준다. 더욱이 EU가 어디서 시작되고 어디서 회원국 자격이 끝나는지에 대한 문제는 본질적으로 러시아의 모든 성공적인 공동 산업들에 뿌리 박혀 있다. 유럽은 모든 잠재적 파트너를 정의하고 자신을 이 파트너들에게 소개해야 한다. 게다가 법적 권한도 역할을 한다.

EU 집행위원회의 〈EU 이사회의 사무총장/고위대표 보고서〉(European Commission, 2006f)에서는 회원국들의 합법적 권리가 그들의 에너지 공급 안보를 보장하는 그들만의 대외 관계를 추구할 수 있으며, 더불어 공급과 에너지 구성에 대한 그들의 법적 권한이 확인되었다. 그리고 단결된 대외에너지 관계가 내재되고 자발적인 행위를 넘어선, 그리고 가끔은 메뉴에 따라 조작되는 공동에너지 협력 구조를 확인하는 가능성을 제안하고 있다. 거대 회원국들은 EU의 대외에너지정책을 자신들의 대외 안보 정책의 한 부분으로 고려하고 오직 대외에너지정책만을 추구하는 회원국들로부터 나오는 다른 결과들을 선호한다. 이러한 관점에서 더 큰 회원국들은 미국, 중국, 러시아와 다를 것이 없었다. 러시아에 적용되는 회원국들의 다른 접근법들은 이와 관련하여 언급하고 있는데, 몇몇 회원국들은 강한 쌍무관계를 통해 에너지 공급 확보와 다른 정치적·경제적 이득들을 추구하는 것이 명백했고 다른 회원국들은 이런 관계에 의지하는 정도가 덜하기에 대수롭지 않아 했다.

1990년대부터 유럽 대륙의 대외 관계는 냉전 이후 두 가지 특성을 보였는데 하나는 잠재적인 EU의 회원국이고 다른 하나는 이런 잠재적인 비 EU 회원국이다. 대륙에서의 이러한 관계는 자유무역협정과 다른 종류의 동맹이 더욱 빠른 대외 관계가 있었던 1990년 이전 기간 유럽 국가들 간 더욱 다양한 관계로 교체되었다. EU의 확대로 인해 생겨난 조직적·재분배적 역내 에너지 문제를 제외하면, 정치적 영감을 받은 확대전략은 중요한 비잠재적 회원국들과(특히 이들이 중요한 에너지자원 소유자인 경우) 관계를 위한 전략이 충분히 지원되지 않았다는 사실이 지금 정책입안자들을 괴롭히고 있다(van der Linde, 2005).

사회경제조정위원회(SER) 2007 또는 3월 EU 이사회 결론에서의 '대외에너지 범위를 위한 장기적인 제도'에 따른 제안들은 EU 집행위원회의 〈EU 이사회의 사무총장/고위대표 보고서〉와 다음에 〈커뮤니케이션〉(European Commission, 2006g)에서 낸 목소리보다 더 구체화되지 않았다. "에너지는 반드시 모든 EU 대외 관계의 중심부가 되어야 한다"와 "모든 국제 에너지 파트너들과의 효과적인 에너지 관계는 상호 신뢰와 협력, 상호 의존성에 바탕을 두어야 한다"(SER, 2007)는 EU 집행위원회의 성명은 2006년에 우리가 목격한 러시아와의 커뮤니케이션 종류와는 완전히 다르게 들렸다.

더욱이 EU는 에너지 문제에서 제3국에 에너지와 더 넓은 정치적·경제적 관계 모두에 있어 호의적인 거래를 하지도 않은 채 아퀴 코뮈노테〔acquis communautaire: EU의 누적 법전(기존 제도들)〕를 비잠재적인 회원국들에게도 지속적으로 적용하고자 했다. 인접국 에너지투자펀드를 포함한 인접국 에너지정책을 고려한 제안들은 수출 규제에서 이를 추진해야 한다고만 강조하고 있다. EU 회원국들이 가치사슬의 상·중류 부문의 부분들에 대한 사법권이 없다는 것을 알게 되면서 이런 접근법이 EU에 호의적인 거래인 것만은 분명하다. EU와 러시아는 운송국 중류 부문 자산에 대한 규제와 통제된 경쟁을 공개적으로 추구했다. 상호 신뢰, 상호 협력, 상호 의존이 반드시 활성화되어야 할 대외에너지정책에 어떻게 이런 경쟁이 어울릴 수 있는지는 명백하지 않다. EU와의 전략적 공동 산업에서 평등 또는 윈윈 전략을 기반으로 한 EU 집행위원회의 제안들은 잠재적 파트너 국가들을 충족시키지는 못할 것이다. 놀라운 일도 아니지만, 블라디미르 푸틴(Vladimir Putin)은 G8 정상회담에 대한 결론에서 거대 투자 조건에도 불구하고 위험 분담에 있어 생산국들의 이익에 대해 다음과 같이 언급했다(G8 Summit, 2006 정상회담).

우리는 시장을 기반으로 한 장기적인 현물계약들을 포함한 다른 종류의 계약들 사이에 경제적으로 건전한 다양성을 통해 에너지 공급사슬에서 모든 주주들 간 더 나은 위험 분담, 적당한 시기의 의사결정, 적절한 충성, 그리고 계약상의 협의 사항 시행의 필요성을 더불어 강조했다.

게다가 EU 집행위원회는 지금 대외에너지 관계의 무역협상에서 그들의 법적 권한 사용을 제안했고, 무역 조건들의 상호 간 개방화와 상류 및 하류 부문 시장에서의 투자를 논의하고 싶어 했다. 이것이 러시아와 다른 에너지 생산자들의 WTO 가입을 얼마나 복잡하게 할 것인지는 뚜렷하지 않다.

흥미롭게도 사회경제조정위원회 2007은 또한 아프리카-유럽 에너지 공동 산업을 호소했다. 미국과 중국 모두 이미 아프리카의 석유와 천연가스 부문에서 매우 적극적이다. 얼마 전까지만 해도 아프리카는 유럽의 뒷마당으로 생각되어왔지만 모든 소비국들이 자원을 다양화해야 하자 EU는 에너지 말고도 더 많은 이유들로 아프리카를 가만히 내버려둘 수가 없었다. 아프리카에 새로운 에너지 기술을 제공하자는 제안은 아프리카 자원에 대한 새로운 경쟁을 EU가 고지할 수 있도록 모든 정책 수단을 이용하기 위함이다. 지속적으로 취약한 아프리카 정부들과의 전략적 에너지 공동 산업은 향후 대외정책의 악몽처럼 들렸고 인권과 에너지 문제는 EU 정책입안을 위해 쉽게 불붙는 칵테일로 들렸다.

EU는 OPEC과 같이 다양한 생산자 그룹들과의 정례회담이 계속되어야 한다고 강조했다. 정례회담들이 생산자들과 소비자들 간의 신뢰를 만드는 중요한 수단으로 보였기 때문이다. 이 토론의 주목적은 예측 가능한 공급과 수요 예상치들을 맞추기 위해 투자, 생산 능력, 인프라 상태, 계약 등을 더욱 투명하게 만들어야 한다는 것이다. 투명하게 만드는 것은 이런 문제에 관한 유럽 내 투명성을 형성하는 자극이 될 수 있다.

EU 집행위원회가 생산 국가들과의 관계에 대한 중요성을 강조하는 것은 옳다. 하지만 아직은 이런 토론들이 생산국 조정을 자극할 수도 있다. 석유 수출국들과의 토론은 OPEC과의 협의 없이는 수행될 수 없다. 다음 해에 세계 석유무역의 많은 몫을 획득하지 않으면 안 되는 OPEC 국가들과 함께 EU-OPEC 회담의 맥락은 변화하고 있다. 이것은 소비국들 간의 석유 경쟁이 높아지면 이 회담을 더욱 전략적·정치적 수준으로 격상시킬 것이다. 또한 이러한 토론에서 시장 진출과 국가 석유회사들의 하류 부문 개발과 다른 에너지와 관련된 회사들을 특색으로 삼을 것이다. 그러나 석유에 대한 토론은 천연가스보다 더 많이 진전될 것이다. 국제에너지재단(IEF: International Energy Foundation)의 구조는 제대로 구축되었고 지역적 또는 쌍무적 토론들이 국제에너지재단의 구조와 쉽게 조화를 이룰 수 있다. 석유 관계에서의 신뢰 쌓기는 천연가스보다 더 오래되었고 석유는 아직도 압도적인 지역 사업이다. 국제적 의의에서 국제 천연가스시장을 얻는 것은 LNG가 차지하는 부분이 점점 커져가야만 할 수 있다. 천연가스에 대한 토론은 국제에너지재단 회담의 개요에 포함되어 있으나 대부분의 관계는 쌍무적 성격이 우세하다. 최근 몇 년 동안 천연가스 생산국들은 큰 소비국들 및 부류에 의한 '분할 통치' 방식을 막기 위한 시도에서 그들 스스로 친밀한 협력을 지향하도록 했다. 장기 계약과 시장 진출에 대한 EU 이사회의 위치와 함께 생산국들의 불만과 EU의 규제 확대는 러시아와 다른 주요 천연가스 생산국들인 알제리와 카타르의 다른 접근법에도 불구하고 생산국들이 생산자 카르텔을 고려하게끔 유발시켰다.

그러나 EU와 생산국 그룹과의 토론은 단지 조금 진행되었을 뿐이다. 어떤 점에서는 EU의 토론 파트너들은 위임 대표자들과 말하길 기대했고, 위임은 EU의 대외에너지 관계를 여전히 취약하게 만들었다. 경제를 이야기하는 세상에서는 EU의 영향력이 강했다. 더욱 정치화된 세계에서는 국가가 아닌 EU의 영향력이 약할 수도 있다. EU의 불분명한 경계와 함께 EU의 영향력 자체는 대외에너지 관계의 주요 장애물이다. EU의 강력한 카드는 개인과 국영 생산자 모두에게 제공할 수 있는 거대 소비자시장이다. 저탄소경제 전략에 의해 화석연료들이 더욱 성숙된 시장에서, 투자와 관련해 상당한 이득을 얻기 위한 시장 접근과 능력은 중요하다.

성숙된 시장으로의 진입장벽은 일반적으로 높다. 인수합병이 미래의 EU 에너지시장에서 중요한 역할을 할 것으로 보인다. EU 시장 내에서만이 아니라 제3국 회사 인수들 또한 포함된다. 인수가 EU 집행위원회와 회원국 정부들에 의해 수락될 것인지에 관한 현재의 불확실성은 공급과 수요 안보에 대한 최근 논쟁의 핵심이다. 회원국들은 자원이 EU 시장으로 쉽게 유통될 수 있다는 생각과 함께 EU 내 회사들이 자원접근을 얻도록 후방합병에 착수할 수 있게 촉진하고 있고, 생산국 정부들은 시장 진출을 얻기 위한 회사들의 전방통합을 조장하고 있다. 에너지 가치사슬의 소유권, 즉 지대를 잡을 수 있는 능력의 정치적 중요성은 최근 압박받는 에너지 관계에서는 당연한 것이다.

EU와 회원국들은 제3국 또는 혼합형 국영회사, 개인 회사들에 그들의 시장을 열지 않으려 함으로써 그들의 경쟁 규칙과 지배구조에서 신뢰를 조금 보였다. 더욱이 가치사슬을 따라 회사들이 통합하고 서로의 에너지 부문에서 교차된 이득을 만들도록 허용된 특정 공동 사업에 대한 최근 저항은 통합의 50년 배경을 거스름과 동시에 부를 창출하고 분쟁을 없애려는 이상한 전략이라는 것이다. 이 논쟁의 대부분은 유럽 에너지 부문의 러시아 지배에 대한 두려움으로 돌아가고 있었다. 이 논쟁에서 충분한 석유와 천연가스, 석탄을 국내 시장과 유럽시장 양쪽에 공급하는 러시아의 능력과 압도적인 지배를 위한 러시아의 수용력에 대해서는 너무 미미하게 논의되었다. 지속 가능한 에너지들에 의해 화석연료들이 점차 교체되어 저탄소경제로 전환되는 과정은 매우 길어, 2020년에도 간신히 시작될 것이다. 따라서 EU 회원국들은 EU 시장으로의 화석연료 유통을 확보하는 강건한 정책들을 지속적으로 추구해야 할 것이다. 최근 국제 에너지시장 맥락에서 더 높은 가격임에도 불구하고 유럽과 다른 OECD 국가들이 1970년 알래스카의 북해원유와 원자력발전소처럼 똑같이 빠른 탈출을 제공하는 데 있어 지속 가능한 에너지들에 의존할 수 없다는 사실이 분명해졌다. 이것이 지금 큰 차이점이다. 게다가 연료 보유 토대와 생산 능력은 거대 국제 에너지회사에 달려 있지 않고 OECD 국가에 본사를 두었다. 이 회사들은 그럼에도 불구하고 제한적인 석유 배럴과 천연가스 모듈을 공급하는 데 중요한 역할을 한다. 이 공급은 생산국의 조정력, 시장 지배를 위한 여지, 그리고 국제 에너지시장의 미래 구조를 결정할 수 있다. 시장구조에서의 이런 변화에 따른 결과는 전제조건들과 저탄소경제가 나타나기 위한 밑바탕을 제공해줄 것이다.

유럽과 생산국 간 최근 경쟁은 전통적인 화석연료의 가치사슬과 미래의 가치사슬 양쪽에서의 지대에 대한 투쟁으로 요약할 수 있다. 그러나 이것은 또한 규제 체제, 소유권, 공급 루트, 무역, 이웃정책 모두가 대외 관계의 틀에 담긴 '시스템' 투쟁이다.

결론

유럽 에너지정책 입안은 이를 국가적 접근법으로 부착시키게끔 유도하는 EU 회원국들의 인센티브를 넘어서는 이득을 반드시 만들어야 한다. 이득을 만드는 것은 회원국들이 EU 수준으로 주권을 옮기는 데 합의할 수 있는 중요한 전제조건이기 때문이다. 이러한 이득은 개별 회원국 수준에서의 에너지정책과 EU 수준에서의 에너지정책의 세 가지 우선권들에 대한 적절한 균형에 달려 있다. 또한 사회의 정치적·사회적 약정에 미치는 큰 영향을 줄 수 있는 근본적인 시장구조 변화를 기피하는 데 달려 있다. 비록 EU 회원국들이 그들의 에너지 구성, 수출의존도, 에너지자원량, 그리고 에너지시장 구조에서 크게 다르더라도 EU는 모든 회원국들을 위해 이득을 만들어야만 한다. 이렇게 다른 에너지들은 다른 정치적·경제적·사회적 시스템들 안에서의 기능을 구성한다. 이는 EU 회원국들의 우세한 정치적·경제적 모델로부터 유래된 것이다. 이러한 차이점들은 사회의 특정 경제 모델 또는 에너지 부문의 조직에 대한 옛날 선호도만을 반영하는 것만이 아니라 접근법에 있어 넓게는 최근 차이점들까지도 반영한 것이다.

 비록 국가의 정치적 · 사회적 · 법률적 관행을 바꾸는 이데올로기 개념으로서 '시장'이 지구화에 대한 제안자들 간의 강력한 믿음이 있더라도 서로의 선호도는 쉽게 변하지 않는다(van der Linde, 2005). 거의 50년에 이르는 유럽통합에도 불구하고 회원국들은 아직도 그들 자신의 정치적 · 사회적 모델 안에서 주로 기능하며 국가와 시장의 관계는 여전히 그들 자신의 모델(중앙집권자 또는 지방분권자: 사회타협모델 또는 협동조합주의자)에 의해 대부분 설계되고 있다. 당연히 EU의 통합은 회원국들이 그들의 시스템을 개조하도록 강요했지만 그들은 아직 시스템을 바꿀 정도로 근본적으로 강요받은 적이 없었다. 그러므로 유럽통합은 많은 면에서 정치 · 사회적 변화를 위한 주요 도구로서의 경제적 성공, 그리고 어떤 면에서는 한계의 아주 적절한 예에 해당된다. 경제 권한을 넘어선 회원국들의 핵심 권한 범위를 EU가 건드리는 부분에서의 의사결정은 당연히 매우 어려웠다. 이런 부분이 EU 에너지정책 입안에 대한 토론을 복잡하게 만든다. 그 이유는 현재 회원국들이 공급 안보와 상황에 대한 공익을 EU 수준에서 확보시키기 위한 공동 에너지 제도에 대한 합의만을 요구하는 것이 아니라 동시에 회원국들 또한 경제효율성의 근본적인 이유만을 넘어 회원국들의 에너지시장을 구조조정 하는 것에 대해서도 합의해야 하기 때문이다. 회원국들은 그들의 주권을 EU에 위임하는 것을 달가워하지 않는다. 회원국들은 그들이 원하는 정치적 · 사회적 계약 또는 회원국들의 전략적 이득에 맞는 대외 관계들 중 어느 하나도 EU가 제공해줄 것이라고 확신하지 않기 때문이다. 이는 정부 간 관계가 사업 간 거래의 중요한 부분인 석유와 천연가스 유통 안보에서 더욱 그렇다. 회원국들은 EU가 정부가 아니기 때문에 그들의 사회를 위해 안보를 제공할 수 없다고 생각한다.

국제 석유 및 천연가스 시장이 구매자시장에서 판매자시장으로 전환하는 일이 다른 경영 가치사슬을 필요로 한다는 사실을 EU는 반드시 말해야 한다. 구매자시장에서는 소비자들(소비국 정부)이 소비자시장에서의 회사 운영을 잡거나 최종소비자 스스로 경제지대들을 쉽게 잡을 수 있다. EU 시장의 개방화는 유럽 에너지시장의 중·하류 부문과 같은 곳에서 경쟁이 비효율성이 없어지면서 낮은 가격을 형성해 최종소비자들에게 더 많은 이득을 가져다주고 동시에 정부가 세금을 통해 지속적으로 에너지 지대를 잡을 수 있다는 생각에서 기인한 것이다. 구매자시장에서는 공급 안보 비용이 매우 낮았는데, 그 이유는 수요에 비해 공급을 위한 과잉 생산 능력 때문이다. 제3자의 접근은 똑같은 소비자들을 위해 신규 진입자들이 경쟁할 때 있을 수 있는 시장점유율의 손실과 함께 사용되지 않은 운송 능력을 위한 가격을 회사가 얻기 위한 효율적인 방법이다. 회사들은 자산고한(asset-sweating)에 착수하게 될 것이고, 소비자들에게 투자비용을 떠넘길 수 없을 때 수용력 확대에 대한 투자를 기피할 것이다. 구매자시장에서는 가치사슬의 상류 부문에 경제지대들이 잡혀 있었다. 최종소비자들은 정부가 계속해서 세금을 통해 그들의 지대를 잡는 동안 자원 부족의 비용에 따른 영향과 운송 및 공급 안보 비용에 노출되어 있다. 유럽 내 소비자 경쟁에서 공급자들의 경쟁으로 이동한 것은 유럽시장에서의 경쟁이 최종소비자 가격에 덜 중요하다는 것을 의미한다. 가치사슬 부문들이 제3자 접근과 관세규제에 의해 규제되면서 경쟁은 가격에 영향을 줄 수 없는 반면, 취약한 공급들은 석유와 천연가스의 국제가격을 결정할 것이다. 장기 공급계약은 운송(예를 들어 현물가격들을 내지 않음으로써)과 공급의 안보비용을 줄일 수 있다. 그 이유는 계약이 장기적이고 가치사슬 전체를 넘어 비용과 이득 간 균형을 이루었기 때문이다.

에너지는 경제적 · 정치적 영역 모두에 속한다. 이것은 회원국과 다른 소비국 및 생산국 모두에게도 그렇다. 국가와 지역이 자동적으로 자급자족할 수 있게 에너지 관계에 대한 대외정책 관점들을 도입하지 않는 것이 사실이다. 회원국이 안보와 대외정책 의제에 대해 불일치하는 한 대외에너지정책 의제에 대한 합의도 매우 어려울 것이다. 에너지 패키지에서 제안들이 미약하게 진전되면서 전략적 에너지 의제에서의 이 부분이 아직 실행할 준비가 안 되었다는 것을 증명했다.

그럼 EU 에너지정책을 어떻게 추진할 수 있을까? EU 회원국들이 자신들의 전략적 대외에너지 이득에 대한 추구를 초국가적 수준으로 무난히 넘길 수 있다는 확신 때문에, 대외 관계 제안들이 충분히 발전되지 못했다는 것이 분명해졌다. 단기적으로는 내부와 대외정책 입안 사이의 균형이 쉽게 이루어지지 않을 것이다. 석유와 천연가스의 지정학적 중요성은, 석탄에서는 그 중요성이 덜하지만 에너지 구성의 다양화와 수입의존도 맥락에서 볼 때 이러한 관계를 관리하는 데 EU 회원국이 지속적으로 개입할 것임을 의미한다.

EU 집행위원회는 대외에너지 관계에서 완전히 새로운 권한들을 제안하는 것보다 그들의 권한을 무역 능력과 생산자와 소비자 모두의 쌍무관계를 조성하도록 협상하는 데 사용하여 모든 회원국들이 동등해지도록 해야 한다. 새로운 연료들이 더욱 압도적으로 EU 에너지 구성을 차지할 때, EU에서의 지속 가능한 에너지 경제를 위한 추진은 서서히 대외에너지 이득과 맞춰질 것이다. 재생 가능한 자원들을 위해 역내 시장을 관리하는 것은 이러한 연료들이 생산되고 운송되고 소비되기 위해 적절한 제도를 갖추는 데 있어 EU 집행위원회가 주도권을 잡을 수 있도록 새로운 기회를 제공한다. 회원국들이 기후변화 정책 문제에서 '한목소리 내기'를 더욱 원한다는 사실은 모든 에너지 문제에 대한 미래 협력의 전망을 보여준다. 그러나 장기적인 관점에서 보면 이는 에너지정책 입안에서 당장의 압력들과 긴장감을 대신할 수 없다. 이산화탄소 방출량 감소, 에너지 효율 증대와 비 화석연료 에너지 사용을 늘리려는 최근 결정은 탄소 포획과 다른 필수적 돌파구들이 상업적 측면에서 불가능하기 때문에 중·단기적으로 수입되는 천연가스 의존도를 높일 수밖에 없다. 특정 생산국들과 생산 지역에 대한 구조적 의존도를 줄이기 위한 전략과 함께, 이를 어떻게 일치시킬 것인지는 여전히 해결되지 않은 채로 남아 있다. 유럽의 에너지정책에 대한 토론은 이제 겨우 시작됐다.

| 참고 문헌 |

Adam, Christopher, Gerard Chambas, Patrick Guillaumont, Sylviane Guilaumont Jeanneney and Jan Willem Gunning (2004), Performance-Based Conditionality: A European Perspective, *World Development*, 32:1059-1070.

Addison, Tony (2006), Debt Relief *Swedish Economic Policy Review*, 16:205-230.

AER/AIV (2006), Dutch Energy Council/Council for International Security Issues, *Energised Foreign Policy*, www.algemene-energieraad.nl.

Aghion, Philippe, Nick Bloom, Richard Blundell, Rachel Griffith and Peter Howitt (2002), *Competition and Innovation: An Inverted U Relationship*, mimeo.

Ahearne, Alan and Jürgen von Hagen (2006), *European Perspectives on Global Imbalances*, paper prepared for the Asia-Europe Economic Forum Conference, 13-14 July, Beijing, www.bruegel,org.

Ahearne, Alan, Jean Pisani-Ferry, André Sapir and Nicolas Véron (2006), *Global Governance: An Agenda for Europe*, Policy Brief 2006/07, Bruegel, Brussels.

Akbar, Yusaf (2002), Grabbing Victory from the Jaws of Defeat: Can the GE-Honeywell Merger Force International Competition Policy Cooperation?, *World Competition*, 25:403-422.

Aktas, Nihat, Eric de Bodt and Richard Roll (2004), European M&A Regulation is *Protectionist*, mimeo, University of California, Los Angeles.

Aktas, Nihat, Eric de Bodt, Michel Levasseur and André Schmitt (2000), *The Emerging Role of the European Commission in Mergers and Acquisitions Monitoring: The Boeing/McDonnell Douglas Case*, mimeo.

Alesina, Alberto and Guido Tabellini (2005), *Why do Politicians Delegate?*, Working Paper 11531, National Bureau of Economic Research (NBER), Cambridge, MA.

Alesina, Alberto and Guido Tabellini (2006a), Bureaucrats or Politicians? Part I: A Single Policy Task, *American Economic Review*, 97:169-179.

Alesina, Alberto and Guido Tabellini (2006b), *Bureaucrats or Politicians? Part II: Multiple Policy Tasks*, mimeo, Harvard University.

Alesina, Alberto, Ignazio Angeloni and Federico Etro (2005), International Unions, *American Economic Review*, 95:602-615.

Alesina, Alberto, Ignazio Angeloni and Ludger Schuknecht (2005), What Does the European Union Do?, *Public Choice*, 123:275-319.

Alvarez-Plata, Patricia, Herbert Brücker and Boriss Siliverstoves (2003), *The Impact of Eastern Enlargement on Migration - An Update, Report for the European Commission*, DG Employment, Social Affairs and Equal Opportunities, Brussels.

Anderson, Kym, Will Martin and Dominique van der Mensbrugghe (2006), *Doha Merchandise Trade Reform: What's at Stake for Developing Countries?*, Policy Research Working Paper 3848, World Bank, Washington, DC.

Arnold, Jens Matthias and Beata Smarzynska (2005), *Gifted Kids or Pushy Parents? Foreign Acquisitions and Plant Performance in Indonesia*, Policy Research Working Paper Series 3597, World Bank, Washington, DC.

Arthur, W. Brian (1989), Competing Technologies, Increasing Returns, and Lock-in by Historical Events, *Economic Journal*, 99:116-131.

Atkins, Ralph and Mark Schieritz (2006), ECB Board Member Calls for Greater Say in IMF, *Financial Times*, 28 March, www.ft.com.

Balls, Ed (2003), *The Case for Independent IMF Surveillance*, speech at Institute for International Economics, March 6, Washington, DC.

Bannerman, Edward (2002), *The Future of EU Competition policy*, mimeo.

Barros, Pedro and Luis Cabral (1994), Merger Policy in Open Economies, *European Economic Review*, 38:1041-1055.

Bauer, Thomas and Klaus Zimmermann (1997), Looking South and East, Labour Markets Implications of Migration in Europe and LDCs, in Olga Memedovic, Arie Kuyvenhoven and William T. M. Molle (eds), *Globalisation and Labour Markets. Challenges, Adjustment and Policy Responses in the EU and the LDCs*, Kluwer, Dordrecht/Boston/London.

Bauer, Thomas and Klaus Zimmermann (1999), *Assesement of Possible Migration Pressure and Its Labour Market Impact Following EU Enlargement to Central and Eastern Europe*, Research Report 3, Institute for the Study of Labor (IZA), Bonn.

Becht, Marco, Patrick Bolton and Alisa Roëll (2002), *Corporate Governance and Control*, Finance Working Paper 2002/02, European Corporate Governance Institute.

Beine, Michel, Frédéric Docquier and Hillel Rapoport (2003), *Brain Drain and LDCs' Growth: Winners and Losers*, Discussion Paper 819, Institute for the Study of Labor (IZA), Bonn.

Ben-Ishai, Guy (2005), *Ducking for Cover: Mergers in Response to Trade Liberalisation*, mimeo.

Bergsten, C. Fred (2006), A New Steering Committee for the World Economy, in Edwin Truman (ed), *Reforming the IMF in the 21st Century*, Institute for Internaltional Economics, Washington, DC, 279-294.

Berlin, Anders and Nils Resare (2005), *The European Community's External Actions. A Development Perspective*, Sida, Stockholm.

Bernheim, Douglas and Michael Whinston (1990), Multimarket Contact and Collusive Behaviour, *RAND Journal of Economics*, 21:1-26.

Berthélemy, Jean-Claude (2006a), Bilateral Donor's Interests vs. Recipients's Development Motives in Aid Allocation: Do All Donors Behave the Same?, *Review of Development Economics*, 10:179-194.

Berthélemy, Jean-Claude (2006b), Aid Allocation: Competing Donors' Behaviour, *Swedish Economic Policy Review*, 16:75-110.

Bertrand, Olivier (2005), On the Effects of Economic Integration on Greenfield Investments and Cross-Border M&A Location Pattern, *Journal of Economic Integration*, 20: 483-507.

Bertrand, Olivier and Habib Zitouna (2006a), Domestic versus Cross-Border Aquisitions: Which Impact on the Target Firms' Performance, *Applied Economics*, forthcoming.

Bertrand, Olivier and Habib Zitouna (2006b), Trade Liberalisation and Industrial Restructuring: the Role of Cross-Border Mergers and Acquisitions, *Journal of Economics and Management Strategy*, 15:479-515.

Bertrand, Olivier and Pluvia Zuniga (2006), R&D and M&A: Are Cross-Border Differant? An Investigation on OECD Countries, *International Journal of Industrial Organisation*, 24:401-423.

Bertrand, Olivier, Jean-Luis Mucchielli and Habib Zitouna (2007), Location Choice of Multinational Firms: The Case of Mergers and Acquisitions, *Journal of Economic Intergration*, 22:181-209.

Besen, Stanly M., and Joseph Farrel (1994), Choosing How to Compete: Strategies and Tactics in Standardisation, *Journal of Economics Perspectives*, 8:117-131.

Bhagwati, Jagsish and William Dellafar (1973), The Brain Drain and Income Taxation, *World Development*, 1:94-101.

Bigsten, Aren (2006), Coordination et Utilisationss des Aides, *Revue d' Economie du Developpement*, 2.

Bini-Smaghi, Lorenzo (2004), A Single EU Seat in the IMF?, *Journal of Common Market Studies*, 42:229-348.

Bini-Smaghi, Lorenzo (2006a), Powerless Europe: Why is the Euro Area Still a Political Dwarf?, *International Finance*, 9:1-19.

Bini-Smaghi, Lorenzo (2006b), IMF Governance and the Political Economy of a Consolidated European Seat, in Edwin Truman (ed), *Reforming the IMF in the 21st Century*, Institute for International Economics, Washington, DC, 233-256.

Bjorvatn, Kjetil (2004), Economic Intergration and the Profiatability of Cross-border Mergers and Acquisitions, *European Economic Review*, 48:1211-1226.

Blanchflower, David G., and Andrew J. Oswald (1995), An Introduction to the Wage Curve, *Journal of Economic Perspectives*, 9:153-167.

Bloomberg (2006a), EU Backs China's Gradual Yuan Moves, *Bloomberg*, 4 April, 2006, www.bloomberg.com.

Bloomberg (2006b), US to Consider Cutting IMF Voting Stake, Adams Says, *Bloomberg*, 18 April, www.bloomberg.com.

Bode, Mariana and Olivier Budzinski (2005), Competing Ways toward International Antitrust: the WTO versus the ICN, in Frank Columbus (ed), *New Developments in Antitrust*, Nova, New York.

Boeri, Tito and Herbert Brücker (2001), *The Impact of Eastern Enlargement on Labour Markets in the EU Member States*, report for the European Commission, DG Employment, Social Affairs and Equal Opportunities, Brussels.

Boeri, Tito and Herbert Brücker (2005), Why are Europeans so Tough on Migrants? *Economic Policy*, 44:621-703.

Boltho, Andrea and Gianni Tonniolo (2000), The Assessment of the Twentieth Century – Achievements, Failures, Lessons, *Oxford Review of Economic Policy*, 15:1-17.

Bonin, Holger (2002), *Eine fiskalische Gesamtbilanz der Zuwanderung nach Deutschland*, Institute for the Study of Labor (IZA) Discussion Paper 516, Bonn.

Borjas, George J. (2003), The Labour Demand Curve is Downward-Sloping: Reexamnining the Impact of Immigration on the Labour Market, *Quarterly Journal of Economics*, 118:1335-1374.

Borrmann, Axel, Mattias Busse and Silke Neuhaus (2005), EU/ACP Economic Partnership Agreements: Impact, Options and Prerequisites, *Intereconomics*, 40:169-176.

Bourgeois, Jacques and Patrick Messerlin (1998), *The European Community's Experience*, Working Paper, Brookings Institution, Washington, DC.

Bourguignon, Francois and Christian Morrison (2002), Inequality Among World Citizens: 1820-1992, *American Economic Review*, 92:727-744.

Brücker, Herbert and Boriss Siliverstovs (2006), On the Estimation and Forecasting of International Migration: How Relevant is Heterogeneity Across Countries?, *Empirical Economics*, 31:735-754.

Brücker, Herbert and Jakob von Weizsäcker (2007), *A Simulation of the Distributional Impact of International Migration*, mimeo.

Brülhart, Marius and Alan Mattews (2003), External Trade Policy, in Ali M. El-Agraa (ed), *The European Union: Economics & Policies*, 7th edition, Prentice Hall.

Burwell, Frances (2007), *Transatlantic Leadership for a New Global Economy*, Policy Paper, Atlantic Council of the United States, Washington, DC.

Cabral Luis (2005), An Equilibrium Approach to International Merger Policy, *International Journal of Industrial Organisation*, 23:739-751.

Cadot, Olivier, Jean-Marie Grether and Jaime de Melo (2000), Trade and Competition Policy: Where Do We Stand?, *Journal of World Trade*. 34:1-20.

Chen, Shaohua and Martin Ravallion (2004), How Has the World's Poorest Fared since the Early 1980s?, *World Bank Research Observer*, 19:141-169.

CIEP (2004), Clingendael International Energy Programme, *Study on Energy Supply and Geopolitics*, report for the European Commission, TREN/C1-06-2002.

Clark, John (2004), *Competition Advocacy: Challenges for Developing Countries*, mimeo.

Clemens, Michael, Steve Radelet and Rikhil Bhavnani (2004), *Counting Chickens When They Hatch: The Short-term Effect of Aid on Growth*, Working Paper 44, November, Center for Global Development, Washington, DC.

Cline William R. (2004), *Trade Policy and Global Poverty*, Center for Global Development and Institute for International Economics, Washington, DC.

Cline, William R. and John Williamson (2005), Fostering Development, in C. Fred Bergsten (ed), *The United States and the World Economy. Foreign Economic Policy for the Next Decade*, Institute for International Economics, Washington, DC.

Coeuré, Benoît and Jean Pisany-Ferry (2000), *Events, Ideas and Actions: An*

Intellectual and Institutional Retrospective on the Reform of the International Financial Architecture, mimeo, Centre d'Etudes Prospectives et d' Informations Internationales (CEPII), Paris.

Coeuré, Benoît and Jean Pisany-Ferry (2003), *One Market, One Voice?, European Arrangements in International Economic Relations*, prepared for the conference New Institutions for a New Europe, 10-11 October, Vienna.

Coeuré, Benoît and Jean Pisany-Ferry (2004), Autour de l'euro et au-delà: l'UEM et les coopérations renforcées, in Commissariat général du Plan (ed), *Perspectives de la Coopérations Renforcées dans l'Union Européenne*, La Documentation Française, Paris.

Coffee, John C. (2007), *Law and the Market: The Impact of Enforcement*, Columbia Law and Economics Working Paper 304.

Collier, Paul (2006), Africa: An Agenda for Decisive Change, Swedish Economic Policy Review, 16:169-198.

Collier, Paul and Stephen O' Connell (n.d.), Opportunities, Syndromes and Episodes, draft of chapter 2 in the project *Explaining African Economic Growth*, African Economic Research Consortium, Nairobi.

Commission for Africa (2005), *Our Common Interest*, report of the Commission for Africa, London.

Connor, John (2004), Global Antitrust Prosecutions of Modern International Cartels, *Journal of Industry Competition and Trade*, 4:239-267.

Coppi, Lorenzo and Mike Walker (2004), Substantial Convergence or Parallel Paths? Similarities and Difference in the Economic Analysis of Horizontal Mergers in US and EU Competition Law, *Antitrust Bulletin*, 49:101-152.

Corrales-Diez, Natalia (2003), *The EU Representation at the International Monetary Fund*, Working Paper 3, September, Federal Ministry of Finance, Vienna.

Crampes, Claude, David Encaoua and Abraham Hollander (2005), *Competition and Intellectual Property in the European Union*, mimeo.

Crelo, Cedric (2005), *EU Coordination and Representation in the IMF*, mimeo, April, Unversite Pierre Mendes France.

Curran, Louis, Lars Nilsson and Gaspar Frontini (2006), *Multilateral Trade Liberalisation and the Potential for Preference Erosion in the EU market*, paper presented at the 8th Annual ETSG Conference, September, Vienna.

David, Paul A. (1985), Clio and the Economics of QWERTY, *American Economic Review*, 75:332-337.

Davison, Leigh and Debra Johnson (2002), The EU's Evolving Stance on the International Dimension of Competition Policy: A Critical Commentary, *Interconomics*, 37:244-252.

de Jong, Jacques, Hans Maters, Martin Scheepers and Ad Seebregts (2006), EU *Standards for Energy Security of Supply*, Clingendael Institute, The Hague. Energy Research Centre of the Netherlands, Petten, www.clingendael.nl/ciep.

De Stefano, Martino and Marc Rysman (2004), *Competition Policy as Strategic Trade with Differentiated Products*, mimeo.

Dearden, Stephen (2002), *Does the European Union's Development Policy Have Any Future?* Discussion Paper 24, European Development Policy Study Group, Development Studies Association (DSA).

Deardorff, Alan and Robert Stern (2004), *A Centennial of Antidumping Legislation and Implementation, Introduction and Overview*, Research Seminar in International Economics, Discussion Paper 538, The University of Michigan.

Dehousse, Franklin and Carole Maczkovics (2003), Les Arrêts Open skies de la Cour de Justice: l'Abandon de la Compétence Externe Implicite de la Communauté? *Journal des Tribunaux – Droit Européen*, 102:225-236.

Deutsche Welle (2006), *Germany Opposes Single Voice for Euro Countries at IMF*, 16 September, www.dw-world.de.

Dewatripoint, Mathias and Gerard Roland (1992), The Virtues of Gradualism and the Legitimacy of the Transition to a Market Economy, *Economic Policy*, 102:291-300.

Dewatripoint, Mathias and Jean Tirole (1993), *The Prudential Regulation of Banks*, MIT Press, Cambridge, MA.

DFID (2006a), Department for International Development, *Eliminating World Poverty: Making Governance Work for the Poor*, White Paper, London.

DFID (2006b), Department for International Development, *DFID's Medium Term Action Plan on Aid Effectiveness: Our Response to the Paris Declaration*, London.

Di Giovanni, Julian (2005), What Drives Capital Flows? The Case of Cross-border M&A Activity and Financial Deepening, *Journal of International Economics*, 65:127-149.

Dimaranan, Betina V. and Robert A. McDougall (eds) (2002), *Global Trade, Assistance, and Production*. The GTAP Data Base, Center for Global Trade Analysis, Purdue University, Lafayette.

Disch, Arne (1999), *Aid Coordination and Aid Effectiveness*, Evaluation Report 8.99, Ministry of Foreign Affairs, Oslo.

Dixit, Avinash (1984), International Trade Policy for Oligopolistic Industries, *Economic Journal*, 94:1-16.

Dolan, Mike and Alister Bull (2006), Juncker Says ECB Having no IMF Seat is 'Ridiculous' , *Reuters*, 21 April 9:49 PM ET, www.reuters.com.

Dominguez, Kathryn and Jeffrey Frankel (1993). Does Foreign Exchange Intervention Matter? The Portfolio Effect, *American Economic Review*, 83:1356-1389.

Dumont, Jean-Christophe and Georges Lemaître (2004), *Counting Immigrants and Expatriates: A New Perspective*, OECD Social, Employment and Migration Working Paper.

Dustman, Christian, Maria Casanova, Michael Fertig, Ian Preston and Christoph M. Schmidt (2003), *The Impact of EU Enlargement on Migration Flows*, Home Office Online Report 2003/25, www.homeoffice.gov.uk/rds/pdfs2/rdsolr2503 pdf.

Düvell, Frank (2006), The Irregular Migration Dilema: Keeping Control, Out of Control or Regaining Control in Frank Düvell (ed), *Illegal Immigration in Europe: Beyond Control?*, Palgrave Macmillan, New York.

Easterly, William (2006), *Are Aid Agencies Improving?*, mimeo, New York University.

ER (2005), Dutch Energy Council, *Gas for Tomorrow*, www.algemene-energieraad.nl.

EurActiv (2006), EU Worries about Loss of Influence in IMF, *Euractiv*, 31 August, www.euractiv.com.

Eurodad (2006), *European Coordination at the World Bank and International Monetary Fund: A Question of Harmony?*, European Network on Debt Development, Brussels.

European Commission (1996), *The Global Challenge of International Trade: A Market Access Strategy for the European Union*, Communication from the Commission to the Council, the European Parliament, and the Committee of the Regions, 14 February, Brussels.

European Commission (2000a), *The European Community's Development Policy*, Communication from the Commission to the Council and the European Parliament, COM (2000) 212, Brussels.

European Commission (2000b), *Towards a European Strategy for the Security of Energy Supply*, Green Paper, COM (2000) 769 final, Brussels.

European Commission (2004), *Trade Policy in the Prodi Commission 1999-2004. An Assessment*, 19 November, Brussels.

European Commission (2005), *Report on the Public Consultation on the Future of EU Development Policy*, June, Brussels.

European Commission (2006a), *Global Europe: Competing in the World. A Contribution to the EU's Growth and Jobs Strategy*, Communication from the Commission to the Council, the European Paliament, and the Committee of the Regions, 4 October, Brussels.

European Commission (2006b), *Global Europe: Competing in the World. A Contribution to the EU's Growth and Jobs Strategy*, Communication from the Commission to the Council, the European Paliament, and the Committee of the Regions. Annex (Commission Staff Working Document), 4 October, Brussels.

European Commission (2006c), *Europe in the World – Some Practical Proposals for Greater Coherence, Effectiveness and Visibility*, Communication from the Commission to the European Council, June, Brussels.

European Commission (2006d), *Mergers & Acquisitions*, Note 3, April, Brussels.

European Commission (2006e), *A European Strategy for Sustainable,*

Competitive and Secure Energy, Green Paper, COM (2006) 105 final, Brussels.

European Commission (2006f), *An External Policy to Serve Europe's Energy Interests*, paper from Commission/SG/HR for the European Council, S160/06, Brussels.

European Commission (2006g), *External Energy Relations – From Principles to Action*, Communication from the Commission to the European Council, COM (2006) 590 final, Brussels.

European Commission (2007a), *On Circular Migration and Mobility Partnerships between the European Union and Third Countries*, COM (2007) 248 final, Brussels.

European Commission (2007b), *EU Energy Policy Data*, Commission Staff Working Document, SEC (2007) 12, Brussels.

European Commission (2007c), *An Energy Policy for Europe*, Communication from the Commission to the European Council and the European Parliament, COM (2007) 1 final, Brussels.

European Commission-OECD (2006), *EU Donor Atlas 2006*, Vol. 1, Brussels and Paris.

European Parliament, Council, Commission (2006), *The European Consensus on Development*, joint statement by the Council and the representatives of the governments of the member states meeting with the Council, the European Parliament and the Commission on European Union Development Policy, 24 February, Brussels.

Evenett, Simon J. (2001), The Antitrust of nations, Introducing Standards for International Antitrust, *Harvard International Review*, 23:76-77.

Evenett, Simon J. (2003), The Cross Border Mergers and Acquisitions Wave of the Late 1990s, in Robert E. Baldwin and L. Alan Winters (eds), *Challenges to Globalisation*, University of Chicago Press for the National Bureau of Economic Research (NBER).

Evenett, Simon J. (2005a), What Can We Really Learn from the Competition Provisions of Regional Trade Agreement?, in Lucia Cernat, Philippe Brusick and Ana Maria Alvarez (ed), *Competition Privisions in Regional Trade Agreements: How to Assure Development Gains*, United Nations Conference on Trade and

Development, New York and Geneva.

Evenett, Simon J. (2005b), Would Enforcing Competition Law Compromise Industry Policy Objectives?, in Douglas Brooks and Simon J. Evenett, *Competition Policy and Development in Asia*, Palgrave Macmillan, London.

Evenett, Simon J. (2005c), What os the Relationship between Competition Law and Policy and Economic Development?, in Douglas Brooks and Simon J. Evenett. *Competition Policy and Development in Asia*, Palgrave Macmillan, London.

Evenett, Simon J. (2005d), *Soft Law and International Economic Regulation*, The Levenhulme Centre for Research on Globalisation and Economic Policy (GEP) Newsletter, February, Nottingham.

Evenett, Simon J. (2006a), The WTO Ministerial Meeting in Hong Kong: What Next?, *Journal of World Trade*, 40.

Evenett, Simon J. (2006b), Global Europe: An Intial Assessment of the European Commission's New Trade Policy, *Aussenwirtschaft*, 31:377-402.

Evenett, Simon J. (2006c), Competition Advocacy: Time for Rethink?, *Northwestern Journal of International Law and Business*, 26:495-514.

Evenett, Simon J. (2007a), *The European Union's Generalised System of Preferences: An Assessment of the Evidential Base*, mimeo, February.

Evenett, Simon J. (2007b), *EU Commercial Policy in a Multipolar Trading System*, forthcoming in Intereconomics.

Evenett, Simon J. and Alexander Hijen (2006), *Conformity with International Recommendations on Merger Reviews: an Economic Perspective on Soft Law*, mimeo.

Evenett, Simon J. and Michael Meier (2007), *And Interim Assessment of the US Trade Policy of 'Competitive Liberalisation'*, revised mimeo (original version July 2006), February.

Evenett, Simon J. and Edwin Vermulst (2005), The Politicisation of EC Anti-dumping Policy: Member States, Their Votes, and the European Commission, *The World Economy*, 28:701-717.

Evenett, Simon J., Alexander Lehmann and Benn Steil (2000), *Antitrust Goes*

Global: What Potential for Transatlantic Cooperation?, The Brookings Institution Press, Washington, DC.

Evenett, Simon J., Margaret Levenstein and Valerie Suslow (2001), International Cartel Enforcement: Lessons from the 1990s, *The World Economy*, 24:1221-1245.

Falvey, Rod and Peter Lloyd (1999), *An Economic Analysis of Extraterritoriality*, The Leverhulme Centre for Research on Globalisation and Economic Policy (GEP) Research Paper 1999/3, Nottingham.

Farrell, Joseph and Garth Saloner (1985), Standardisation, Compatibility and Innovation, *RAND Journal*, 16:70-83.

Farrell, Joseph and Carl Shapiro (1990), Horizontal mergers: An Equilibrium analysis, *American Economic Review*, 80:107-126.

Fertig, Michael (2001), The Economic Impact of EU Enlargement: Assessing the Migration Potential, *Empirical Economics*, 26:707-720.

Fertig, Michael and Christoph M. Schmidt (2001), *Aggregate-Level Migration Studies as a Tool for Forecasting Future Migration Streams*, Economic Department Discussion Paper 324, University of Heidelberg.

Fiebig, André (2005), Modernisation of European Competition Law as a Form of Convergence, *Temple International and Comparative Law Journal*, 19:63-86.

Finon, Dominique and Catherine Locatelli (2007), *Russian and European Gas Interdependence. Can Market Forces Balance Out Geopolitics?*, Working Paper 2007/02, International Reseach Center on Environment and Development (CIRED), Paris.

Fox, Eleanor (2003), Can We Solve the Antitrust Problems of Globalisation by Extraterritoriality and Cooperation? Sufficiency and Legitimacy, *Antitrust Bulletin*, 48:355-376.

Frieden, Jeffry (2004), One Europe, One Vote? The Political Economy of EU Representation in International Organisations, *European Union Politics*, 5:261-276.

Gabel, Matthew and Christopher Anderson (2002), The Structure of Citizen Attitudes and the European Political Space, *Comparative Political Studies*, 35:893-913.

Gabel, Matthew and Simon Hix (2002), Defining the EU Political Space: An

Empirical Study of the European Election Manifestos, 1979-1999, *Comparative Political Studies*, 35:934-964.

Gasiorek, Michael and L. Alan Winters (2004), What Role for the EPAs in the Caribbean?, *The World Economy*, 27:1335-1362.

Gerber, David (1999), The US – European Conflict Over the Globalisation of Antitrust Law: A Legal Experience Perspective, *New England Law Review*, 34:123-214.

German Marshall Fund ofthe United States (2006), *Trade and Poverty Survey 2006*, www.gmfus.org.

German Ministry for Economic Cooperation and Development (2003), *Stronger Voice Boosts Development*, Newsletter, October.

Geroski, Paul (1994), *Market Structure, Corporate Performance and Innovative Activitu*, Oxford University Press.

Goldstein, Morris (2005), The International Financial Architecture, in C. Fred Bergsten (ed), *The United States and the World Economy: Foreign Economic Policy for the Next Decade*, Institute for International Economics, Washington, DC.

Gorton, Gary and Andrew Winton (2003), Financial Intermediation, in George Constantinides, Milt Harris and Rene Stulz (eds), *Handbook of the Economics of Finance*, North-Holland, Amsterdam.

Grisay, Dominique (2005), *International Competition Policy from Extra-territoriality to Multilaterality*, mimeo.

Gugler, Klaus, Dennis Mueller, Burcin Yurtoglu and Christine Zulehner (2003), The Effects of Mergers: An International Comparison, *International Journal of Industrial Organisation*, 21:625-653.

Guzman, Andrew (1998), Is International Antitrust Possible?, *New York University Law Review*, 73:1501-1548.

Guzman, Andrew (2004), The Case for International Antitrust, in Richard Epstein and Michael S. Greve (eds), *Competition Laws in Conflict: Antitrust Jurisdiction in the Global Economy*, AEI Press, Washington, DC.

HaIonen-Akatwijuka, Maija (2004), *Coordination Failure in Foreign Aid*, mimeo, University of Bristol, Department of Economics.

Hamner, Kenneth (2002), The Globalisation of Law: International Merger Control and Competition Law in The United States, the European Union, Latin America and China, *Journal of Transnational Law and Policy*, 11:385-405.

Hansen, Henrik and Finn Tarp Finn (2001), Aid and Growth Regressions, *Journal of Development Economics*, 64:547-570.

Haucap, Justus, Florian Müller and Christian Wey (2005), How to Reduce Conflicts over International Antitrust?, in Stefan Voigt, Max Albert and Dieter Schmidtchen (eds.), *International Conflict Resolution: Conferences on New Political Economy*, 23, Mohr Siebeck, Tübingen.

Head, Keith and John Ries (1997), International Mergers and Welfare under Decentralised Competition Policy, *Canadian Journal of Economics*, 30:1104-1123.

Helm, Dieter (2003), *Energy, the State, and the Market: British Energy Policy since 1979*, Oxford University Press.

Helm, Dieter (2005a), *European Energy Policy: Securing Supplies and Meeting the Challenge of Climate Change*, mimeo, New College, Oxford.

Helm, Dieter (2005b), *Environmental Audit Committee, Memorandum of Evidence*, mimeo, New College, Oxford.

Helm, Dieter (2006), Russian Gas, Ukraine and Europe's Energy Security, *OpenDemocracy*, 20 January 2006, www.opendemocracy.net.

Henning, C. Randall (2006), *The External Policy of the Euro Area: Organising for Foreign Exchange Intervention*, Working Paper 2006/4, June, Institute for International Economics, Washington, DC.

Henningsen, Jorgen (2006), *Rising to the Energy Challenge: Key Elements for an Effective EU Strategy*, EPC Issue Paper 51, European Policy Centre, Brussels.

Hertel, Thomas W. and L. Alan Winters (eds) (2006), *Poverty and the WTO: Impacts of the Doha Development Agenda*, Palgrave Macmillan, New York.

Hijzen, Alexander, Holger Görg and Miriam Manchin (2005), *Cross-Border M&A and the Role of Trade Costs*, The Leverhulme Centre for Research on Globalisation and Economic Policy (GEP) Research Paper, 2005/17, Nottingham.

Hinkle, Lawrence E. and Richard S. Newfarmer (2006), Risks and Rewards of

Regional Trading Arrangements in Africa: Economic Partnership Agreements (EPAs) Between the EU and SSA, in Francois Bourguignon and Boris Pleskovic (eds), *Annual World Bank conference on Development Economics 2006: Growth and integration*, World Bank, Washington, DC.

Hinkle, Lawrence E. and Maurice Schiff (2004), Economic Partnership Agreements Between sub-Saharan Africa and the EU: A Development Perspective, *The World Economy*, 27:1321-1333.

Hoekman, Bernard (1997), Competition Policy and the Global Trading System, *The World Economy*, 20:383-406.

Hoekman, Bernard and Kamal Saggi (2005), *International Cooperation on Domestic Policies: Lessons from the WTO Competition Policy Debate*, mimeo.

Hoogeveen, Femke and Wilbur Perlot (eds) (2005), *Tomorrow's Mores, The International System, Geopolitical Changes and Energy*, Clingendael International Energy Programme, The Hague.

Hooghe, Liesbet and Gary Marks (1999), The Making of a Polity: The Struggle over European Integration, in Herbert Kitschelt, Peter Lange, Gary Marks and John D. Stephens (eds), *Continuity and Change in Contemporary Capitalism*, Cambridge University Press, New York, 70-100.

Hooghe, Liesbet, Gary Marks and Carole J. Wilson (2002), Does Left/Right Structure Party Positions on European Integration?, *Comparative Political Studies*, 35:965-989.

Horn, Henrik and James Levinsohn (2001), Merger Policy and Trade Liberalisation, *The Economic Journal*, 111:244-276.

Horn, Henrik and Lars Persson (2001), The Equilibrium Ownership of an International Oligopoly, *Journal of International Economics*, 53:307-333.

ICN (2002), International Competition Network, *Advocacy and Competition Policy*, report of the Advocacy Working Group.

ICN (2004), International Competition Network, *Competition Advocacy in Regulated Sectors: Examples of Success*, report of the Advocacy Working Group.

Imig, Doug (2002), Contestation in the Streets: European Protest and the Emerging Euro-Polity, *Comparative Political Studies*, 35:914-933.

International Energy Agency (2005), *World Energy Outlook 2005*.

Issing, Otmar (2005), *Addressing Global Imbalances: The Role of Macroeconomic Policy*, Contribution to the Banque de France Symposium on Productivity, Competitiveness and Globalisation, 4 November, www.ecb.int.

Jackson, Howell E. (2005), *Variation in the Intensity of Financial Regulation: Preliminary Evidence and Potential Implications*, Harvard Law and Economics Discussion Paper 521.

Jacquemin, Alexis and André Sapir (1991), Competition and Imports in the European Industry, in L. Alan Winters and Anthony Venables (eds), *European Integration: Trade and Industry*, Cambridge University Press.

Jansen, Marion (2006), *Services Trade Liberalisation at the Regional level: Does Southern and Eastern Africa Stand to Gain from EPA Negotiations?*, Centre for Economic Policy Research (CEPR) Discussion Paper 5800, London.

Jenny, Frédéric (2003), International Cooperation on Competition: Myth, Reality and Perspective, *Antitrust Bulletin*, 48:973-1003.

Kabiraj, Tarun and Manas Chaudhuri (1999), On the Welfare Analysis of a Cross-Border Merger, *Journal of International Trade and Economic Development*, 8:195-207.

Kanbur, Ravi (2000), Aid, Conditionality and Debt in Africa, in Finn Tarp (ed), *Foreign Aid and Development*, Routledge, London and New York.

Kanbur, Ravi (2003), The Economics of International Aid, chapter 26 in Serge Christophe Kolm and Jean Mercier-Ythier (eds), *Handbook on The Economics of Giving, Reciprocity, and Altruism*, North-Holland. Amsterdam.

Kanbur, Ravi, Todd Sandler and Kevin Morrison (1999), *The Future of Development Assistance: Common Pools and International Public Goods*, Johns Hopkins Press, Washington, DC.

Katz, Michael L. and Carl Shapiro (1985), Network Externalities, Competition and Compatibility, *American Economic Review*, 75:424-440.

Katz, Michael L. and Carl Shapiro (1986), Technology Adoption in the Presence of Network Externalities, *Journal of Political Economy*, 94:822-841.

Katz, Michael L and Carl Shapiro (1994), Systems Competition and Network

Effects, *Journal of Economic Perspectives*, 8:93-115.

Kenen, Peter B., Jeffrey R. Shafer, Nigel L Wicks and Charles Wyplosz (2005), *International Economic and Financial Cooperation: New Issues, New Actors, New Responses*, Centre for Economic Policy Research (CEPR), London.

King, Mervyn (2006), *Reform of the International Monetary Fund*, speech at the Indian Council for Research on International Economic Relations (ICRIER), 20 February, New Delhi, India.

Klodt, Henning (2001), Conflicts and Conflict Resolution in International Antitrust: Do We Need International Competition Rules, *The World Economy*, 24:877-888.

Kojima, Takaaki (2002), *International Conflicts over the Extraterritorial Application of Competition Law in a Borderless Economy*, mimeo.

Kolasky, William (2004), What is Competition? A Comparison of US and European Perspectives, *Antitrust Bulletin*, 49:29-53.

Krieger, Hubert (2003), *Migration Trends in an Enlarged EU*, European Foundation for the Improvement of Working and Living Conditions, Dublin.

Kroes, Neelie (2005), *The First Hundred Days*, speech to the international Forum on Competition Law, April, Brussels.

Kudrle, Robert (2005), *The Globalisation of Competition Policy*, mimeo.

Lamy, Pascal (2004), *Trade Policy in the Prodi Commission, 1999-2004: An Assessment*, mimeo, November, European Commission, Brussels.

Lane, Philip and Gian Maria Milesi-Ferretti (2006), *Europe and Global Imbalances*, mimeo, September, Trinity College Dublin and IMF.

Layard, Richard, Olivier Blanchard, Rüdiger Dornbusch and Paul Krugman (1992), *East-West Migration: The Alternatives*. MIT Press, Boston.

Leech, Dennis and Robert Leech (2005), *Voting Power Implications of a Unified European Representation at the IMF*, mimeo, January, Warwick University and Birkbeck College.

Lefeber, Rene and Coby van der Linde (1987), Europese Integratie vergt Energie(k) beleid, *SEW* 6; afterword in *SEW* 7/8.

Lefeber, Rene and Coby van der Linde (1988), International Energy Agency

Captures the Development of European Community Law, *Journal of World Trade*, 22:5-25.

Legrain, Philippe (2007), *Immigrants: Your Country Needs Them*, Princeton University Press.

Levenstein, Margaret and Valerie Suslow (2004), *The Changing International Status of Export Cartel Exemptions*, Ross School of Business Paper 897, University of Michigan.

Levenstein, Margaret, Valerie Suslow and Lynda Oswald (2004), *Contemporary International Cartels and Developing Countries: Economic Effects and Implications for Competition Policy*, mimeo.

Lévèque, François (2005), Le Contrôle des Concentrations en Europe et aux États-Unis:Lequel est le plus sévère? *Concurrences, Revue des Droits de la Concurrence*, 2:20-23.

Levine, Paul (1999), The Welfare Economics of Migration Control, *Population Economics*, 12:23-43.

Levinsohn, James (1993), Testing the Imports-as-Discipline Hypothesis, *Journal of International Economics*, 35:1-22.

Levinsohn. James (1996), Competition Policy and International Trade, in Jagdish Bhagwati and Robert E. Hudec (eds), *Fair Trade and Harmonisation*, Vol. 1, MIT Press, Cambridge, MA, 329-356.

Liebowitz, Stan J. and Stephen E. Margolis (1990), The Fable of the Keys, *Journal of Law and Economics*, 33:1-26.

Liebowitz, Stan J. and Stephen E. Margolis (1995), Path Dependence, Lock-in and History, *Journal of Law, Economics and Organisation*, 11:205-226.

Liebowitz, Stan J. and Stephen E. Margolis (1996), Market Processes and the Selection of Standards, *Harvard Journal of Law and Technology*, 9:283-318.

Lommerud, Kjell Erik, Odd Rune Strums and Lars Sørgard (2006), National Versus International Mergers in Unionised Oligopoly, *RAND Journal of Economics*, 37:212-233.

Longhi, Simonetta, Peter Nijkamp and Jacques Poot (2005), A Meta-Analytic Assessment of the Effect of Immigration on Wages, *Journal of Economic*

Surveys, 19:451-477.

Longhi, Simonetta, Peter Nijkamp and Jacques Poot (2006), *The Impact of Immigration on the Employment of Natives in Regional labour Markets; A Meta-Analysis*, Institute for the Study of Labor (IZA) Discussion Paper 2044, Bonn.

Louis, Jean-Victor (2003), *The European Convention on the Future of Europe: Implications for Economic and Monetary Union*, paper presented to the Austrian National Bank Seminar on the External Representation of the Euro, June, Vienna.

Louis, Jean-Victor (2006), *Parallélisme des Compétences et Compétences Explicites*, mimeo, May.

Mackie, James, Marie-Laure de Bergh, Jonas Frederiksen, Julia Zinke, Sven Grimm and Christian Freres (2005), *Assessment of the EC Development Policy*, DPS Study Report, ECDPM, ICEI and ODI.

Macunovich, Diane (1998), Relative Cohort Size and Inequality in the US, *American Economic Review (Papers and Proceedings)*, 88:259-264.

Mahieu, Geraldine, Dirk Ooms and Stephane Rottier (2003), *The Governance of the International Monetary Fund with a Single EU Chair*, Financial Stability Review, National Bank of Belgium, 173-188.

Mansfield, Edwin (1968), *Industrial Research and Technological Innovation: An Econometric Analysis*, Norton, New York.

Marks, Gary and Marco Steenbergen (2002), Understanding Political Contestation in the European Union, *Comparative Political Studies*, 35:872-892.

Maskin, Eric and Jean Tirole (2004), The Politician and the Judge: Accountability in Government, *American Economic Review*, 94:1034-1054.

Maxwell, Simon, Paul Engel, Ralf J. Leiterit, James Mackie, David Sunderland and Bettina Woll (2003), *European Development Cooperation to 2010*, Overseas Development Institute (ODI) Working Paper 219, London.

Mehta, Pradeep (2003), *Living with Cross-Border Competition Challenges in the Absence of Global Competition Rules*, mimeo.

Messerlin, Patrick (1995), Politiques Commerciale et de la Concurrence, *Revue Economique*, 46:717-726.

Messerlin, Patrick and Geoffrey Reed (1995), Antidumping Policies in the United States and the European Community, *The Economic Journal*, 105:1565-1575.

Meunier, Sophie (2000), What Single Voice? European Institutions and EU–US Trade Negotiations, *International Organisation*, 54:103-113.

Meunier, Sophie and Kalypso Nicolaïdis (1999), Who Speaks for Europe? The Delegation of Trade Authority in the European Union, *Journal of Common Market Studies*, 37:477-501.

Milanovic, Branko (2006), *Global Income Inequality: What it is and Why if Matters*. World Bank Policy Research Working Paper 3865, Washington, DC.

Milner, Chris, Oliver Morrissey and Andrew McKay (2005), Some Simple Analytics of the Trade and Welfare Effects of Economic Partnership Agreements, *Journal of African Economies*, 14:327-359.

Monti, Mario (2003), *Contribution of Competition Policy to Competitiveness of the European Economy*, May, Institute of European Affairs, Dublin.

Monti, Mario (2004a), Commentary: Competition Policy in a Global Economy, *International Finance*, 7:495-504.

Monti, Mano (2004b), *A Reformed Competition Policy: Achievements and Challenges for the Future*, Centre for European Reform, London.

Montini, Massimiliano (1999), *Globalisation and International Antitrust Cooperation*, Working Paper, Fondazione Eni Enrico Mattei (FEEM).

Motta, Massimo (2004), *Competition Policy: Theory and Practice*, Cambridge University Press.

Munchau, Wolfgang (2006), The Case for a Group of Four has New Urgency, *Financial Times*, 16 July, A15.

Mussa, Michael (2002), *Argentina and the Fund: From Triumph to Tragedy*, Institute for International Economics, Washington, DC.

Nagaoka, Sadao (1998), *International Trade Aspects of Competition Policy*, Working Paper 6720, National Bureau of Economic Research (NBER), Cambridge, MA.

National Bank of Denmark (2001), *Report and Accounts 2001: International*

Monetary Cooperation, National Bank of Denmark, Copenhagen, www.nationalbanken.dk.

Neary, Peter (2004), *Cross-border Mergers as Instruments of Comparative Advantage*, mimeo, University College Dublin.

Neven, Damien and Lars-Hendrik Röller (2000), The Allocation of Jurisdiction in International Antitrust, *European Economic Review*, 44:845-855.

Neven, Damien and Paul Seabright (1997), Trade Liberalisation and the Coordination of Competition Policy, in Leonard Waverman, William Comanor and Akira Goto (eds), *Competition Policy in the Global Economy: Modalities For Cooperation*, Routledge.

Newman, Bevin and Marta Echevarria (2005), Gaps and Bridges: Transatlantic Cooperation, *The European Antitrust Review*.

Niels, Gunnar (2000), What is Antidumping Policy Really About? *Journal of Economic Surveys*, 14:467-492.

Niels, Gunnar and Adriaan ten Kate (2004), Introduction: Antitrust in the US and the EU: Converging or Diverging Paths, *Antitrust Bulletin*, 49:1-27.

Norbäck, Pehr-Johan and Lars Persson (2004), Privatisation and Foreign Competition, *Journal of International Economics*, 62:409-416.

Norbäck, Pehr-Johan and Lars Persson (2007), Investment Liberalisation – Why a Restrictive Cross-Border Merger Policy can be Counterproductive, *Journal of International Economics*, 72:366-380.

O' Connell, Stephen (2004), *Explaining African Economic Growth: Emerging Lessons from the Growth Project*, paper presented at the biannual AERC workshop, Nairobi.

Oates, William (1972), *Fiscal Federalism*, Harcourt Brace Jovanovich, New York.

OECD (2002), *Extracts from the Development Cooperation Review Series on Policy Coherence*, www.oecd.org/dataoecd/23/16/25497010.pdf.

OECD (2003a), *Harmonising Donor Practices for Effective Aid Delivery*, Paris.

OECD (2003b), *Policy Coherence: Vital for Global Development*, www.oecd.org/department/ 0,2688,en_2649_18532957_1_1_1_l_l,00.html.

OECD (2003c), *Optimal Design of a Competition Agency*, Secretariat Note,

CCNM/GF/COMP (2), Paris.

OECD (2005a), *Harmonisation, Alignment, Results: Report on Progress, Challenges, and Opportunities*, DAC Working Party on Aid Effectiveness, Paris.

OECD (2005b), *Competition Law and Policy in the European Union*. OECD report, Paris.

OECD (2006a), *International Development Statistics*, webversion.

OECD (2006b), *Executive Brief: Competition Assessment*, Working Party 2 on Competition and Regulation, DAF/C0MP/WP2, Paris.

Olson Mancur (1969), The Principle of Fiscal Equivalence: The Division of Responsibilities Among Different Levels of Government, *American Economic Review*, 59:479-487.

Ottaviano, Gianmarco and Giovanni Peri (2006), *Rethinkimg the Effects of Immigration on Wages*, Working Paper 12497, National Bureau of Economic Research (NBER), Cambridge, MA.

Papademos, Lucas (2006), *The Euro Area Economy and Emerging Asia*, speech to the Shanghai Office of the People's Bank of China, 14 November. www.ecb.int.

Parker, George (2006), Brussels Warns Beijing on Hasty Currency Boost, *Financial Times*, 4 April, www.ft.com.

Parker, George and Jimmy Burns (2006), Britons oppose open door to EU member states, *Financial Times*, 20 October, www.ft.com.

Patterson, Donna and Carl Shapiro (2001), Trans-Atlantic Divergence in GE/Honeywell: Causes and Lessons, *Antitrust Magazine*, 16:18-22.

Pattillo, Catherine, Sanjeev Gupta and Kevin Carey (2005), *Sustaining Growth Accelerations and Pro-Poor Growth*, IMF Working Paper 07/195, Washington, DC.

Persson, Torsten and Guido Tabellini (2004), Constitutions and Economic Policy, *Journal of Economic Perspectives*, 18:75-98.

Phillips, Lauren M. (2006a), *IMF Reform: What Happens Next?*, Opinion Paper 75, September, Overseas Development Institute (ODI), London.

Phillips, Lauren M. (2006b), *Lead, Follow or Get Out of the Way? The Role of the EU in the Reform of the Bretton Woods Institutions*, prepared for the 26th G24

Technical Meeting, 16-17 March, Geneva.

Pisani-Ferry, Jean (2005), *The Accidental Player: The EU and the Global Economy*, lecture delivered at the Indian Council for Research on International Economic Relations, 25 November, Delhi, www.bruegel.org.

Polinsky, A. Mitchell and Steven Shavell (2006), Public Enforcement of Law, chapter 6 in Polinsky, A. Mitchell and Steven Shavell (eds), *Handbook of Law and Economics*, 1, North-Holland. Amsterdam.

Pritchett, Lant (2006), *Let Their People Come – Breaking the Gridlock on Global Labor Mobility*, Center for Global Development, Washington, DC.

Qiou, Larry and Wen Zhou (2006), International Mergers: Incentives and Welfare, *Journal of International Economics*, 68:38-58.

Raff, Horst, Michael Ryan and Frank Stähler (2006), *Asset Ownership and Foreign-Market Entry*, Economics Working Papers 2006/01, Department of Economics, Christian-Albrechts-University of Kiel.

Rajan, Raghuram (2006), *The Ebbing Spirit of Internationalism and the International Monetary Fund*, remarks at the Stern School of Business, New York University, 8 March, www.imf.org.

Richardson, Martin (1999), Trade and Competition Policy: Concordia Discors? *Oxford Economic Papers*, 51:649-664.

Roberts, Mark and James Tybout (eds) (1997), i, Oxford University Press.

Rodriguez, Francisco and Dani Rodrik (2001), Trade Policy and Economic Growth: A Sceptic's Guide to the Cross-National Evidence, in *NBER Macroeconomics Annual 2000*, 15:261-325, MIT Press, Cambridge MA.

Rogoff, Kenneth (1985), The Optimal Commitment to an Intermediate Monetary Target, *Quarterly Journal of Economics*, 100:1169-1189.

Roller, Lars-Hendrik and Christian Wey (2002), *Merger Control in the New Economy*, C1C Working Papers, FS IV 02-02, Wissenschaftszentrum Berlin (WZB).

Röller, Lars-Hendrik, Juan Delgado and Hans W. Friederszick (2007), *Energy: Choices for Europe*, Blueprint Series, Bruegel, Brussels.

Roodenburg, Hans, Rob Euwals and Harry ter Rele (2003), *Immigration and the*

Dutch Economy, Netherlands Bureau for Economic Policy Analysis (CPB), The Hague.

Saggi, Kamal and Halis Murat Yildiz (2006), On the International Linkage Between Trade and Merger Policies, *Review of International Economics*, 14:212-225.

Sapir, André (2005), *Globalisation and the Reform of European Social Models*, Policy Brief 2005/01, Bruegel, Brussels. An expanded version appears in *Journal of Common Market Studies*, 2006, 44:369-390.

Scherer, Frederic Michael (1967), Market Structure and the Employment of Scientists and Engineers, *American Economic Review*, 57:524-531.

Scherer, Frederic Michael (1980), *Industrial Market Structure and Economic Performance*, McNally College publishing Co.

Schoneveld, Frank (2003), Cartel Sanctions and International Competition Policy: Cross-border Cooperation and Appropriate Forums for Cooperation, *World Competition*, 26:433-471.

Scott, John (1989), Purposive Diversification as a Motive for Merger, *International Journal of Industrial Organisation*, 7:35-47.

Scott, John (1991), Multimarket Contact among Diversified Oligopolists, *International Journal of Industrial Organisation*, 9:225-238.

Senz, Deborah and Hilary Charlesworth (2001), Building Blocks: Australia's Response to Foreign Extraterritorial Legislation, *Journal of International Law*, 2:69-121.

Shenefield, John (2004), Coherence or Confusion: The Future of the Global Antitrust Conversation, *Antitrust Bulletin*, 49:385-434.

Simon, James (2002), *What Kind of Nation? Thomas Jefferson, James Marshall, and the Epic Struggle to Create a United States*, Simon & Schuster, New York.

Sinn, Hans-Werner, Gebhard Flaig, Martin Werding, Sonja Münz, Nicola Düll and Herbert Hoffmann (2001), *EU-Erweiterung und Arbeitskräfte-migration. Wege zu einer schrittweisen Annäherung der Arbeitsmärkte*, Ifo-Institut für Wirtschaftsforschung, Munich.

Six, Jean-Michel (2006), *European Economic Forecast: Recovery on Track, But*

Exchange Rate a Risk, Standard and Poor's Global Fixed Income Research, January.

Sleuwaegen, Leo (1998), Cross-Border Mergers and EC Competition Policy, *The World Economy*, 21:1077-1093.

Stern, Jonathan P. (2005), *The Future of Russian Gas and Gazprom*, Oxford Institute for Energy Studies, Oxford University Press.

Sugden, William (2002), Global Antitrust and the Evolution of an International Standard, *Vanderbilt Journal of Transnational Law*, 35:1008.

Swann, Christopher and Meera Louis (2006), EU Draft Statement Says IMF Remake Should be Limited, *Bloomberg*, 9 October, New York 19:58, www.bloomberg.com.

Sweden (2001), *Globkom, the Committee on Sweden's Policy for Global Development*, SOU 2001:96, Ministry for Foreign Affairs, Stockholm.

Tabellini, Guido (2003), Principles of Policymaking in the European Union: An Economic Perspective, *CESifo Economic Studies*, 49:75-102.

Tarp, Finn (2006), Aid and Development, *Swedish Economic Policy Review*, 16:9-62.

Tay, Abigail and Gerald Willmann (2005), Why (no) Global Competition Policy is a Toush Choice, *The Quarterly Review of Economics and Finance*, 45:312-324.

Thompson, Aileen J. (2002), Import Competition and Market Power: Canadian Evidence, *North American Journal of Economics and Finance*, 13:40-55.

Tiebout, Charles (1956), A Pure Theory of Local Expenditures, *Journal of Political Economy*, 64:416-424.

Todino, Mario (2003), International Competition Network – The State of Play after Naples, *World Competition*, 26:283-302.

Truman, Edwin (2004), *The Euro and Prospects for Policy Coordination*, mimeo, February, Institute for International Economics.

Truman, Edwin (2005), Rearranging IMF Chairs and Shares: The Sine Qua Non of IMF Reform, in Edwin Truman (ed), *Reforming the IMF in the 21st Century*, Institute for International Economics, Washington, DC, 201-233.

Tsoukalis, Loukas (1977), *The Politics and Economics of European Monetary*

Integration, George Allen and Unwin, London.

UK (2005), *Fair Trade? The European Union's Trade Agreements With African, Caribbean, and Pacific Countries*, The UK Government's Response to the International Development Committee's Sixth Report of Session 2004-2005, presented to Parliament by The Secretary of State for International Development, June, London.

UN (2005), *Investing in Development: A Practical Plan to Achieve the Millennium Development Goals.* New York.

UNCTAD (1997), UN Conference on Trade and Development, *Transnational Corporations, Market Structure and Competition Policy*, World Investment Report.

UNCTAD (2000), UN Conference on Trade and Development, *Cross-border Mergers and Acquisitions and Development*, World Investment Report.

van der Linde, Coby (2000), *The State and the International Oil Market, Competition and the Changing Ownership of Crude Oil Assets*, Studies in Industrial Organisation, Kluwer Academic Publishers.

van der Linde, Coby (2005), *Energy in a Changing World*, Clingendael Energy Papers 11, Clingendael International Energy Programme, The Hague.

van der Linde, Coby, Aad Correljé, Jacques de Jong and Christoph Tönjes (2006), *The Paradigm Change in International Natural Gas Markets and the Impact on Regulation*, The Clingendael Institute, The Hague.

Véron, Nicolas (2006), *Farewell National Champions*, Policy Brief 2006/04, Bruegel, Brussels.

Véron, Nicolas (2007), *The Global Accounting Experiment*, Blueprint Series, Bruegel, Brussels.

von Weizsäcker, Jakob (2006), *Welcome to Europe*, Policy Brief 2006/03, Bruegel, Brussels.

Walker, Mike (2005), *Have the Economic Approaches to Merger Control in the EC and the US Converged?* The International Comparative Legal Guide to: Merger Control, Global Legal Group, London.

Wooton, Ian and Maurizio Zanardi (2004), Trade and Competition Policy: Anti-Dumping versus Anti-Trust, in James Hartigan (ed), *Handbook of Trade and*

Law, Vol. 2, Basil Blackwell, London.

World Bank (2005), *Global Monitormg Report 2005*, Washington, DC.

World Bank (2006a), *World Development Indicators 2006*, CD-rom.

World Bank (2006b), *Global Monitoring Report 2006*, Washington, DC.

World Bank (2007), *Migration and Remittances – Eastern Europe and the Former Soviet Union, World Bank Europe and Central Asia Region*, Washinton, DC. www.worldbank.org /eca/migration.

World Trade Organisation (1995), *Trade Policy Review of the European Union*, Secretariat Report, Geneva.

World Trade Organisation (1997), *Trade Policy Review of the European Union*, Secretariat Report, Geneva.

World Trade Organisation (2000), *Trade Policy Review of the European Union*, Secretariat Report, Geneva.

World Trade Organisation (2001), *Declaration on the TRIPS Agreement and Public Health*, WT/MIN(01)/DEC, November 20, Geneva.

World Trade Organisation (2002), *Trade Policy Review of the European Union*, Secretariat Report, Geneva.

World Trade Organisation (2004), *Trade Policy Review of the European Union*, Secretariat Report, Geneva.

World Trade Organisation (2007), *Trade Policy Review of the European Union*, Secretariat Report, Geneva.

Zalm, Gerrit (2006), *Statement to the International Monetary and Financial Committee*, 17 September, www.imf.org.

Zimmer, Christina, Gerald Schneider and Michael Dobbins (2005), The Contested Council: Conflict Dimensions of an Intergovernmental EU Institution, *Political Studies*, 53:403-422.

앙드레 사피르(André Sapir)

벨기에 브뤼셀 자유대학의 경제학 교수이며 브뤼겔연구소의 선임연구원이다. 또한 경제정책연구소(CEPR)의 연구원이며, 바호주 EU 집행위원장의 외부 경제자문단에 참여하고 있다. 2001~2004년까지 프로디 EU 집행위원장의 경제 고문으로 재직했다. 전문 분야는 경제통합과 국제무역이다.

브누아 퀴레(Benoît Coeuré)

프랑스 파리 에콜 폴리테크니크에서 경제정책과 국제경제를 가르치고 있다. 또한 2006년 9월부터 프랑스 국가부채사무국 국장으로 재직 중이다. 전 프랑스 재무부장관의 수석 경제고문과 프랑스 국가부채사무국의 부국장직을 거쳤다.

장 피사니-페리(Jean Pisani-Ferry)

브뤼겔연구소의 소장이다. 파리9대학에서 경제학 교수로 재직 중이며, EU 집행위원회의 외부 경제자문단과 프랑스 총리 직속 경제분석위원회에 참여하고 있다. 또한 프랑스 경제협회 회장을 맡고 있다. 1992~1997년까지 프랑스의 국제경제연구기관인 CEPII의 소장으로 재직했으며, 2001~2002년까지 경제분석위원회의 위원장을 지냈다.

사이먼 J. 에버넷(Simon J. Evenett)
스위스 장크트갈렌 대학에서 국제무역과 경제개발 분야 교수로 재직 중이다. 국제상업의 결정자에 대한 연구 외에 국제무역정책, 개별 국가의 경쟁법, 경제개발 간의 관계를 연구 중이다. 브루킹스연구소에서 경제학 프로그램의 선임연구원으로 재직했다.

아르네 빅스텐(Arne Bigsten)
스웨덴 구텐베르크 대학에서 개발경제학 교수로 재직 중이다. 또한 아프리카 경제연구컨소시엄의 위원회 회장과 스웨덴 경제위원회의 부회장을 겸하고 있다. 주 연구 분야는 수입 분배, 빈곤과 성장, 무역과 원조, 아프리카의 경제정책이다. 많은 국립기구 및 국제기구에서 프로젝트를 수행한 바 있다.

앨런 에이헌(Alan Ahearne)
현재 브뤼겔연구소의 연구원이며 아일랜드 국립대학에서 경제학을 강의 중이다. 1998~2005년까지 미국 연방준비이사회의 선임경제학자로 재직했다. 주 연구 분야는 국제 경상수지 불균형, 환율, 유로지역의 경제활동을 포함한 거시경제와 국제금융이다.

배리 아이켄그린(Barry Eichengreen)
미국 UC버클리 대학에서 경제학과 정치학을 가르치고 있다. 미국 경제연구소와 경제정책연구소(CEPR)의 연구원으로도 재직 중이다.

올리비에 베르트랑(Olivier Bertrand)
프랑스 툴루즈 경제대학(GREMAQ)에서 경제학 교수로 재직 중이다. 파리1대학에서 2004년 국제경제와 산업조직 연구로 박사학위를 받았으며 이후 스톡홀름의 산업경제연구소에서 연구원으로 재직했다. 주 연구 분야는 국제 인수합병의 결정자와 영향이다.

마크 이발디(Marc Ivaldi)
현재 프랑스 고등교육부의 사회과학국장을 맡고 있다. 또한 툴루즈 경제대학에서 경제학 교수로 재직 중이며, 산업경제연구소(IDEI)의 연구원 및 경제정책연구소(CEPR) 산업조직 프로그램의 공동소장도 겸임하고 있다. 전문 분야는 응용산업조직, 네트워크산업연구, 계량경쟁정책이다.

마르코 베히트(Marco Becht)

벨기에 브뤼셀 자유대학에서 금융과 경제학 교수로 재직 중이며, 동 대학 산하 유럽경제통계연구소의 펠로우이자 유럽연합지배구조기구(ECGI)의 상임이사를 맡고 있다. 마드리드에 위치한 재정금융연구소(CEMFI)와 EU 집행위원회의 산업총국에서 재직했다. 현재 연구 분야는 기업지배구조와 규제다.

루이스 코레이아 다 실바(Luis Correia Da Silva)

옥세라금융 대표로 회사의 금융기관과 감독기관의 협력을 지휘했다. 전문 분야는 금융시장, 기업금융, 금융규제, 기업과세의 영향, 기업지배구조와 계량경제모델이다.

헤르베르트 브뤼커(Herbert Brücker)

독일 뉘른베르크에 위치한 고용연구소(IAB)의 소장이며 밤베르크 대학에서 강의하고 있다. 독일경제연구소(DIW)의 선임연구원과 오르후스 비즈니스스쿨의 방문교수를 지냈다. 주 연구 분야는 국제이주, 유럽통합, 노동시장이다.

야코프 폰 바이츠체커(Jakob von Weizsäcker)

브뤼겔연구소의 연구원이다. 2002∼2005년까지 세계은행의 경제학자로서 타지키스탄에 대한 연구를 맡았다. 또한 독일 연방 경제부 차관으로 재직했다. 전문 분야는 이주, 인구통계변화와 공공연금이다.

코비 반 데르 린데(Coby van der Linde)

네덜란드 클링엔델(Clingendael) 국제에너지 프로그램의 총재이며, 흐로닝언(Groningen) 대학에서 지정학과 에너지 관리 교수로 재직 중이다. 또한 네덜란드 에너지위원회에 참여하고 있다.